研究&方法

SPSS與
研究方法 第三版

Statistical Products and Services Solution

榮泰生 著

五南圖書出版公司 印行

目 錄

三版序

1980年代筆者在波士頓大學求學時，所使用的是在大型電腦上執行的SPSS DOS版本，要執行任何SPSS程序都要撰寫指令，可謂「苦其心志、勞其筋骨」，所幸還不至於「行拂亂其所為」。如今三十多個年頭過去了，希望我的智慧和SPSS版本的功能一樣與時俱進。過去三十年來，SPSS從大型電腦到PC應用，從DOS版本到視窗版本，可以說是「精益求精、止於至善」。在視窗版本中，其功能越來越強大，介面也越來越友善，近年來還在中文化方面，投注了相當大的努力。

以SPSS來處理專題研究上的資料分析，會有如虎添翼之效。專題研究涉及到如何蒐集資料、如何分析資料，以發掘現象並解決問題。這些現象可以說是林林總總，不一而足，它們包括了某些非常特定的現象，例如，企業策略與投資報酬率間的關係；何以降價看不到立即而明顯的銷售效果；在將潛在顧客分成若干群後，各群在產品偏好上、態度上有無顯著性的差異；領導風格與部屬滿意度的關係；在產品空間圖上本公司的產品定位等。

研究者在蒐集到所需資料後，必須利用統計分析工具對這些資料加以分析及解釋。近年來，SPSS被應用得越來越廣泛，例如廣告公司的研究人員，可利用SPSS來了解消費者行為、廣告效果；企業研究人員可利用SPSS來了解企業所面臨的環境，並建議有效策略，以解決企業問題、滿足消費者需要，使得企業更具有競爭優勢；政府機構或民間團體也可利用SPSS來了解民意、預估選情等；學術研究者可利用SPSS來描述樣本、檢定所建立的研究假說，以順利的完成專題研究報告、碩士論文或博士論文。

本書共分13章。首先對SPSS及研究程序做說明，接著就討論樣本描述。然後從第4章到第13章，所說明的都是SPSS統計技術。說明的順序是由簡而繁，循序漸進。從單變量的假設檢定開始說明，接著是關聯性衡量，最後詳細的說明在碩博士論文寫作中最常用到的多變量分析技術，相信讀者可以舉一反三，以收事半功倍之效。

本書以「企業管理問題解決」為導向，具有五大特色，第一，以企管問題為例，如領導風格、波特的基本競爭策略、廣告類型及效果、人力資源甄選、市場區

隔的同質性與異質性問題等。第二,所說明的SPSS統計工具為碩博士論文中常使用的技術。第三,以簡明的方式說明SPSS統計技術,幫助讀者迅速掌握統計技術精義,精確解讀輸出報表統計值的意義,以及管理上的涵義。第四,統計值的視窗選項中,以企管決策相關選項為主,讓讀者能迅速掌握統計值在企業決策上的重要意涵。第五,本書對各種操作指令,均是中英對照,先顯示中文,再顯示英文,方便使用SPSS中、英文版的讀者。

　　本書得以完成,輔仁大學金融與國際企業系、管理學研究所良好的教學及研究環境使作者獲益匪淺。作者在波士頓大學其政治大學的師友,在觀念的啟發及知識的傳授方面更是功不可沒。父母的養育之恩及家人的支持,是我由衷感謝的。

　　最後(但不是最少),筆者要感謝五南圖書出版公司。本書的撰寫雖力求嚴謹,在SPSS統計技術的解說上,力求清晰及「口語化」,然而「吃芝麻哪有不掉芝麻粒」的,百密一疏,在所難免,希望各位好朋友不要吝惜對我的指教。

榮泰生 (Tyson Jung)

輔仁大學管理學研究所

2013年1月

e-mail: aponmanatee@yahoo.com.tw

第1章
認識IBM SPSS Statistics法

S tatistical

P roducts

S ervices

S olution

SPSS原為Statistical Packages for the Social Sciences（社會科學統計套裝軟體）的起頭字，近年來或由於其功能加強，或由於產品的重新定位，全文已經改成Statistical Products and Services Solution（統計產品及服務之解決方案），但起頭字仍然維持是SPSS。SPSS 18.0稱為PASW（Predictive Analysis Software）Statistics 18。2010年10月，IBM收購SPSS之後發布了IBM SPSS Statistics 19。2011年8月，IBM推出SPSS Statistics 20。隨著版本的增加，SPSS的功能越來越強，包括直效行銷、神經網路、資料採礦等。

1.1 SPSS模組、系統需求與工具

SPSS模組

IBM SPSS軟體產品分為：IBM SPSS Collaboration and Deployment Services、IBM SPSS Data Collection、IBM SPSS Decision Management、IBM SPSS Modeler（Modeling）、IBM SPSS Statistics。而IBM SPSS Statistics又可分為Standard、Professional、Premium、for Educators這些版本。

IBM也將SPSS用「模組」來劃分，模組可分為：Advanced Statistics、Base、Categories、Complex Samples、Conjoint、Custom Tables、Data Preparation、Decision Trees、Exact Tests、Forecasting、Missing Values、Programmability Extension、Regression、Visualization Designer等。

由於SPSS的功能超強，我們不可能一一盡舉，因此我們所介紹的都是要進行一個學術研究分析所需要的技巧及統計技術。易言之，本書所說明的是「Base」這部分。對於一個撰寫專題研究報告、碩博士論文的研究者而言，「Base」所提供的功能已經足夠。研究者可依需要，再進行其他更高深的分析。

SPSS Statistics Base的特性包括：輕鬆便捷的資料建檔、資料匯入與資料檢索；周全而細緻的統計分析程序、圖表展示與報表呈現；利用表格、立體圖形與樞紐技術對資料做深入的剖析；快速的建立對話方塊，並讓資深使用者建立客製化的對話方塊。此外，還包括：自動化的線性模式（automatic linear models）建立、提供語法編輯器（syntax editor）、提供預設的測量、輸出報表不僅快速（速度約為以前的5倍）且節省記憶體。詳細的說明，可參考：http://www.spss.com/software/statistics/statistics-base/。

▍系統需求

使用SPSS 20的系統需求，如表1-1所示。

表1-1　使用SPSS 20的系統需求

作業系統	平台	硬體
Windows	Microsoft® Windows XP (Professional, 32-bit) or Vista (Home, Business, 32- or 64-bit), Windows 7 (32- or 64-bit)* *Windows 2000 is not a supported platform.*	• Intel® or AMD x86 processor running at 1GHz or higher • Memory: 1GB RAM or more recommended • Minimum free drive space: 800MB • DVD drive • XGA (1024x768) or higher-resolution monitor • For connecting with IBM SPSS Statistics Server, a network adapter running the TCP/IP network protocol

資料來源：http://www-01.ibm.com/software/analytics/spss/products/statistics/requirements.html

▍工具

我們可以上SPSS網站（http://www.spss.com/statistics/），在加入會員之後，就可以下載IBM SPSS Statistics 20（以下稱SPSS）試用版，試用期限為14天。在此期間內，你可以付費、啟動「通勤者授權」（License Authorization Wizard），成為正式版的使用者。我們也可在該網頁中獲得許多有用的資訊（如產品、支援、訓練與認證、成功故事、事件等）。

1.2　基本畫面

我們在安裝好SPSS，並啟動SPSS後，映入眼簾的是SPSS基本畫面（圖1-1）。在「IBM SPSS Statistics 20」對話視窗中，有以下的選項：Run the tutorial（執行輔導簡介）、Type in data（輸入資料）、Run an existing query（執行現有的查詢）、Create new query using database wizard（使用〔資料庫精靈〕建立新查詢）、Open an existing data source（開啟既有的資料來源）、Open another type of file（開啟其他資料類型）、Don't show this dialog in the future（以後不要再顯示這個訊息）。

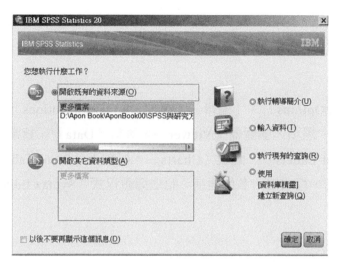

圖1-1　SPSS基本畫面

　　SPSS的資料檔格式是.sav（SPSS Statistics Data Document）。一個SAV檔案稱為一個資料集。在開啟其他格式的舊檔方面，我們可以看出SPSS所能接受的檔案類型相當多（圖1-2）。它可以接受的檔案類型有很多。對一般使用者而言，在使用上比較普遍的是：Excel（*.xls）、dBASE（*.dbf）、文字檔案（*.txt）、Lotus（*.W*）。我們可以在其他的視窗軟體中建立好檔案，然後再由SPSS匯入，以節省重複建立資料的麻煩。從這裡我們可以了解，一個功能強大的軟體，必然是「納百川」的，也就是大海不擇細流，故能成其大。

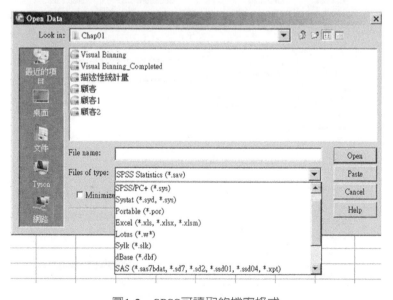

圖1-2　SPSS可讀取的檔案格式

1.3 選項

按〔Edit〕〔Options〕(〔編輯〕〔選項〕),在「Options」視窗內,出現的是General(一般)選項、瀏覽器(Viewer)、資料(Data)、貨幣(Currency)、輸出標記(Output Labels)、圖表(Charts)、樞軸表(Pivot Tables)、檔案位置(File Locations)、程式檔、多個插補、語法編輯程式(Syntax Editor)這些選項。

一般

使用SPSS多國語言版本產生的英文介面,也可以改變成中文介面,例如在名稱顯示、報表輸出上加以中文化。在「Options」視窗內,在General選項的「Output」(輸出)方塊中「Language」的地方,選擇「Traditional Chinese」(繁體中文);在「User Interface」(使用者介面)方塊中「Language」的地方,選擇「Traditional Chinese」(繁體中文)(圖1-3)。我們可依需要,做適當的設定,例如將「Windows」(視窗)方塊中的「Look and feel」(外觀與感覺)設成「Windows」(視窗)。

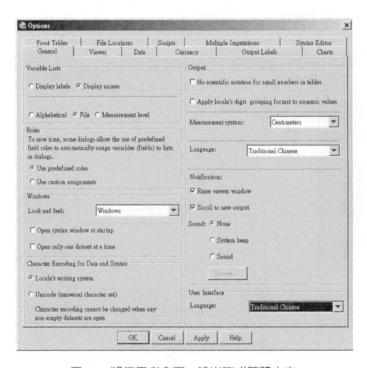

圖1-3 將使用者介面、輸出改成繁體中文

在「Options」視窗內，按「OK」之後，再按〔編輯〕〔選項〕就會產生中文介面（圖1-4），而輸出報表的有關部分也會以中文呈現。

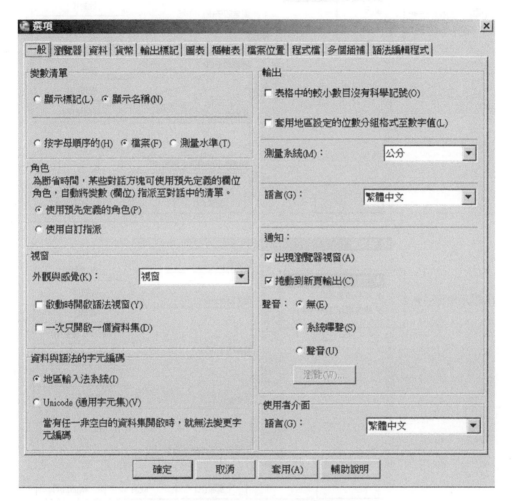

圖1-4　SPSS使用者介面（繁體中文）

同時，在此視窗左上方的「變數清單」（Variables Lists）對話方塊中，可選擇「顯示標記」（Display labels），或者「顯示名稱」（Display names）。這是讓我們決定在許多視窗中（通常是SPSS程序的第一次出現的視窗）左邊變數清單的變數，所要顯示的是名稱還是標記。圖1-5顯示了「顯示名稱」與「顯示標記」的情形。如果設定「顯示標記」，則會同時出現標記與名稱。要設定什麼，聽憑尊便。

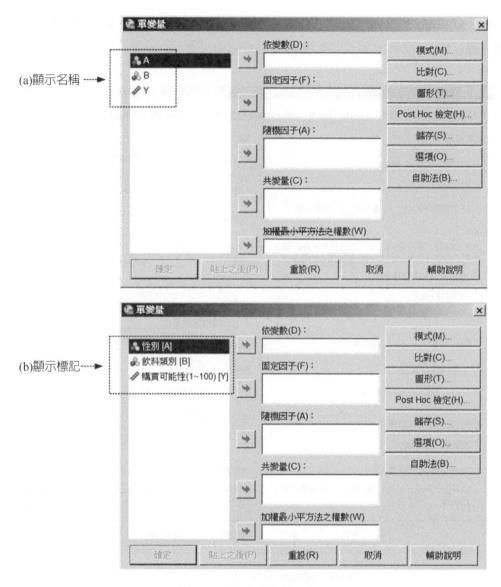

圖1-5　顯示名稱與顯示標記

資料

　　在選項中的「資料」（Data）這一項，在左邊「新數值變數的顯示格式」（Display Format for New Numeric Variables）中，可將小數位數（Decimal Places）設為0，如圖1-6所示。因為在專題研究中，大部分使用的是李克尺度法（五點李克尺度或七點李克尺度），所以變數值不會產生小數點。如果其他某變數需要小數點表示，那麼在變數檢視（Variable View）上加以修改即可。

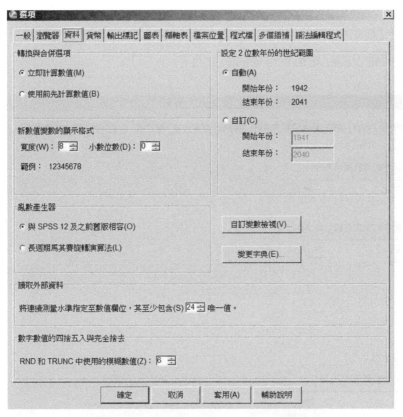

圖1-6　將小數位數（Decimal Places）設為0

輸出標記

輸出標記（Output Labels）就是對SPSS輸出報表的加註方式（表1-2），分為概要標記（Outline labeling）、樞軸表標記（Pivot Table Labeling），如圖1-7所示。

表1-2　輸出標記

概要標記（Outline Labeling）	
項目標記中的變數顯示為 （Variables in items labels shown as）	顯示方式有名稱、標記、名稱與標記
項目標記中的變數值顯示為 （Variables values in items labels shown as）	顯示方式有值、標記、值與標記
樞軸表標記（Pivot Table Labeling）	
標記中的變數顯示為 （Variables in labels shown as）	顯示方式有名稱、標記、名稱與標記
標記中的變數值顯示為 （Variable values in labels shown as）	顯示方式有值、標記、值與標記

這些名詞聽起來彆彆扭扭的，實在不好了解。簡單地說，概要標記是指表格以外的東西，樞軸表標記是指表格以內的東西。

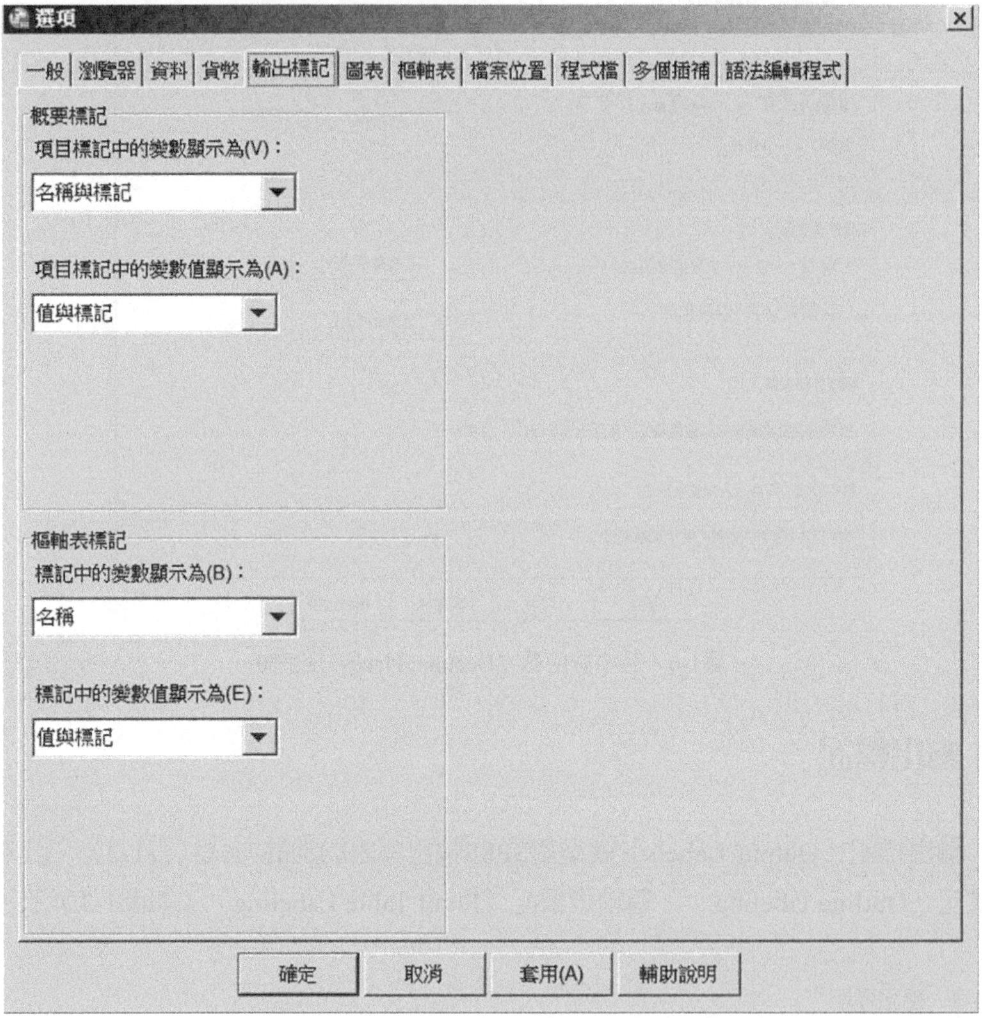

圖1-7　概要標記與樞軸表標記

其他設定

根據筆者的喜好，其他的設定如表1-3所示（讀者可依照個人喜好做設定，筆者的喜好有時也變來變去）。

表1-3　其他的設定

一般	輸出	表格中較少數目沒有科學記號
輸出標記	概要標記	項目標記中的變數顯示為「名稱與標記」 項目標記中的變數值顯示為「值與標記」
	樞軸表標記	標記中的變數顯示為「名稱」 標記中的變數值顯示為「值與標記」
檔案位置	開啟與儲存對話方塊的啟動資料夾	利用「瀏覽」的方式，將資料檔位置設為常讀取資料的資料夾；將「其他檔案」（報表輸出的資料夾）設為常讀取輸出報表的資料夾

1.4　匯入

　　如前述，SPSS可接受的檔案格式非常多。現在我們做一個練習，假設我們現在要將在Excel中已經建立好的一個檔案（檔案名稱：...\Chap01\網路問卷調查.xls），匯入到SPSS中。首先，按〔檔案〕〔開啟舊檔〕〔資料〕（〔File〕〔Open〕〔Data〕），在「開啟檔案」（Open file）視窗的檔案類型中，選擇Excel（*.xls），如圖1-8所示。

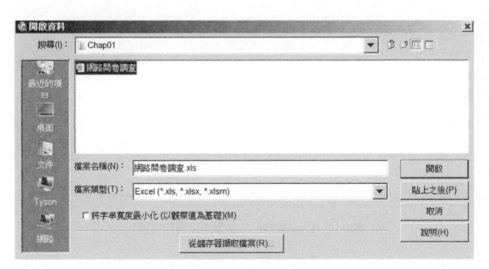

圖1-8　選擇Excel檔案類型

　　在「開啟Excel資料來源」（Open Excel Data Source）中，SPSS會自動選取工作表（Worksheet）的範圍。如果在Excel的工作表的第一列，你已經鍵入了變數名

稱，此時就可選擇「從資料第一列開始讀取變數名稱」（Read variable names from the first row of data），如圖1-9所示。

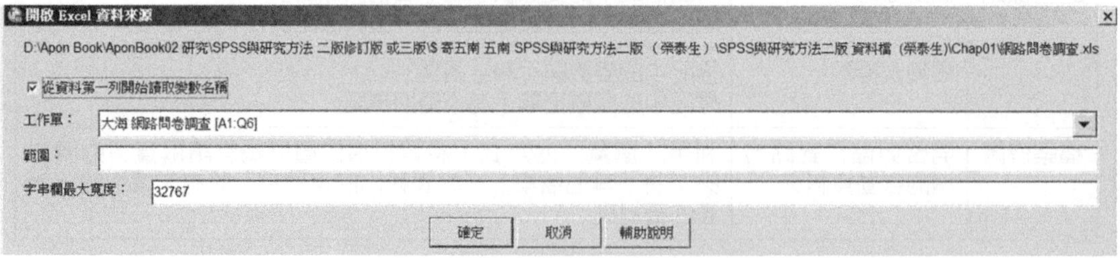

圖1-9　開啟Excel資料來源視窗設定

　　然後，Excel的資料就已經成功匯入。圖1-10所顯示的是資料檢視（Data View）。

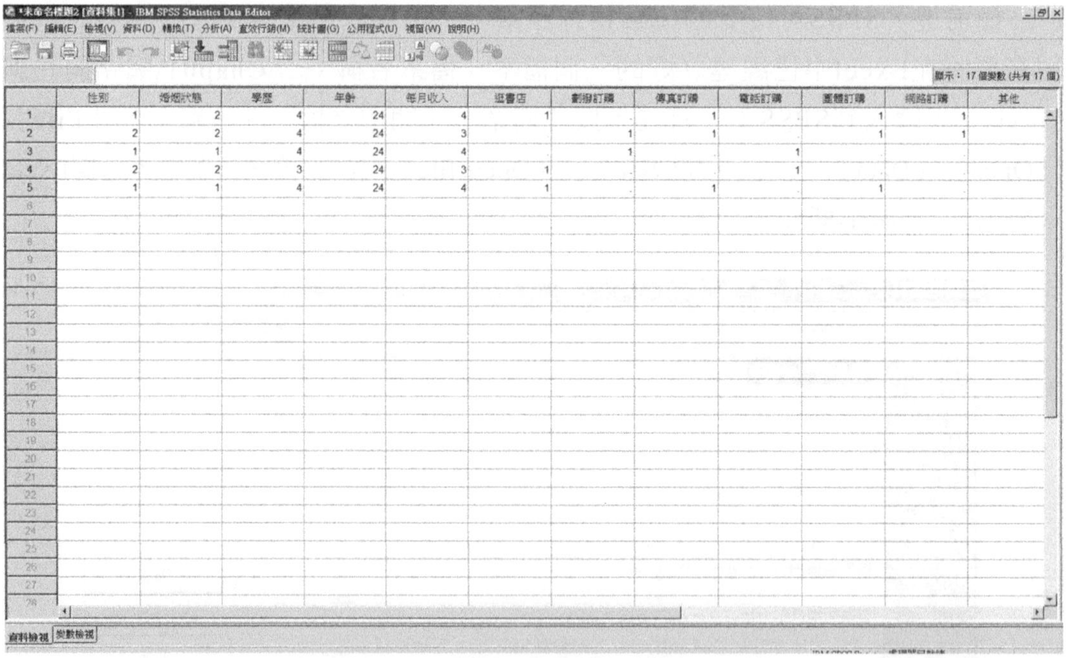

圖1-10　Excel資料已成功匯入（資料檢視）

　　我們也可看看變數檢視（Variable View）的情形，如圖1-11所示。值得注意的是，許多變數的測量（Measurement），也就是資料類型並不正確。SPSS的預設值是「尺度」（Scale，也就是區間尺度或等距尺度），我們必須對每一個變數的測量做適當的修改。詳細的說明，見1.5節。

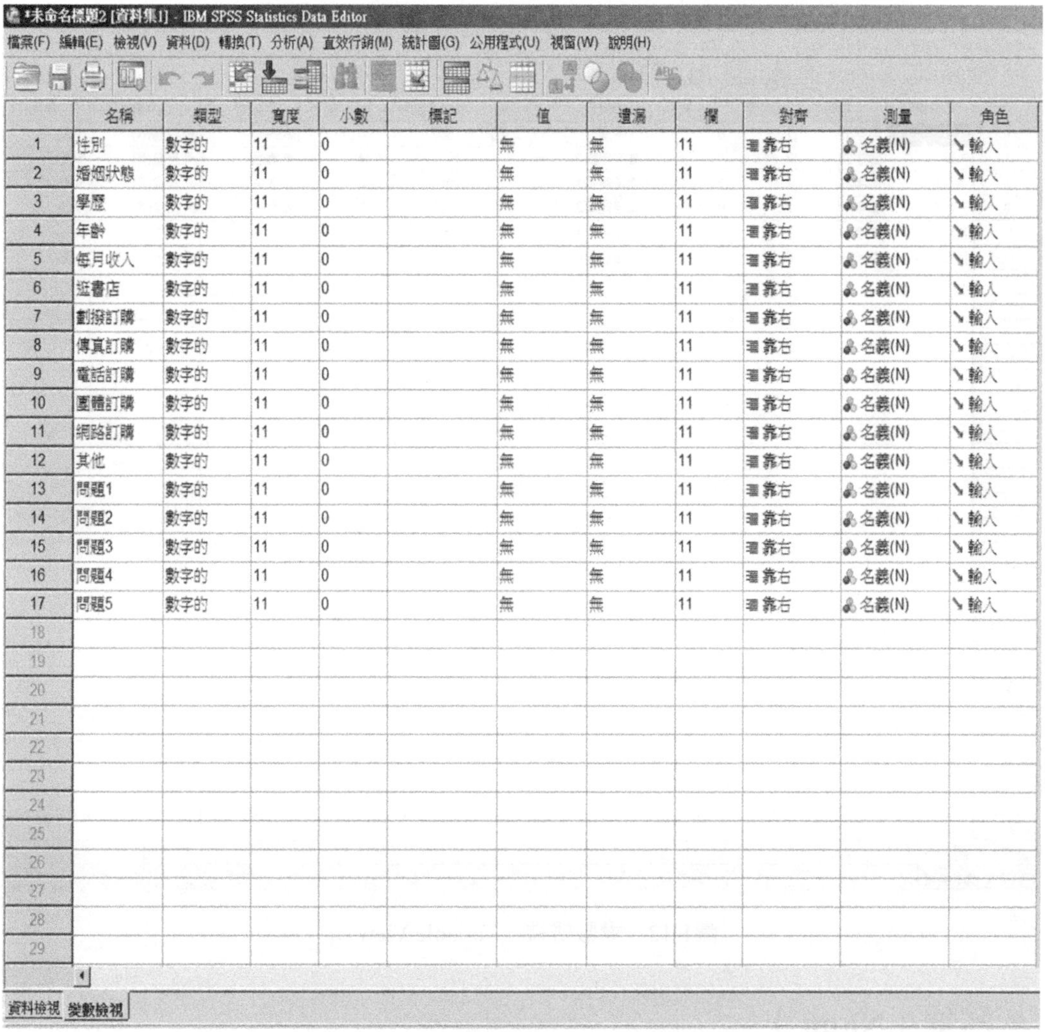

圖1-11 Excel資料已成功匯入（變數檢視）

1.5 變數檢視（Variable View）

啟動SPSS，開啟檔案（檔案名稱：...\Chap01\顧客.sav），在SPSS視窗的左下角，我們可以看到資料檢視（Data View）與變數檢視（Variable View）。資料檢視就是資料輸入及呈現的畫面，而變數檢視就是對這個變數的屬性加以界定，包括名稱（Name）、類型（Type）、寬度（Width）、小數（Decimal）、標記（Label）、數值（Values）、遺漏（Missing）、欄（Columns）、對齊（Align）、測量（Measure）以及角色（Role），如圖1-12所示。

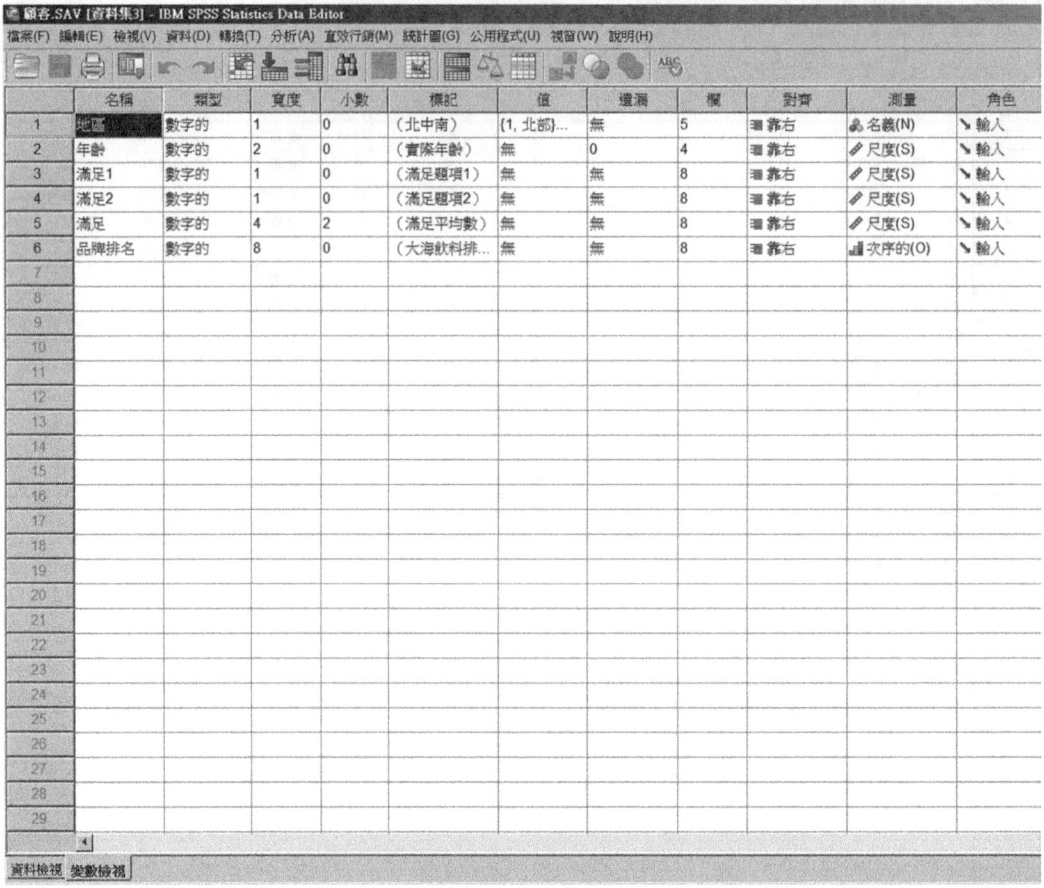

圖1-12　變數檢視（Variable View）

名稱（Name）

　　名稱加以中文化，閱讀起來清晰易懂，否則全部以像是var01、var02這樣的名稱來顯示，容易令人困惑。標題中文化之後，在輸出報表中，此變數會以中文顯示，如此更容易閱讀及判別。

　　為了閱讀方便，不至於產生混淆，筆者建議要對變數的名稱做適當的處理。由於在問卷中衡量一個變數包括了若干個題項，所以在SPSS變數的標記上，可用變數名稱1、變數名稱2……代表此變數。例如，問卷中有2個題項用來衡量「滿足」這個變數，我們可用滿足1、滿足2分別代表第1個題項、第2個題項，並用「滿足」代表這個變數，如圖1-12所示。然後我們再用SPSS的「計算」（見1.6節）將滿足1、滿足2加以平均，成為滿足這個變數的分數。

類型（Type）

資料的類型可分為數字（Numeric）、逗點（Comma）、點（Dot）、科學記號（Scientific notation）、日期（Date）、貨幣（Dollar）、自訂貨幣（Custom currency）、字串（String），如圖1-13所示。值得注意的是，數字與字串的差別。凡資料在輸入時是以阿拉伯數字輸入的，就要定義為數字（Numeric）；凡資料在輸入時是以文字輸入的（如臺北、臺中），就要定義為字串（String）。

圖1-13　變數檢視的類型設定

寬度（Width）

SPSS的資料寬度預設值為8。當然我們可依據需要做修改。

小數（Decimal）

SPSS的小數點預設值為2。當然我們可依據需要做修改。如果我們在SPSS的〔選項〕〔資料〕之「新數字變數顯示格式」（Display Format for New Numeric Variables）中，已將小數位數（Decimal Places）設為0的話，則變數的小數就會出現0。

標記（Label）

標記是對變數名稱的說明。例如我們將地區的標記設為「北中南」，則在資料檢視的視窗內，我們將滑鼠放在「地區」這個名稱上時，就會顯示「北中南」的文字提示說明（圖1-14）。

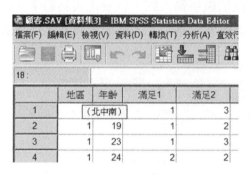

圖1-14　變數檢視的標記設定

值得一提的是，對於標記的加註，最好文字的前後加上小括號，如此SPSS的輸出更清楚，例如：

係數

	標準化係數		自由度	F檢定	顯著性
	Beta	標準誤			
理由（選擇此媒體的理由）	.732	.082	2	79.863	.000
年齡層（年齡類別）	.366	.083	1	19.523	.000
啤酒品牌（啤酒偏好）	−.311	.086	3	13.228	.000

依變數\：媒體（媒體類別）

在標記中可記錄問卷中的題項內容，例如「滿足1」這個名稱的標記可以根據問卷的題項內容，記錄成「我對於目前的工作毫無挑剔」。

值（Values）

值是對資料的值加以定義。例如在地區的資料中，1、2、3分別代表北部、中部、南部，我們就可在值中分別加以設定。在「數值註解」視窗內，「數值註解」

對話方塊中的「值」右邊方格內填入「1」，在標記右邊的方格內填入「北部」，然後按〔新增〕，以此類推，完成後如圖1-15所示。

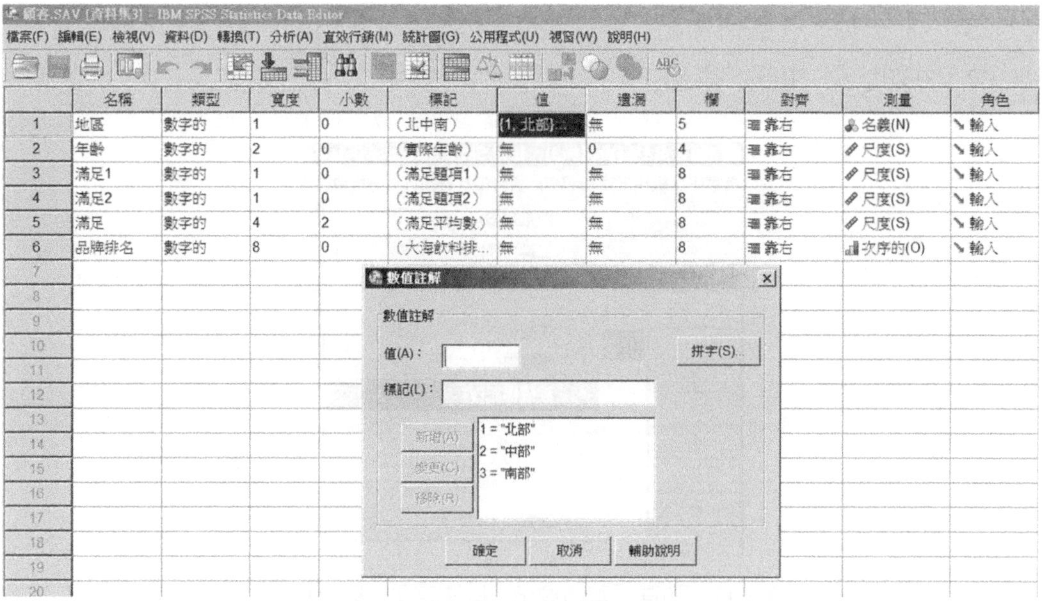

圖1-15 變數檢視中值的設定

設定完成之後，按〔資料檢視〕，按〔檢視〕〔數值標記〕（〔View〕、〔Variable Label〕），可見到原來的地區資料1、2、3分別變成北部、中部、南部，如圖1-16所示。

圖1-16 原來的地區資料1、2、3分別變成北部、中部、南部

如果我們要還原成原來的值，只要按〔檢視〕〔數值標記〕（〔View〕、〔Variable Label〕）即可（圖1-17）。換句話說，在這種情況下，是將〔變數標記〕的「√」去掉。〔數值標記〕的「√」是互換的，我們可依需要，讓地區資料呈現1、2、3或北部、中部、南部。

圖1-17　點選「數值標記」以決定是否顯示標記

在問卷中如以李克尺度法（見第3章3.3節）來衡量某一變數的各題項，在「值」中可以如此記錄：1表示「非常不同意」、2表示「不同意」、3表示「無意見」、4表示「同意」、5表示「非常同意」。

遺漏（Missing）

遺漏有兩種值：系統遺漏值與自訂遺漏值。系統遺漏值是當我們在匯入時，原始資料的某些變數值是空白的，此時SPSS以「.」表示。自訂遺漏值是我們定義某變數的某資料值是「遺漏」的，此時SPSS在運算時便會跳過不予計算。例如，年齡這個變數有些填答者忘了填寫，因此我們建檔時以「0」輸入，此時我們可在「離散遺漏值」（Discrete missing values）的右邊方格內將0設為遺漏值，如果將0納入計算平均數，必然會低估了年齡平均數（圖1-18）。如果我們在輸入資料時是以某數字範圍作為遺漏值，此時可在「範圍加上一個選擇性的離散遺漏值」（Range plus one optional discrete missing value）加以設定。例如，在李克五點尺度法中（評點為1到5），如果輸入值是6、7、8，則一律以3來處理。此時可在「範圍加上一個選擇性的離散遺漏值」中的「低」鍵入「6」、「高」鍵入「8」，而「離散值」鍵入「3」。

圖1-18　變數檢視中的遺漏值設定

在圖1-18中，有兩項涉及到離散遺漏值。何謂離散？離散（又稱間斷）的測量尺度（discrete measurement）並沒有小數，而連續的測量尺度（continuous measurement）則有。例如家庭人口數是離散的，而年齡是連續的（如48.5歲）。要分辨一個變數是離散的，還是連續的，最簡單的方法就是看它是用「算有幾個的」，還是用測量的。[1]換句話說，離散變數具有某一特定的值，而連續變數具有無限的值。一般而言，離散變數的值是一個整數接著一個整數，而連續變數的值與值之間會有很多潛在的值。從觀察研究中所蒐集到的資料，大多數是名義的或定性的、離散的。定量資料可以是離散的，也可以是連續的。次序尺度通常是離散的，雖然它常被視為在測量某個連續帶上的東西。區間及比率尺度可以是離散的（例如，家庭人口數），也可以是連續的（例如，年齡、身高）。

---

[1] J. H. Johnson, *Doing Field Research* (New York: The Free Press, 1975).

欄（Columns）

顯示名稱的寬度。我們可以在資料檢視（Data View）中直接調整顯示名稱的寬度，此時在變數檢視（Variable View）中的欄位值就會自動改變。

對齊（Align）

在儲存格內的值是要向左對齊，還是向右對齊。

測量（Measure）

在測量部分，是指對此變數的尺度做設定。變數尺度可分為三類：尺度（Scale，是指區間尺度或比率尺度）、次序的（Ordinal，是指次序尺度或等級尺度）、名義（Nominal，是指名義尺度），如圖1-18所示。如果資料的測量是名義的（如地區別），我們就可以將它分類。資料的尺度不同，所使用的統計方法自然不同。

我的球衣號碼是1號、我考試得了第1名、我以前居住的波士頓冬天時的溫度是攝氏1度、我在留學的時候1天的飯錢只花1美元。以上的「1」雖然都是阿拉伯數字的「1」，但是它們的尺度或類型不同。

在研究設計上，應清楚的交待所使用的資料類型。資料類型（type of data）又稱測量尺度。測量尺度（measurement scale）共有四種類別：名義尺度（nominal scale）、次序尺度（ordinal scale）、區間尺度（interval scale）以及比率尺度（ratio scale）。[2]這四個尺度依序有「疊床架屋」的情況（也就是說，後面的那個測量尺度具有前面的那個的特性），再加上一些額外的特性。值得一提的是，在SPSS中的輸出報表將「尺度」稱為「量數」，並將區間尺度與比率尺度通稱為「尺度」（scale）。

---

[2] S. S. Stevens, "Mathematics, Measurement, and Psychophysics," In *Handbook of Experimental Psychology,* Edited by S. S. Stevens (New York: Wiley, 1951).

名義的（名義尺度）

名義尺度是區分物件或事件的數字或標記。也許最普遍的例子，就是我們將性別變數中的男性指定為1，將女性指定為0。當然我們也可以將男性指定為0，將女性指定為1；利用符號將男性指定為M，將女性指定為F；或逕自分別以「男性」、「女性」來區分。

定性變數的類別只是分類的標記而已（在這裡，即使是以數字來分類，也是標記），並不表示哪一個類別比較優秀，而且被分在同一類別的個體都是「對等的」（equivalent），例如被分在「0」這一組的男性都是對等的。

基本上，以名義尺度來測量的變數至少有二種類別，而且這些類別是獨特的、互斥的以及盡舉的（exhaustive）。「盡舉的」的意思是指：對每一個個體而言，都有適當的類別。「互斥的」的意思是指：每一個個體都會符合某一個唯一的類別，例如性別即是。性別被稱為是「自然的二分法」（natural dichotomy）。[3]

次序的（次序尺度）

次序尺度很像名義尺度，因為它是互斥的、盡舉的。除此之外，次序尺度的類別並不具有同樣的層級（例如，冠軍、亞軍就不具有同樣的層級，而大專聯考的第一類組、第二類組就具有同樣的層級）。

我們經常會遇到相同的次序的問題（例如環球小姐選拔，二人同列第一）。我們將某地區的足球比賽的成績，依其勝負場數加以記錄如下（假設所有的隊伍的比賽場數皆相同，而且沒有和局）（表1-4）：

表1-4　十個隊伍的勝負一覽表

隊伍	勝	負
A	4	6
B	6	4
C	8	2
D	10	0
E	0	10

---

[3] A. L. Stinchcombe, *Constructing Social Theories* (New York: Harcourt Brace Jovanovich, 1968).

表1-4 十個隊伍的勝負一覽表（續）

隊伍	勝	負
F	5	5
G	8	2
H	4	6
I	9	1
J	4	6

　　基於比賽的結果記錄，我們可排定以下的次序：D、I、C、G、B、F、A、H、J、E。同時，我們發現了平手的現象：C與G平手，A、H與J平手。

　　通常我們將平手視為是相同的。由於C與G的勝數次數相同，如果將之排為第三名與第四名，則不僅不公平，而且也隱藏了重要的資訊。如果我們將此兩隊都給第三名或第四名，則不甚恰當，因為在我們的次序測量系統（ordinal measuring system）中，每個等級只有一個。第一名到第十名的總和是55（1+2+3+...+10），如果我們將此兩隊都給第三名或第四名，則總和會變成54或56。由於我們要維持測量系統的整體一致性，故將平等的那個次序（3及4）加起來，再除以平手的數目（也就是2），而得到3.5。同樣的，A、H與J也是平手，因此它們的等級都是8，也就是（7＋8＋9）/3。如果平手的數目是偶數，則等級就會出現小數，如果平手的數目是奇數，則等級就會出現整數。

　　等級是具有遞移性的（即符合數學上的連結律），如果某個體在某個屬性上的值的等級是r（例如身高第r名），則必優於另一個個體在此屬性的等級是 r+1 者（例如身高第r+1名）。同理，如果某個體在某個屬性上的值的等級是r+1（例如身高第r+1名），則必優於另一個個體在此屬性的等級是r+2者（例如身高第r+2名）。因此我們可以說，r > r+1，同時r+1 > r+2，則 r > r+2。但是我們不知道r值的原始評點大於r+1值的原始評點有多少，或者等級之間的原始評點的差距是否相同。

　　我們從下面五個人的身高次序的例子，便能了解得更為清楚（表1-5）：

表1-5 五個人的身高次序

個體	身高次序	原始評點（身高）	備註
小傑	1	185	
小中	2	180	

表1-5 五個人的身高次序（續）

個體	身高次序	原始評點（身高）	備註
小華	3	179	可認為這個等級是r
小民	4	170	可認為這個等級是r+1
小國	5	164	可認為這個等級是r+2
註：身高依高低次序排列，第1名為身高最高者。			

尺度（區間尺度、比率尺度）

1. 區間尺度

以年齡為例，如果以名義尺度來處理，就是將它分成不同的年齡層；如果以次序尺度來處理，就是將個人依年齡的高低加以排序；如果我們以個體活在世間的年數來看，就是以區間尺度（interval scale）來處理。利用區間尺度，我們可以看出個體在某一屬性（例如，年齡）上的差距，例如最年長者比次年長者多三歲。在區間尺度上，每個差距是一樣的，例如80歲和79歲所相差的一歲，與15歲和14歲所相差的一歲是一樣的。

在區間尺度中，零點的位置**並非固定的**，而且測量單位也是**任意的**（arbitrary）。區間尺度中最普遍的例子就是攝氏（Celsius, C）及華氏溫度（Fahrenheit, F）。同樣的，自然現象（水的沸點）在攝氏、華氏溫度計上代表著不同的值（攝氏0度、華氏32度）。在水銀刻度上，攝氏20度及30度的差距，等於攝氏40度與50度的差距。不同尺度的溫度，可以用 F=32+（9/5）C 這個公式加以轉換。

2. 比率尺度

如果代表某個個體屬性的值是區間尺度的話，我們就可以將這些值做加減運算；如果代表某個個體屬性的值是比率尺度（ratio scale）的話，我們就可以將這些值做乘除運算。因此，比率尺度具有**絕對的、固定的、非任意的**（nonarbitrary）零點。我們曾以年齡來說明區間尺度，事實上，年齡超過了區間尺度的規定，因為它有絕對的零點（零點是**非任意的**，而且也沒有負值）。是否具有「非任意的零點」是比率尺度與區間尺度唯一的差別所在──比率尺度具有非任意的零點，而區間尺度不具有非任意的零點（也就是零點的位置並非固定的）。「體重」具有非任意的零點，而且沒有負值，所以是比率尺度。如果某個體的屬性以非任意的零點為參考

點，而且測量的單位是固定的話，我們就可以對這個屬性的值做乘除的運算。例如，20歲是10歲的「二倍老」，15歲是30歲的「一半年輕」。

　　要看一個尺度是否為比率尺度（也就是零點是否為絕對的）最有效的方法，就是看看「零是否可測量『沒有』的情況」，而且是否有負值（比率尺度沒有負值），例如「零缺點」表示「沒有缺點」，而負缺點則從來未曾被界定過，因此缺點數是比率尺度。依照同理來判斷，家庭人口數、體重、身高等都是比率尺度。如果一個人不存在，則他的體重就是零，但從來沒有體重為負數者。我們可將上述的四種尺度彙總說明（表1-6）。

表1-6　四種尺度的彙總說明

尺度類型	尺度的特性	基本的實證操作
名義	沒有次序、距離或原點	平等性的決定
次序	有次序，但沒有距離或獨特的原點	大於或小於的決定
區間	有次序、距離，但沒有獨特的原點	區間或差異的平等性的決定
比率	有次序、距離及獨特的原點	比率的平等性的決定

資料來源：Donald R. Cooper and C. Pamela Schindler, *Business Research Method* (New York, NY: McGraw-Hill Companies, Inc., 2003), p. 223.

角色（Role）

　　變數的角色是SPSS 18版以後的新功能。有些對話方塊支持先前界定的變數角色。如果你開啟這些對話方塊，則符合角色界定的變數就會自動地呈現在目的地清單中。變數的角色共有六種，如圖1-19所示。

　　輸入（Input）：此變數將被用來作為自變數。目標（Target）：此變數將被用來作為依變數。兩者（Both）：此變數將被用來作為自變數與依變數。無（None）：此變數沒有角色指派。分割（Partition）：此變數將被用來作為分割資料成若干個小樣本的基礎。分割（Split）：此變數將不會被用來作為分割資料成若干個小樣本的基礎。預設值是「輸入」。你在界定變數時，應該很清楚它的角色，但如果不清楚，也無礙以後的分析。

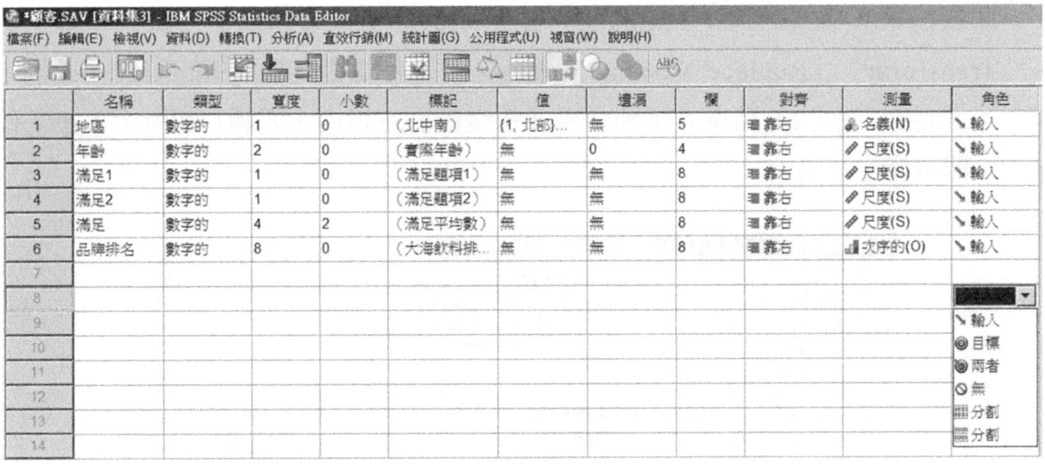

	名稱	類型	寬度	小數	標記	值	遺漏	欄	對齊	測量	角色
1	地區	數字的	1	0	(北中南)	{1, 北部}...	無	5	靠右	名義(N)	輸入
2	年齡	數字的	2	0	(實際年齡)	無	0	4	靠右	尺度(S)	輸入
3	滿足1	數字的	1	0	(滿足題項1)	無	無	8	靠右	尺度(S)	輸入
4	滿足2	數字的	1	0	(滿足題項2)	無	無	8	靠右	尺度(S)	輸入
5	滿足	數字的	4	2	(滿足平均數)	無	無	8	靠右	尺度(S)	輸入
6	品牌排名	數字的	8	0	(大海飲料排...	無	無	8	靠右	次序的(O)	輸入
7											
8											
9											
10											
11											
12											
13											
14											

圖1-19　變數的角色

1.6 資料轉換

我們在這一節將說明常用到的SPSS轉換（Transform）功能：置換遺漏值（Replace Missing Values）、計算變數（Compute）、重新編碼（Recode）、Visual Binning（視覺化聚集器）。

置換遺漏值（Replace Missing Values）

如果我們對資料的遺漏值（missing values）不做適當的處理，必然會扭曲了分析的結果。讀者可能會納悶：變數檢視的「遺漏」與「置換遺漏值」到底有何關係？變數檢視的「遺漏」是對變數設定一個遺漏值，叫系統凡是看到這個遺漏值的數據，就不要處理（例如你對年齡這個變數的遺漏值設為0，則系統在計算平均數時，不要將某人的年齡視為0來加以平均）；「置換遺漏值」的功用是當你在輸入資料時，凡是空著的資料（不是0）則利用所選定的置換方法來加以置換（或填補）。因此，如果你打算使用置換遺漏值的方式，在變數檢視的「遺漏」可不做任何交代。

值得一提的是，如果名義資料（如地區）是遺漏的，則利用此變數的平均數來置換，是錯誤的做法。如果你不知道某人屬於哪個地區，你可以估算嗎？如果地區的平均數是2.3，那麼這到底是屬於哪個地區？

開啟檔案（檔案名稱：...\Chap01\顧客1.sav）。按〔轉換〕〔置換遺漏值〕（〔Transform〕〔Replace Missing Values〕），將要置換遺漏值的變數（此例為年齡、滿足1、滿足2）點選並讀到右邊「新變數」方格內，如圖1-20所示，按〔確定〕，即可產生結果。

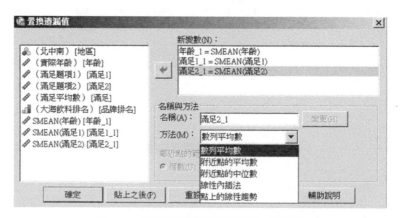

圖1-20　置換遺漏值視窗與產生新變數

在「名稱與方法」對話方塊內，我們可看到各種置換遺漏值的方法，分別有：數列平均數、附近點的平均數、附近點的中位數、線性內插法、點上的線性趨勢。我們選擇的是預設的數列平均數，也就是以所有受測者對該題項的平均數作為置換遺漏值的數值。

計算（Compute）

假設我們要計算「滿足1_1」與「滿足2_1」的平均數，並以「滿足」表示此平均數。我們就應按〔轉換〕〔計算變數〕（〔Transform〕〔Compute〕），在「計算變數」（Compute Variable）視窗中的「目標變數」（Target Variable）下的方格內，填入「滿足」這個變數。然後在「數值運算式」（Numeric Expression）下的方格處按一下，接著點選「運算符號」內的「( )」、「類型與標記」下方格內的「滿足1_1」，再點選 ➡，此時滿足1_1就會選入「數值運算式」下的方格內，再點選「+」號，再點選滿足2_1，再點選 ➡，接著點選「運算符號」內的「/、2」，如圖1-21所示。

在「計算變數」（Compare Variable）視窗右下角的函數群組（Functions），是利用既定的函數來計算，讀者可在所要使用的函數上按滑鼠右鍵，即可看到函數的使用方式。

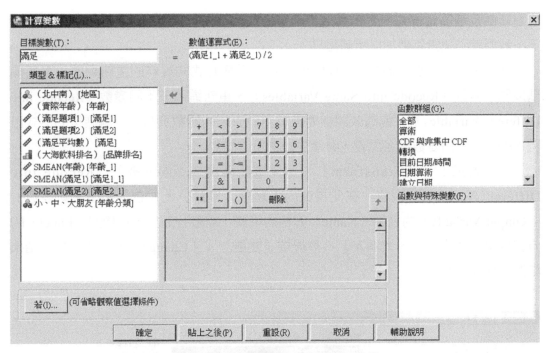

圖1-21 「計算變數」視窗的對話方塊

所產生的結果，如圖1-22所示。

	地區	年齡	滿足1	滿足2	滿足	品牌排名	年齡_1	滿足1_1	滿足2_1
1	1	23	1	3	2.00	1	23.0	1.0	3.0
2	1	19	1	2	1.50	2	19.0	1.0	2.0
3	1	23	1		2.09	2	23.0	1.0	3.2
4	1	24	2	2	2.00	1	24.0	2.0	2.0
5	1	28		4	3.57	2	28.0	3.1	4.0
6	1	29	4	5	4.50	4	29.0	4.0	5.0
7	1	30	5	3	4.00	2	30.0	5.0	3.0
8	2	32	4	2	3.00	1	32.0	4.0	2.0

圖1-22 「計算變數」的結果

重新編碼（Recode）

在調查工具（如問卷）中，我們所蒐集的資料未必適合我們想做的統計分析。例如，我們在問卷中所蒐集的年齡資料是區間資料（如25歲、30歲等），但是我們

想對年齡及地區做卡方檢定，要進行卡方檢定，資料必須是名義資料，在這種情況下，我們就必須對年齡加以重新編碼。

在SPSS中，按〔轉換〕，我們可看到有兩種方式的資料的重新編碼：重新編碼成同一變數（Recode into Same Variables）、重新編碼成不同變數（Recode into Different Variables）。編碼成同樣變數會涵蓋原來的變數資料，以編碼後的形式出現。編碼成不同變數顧名思義，會產生一個新的變數。

按〔轉換〕（〔Transform〕）、〔重新編碼成不同變數〕（Recode into Different Variable）視窗。在此視窗內，點選「年齡」，並在「輸出之新變數」（Output Variable）的名稱（Name）方格內填寫「年齡分類」，在標記（Label）的方格內填寫「小、中、大朋友」。然後按〔變更〕（〔Change〕），所產生的結果如圖1-23所示。

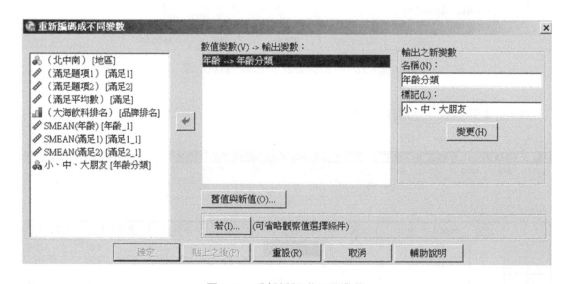

圖1-23　重新編碼成不同變數

按「舊值與新值」（Old and New Values），我們就可以對舊變數重新編碼。對年齡這個變數，我們將如此設定：小於20歲稱為「小朋友」；21～30歲稱為「中朋友」；大於30歲稱為「大朋友」，如圖1-24所示。圖中舊值（Old Value）的範圍（Range）有三種形式，從哪裡到哪裡、從最低值到哪裡、從哪裡到最高值。在選定一個範圍後，在新值為（New Value）對話方塊內的「數值」（Value）的地方設定一個新值。按〔新增〕，則選定的數值範圍（舊值）與新值就會出現在「舊值→新值」的方格內，接著點選「輸出變數為字串」（Output variables are strings）。

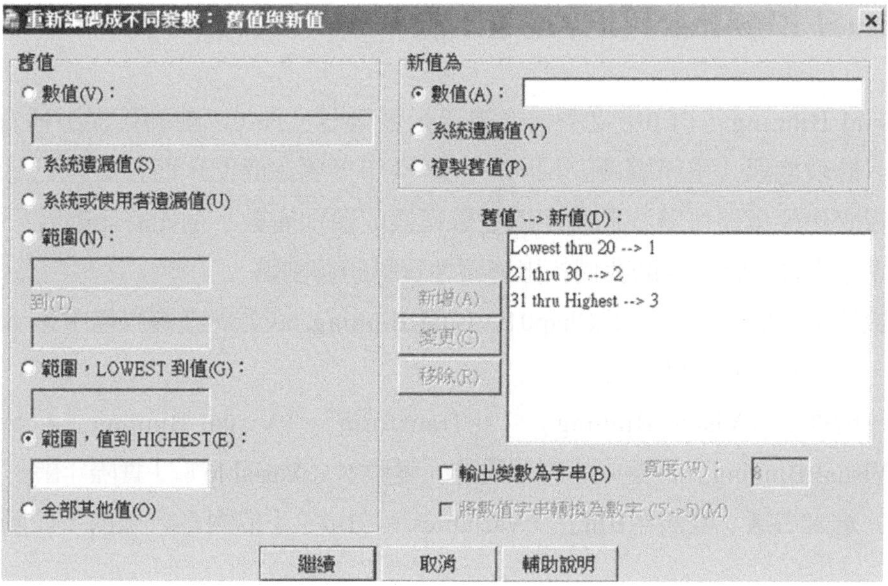

圖1-24　「舊值與新值」設定

按〔繼續〕，SPSS會回到「重新編碼成不同變數」視窗，按〔確定〕，所產生的結果，如圖1-25所示。

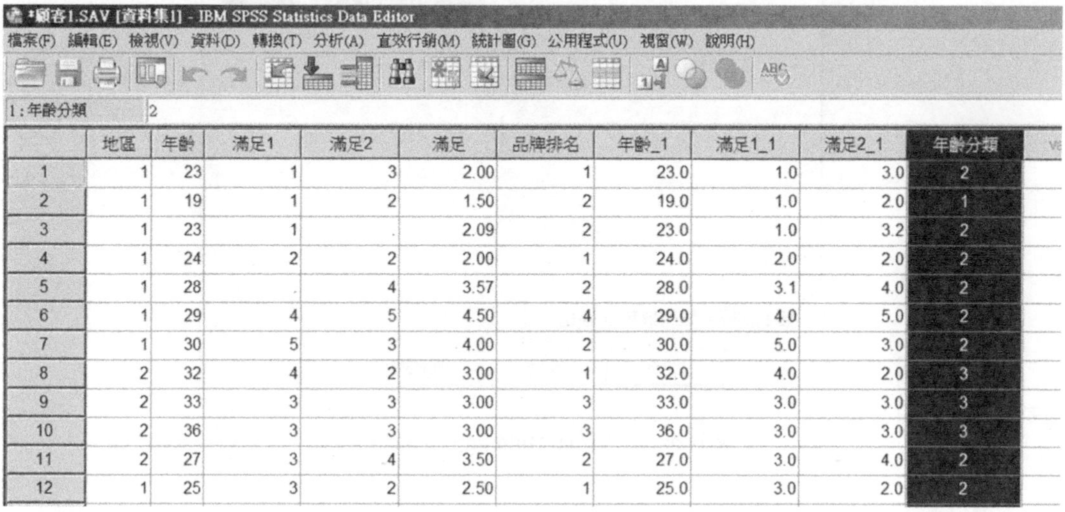

	地區	年齡	滿足1	滿足2	滿足	品牌排名	年齡_1	滿足1_1	滿足2_1	年齡分類
1	1	23	1	3	2.00	1	23.0	1.0	3.0	2
2	1	19	1	2	1.50	2	19.0	1.0	2.0	1
3	1	23	1	.	2.09	2	23.0	1.0	3.2	2
4	1	24	2	2	2.00	1	24.0	2.0	2.0	2
5	1	28	.	4	3.57	2	28.0	3.1	4.0	2
6	1	29	4	5	4.50	4	29.0	4.0	5.0	2
7	1	30	5	3	4.00	2	30.0	5.0	3.0	2
8	2	32	4	2	3.00	1	32.0	4.0	2.0	3
9	2	33	3	3	3.00	3	33.0	3.0	3.0	3
10	2	36	3	3	3.00	3	36.0	3.0	3.0	3
11	2	27	3	4	3.50	2	27.0	3.0	4.0	2
12	1	25	3	2	2.50	1	25.0	3.0	2.0	2

圖1-25　重新編碼的結果

Visual Binning（視覺化聚集器）

Visual Binning（14.0中文版稱為視覺化聚集器，16.0以前的英文版稱為Visual Bander）的功能與「重新編碼」相同，但是操作上更為簡便，而且具有更多的分類方法。視覺化聚集器可讓我們將連續變數轉換成類別變數，例如將年齡若干類，並且其視覺化的直方圖可幫助我們找出連續性資料的切割點。

開啟檔案（檔案名稱：...\Chap01\Visual Binning.sav）。在資料檔中，年齡是連續變數，也就是區間尺度資料。

按〔轉換〕〔Visual Binning〕（〔Transform〕〔Visual Binning〕），在所產生的「Visual Binning」視窗中，將左邊的「變數」（Variable）「實際年齡」（年齡的標記）選入右邊「變數至Bin」（Variables to Bin）下的對話方塊內，如圖1-26所示。

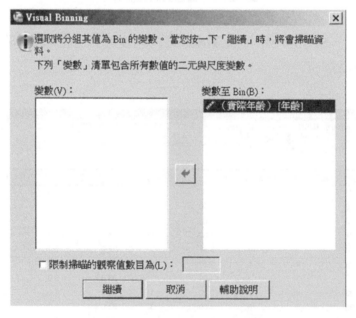

圖1-26　「Visual Binning」視窗設定

按〔繼續〕（Continue），就會出現「Visual Binning」的新視窗，點選「（實際年齡）〔年齡〕」之後，所產生的情形如圖1-27所示。

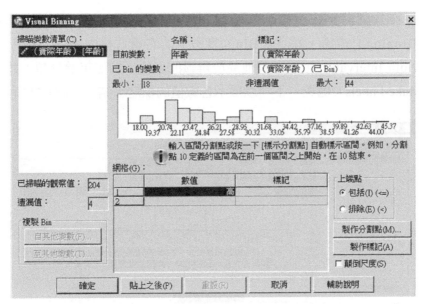

圖1-27　「Visual Binning」新視窗設定

　　在此視窗中，按〔製作分割點〕（〔Make Cutpoints〕），就會產生「製作分割點」（Make Cutpoints）」視窗，在此視窗內，在「相同寬度區間」（Equal Width Intervals）下的「第一個分割點位置」（First Cutpoint Location）的右邊方格內填入「27」，在「分割點數目」（Number of Cutpoints）的右邊方格內填入「3」，在「寬度」（Width）的右邊方格點一下（SPSS會自動計算出5.667的值），結果如圖1-28所示。

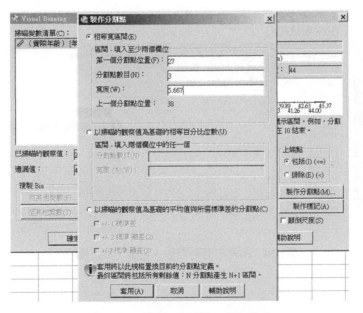

圖1-28　「製作分割點」視窗設定

在「製作分割點」視窗中，按〔套用〕（〔Apply〕），就會出現原來的「Visual Binning」視窗，在「已Bin的變數」的右邊方格內填入「相等寬區間」（Equal Width Intervals），或者其他易於辨識的名稱，例如年齡分類；並在「製作標記」（Make Labels）處按一下，以顯示各數值的標記，結果如圖1-29所示。

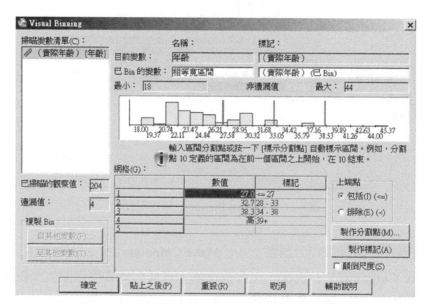

圖1-29　鍵入「已Bin的變數」名稱並製作標記

按〔確定〕，我們可看到所產生的新變數與類別，如圖1-30(a)所示。如果我們按〔變數檢視〕，便可看到SPSS已經自動設定數值標記，如圖1-30(b)下方所示。

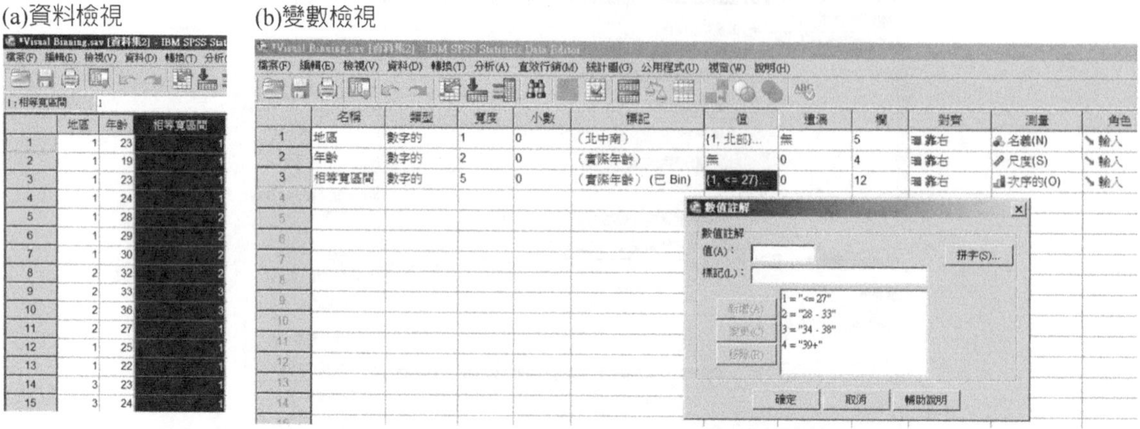

(a)資料檢視　　　　(b)變數檢視

圖1-30　所產生的新變數、類別、數值標記

進階探討

不論我們是用「相等寬區間」或者1.6節所說明的重新編碼,都不免過於「武斷」。我們都是先決定要分幾等分(幾個類別),然後再決定切割點。這種做法可能會使得每個類別的樣本數分布得極不平均。因此,我們要用一些比較具有統計概念的分法。

在「製作分割點」視窗中(圖1-28),我們可看到另外的兩種方法:以掃描的觀察值為基礎的相等百分比位數(本例所選擇的寬度是25%)、以掃描的觀察值為基礎的平均值與所選標準差的分割點(本例分別以±1標準差、±2標準差、±3標準差來做)。有關這些統計觀念可見3.4節。我們現在顯示利用以上方法的分類結果,如圖1-31所示。讀者可開啟檔案(檔案名稱:...\Chap01\Visual Binning_Completed.sav)來看這個結果,

	地區	年齡	相等寬區間	相等百分比位數	加減1標準差	加減2標準差	加減3標準差
1	1	23	1	2	2	2	2
2	1	19	1	1	1	2	2
3	1	23	1	2	2	2	2
4	1	24	1	2	2	2	2
5	1	28	2	3	3	3	3
6	1	29	2	4	3	3	3
7	1	30	2	4	4	3	3
8	2	32	2	4	4	3	3
9	2	33	3	4	4	3	3
10	2	36	3	4	4	4	3
11	2	27	1	3	3	3	3
12	1	25	1	3	3	3	3

圖1-31 利用相等百分比位數、平均值與所選標準差來分類的情形

1.7 資料處理

我們現在介紹常使用的SPSS資料(Data)功能:分割檔案(Split Files)以及選擇觀察值(Select Cases)。

分割檔案（Split Files）

開啟檔案（檔案名稱：...\Chap01\顧客1.sav）。有時候基於分析的需要，我們必須將檔案分開處理，例如研究者必須將「地區」加以分割，以地區別來分別觀察一些現象。研究者在進行二因子變異數分析之後，發現交互作用顯著，必須對於自變數分別來檢視其單純主要效果時，就必須分割檔案（見第5章）。或者研究者在集群分析之後對於群組要進一步的分析，都會使用到分割檔案（見第9章）。值得了解的是，分割檔案並不是「真正的」將檔案分割成若干個小檔案，而是在「幕後」處理。

按〔資料〕〔分割檔案〕（〔Data〕〔Split Files〕），在「分割檔案」（Split File）視窗中，按「依群組組織輸出」（Organize Output by Groups），並將「地區」選入到「依此群組」（Group Based on）下的對話方塊中，如圖1-32所示。如果以後要取消分組，按「分析所有觀察值，勿建立群組」（Analyze all cases, do not create groups）即可。

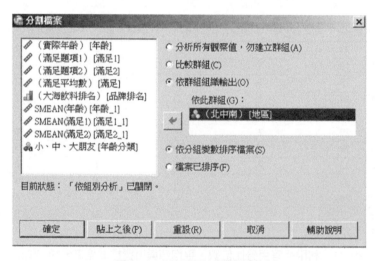

圖1-32　以地區別分割檔案

選擇觀察值（Select Cases）

選擇觀察值（Select Cases）就是要選擇合乎什麼條件的什麼資料。在研究中，我們有時候為了分析的目的，可能會選擇具有某個（或某些）條件的資料進行分析，例如我們有興趣對居住在北部地區、年齡小於20歲的調查對象進行分析。

開啟檔案（檔案名稱：...\Chap01\顧客2.sav）。按〔資料〕〔選擇觀察值〕
（〔Data〕〔Select Cases〕），在「選擇觀察值」（Select Cases）視窗中，選擇
「如果滿足設定條件」（If conditions is satisfied），如圖1-33所示。

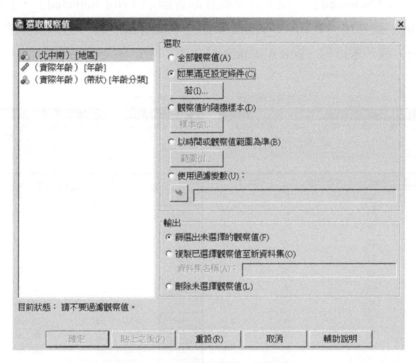

圖1-33 「選擇觀察值」視窗設定

在「選擇觀察值：If」（Select Cases: If）視窗中，做適當的交代，如圖1-34
所示。值得一提的是，在變數檢視中如將地區的數值設定為字串，則在選擇觀察值
時，必須這樣設定：地區=「1」。

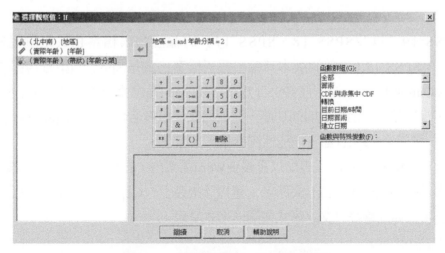

圖1-34 「選擇觀察值：If」視窗設定

　　產生的結果如圖1-35所示。在filter_$這個欄位上，所有合乎條件的會以「1」表示，而不合乎條件的會以「0」表示。如按〔檢視〕〔數值標記〕，則所有合乎條件的會顯示「Selected」，而不合乎條件的會顯示「Not Selected」，並在左邊呈現刪除線條。我們也可在filter_$這個欄位上，按滑鼠右鍵，選擇降冪排列（Sort Descending）或升冪排列（Sort Ascending）。

(a)在filter_$欄位中，符合條件者以1表示，不符合條件者以0表示　　(b)資料的數值標記

	地區	年齡	年齡分類	filter_$
34	1	22	2	1
35	1	21	2	1
36	1	22	2	1
37	1	22	2	1
38	1	21	2	1
39	1	28	3	0
40	1	29	3	0
41	1	30	3	0
42	2	32	3	0
43	2	33	3	0
44	2	36	3	0
45	2	27	3	0
46	1	25	3	0

	地區	年齡	年齡分類	filter_$
34	北部	22	13 - 25	Selected
35	北部	21	13 - 25	Selected
36	北部	22	13 - 25	Selected
37	北部	22	13 - 25	Selected
38	北部	21	13 - 25	Selected
39	北部	28	26 - 38	Not Selected
40	北部	29	26 - 38	Not Selected
41	北部	30	26 - 38	Not Selected
42	中部	32	26 - 38	Not Selected
43	中部	33	26 - 38	Not Selected
44	中部	36	26 - 38	Not Selected
45	中部	27	26 - 38	Not Selected
46	北部	25	26 - 38	Not Selected

圖1-35　「選擇觀察值」結果

1.8 輸出報表處理

　　SPSS 19（以及SPSS 18、SPSS 17）的輸出報表檔案格式是瀏覽器檔案（.spv）；SPSS 17.0之前的版本其輸出報表檔案格式是.spo。類型雖均都為SPSS Statistics Output Document，但SPSS 17以前與以後的輸出報表檔案格式並不相容。

　　為了親自體驗本節所說明的功能，開啟檔案（檔案名稱：...\Chap01\描述性統計量.sav），按照第3章3.11節（描述性統計量）來處理。

　　我們可對SPSS的輸出報表加以複製到Word檔案內，在輸出的報表內，按滑鼠右鍵，所顯示的功能表，如圖1-36所示。選擇「複製」（Copy），在Word內可「選擇性貼上」，依你的喜好以文字形式或圖形形式呈現。

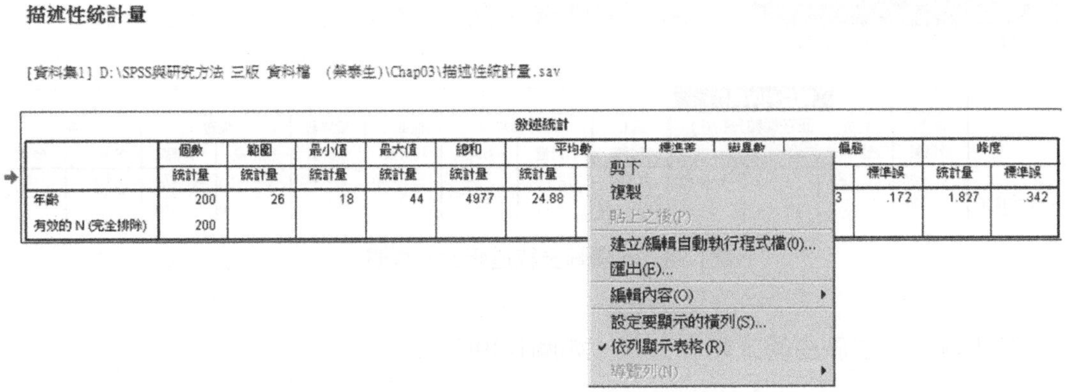

描述性統計量

[資料集1] D:\SPSS與研究方法 三版 資料檔 （榮泰生）\Chap03\描述性統計量.sav

							敘述統計					
	個數	範圍	最小值	最大值	總和	平均數	標準差	變異數		偏態		峰度
	統計量	統計量	統計量	統計量	統計量	統計量					標準誤	統計量	標準誤
年齡	200	26	18	44	4977	24.88			3		.172	1.827	.342
有效的 N (完全排除)	200												

剪下
複製
貼上之後(P)
建立/編輯自動執行程式檔(0)...
匯出(E)...
編輯內容(0)   ▶
設定要顯示的橫列(S)...
✔ 依列顯示表格(R)
轉覽列(N)   ▶

圖1-36　在輸出的報表內，按滑鼠右鍵，所顯示的功能表

在SPSS中輸出報表是以橫式呈現，然而如果我們要將它複製到Word內，可能會因為版面設定的問題而無法以完整的報表呈現，因而顯得亂七八糟或者必須切開成兩個表。此時我們可以將輸出報表以直式呈現。

在輸出的報表內，按滑鼠右鍵，在所顯示的功能表中，選擇〔編輯內容〕〔在個別視窗中〕，如圖1-37所示。

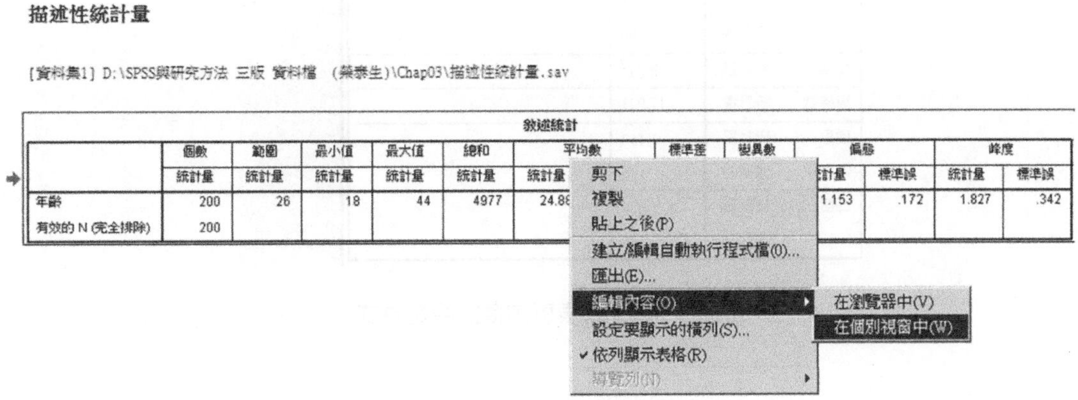

描述性統計量

[資料集1] D:\SPSS與研究方法 三版 資料檔 （榮泰生）\Chap03\描述性統計量.sav

							敘述統計					
	個數	範圍	最小值	最大值	總和	平均數	標準差	變異數		偏態		峰度
	統計量	統計量	統計量	統計量	統計量	統計量			統計量	標準誤	統計量	標準誤
年齡	200	26	18	44	4977	24.88		1.153		.172	1.827	.342
有效的 N (完全排除)	200												

剪下
複製
貼上之後(P)
建立/編輯自動執行程式檔(0)...
匯出(E)...
編輯內容(0)   ▶   在瀏覽器中(V)
設定要顯示的橫列(S)...   在個別視窗中(W)
✔ 依列顯示表格(R)
轉覽列(N)   ▶

圖1-37　〔編輯內容〕〔在個別視窗中〕

然後，在所顯示的「樞軸表敘述統計」（SPSS Pivot Table: Descriptive）視窗中，按〔樞軸〕〔轉置列與欄〕（〔Pivot〕〔Transpose Rows and Columns〕），如圖1-38所示。

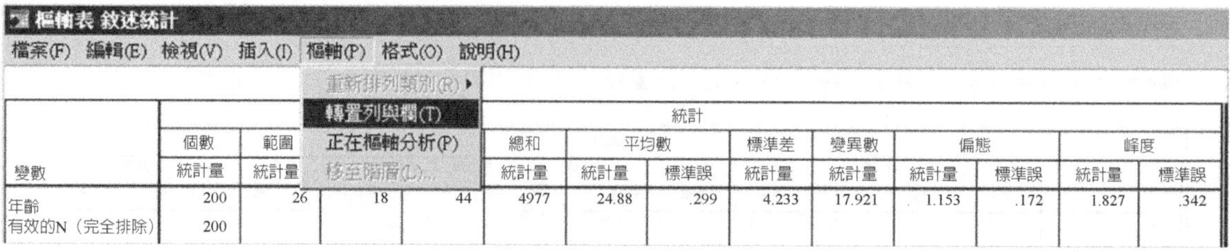

圖1-38　「樞軸表敘述統計」視窗

結果輸出報表就由橫式轉為直式,如圖1-39所示。

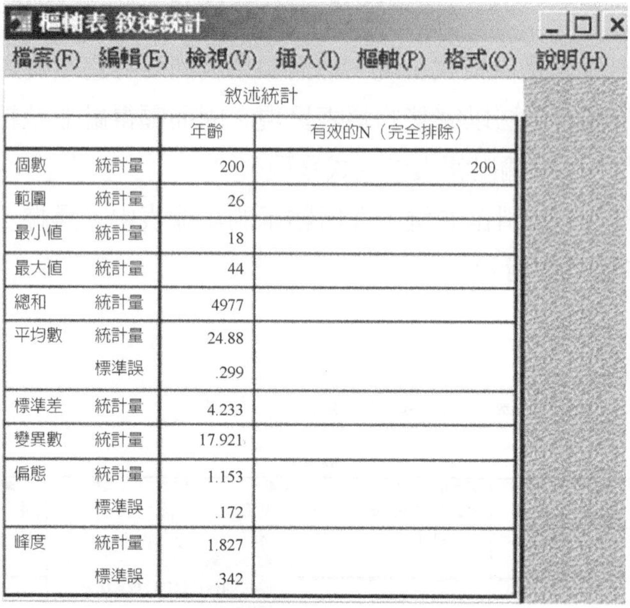

圖1-39　輸出報表就由橫式轉為直式

1.9 統計分析

　　SPSS的統計分析(Analysis)是它的重頭戲。在圖1-40中,我們可以看到分析的各種技術。這些技術有些是單變量分析,如敘述統計(Descriptives);有些功能是雙變量分析,如無母數檢定的卡方分配(Chi-Square);有些是多變量分析,如區別分析(Discriminant)。在學術研究的統計分析部分,不見得必須利用到所有的

分析技術。最重要的考慮因素是：資料的類型（測量）是否適合某個（某些）統計
分析技術。

圖1-40　SPSS的分析技術

　　茲將進行企業研究常用的統計分析技術整理如表1-7所示。

表1-7　企業研究常用的統計分析技術

統計分析技術	中文名稱	英文名稱
描述性統計 （Descriptive Statistics）	次數分配表	Frequencies
	描述性統計量	Descriptives
	交叉表	Crosstabs
比較平均數法 （Compare Means）	平均數	Means

表1-7　企業研究常用的統計分析技術（續）

統計分析技術	中文名稱	英文名稱
比較平均數法（Compare Means）	單一樣本T檢定	One-Sample T Test
	獨立樣本T檢定	Independent-Sample T Test
	成對樣本T檢定	Pair-Sample T Test
	單因子變異數分析	One-Way ANOVA
一般線性模式（General Linear Model）	單變量	Univariate
	多變量	Multivariate
	重複量數	Repeated Measure
相關（Correlate）	雙變數	Bivariate
迴歸（Regression）	線性	Linear
	曲線估計	Curve Estimation
	二元Logistic	Binary Logistic
	多項性Logistic	Multinominal Logistics
	次序的	Ordinal
	Probit分析	Probit
	非線性	Nonlinear
	最適尺度	Optimal Scaling
對數線性（LogLinear）	一般化	General
	Logit分析	Logit
	模式選擇	Model Selection
分類（Classify）	TwoStep集群分析	TwoStep Cluster
	K平均數集群	K-Means Cluster
	階層集群分析法	Hierarchical Cluster
	判別	Discriminant
維度縮減（Data Reduction）	因子	Factor
	對應分析	Correspondence Analysis
	最適尺度	Optimal Scaling
尺度（Scale）	信度分析	Reliability Analysis
	多元尺度方法（PROXCAL）	Multidimensional Scaling（PROXCAL）
	多元尺度方法（ALSCAL）	Multidimensional Scaling（ALSCAL）

表1-7　企業研究常用的統計分析技術（續）

統計分析技術	中文名稱	英文名稱
無母數檢定 （Nonparametric Tests）	卡方分配	Chi-Square
	二項式	Binomial
	連檢定	Runs
	單一樣本K-S檢定	1-Sample K-S
	二個獨立樣本	2 Independent Samples
	K個獨立樣本	K Independent Samples
	二個相關樣本	2-Related Samples
	K個相關樣本	K-Related Samples
複選題分析（Multiple Response）	定義變數集	Define Sets

　　讀者如有興趣了解SPSS進階統計分析（Advanced Statistics，包括Categories、Complex Samples、Conjoint、Custom Tables、Data Preparation、Decision Trees、Exact Tests、Forecasting、Missing Values、Programmability Extension、Regression、Visualization Designer），可上網（http://www.spss.com/software/statistics/modules/）獲得最新資料。

1.10　有關本書

本書特色

　　讀者如有初等統計學的基礎，若能細讀本書加上仔細思考，要融會貫通本書的內容，應該不會困難。如果具有多變量分析的基礎，對於本書的了解，更有如虎添翼的效果。

　　本書以「企業管理問題解決」導向，舉有以下特色：第一，本書的舉例多以企管問題為主，如領導風格、波特的基本競爭策略、廣告類型及效果、人力資源甄選等。第二，所說明的SPSS統計工具是在企管專題研究、企管碩博士論文中常用到的技術。限於實用的攸關性及篇幅，對於不常用的SPSS技術則略而不談。第三，在說明SPSS統計技術時，盡量避免艱澀難懂的公式及公式的推導，使讀者能迅速掌握統

計技術的精義，以免讀者有「見木不見林」之憾。同時，在SPSS輸出報表的解讀上，除了說明統計值的意義之外，最重要的，還闡述在企業管理上的涵義。第四，在有關統計值的視窗選項中，我們只挑選與決策息息相關的選項，以便能夠迅速而有效的掌握這些統計值在統計上，尤其是企業決策上的重要意涵。

▐ 呈現方式

欲使用本書所附贈光碟內的資料，要具有SPSS 14.0 Base及以上的版本（中英文版均可）。本書所使用的是IBM SPSS Statistics 19版。

如前述，SPSS 19版支持多國語言，你在安裝好了之後，按〔Edit〕〔Options〕（〔編輯〕〔選項〕），在「Options」視窗內，首先出現的是General（一般）選項，在General選項的「Output」（輸出）對話方塊中「Language」的地方選擇「Traditional Chinese」（繁體中文）；在「User Interface」（使用者介面）對話方塊中「Language」的地方選擇「Traditional Chinese」（繁體中文），按「OK」之後，就會產生中文介面，而輸出報表的有關部分也會以中文呈現。

本書對各種操作指令，均是中英對照，先顯示中文，再顯示英文，例如：按〔轉換〕〔置換遺漏值〕（〔Transform〕〔Replace Missing Values〕），因此不論你使用SPSS中文版或英文版都能夠順利地操作。讀者欲深入了解SPSS的各相關技術，必須實際操作，才能夠徹底了解，以收舉一反三之效。

第 **2** 章
認識研究方法

專題研究是針對企業環境、策略、組織內部結構，以及企業的利益關係者（如員工、消費者）所進行的研究。研究者可能是企業內部人士，也可能是委外的專業研究機構，也可能是從事學術研究的學者或學生。不論由誰主持研究，研究者都必須先有一個明確的研究問題。在學術上的專題研究隨著研究者、研究要求的不同，可分為「大三專題研究」、碩士論文研究、博士論文研究。不論何種層次的學術研究，研究者都必須了解研究方法，並遵循一定的研究程序。[1]

2.1 何謂研究方法

何謂「研究」

「研究」涉及到如何界定研究問題、建立觀念架構、發展研究假說、進行研究設計，以及如何蒐集資料、如何分析資料、如何做研究結論，並提出研究建議。研究問題可以說是林林總總，不一而足，它們包括了某些非常特定的問題，例如，何以消費者對於公司的產品偏好改變了，企業主管如何才能使部屬之間消除互相猜忌的現象等等。

不同的權威學者，對於「研究」一詞曾給予不同的定義。社會科學家（許多企業研究的方法論均得自於社會科學家的貢獻）對於什麼是研究、什麼不稱為研究，均有著相當嚴謹的定義。研究方法論權威柯林格（Kerlinger, 1986）對於科學研究（scientific research）的定義如下：科學研究是以有系統的、控制的、實驗的、嚴謹的方法，來探討對於現象之間的關係所做的假說命題。[2]

從管理的觀點來看，將這個定義延用在企業研究的定義上會有一點問題，因為這個定義排除了其他類型的研究方法。例如，某公司在考慮是否要以檸檬淡酒來打入「軟性飲料」市場時，管理當局所需要的資訊絕大多數是描述式資料（descriptive data），例如潛在市場的大小、可能的競爭者、影響行銷成敗的因素，以及在每個產品市場消費者的需求及慾望等。根據柯林格的定義，這類的描述式研究會被排除

---

[1] 有關本章各課題的詳細說明，可參考：榮泰生著，《企業研究方法》，四版（臺北：五南圖書出版公司，2011）。

[2] F. N. Kerlinger, *Foundations of Behavioral Research*（New York: Holt, Rinehart, and Winston, 1986），pp. 28-32.

在其定義之外。

　　企業管理者是決策導向的，他們需要有效的資訊來做有效的決策。因此，我們有必要將柯林格的定義加以擴充。本書對於專題研究的定義是：專題研究是以有系統的、控制的、實驗的、嚴謹的方法，來探討管理決策者所欲探討的現象。專題研究是以有系統的、客觀的態度和方法，指針對某一特定的企業問題，發掘此問題的真相，並提供企業管理者所需的資訊。詳言之，專題研究有以下的特性：

　　（1）專題研究是有系統的，也就是說，它是事先規劃周密、組織嚴謹的過程。
　　（2）獲得資訊的方法是客觀的，也就是說，這些方法不因研究者的個人微喜好、研究過程而有所偏差。
　　（3）專題研究的過程著重於提供有效的資訊，以幫助企業管理者做決策。
　　（4）由專題研究所蒐集的資訊是幫助決策者解決特定的企業問題，例如消費者認知、態度問題等等。

何謂「方法」

　　「方法」（method）是指蒐集資料的技術或工具。例如，物理研究者與企業研究者所用的方法不同 —— 物理學家不會用意見調查，而社會科學也不會用電子顯微鏡來做研究。但是我們也可以說：他們所用的方法是相同的，只是在測量工具的精確度上有所不同而已。不論研究者是用電波望遠鏡、電子顯微鏡、球形潛水裝置（bathysphere，深海探測用）、單面鏡、參與式觀察（participant observation），他們都是用同樣的工具 —— 觀察法。

　　研究者想要證實其研究假說的程度，決定了他所使用的研究方法。換句話說，有些研究者希望發現在統計上的相關性的顯著程度，他就會使用調查法或實驗法；但有些研究者只要對其觀察的現象加以記錄、計數即可，他就會使用觀察法。

　　物理學家通常不是他所研究的對象的一部分，這使得許多社會科學家質疑，社會科學是否也可以是一樣。物理學與社會科學在這方面的爭辯，涉及到方法論上的問題，而不是方法的問題。

　　「方法論」（methodology）是指研究程序的哲學。它包括了研究推理背後的假說及價值觀，以及研究者用來解釋數據以獲得結論的標準。研究者的方法論決定了：（1）他如何建立研究假說；（2）棄卻（或拒絕）區域（reject region，棄卻研究假說的區域）有多大；換句話說，他要蒐集多少程度的證據（level of evidence）。

　　有些研究者認為，以數量方法來解釋企業問題的話，會太過於人工化、非人性化，或者會對於複雜的企業問題做太過單純的詮釋。他們認為，與被研究者互動所產生的了解及經驗分享，會比透過數學模型所產生的邏輯的、精準的解釋，更具有令人滿意的解釋結果。以悲天憫人的胸懷、將心比心的情操來進行研究，如果不能取代嚴肅冷峻的邏輯推論的話，至少也可以相輔相成。

　　在企業專題研究的領域中，存在著不同的方法論或了解企業行為、企業環境的方法或標準。有些研究者會先挑選一個研究主題，再選擇方法論；有些研究者會先選擇方法論，然後再選擇適合此方法論的研究主題。

　　近年來，研究方法被應用得越來越廣泛，例如廣告公司的研究人員，利用調查法來研究消費者的行為，利用實驗法來了解廣告的效果，政府機構或民間團體利用調查法來了解民意、預估選情等。

2.2　好的研究

　　我們發現許多研究花了大量的人力與財力，但是綜觀其研究成果，不難發現仍有許多缺點：

- ·對於資料如何取得沒有交代，或交待不清，因此無法判斷樣本的代表性；
- ·對於樣本大小的決定，沒有統計理論基礎，或者沒有說明背後的假說；
- ·沒有說明資料的型態及所用的統計方法，以及這個統計方法的限制；
- ·所用的統計方法過於單純，並且很少提到統計結果在統計上的涵義；
- ·統計結果在企業問題上的涵義說明得非常牽強。

　　上述的缺點，顯然是因為研究者在進行研究時缺乏整體性的考慮所致。一個好的研究（good research）會利用專業研究技術，產生可靠的數據（研究成果），以幫助管理者做有效決策。相形之下，壞的研究，計畫粗糙，進行草率，所產生的數據很難幫助管理者減低決策風險。好的研究會依循科學方法（scientific methods）。以下的各個問題可幫助研究者做整體性的思考，如果能對以下的各問題做充分的、合理的說明，才可稱為是一個好的研究：

· 為何要研究這個主題？動機如何（是從文獻探討中發現了什麼可議之處？或是什麼企業問題激發了你去探求的慾望）？目的如何（想要發現什麼、想要解決什麼問題）？研究的範圍如何？限制如何？

· 這個主題所涉及的相關變數是什麼？這些變數之間的關係如何？〔變數之間的關係形成了研究的觀念性架構（conceptual framework）〕。有什麼理論背景支持，或依據何種推理而形成的？

· 如何將這些變數的定義轉述成它們的操作性定義？

· 要向哪些人進行研究？他們的特性如何？是否提出「樣本具有代表性」的證據？要向多少人進行調查？如何決定這樣的人數？

· 用什麼工具（調查法、實驗法、觀察法）來蒐集資料？如果是用次級資料，有無說明資料的來源？其可信度及代表性如何？

· 如果用調查法，問卷中各變數的信度（一致性）、效度（代表性）如何？如果用實驗法，對於實驗變數有無做嚴密的控制？如果用觀察法，是否有對研究者個人偏差所造成的影響減到最低？是否誠實的說明研究設計的缺點，以及這些缺點對研究結果的影響如何？

· 以何種統計分析技術來分析資料？限制如何？如何克服這些限制？誤差的機率及統計顯著性的標準如何？

· 所獲得的研究結果是否基於資料分析的結果？所適用的條件及情形如何？研究的建議是否根據研究的結論？研究的建議是否與研究目的環環相扣？

2.3 研究程序

　　專題研究（不論是大三或大四的專題、碩博士論文、學者的研究、企業行銷部門所進行的專案研究）都具有清晰的步驟或過程，這個過程是環環相扣的。例如，研究動機強烈、目的清楚，有助於再進行文獻探討時對於主題的掌握；對於研究目的能夠清楚的界定，必然有助於觀念架構的建立；觀念架構一經建立，研究假說的陳述必然相當清楚，事實上，研究假說是對於觀念架構中各構念（變數）之間的關係、因果或者在某種（某些）條件下，這些構念（變數）之間的關係、因果的陳述。觀念架構中各變數的資料類型，決定了用什麼統計分析方法最為適當。對於假說的驗證成立與否就構成了研究結論，而研究建議也必須根據研究結果來提出。研

究程序 （research process）以及目前碩博士論文的章節安排如表2-1所示。**3**

表2-1　研究程序

步驟	碩博士論文章節
（1）研究問題的界定	
（2）研究背景、動機與目的	1
（3）文獻探討	2
（4）觀念架構及研究假說	3
（5）研究設計	
（6）資料分析	4
（7）研究結論與建議	5

　　專題研究是相當具有挑戰性的，正因為如此，它會讓動機強烈的研究者得到相當大的滿足感。但不可否認的，專題研究的道路上是「荊棘滿布、困難重重」的。專題研究之所以困難，有幾項原因：（1）研究者沒有把握蒐集到足夠的樣本數資料，而這些樣本要能夠充分的代表母體；（2）研究者必須合理的辨識干擾變數並加以控制；（3）研究者必須具有相當的邏輯推理能力及統計分析能力，包括對統計套裝軟體（如SPSS Basic、SPSS Amos）輸出結果的解釋能力。

循環性（circularity）

　　我們可將研究程序視為一個迴圈（圖2-1）。研究者是從第一步驟開始其研究，在進行到「研究結論與建議」階段時，研究並未因此而停止。如果研究的結論不能完全回答研究的問題，研究者要再重新界定問題、發展假說，重新做研究設計。如此一來，整個研究就像一個循環接著一個循環。但在實際上，研究者受到其能力、經費及時間的限制，整個研究不可能因為求完美，而永無止境的循環下去。

---

3 這裡說明的研究程序是針對「量化研究」而說明的，對於「質性研究」略有不同。可參考：榮泰生，《企業研究方法》，四版（臺北：五南圖書出版公司，2011），第12章。

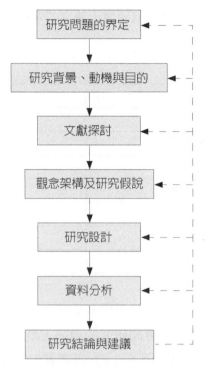

圖2-1　研究程序的迴圈

環環相扣

如前述，專題研究的每個步驟或過程都是環環相扣的。把握這個原則非常重要，否則論文變得結構鬆散。簡單的說，環環相扣的意思是這樣的：

- ‧有怎樣的研究背景，有怎樣的動機；
- ‧有怎樣的動機，就有怎樣的目的；
- ‧有怎樣的目的，就有怎樣的文獻探討範圍；
- ‧有怎樣的目的，也就會有怎樣的觀念架構；
- ‧有怎樣的觀念架構，就會有怎樣的假說；
- ‧有怎樣的觀念架構，就會有怎樣的操作性定義；
- ‧有怎樣的操作性定義，就會有怎樣的問卷設計；
- ‧有怎樣的假說，就會有怎樣的資料分析方法；
- ‧有怎樣的資料分析方法，就會有怎樣的研究結論；
- ‧有怎樣的研究結論，就會有怎樣的建議。

2.4 研究問題的界定

在管理學上,「問題」是實際現象與預期的現象之間有偏差的情形。明確的形成一個研究問題並不容易,但是非常重要。研究者雖然由於智力、時間、推理能力、資訊的獲得及解釋等方面有所限制,因此在定義研究問題,設定研究目標時,並不一定能做得盡善盡美,[4]但是如不將問題界定清楚,則以後各階段的努力均屬枉然。

研究問題的形成比問題的解決更為重要,因為要解決問題只要靠數學及實驗技術就可以了,但是要提出問題、提出新的可能性、從新的角度來看舊的問題,就需要創意及想像。[5]美國行銷協會(American Marketing Association, AMA, 1985)曾提到:「如果要在研究專案的各個階段中挑選一個最重要的階段,這個階段就是問題的形成」。在研究程序中,問題的界定非常重要,因為它指引了以後各階段的方向及研究範圍。

當一些不尋常的事情發生時,或者當實際的結果偏離於預設的目標時,便可能產生了「問題」(problem)。此時研究人員必須要與管理者共同合作,才能將問題界定清楚。[6]管理者必須說明,研究的結果如何幫助他(她)解決問題、做決策,也必須說明造成問題的各種事件。這樣做的話,研究問題就可界定得更為清楚。

▌ 症狀與問題的確認

問題的確認涉及到對於現象的了解。有些企業問題的症狀很容易確認,例如高的人員離職率、遊客人數在迅速成長一段時間後有越來越少的情形、員工的罷工、產品線的利潤下降等。這些情形並不是一個問題,而是一種症狀(symptom)。症狀是顯露於外的現象(explicit phenomena),也就是管理當局所關心的東西,而問題才是造成這些症狀的真正原因。

---

[4] 這是Herbert Simon(1947)所認為的「有限理性」的關係使然。如欲對有限理性及其相關的觀念加以了解,可參考:Herbert Simon, Administrative Behavior(臺北:巨浪書局,1957);或榮泰生著,《策略管理學》,(臺北:三民書局,2006年)。

[5] Albert Einstein and L. Infeld, *The Evolution of Physics*(New York: Simon & Schuster, 1938), p. 5.

[6] P. W. Conner, "Research Request Step Can Enhance Use of Results," *Marketing News,* January 4, 1985, p. 41.

研究問題的形成

在對企業問題加以確認之後，就要將這些問題轉換成可以加以探索的研究問題（research questions）。但未必所有的企業問題都可以轉換成研究問題，造成這個情形的可能原因有：（1）管理當局認為研究的成本會大於其價值；（2）進行研究來解決管理問題的需求並不迫切；（3）研究的主題是不能研究的（unresearchable，例如所擬定研發的抗癌藥物施用於人體不僅違法，也不合乎道德標準）；（4）研究經費短缺、沒有合格的研究人員等。我們現在舉例說明症狀與問題的確認、研究問題的形成：[7]

症狀的確認

大海公司的程式設計員其流動率越來越高，常聽到他們對於薪資結構的不滿。

問題的確認

（1）檢視企業內部及外部資料（了解他們不滿及離職率的情況；了解過去有無不滿的情形；其他公司是否有類似的情形）；（2）挑明此問題領域（各部門的薪資制度並不一致；離職面談顯示他們對於薪資結構的不滿；公平會最近警告本公司，有關薪資歧視的問題）。

管理問題的陳述

目前的薪資結構公平嗎？

研究問題的陳述

大海公司影響程式設計員薪資高低的主要因素為何？

在定義問題的最後一個階段，就是要實際的選擇要研究的問題。在企業中，管理者所認為的優先次序，以及他們的認知價值決定了要進行哪一個研究。有關問題的形成應考慮的事項有：

· 對問題的陳述是否掌握了管理當局所關心的事情？

---

[7] Problem Definition, *Marketing Research Techniques,* Series No. 2（Chicago: American Marketing Association, 1958）, p. 5.

・是否正確的說明問題的所在？（這真正的是一個問題嗎？）

・問題是否清晰的界定？變數之間的關係是否清楚？

・問題的範圍是否清晰的界定？

・管理當局所關心的事情是否可藉著研究問題的解決而得到答案？

・對問題的陳述是否有個人的偏見？

在對企業研究問題的選擇上，[8]所應注意的事項如下：

・所選擇的研究問題與管理當局所關心的事情是否有關連性？

・是否可蒐集到資料以解決研究問題？

・其他的研究問題是否對於解決企業問題有更高的價值？

・研究者是否有能力來進行這個研究問題？

・是否能在預算及時間之內完成所選擇的研究問題？

・選擇這個研究問題的真正原因是什麼？

在學術研究上，研究者會確認哪些症狀呢？這和他們的觀察的敏銳度、相關文獻的涉獵有關。換句話說，研究者對於問題越是具有敏銳性，以及對於有關文獻的探討越深入，則對這個問題的確認會越清楚。

在對學術研究問題的選擇上，所應注意的事項如下：

・所選擇的研究問題是否具有深度及創意？

・是否可蒐集到資料以解決研究問題？例如，針對醫院進行研究，是否有能力或「關係」蒐集到資料？

・研究者是否有能力來進行這個研究問題？（尤其是資料分析方面的能力）

・是否能在所要求的時間之內完成所選擇的研究問題？

・選擇這個研究問題的真正原因是什麼？

2.5 研究背景、動機與目的

研究背景是扼要說明與本研究有關的一些課題，例如研究此題目的重要性（可

---

[8] 從事獨立研究者，其研究問題的選擇主要是受到典範（paradigm）及價值觀的影響。

分別說明為什麼這些變數具有因果關係、為什麼研究這些變數的因果關係是重要的），同時如果研究的標的物是某產業的某產品，研究者可解釋為什麼以此產業、產品（甚至使用此產品的某一特定受測對象）為實證研究對象是重要的。

「研究動機與目的」是研究程序中相當關鍵的階段，因為動機及目的如果不明確或無意義，那麼以後的各階段必然雜亂無章。所以我們可以了解，研究動機及目的就像指南針一樣，指引了以後各階段的方向及研究範圍。

研究動機是說明什麼因素促使研究者進行這項研究，因此研究動機會與「好奇」或「懷疑」有關。不論是基於對某現象的好奇或者懷疑，研究者的心中，通常會這樣想：什麼因素和結果（例如員工士氣不振、資金週轉不靈、網路行銷業績下滑、降價策略未能奏效等）有關？什麼因素造成了這個結果？

在「什麼因素和結果有關」這部分，研究者應如此思考：哪些因素與這個結果有關？為什麼是這些因素？有沒有其他因素？此外，研究者也會「懷疑」：如果是這些因素與這個結果有關，那麼各因素與結果相關的程度如何？為什麼某個因素的相關性特別大？

在「什麼因素造成了這個結果」這部分，研究者應如此思考：哪些因素會造成這個結果？為什麼是這些因素？有沒有其他因素？此外，研究者也會「懷疑」：如果是這些因素造成了這個結果，那麼各因素影響的程度如何？為什麼某個因素影響特別大？

上述的「結果」大多數是負面的，當然正面的結果也值得探索，以發現與成功（正面結果）有關的因素以及原因。負面的結果就是「問題」所在。「問題」（problem）是實際現象與預期的現象之間有偏差的情形。

研究的目的有四種：（1）對現象加以報導（reporting）；（2）對現象加以描述（description）；（3）對現象加以解釋（explanation）；（4）對現象加以預測（prediction）。[9]因此，研究者應說明其研究的目的是上述的哪一種。

報導

對現象加以報導是研究的最基礎形式。報導的方式可能是對某些數據的加總，

---

[9] D. R. Cooper and Pamela Schindler, *Business Research Methods*（New York, NY: McGraw-Hill Companies, Inc., 2003）, pp.10-12.

因此這種方式是相當單純的，幾乎沒有任何推論，而且也有現成的數據可供引用。比較嚴謹的理論學家認為報導稱不上是研究，雖然仔細的蒐集資料對報導的正確性有所幫助。但是也有學者認為調查式報導（investigative reporting，是報導的一種形式）可視為是定性研究（qualitative research）或臨床研究（clinical research）；研究專案不見得要是複雜的、經過推論的，才能夠稱得上是研究。[10]

▋ 描述

描述式研究在企業研究中相當普遍，它是敘述現象或事件的「誰、什麼、何時、何處及如何」的這些部分，也就是它是描述什麼人在什麼時候、什麼地方、用什麼方法做了什麼事。這類的研究可能是描述一個變數的次數分配，或是描述二個變數之間的關係。描述式研究可能有（也可能沒有）做研究推論，但均不解釋為什麼變數之間會有某種關係。在企業上，「如何」的問題包括了數量（數量如何成為這樣的？）、成本（成本如何變成這樣的？）、效率（單位時間之內的產出如何變成這樣的？）、效能（事情如何做得這樣正確的？）以及適當性（事情如何變得適當或不適當？）的問題。[11]

▋ 解釋

解釋性研究是基於所建立的觀念性架構（conceptual framework）或理論模式，來解釋現象的「如何」及「為什麼」這二部分。例如，研究者企圖發現有什麼因素會影響消費者行為。他在進行文獻探討之後發現這些因素包括：（1）社會因素，包括角色、家庭影響、參考團體、社會階層、文化及次文化；（2）使用情況；（3）心理因素，包括認知、動機、能力及知識、態度、個性；（4）個人因素，包括人口統計因素、涉入程度。

接著他就進行實證研究發現：所有的因素都會影響消費者的行為，只是程度不同而已。然後他就必須解釋為什麼這些因素會影響消費者的行為，以及為什麼在程

---

[10] M. Levine, "Investigative Reporting as a Research Method: An Analysis of Berstein and Woodward's all the President's Men," *American Psychologist, 35,* （1980）, pp. 628-638.

[11] E. O'Sullivan and G. R. Rassel, *Research Methods for Public Administrators*（New York: Longman, Inc., 1989）, pp. 19-39.

度上會有所差別。

█ 預測

　　預測式研究是對某件事情的未來情況所做的推斷。如果我們能夠對已發生的事件（如產品推出的成功）建立因果關係模式，我們就可以利用這個模式來推斷此事件的未來情況。研究者在推斷未來的事件時，可能是定量的（數量、大小等），也可能是機率性的（如未來成功的機率）。

　　研究目的就是研究者想要澄清的研究問題，在陳述研究問題的陳述上，通常是以變數表示，例如：「本研究旨在探討甲變數是否與乙變數具有正面關係」、「本研究旨在探討甲變數是否是造成乙變數的主要原因」等。

2.6　文獻探討

　　文獻探討，又稱為探索（exploration），就是對已出版的相關書籍、期刊中的相關文章、或前人做過的相關研究加以了解。除此之外，研究者還必須向專精於該研究主題的人士（尤其是持反面觀點的人士）請教，俾能擴展研究視野。

　　由於網際網路科技的普及與發展，研究者在做文獻探討時，可以透過網際網路（Internet）去檢索有關的研究論文。例如，進入「全國博碩士論文資訊網」（http://datas.ncl.edu.tw/theabs/1/）。

　　文獻探討的結果可以使得研究者修正他的研究問題，更確定變數之間的關係，以幫助他建立研究的觀念架構。

　　在撰寫專題學術論文方面，文獻探討分為幾個層次：（1）將與研究論文有關的文獻加以分類臚列；（2）將有關的論文加以整合並加以比較；（3）將有關的論文加以整合並根據推理加以評論。顯然，第二層次比第一層次所費的功夫更多，第三層次比前兩個層次所費的思維更多。在臺灣的碩士論文中，能做到第二層次的比較多；在美國的學術論文中，如MIS Quarterly、Journal of Marketing，所要求的是第三層次。

2.7 觀念架構及研究假說

在對於有關的文獻做一番探討，或者做過簡單的探索式研究（exploratory study）之後，研究者可以對於原先的問題加以微調（fine-tuning）或略為修改。此時對於研究問題的界定應十分清楚。

觀念架構

研究者必須建立觀念架構。觀念架構（conceptual framework）描述了研究變數之間的關係，是整個研究的建構基礎（building blocks）。研究目的與觀念架構是相互呼應的。觀念架構的表示可用圖形表示，如此便會一目了然，如圖2-2所示。圖形中的箭頭表示「會影響」，直線（無箭頭）表示「有關係」。

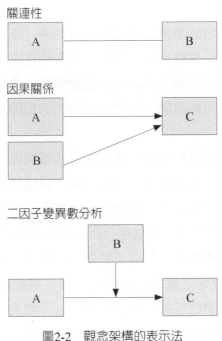

圖2-2　觀念架構的表示法

「假說」（hypothesis）是對於研究變數所做的猜測或假定。假說是根據觀念架構中各變數的關係加以發展而得。假說的棄卻或不棄卻便形成了研究結論。假說的陳述應以統計檢定的虛無假說來描述。近年來，許多研究者傾向於以「正面」來敘

述假說，詳細的說明可見第4章4.1節的說明。

「假說」（hypothesis）是以可測試的形式來加以描述的，並可以預測二個（或以上）變數之間的關係。換句話說，如果我們認為變數之間有關連性存在，必須先將它們陳述成為「假說」，然後再以實證的方式來測試這個假說。[12]

「假說」的定義為：「暫時性的臆測（assumption）」，目的在於測試其邏輯性及實證性的結果。「假說」代表著目前可獲得的證據的不足，因此它只能提出暫時性的解釋。本書認為，「假說」是對現象的暫時性解釋，而測試此假說的證據至少是潛在可獲得的。一個陳述要如何，才可以稱得上是一個「假說」呢？首先，它必須是對「一個可以實證研究的事實」的陳述；也就是說，我們可以透過調查（及其他的研究方法）來證明其為真或偽的陳述。「假說」應排除價值判斷或規範性的（normative）陳述。例如，「每個人每週至少應上量販店一次」這個陳述是規範性的，因為它說明了人應該怎樣，而不是一件可以驗證其為真或偽的事實陳述。「50%的臺北市民每週至少上量販店一次」是對一件事實的陳述，因此可以被測試。

「假說」顯然不是期盼的事情或有關於價值的事（雖然研究者的價值觀會影響他如何選擇「假說」）。「假說」是事實的一個暫時性的、未經證實的陳述而已。這個陳述如要得到證實，必須經過測試；要經過測試，此陳述要盡可能的精確。例如，我們認為智慧和快樂可能有關，我們可以詢問的最簡單的問題是：「智慧和快樂有關嗎？」

如果我們假設在這二個變數之間的確存在著某種關係，我們就可以推測它們的關係。這個推理性的陳述（通常僅是預感或猜測）就是我們的「假說」。例如，我們聽說有許多天才都是鬱鬱寡歡的，我們就可以推測「人越有智慧越不快樂」。如果智慧及快樂可以被適當的測量，則這是一個適當的「假說」。

「假說」是我們將變數指派到個案上的陳述。個案（case）是「假說」所討論（提及）的實體，而變數則是隸屬於實體的特性、特徵或屬性。[13]例如「榮經理（個案）具有高於一般水準的成就動機（變數）」。如果假說中個案的數目超過一個，此假說就稱為通則，例如「大海公司的經理們（若干個個案），都具有高級一般水準的成就動機（變數）」。

---

[12] 在以前統計學的書上都用「假設檢定」這個術語。但是近年來，為了分辨假設（assumption）與假說（hypothesis）的不同，所以將「假設檢定」稱為「假說檢定」。

[13] W. N. Stephens, *Hypotheses and Evidence*（New York: Thomas Y. Crowell, 1968），p. 5.

在研究中，建立假說有三個優點：（1）它可以使研究者專注於所要探討的變數的關係；（2）它可使研究者思考研究發現的涵義；（3）它可使研究者進行統計上的測試。

在研究上，「假說」具有若干個重要的功能。「假說」最重要的功能在於它們能引導著整個研究方向。在資訊充斥的現代研究環境，研究者常常因涉及到與研究主題無關的資訊，而使得研究報告顯得臃腫不堪，不僅如此，到後來也可能忽略了所要探討的主題。如果整個研究能夠盯住「假說」，就會很容易的判斷哪些資訊應該或不應該包含在其研究的範圍內。同時，「假說」也是研究結論的基礎（研究結論就是要對「假說」的棄卻與否提出證據的說明）。

在引導研究的方向方面，「假說」所扮演的角色如何？如果我們的「假說」是「在採購決策中，夫妻在角色扮演上的認知有所不同」，這個「假說」說明了研究的對象（夫妻）、研究系絡（research context）、採購決策及研究主題（他們對其角色的認知）。

根據上述「假說」的特性，最好的研究設計可能是用調查法來蒐集資料（用實驗法、觀察法均不甚恰當）。除此以外，我們有興趣研究的是夫妻在採購決策中所扮演的角色，因此夫妻在其他場合或情境所扮演的角色就不在研究探討之列。對上述的「假說」再做深入的探討，可能還要考慮到夫妻之間的年齡差異、社會階層、教育背景、個性差異這些有關的變數，所以在我們的文獻探討、研究報告中要涵蓋、討論這些變數。

建立假說的靈感有很多來源。通常研究者從日常生活中、研究過程中都會看到某些現象，而對於描述這些現象的變數之間的關係，研究者就可以建立一個假說來驗證。除此以外，過去的研究、既有的、似是而非的信念，都可以幫助我們建立假說。例如，許多研究顯示：在政治抱負上，大一學生比大四學生較為保守。這些研究告訴我們，學年與政治信念有關。我們可以針對不同的樣本重複測試這個假說，或將此假說加以延伸、調整之後再加以測試。

有許多既有的、似是而非的信念，可以幫助我們建立假說。這些例子有：善有善報、天才與瘋子僅一線之隔、男大當婚、女大當嫁等。雖然社會科學家常被譏諷為「炒冷飯專家」，或盡是在不言而喻的常識上打轉，但是如果我們對「每個人所認定的就是真的」這個假說做測試，會發現其實並不是真的，因為「眾口鑠金，一時披靡」，以訛傳訛的現象在我們的社會比比皆是。

如何建立可測試的假說？

可測試及量化

「『假說』必須要能被測試」這句話需要澄清一下。我們以上述「天才都是鬱鬱寡歡的」這個陳述來說明。我們可以說這個陳述是命題（命題就是對變數之間的關係，加以陳述的最原始形式）。除非我們可以對智慧及快樂這二個觀念加以測量的話，並給予操作性定義，否則不能稱為可測試的假說。「可測試」是指可以用資料分析來棄卻（或不棄卻）此假說。命題由於陳述得相當籠統，其觀念的定義又不清楚，所以很難說資料分析的結果是否足以棄卻或不棄卻該命題。從這裡我們可以了解，將變數加以量化的重要性——量化可以剔除模糊性。例如，雖然智慧與鬱鬱寡歡不容易被測試（因為爭辯很多），但假如我們可以利用一個IQ量表來測量智慧，以及另外一個適當的量表來測量快樂，那麼我們就可以說：「IQ分數越高，在快樂測試的分數越低。」這就是可測試的假說。

在建立假說時，常容易犯的錯誤是「二合一」（double barreled），也就是將二個假說合而為一。如果棄卻其中一個假說，但是不棄卻另外一個假說的話呢？

研究實例

現在我們從有關的研究中，舉三個有關於「假說」的例子。第一個例子似乎與我們的常識格格不入：過度學習會降低績效。[14]這個假說是一個變數（過度學習）與另外一個變數（績效降低）的關係。由於這二個變數的界定非常清楚，而且又可以測量，研究者就可進行此假說的測試。

第二個假說是以虛無的形式（null form）來建立的：心智功能的練習對於該功能的未來學習毫無影響。[15]在這個假說中，變數之間的關係非常明確，其中一個變數（心智功能的練習，例如增加記憶力的練習）與另外一個變數的關係是「毫無影響」。但在這個假說中，我們會碰到如何測量「心智功能」及「未來學習」的問

---

[14] E. Langer and L. Imber, "When Practice Makes Imperfect: Debilitating Effects of Learning," *Journal of Personality and Social Psychology*（37），1980, pp. 2014-2-24.

[15] 以口語來說，就是「不論你多麼努力地加強現在的記憶力，學習各種增加記憶的方法，對於以後學習某些東西的記憶力，不會有任何幫助。」詳細的討論可參考：A. Gates and G. Taylor, "An Experimental Study of the Nature of Improvement Resulting from Practice in a Mental Function," *Journal of Educational Psychology*（16），1925, pp. 583-592.

題。如果能解決測量的問題，這個假說就成立了。

第三個假說中的變數間的關係是間接的，它常是以「兩組人員在某些特徵上的不同」來建立的。例如，H_{1-1}：中等地位階層家庭的兒童比下等地位階層家庭的兒童更不喜歡手工繪圖。[16]這個假說是「H_{1-2}：兒童對於手工繪圖的喜好隨著其家庭的社會階層而異」的進一步延伸。如果我們測試的是H_{1-2}，那麼H_{1-1}可以說是H_{1-2}的次假說（subhypothesis）或是H_{1-2}的特定預測（specific prediction）。

我們再說明一個與第三個假說之例有「異曲同工」之妙的假說。這個假說是：具有同樣或類似職業角色的人，會對與該職業有關的認知實體（cognitive objects）具有類似的態度。[17]在這個假說中，變數之間的關係是職業角色與態度（例如教育家對於教育的態度）。為了要測試這個假說，我們至少要用到二組樣本，每組樣本代表著不同的職業角色，然後再比較這二組人士的態度。

發展假說之例

位於波士頓的新英格蘭水族館，發現遊客人數在迅速成長一段時間後便會越來越少。這個情況並不是一個問題，而是一種症狀（symptom）。症狀是顯露於外的現象（explicit phenomena），而問題是造成此種現象的真正原因。管理當局認為真正的問題，可能在於水族館無法吸引週末的遊客。同時，管理當局希望了解平常與週末遊客的不同之處，因為這些資訊可以幫助他們安排一般節目及特別節目。如果該館的目的在於吸引更多的週末遊客，那麼廣告的訴求重點，必須針對週末遊客共有的特性。因此，研究的結果有助於產品及促銷策略。

準此，研究者可設定如下的目標：

·了解週末與平常遊客有何不同
·了解週末遊客來參觀的動機及滿意度，及其共有的特性（人口統計變數）

研究者可建立假說如下：

H_{1-1}：遊客別（週末遊客與平時遊客）與教育程度別具有顯著差異。

---

[16] T. Alper, H. Blane and B. Adams, "Reactions of Middle and Lower Class Children to Finger Paints as a Function of Class Differences in Child-Training Practice," *Journal of Abnormal and Sociology*（51），1955, pp. 439-448.
[17] 由個人所認知的任何實質的、抽象的實體，例如人、群體、政府及教育等。

H_{1-2}：遊客別（週末遊客與平時遊客）與年齡別具有顯著差異。

H_{1-3}：遊客別（週末遊客與平時遊客）與性別是具有顯著差異。

H_{1-4}：遊客別（週末遊客與平時遊客）與職業別具有顯著差異。

H_{2-1}：不同教育程度別的週末遊客，其滿意度因動機的不同而有顯著性的差異。

H_{2-2}：不同年齡別的週末遊客，其滿意度因動機的不同而有顯著性的差異。

H_{2-3}：不同性別的週末遊客，其滿意度因動機的不同而有顯著性的差異。

H_{2-4}：不同職業別的週末遊客，其滿意度因動機的不同而有顯著性的差異。

研究者也必須對研究變數的操作性定義加以說明。操作性定義（operational definition）顧名思義是對於變數的操作性加以說明，也就是此研究變數在此研究中是如何測量的。操作性定義的做成當然必須根據文獻探討而來。在這裡又說明了「環環相扣」的道理。

2.8 研究設計

研究設計（research design）可以被視為是研究者所設計的進程計畫，在正式的進行研究時，研究者只要「按圖索驥」即可。研究設計是實現研究目的、回答研究問題的藍本。由於在研究的方法、技術及抽樣計畫上有許多種類可供選擇，因此如何做好研究設計是一件極具挑戰性的工作。

> 例如，我們可能是用調查、實驗或觀察來蒐集初級資料。如果我們選擇的是調查研究，是要用郵寄問卷、電腦訪談、電話訪談，還是人員訪談？我們要一次蒐集所有的資料，還是分不同的時間來蒐集（用縱斷面研究，還是橫斷面研究）？問卷的種類如何（是否要用隱藏式的或直接的，還是用結構式的或非結構式的）？問題的用字如何？問題的次序如何？問題是開放式的，還是封閉式的？怎麼測量問卷的信度及效度？會造成反應誤差嗎？如何避免？要對資料蒐集人員做怎樣的訓練？要用抽樣還是普查的方式？要用怎樣的抽樣方式（機率或非機率抽樣，如果採取其中一種方式，要用哪一種抽樣方法）？以上的各問題只不過是在考慮使用調查研究之後所要考慮的部分問題。

由於可以利用的研究工具有很多，所以研究者要從各種可能的角度來看研究設計的問題，例如他要想到是否可以用實驗研究、觀察研究來探討同樣的問題？在實務上，由於研究時間的限制，一般的研究者不可能進行多重方法（multimethod）來進行多重研究（multistudy），但是研究者至少必須考慮到各種可能的方法，並從中選擇一個最有效的方法。

研究設計的6W

我們可以用6W來說明研究設計。這6W是What、Who、How、When、How Many、Where。如表2-2所示。

表2-2　研究設計的6W

1.What	變數的操作性定義是什麼？	操作性定義
	題項標記（在SPSS建檔時所用的標記）是什麼？	問卷設計
	問卷題號與設計內容是什麼？	
2.Who	研究的分析單位是誰？	分析單位
3.How	如何蒐集初級資料？	資料蒐集方法
	如何分析資料？	資料分析
	如何決定受訪者？	抽樣方法
4.How Many	要向多少受訪者蒐集資料？	樣本大小決定
5.When	何時開始蒐集資料？何時結束？	時間幅度
	蒐集何時的資料？	
6.Where	在何處蒐集資料？	地點

1. What

（1）操作性定義

研究者也必須對研究變數的操作性定義加以說明。操作性定義（operational definition）顧名思義是對於變數的操作性加以說明，也就是此研究變數在此研究中是如何測量的。操作性定義的做成當然必須根據文獻探討而來，而所要做「操作性定義」的變數就是觀念性架構中所呈現的變數。換言之，研究者必須依據文獻探討中的發現，對觀念性架構中的每個變數下定義。對變數「操作性定義」的說明可

以比較「口語化」，而變數的操作性定義便是問卷設計的依據。從這裡我們又看出「環環相扣」的道理。

操作性定義（operational definition）是具有明確的、特定的測試標準的陳述。這些陳述必須要有實證的參考物（empirical referents），也就是說要能夠使我們透過感官來加以計數、測量。研究者不論是在定義實體的東西（例如個人電腦）或者是抽象的觀念（例如個性、成就動機），都要說明它們是如何被觀察的。

「定義」（definition）有許多類型，我們最熟悉的一種是字典定義（dictionary definition）。在字典裡，「觀念」是用它的同義字（synonym）來定義的。例如顧客的定義是「惠顧者」；惠顧者的定義是「顧客或客戶」；客戶的定義是「享受專業服務的顧客，或商店的惠顧者」。這種循環式的定義（circular definition）在日常生活中固然可以幫助溝通、增加了解，但是在研究上應絕對避免。在專題研究中，我們要對各「觀念」做嚴謹的定義。

（2）問卷設計

研究者必須說明問卷設計的方式。專題研究論文的整份問卷可放在附錄中，但在研究設計中應整體性的、扼要的說明問卷的構成，如「問卷的第一部分是蒐集有關受測者的財物激勵誘因資料」等，同時也必須對衡量變數、題項標記（在SPSS建檔時所用的標記）、問卷題號與設計內容加以說明（表2-3）。

表2-3　衡量變數、題項標記、問卷題號與設計內容

衡量變數	題項標記（SPSS）	問卷題號與設計內容
（一） 3C通路 品牌知名度	品牌知名度1	1-1您非常熟悉這家3C通路連鎖店。
	品牌知名度2	1-2您聽過這家3C通路連鎖店。
	品牌知名度3	1-3如您需要家電、資訊與通訊產品，我會第一個想到這家3C通路連鎖店。
	品牌知名度4	1-4如您需要家電、資訊與通訊產品，我會第一個想到這家3C通路連鎖店。
（二） 3C通路 知覺品質	知覺品質1	2-1您認為這家3C通路連鎖店的可靠性是非常高的。
	知覺品質2	2-2您認為這家3C通路連鎖店的品質具有一致性的。
	知覺品質3	2-3您認為這家3C通路連鎖店的品質會影響您的購買決策。
	知覺品質4	2-4您認為這家3C通路連鎖店是高品質的。
	知覺品質5	2-5您認為這家3C通路連鎖店的促銷活動是物超所值的。

表2-3 衡量變數、題項標記、問卷題號與設計內容（續）

衡量變數	題項標記（SPSS）	問卷題號與設計內容
（三） 3C通路 品牌聯想	品牌聯想1	3-1您非常認同這家3C通路連鎖店的品牌形象。
	品牌聯想2	3-2您可以很快地回想起這家3C通路連鎖店的一些特性。
	品牌聯想3	3-3您可以很容易地想起這家3C通路連鎖店在您心目中的形象。
	品牌聯想4	3-4您認為這家3C通路連鎖店與其他品牌連鎖店相較之下，是與眾不同的。
（四） 購買意願	購買意願1	4-1您到這家3C通路連鎖店購買產品的可能性。
	購買意願2	4-2您到這家3C通路連鎖店購買產品的意願。
	購買意願3	4-3您推薦他人到這家3C通路連鎖店購買產品的可能性。

　　設計問卷是一種藝術，需要許多創意。幸運的是，在設計成功的問卷時，有許多原則可茲運用。首先，問卷的內容必須與研究的觀念性架構相互呼應。問卷中的問題必須盡量使填答者容易回答。譬如說，打「√」的題目會比開放式的問題容易回答。除非有必要，否則不要去問個人的隱私（例如所得收入、年齡等），如果有必要，也必須讓填答者勾出代表某項範圍的那一格，而不是直接填答實際的數據。用字必須言簡意賅，對於易生混淆的文字也應界定清楚（例如何謂「好」的社會福利政策？）。值得一提的是，先前的問題不應影響對後續問題的回答（例如前五個問題都是在問對政黨的意見，這樣會影響「你最支持哪一個政黨？」的答案）。

　　在正式地使用問卷之前應先經過預試（pretests）的過程，也就是讓受試者向研究人員解釋問卷中每一題的意義，以早期發現可能隱藏的問題。

　　在問卷設計時，研究者必須決定哪些題是開放性的問題（open-ended questions），哪些題是封閉性問題（close-ended questions）。

　　封閉性問題通常會限制填答者做某種特定的回答，例如以選擇或勾選的方式來回答「你認為下列哪一項最能說明你（妳）參加反核運動的動機？」這個問題中的各個回答類別（response category）。開放性問題是由填答者自由地表達他（她）的想法或意見（例如，「一般而言，你（妳）對於核子試爆的意見如何？」）。這類問題在分析、歸類、比較、電腦處理上，會比較費時費力。

2. Who

分析單位

每項研究的分析單位（unit of analysis）也不盡相同，分析單位可以是企業個體、非營利組織及個人等。

大規模的研究稱為總體研究（macro research）。任何涉及到廣大地理區域，或對廣大人口集合（如洲、國家、州、省、縣）進行普查（census），都屬於總體研究。分析單位是個人的研究稱為個體研究（micro research）。但是以研究對象的人數來看，總體、個體研究的分界點在哪裡？關於這一點，研究者之間並沒有獲得共識。也許明確的說明分界點，並沒有什麼意義，重要的是在選擇適當的研究問題時，要清楚的界定分析單位，應用適當的分析單位。

3. How

（1）資料蒐集方法

研究者必須詳細說明資料蒐集的方式（如以網頁問卷方式來蒐集）。資料的蒐集可以簡單到定點的觀察，也可以複雜到進行跨國性的龐大調查。我們所選擇的研究方式，大大的影響到我們蒐集資料的方式。問卷、標準化測驗、觀察表、實驗室記錄表、刻度尺規等，都是記錄原始資料的工具。

蒐集初級資料的方法：研究者必須設計如何來蒐集資料。我們有必要了解三種蒐集初級資料的方法。

調查研究。調查研究（survey research）是在蒐集初級資料方面相當普遍的方法。經過調查研究所蒐集的資料，歷經分析之後，可以幫助我們了解人們的信念、感覺、態度、過去的行為、現在想要做的行為、知識、所有權、個人特性及其他的描述性因素（descriptive terms）。研究結果也可以提出關連性（association）的證據（例如人口的密度與犯罪率的關係），但是不能提出因果關係的證據 （例如人口密度是造成犯罪的原因）。

調查研究是有系統地蒐集受測者的資料，以了解及 （或）預測有關群體的某些行為。這些資訊是以某種形式的問卷來蒐集的。

調查法依研究目的、性質、技術、所需經費的不同，又可細分為人員訪談（personal interview）、電話訪談（telephone interview）、問卷調查（mail）及電腦訪談（computer interview）。近年來由於科技的進步，在調查技術上也有相當突破

性的發展。

在電話訪談方面，最進步的應屬於「電腦輔助訪談」（computer-assisted telephone interviewing, CATI）的方式，訪談者一面在電話中聽被訪者的答案，一面將此答案鍵入電腦中（在電腦螢光幕上顯示的是問卷的內容），如此可省下大量的資料整理、編碼、建檔的時間。

近年來由於網際網路的普及，利用網頁作為蒐集初級資料的工具已經蔚為風氣。事實上，有許多網站提供免費的網路問卷設計，同時，我們也可利用功能強大的軟體來設計網路問卷。

實驗研究。實驗研究（experiment research）的意義是：由實驗者操弄一個（或以上）的變數，以便測量一個（或以上）的結果。被操弄的變數稱為自變數（independent variable）或是預測變數（predictive variable），可以反應出自變數的結果（效應）的稱為依變數（dependent variable）或準則變數（criterion variable）。依變數的高低至少有一部分是受到自變數的高低、強弱所影響。

暴露於自變數操弄環境的實體稱為實驗組（treatment group），這個實體（受測對象）可以是人員或商店。在實驗中，自變數一直維持不變的那些個體所組成的組稱為控制組（control group）。

實驗可分為實驗室實驗（laboratory experiment）、現場實驗（field experiment, 又稱實地實驗）二種。實驗室實驗是將受試者聚集在一個特定的地點，並施以實驗處理（例如觀賞廣告影片）。實驗室實驗的優點在於可對自變數做較為嚴密的控制，但其缺點在於實驗結果對真實世界的代表性。實驗研究可用在現場實驗或調查研究上。在某商店的一般採購情況下，測試消費者對於某新產品的反應。現場實驗的優點，在於行銷者可對行銷決策進行較為直接的測試。而其缺點則是：易受意外事件（如天候、經濟消息）的影響；遞延效果（carryover effects），亦即受試者先前做過的實驗（或先前類似的經驗）會對這次實驗造成影響；只能控制若干個變數；外在變數不易掌握。例如銷售量的增加係由於價格下降所致，抑或由於受試者的友人的建議，抑或由於廣告的效果，甚或由於企業本身的運氣則不得而知。

觀察研究。觀察研究（observation research）是了解非語言行為（nonverbal behavior）的基本技術。雖然觀察研究涉及到視覺化的資料蒐集（用看的），但是研究者也可以用其他的方法（用聽的、用摸的、用嗅的）來蒐集資料。使用觀察研究，並不表示就不能用其他的研究方法（調查研究、觀察研究）。觀察研究常是調查研究的初步研究，而且也常與文件研究（document study）或實驗一起進行。

觀察研究有二種主要的類型：參與式（participant）與非參與式（nonparticipant）。在參與式的觀察中，研究者是待觀察的某一活動的參與者，他會隱瞞他的雙重角色，不讓其他的參與者知道。例如，要觀察某一政黨的活動的參與者，會實際加入這個政黨，參加開會、遊行及其他活動。在非參與式的觀察中，研究者並不參與活動，也不會假裝是該組織的一員。

（2）資料分析

研究者必須循序說明資料處理的各步驟，並且要說明驗證各假說的統計分析技術。

（3）抽樣方法

幾乎所有的調查均需依賴抽樣。現代的抽樣技術是基於現代統計學技術及機率理論發展出來的，因此抽樣的正確度相當高，再說即使有誤差存在，誤差的範圍也很容易的測知。

抽樣的邏輯是相對單純的。我們首先決定研究的母體（population），例如全國已登記的選民，然後再從這個母體中抽取樣本。樣本要能正確的代表母體，使得我們從樣本中所獲得的數據最好能與從母體中所獲得的數據是一樣正確的。值得注意的是，樣本要具有母體的代表性是相當重要的；換句話說，樣本應是母體的縮影，但是這並不是說，母體必須是均質性（homogeneity）的。機率理論的發展可使我們確信相對小的樣本亦能具有相當的代表性，也能使我們估計抽樣誤差，減少其他的錯誤（例如編碼錯誤等）。

抽樣的結果是否正確與樣本大小（sample size）息息相關。由於統計抽樣理論的進步，即使全國性的調查，數千人所組成的樣本亦頗具代表性。根據Sudman（1976）的研究報告，全美國的財務、醫療、態度調查的樣本數也不過是維持在千人左右。有25%的全國性態度調查其樣本數僅有500人。[18]

在理想上，我們希望能針對母體做調查。如果我們針對全臺灣人民做調查，發現教育程度與族群意識成負相關，我們對這個結論的相信程度自然遠高於對1,000人所做的研究。但是全國性的調查不僅曠日廢時，而且所需的經費又相當龐大，我們只有退而求其次——進行抽樣調查。我們可以從母體定義「樣本」這個子集合。抽樣率100%表示抽選了整個母體；抽樣率1%表示樣本數占母體的1%。

我們從樣本中計算某屬性的值（又稱統計量，例如樣本的所得平均），再據以

---

[18] Seymour Sudman, *Applied Sampling* （New York: Academic Press, 1976）.

推算母體的參數值（parameters，例如母體的所得平均）的範圍。

我們應從上（母體）到下（樣本或部分母體）來進行，例如從二百萬個潛在的受訪者中，抽出4,000個隨機樣本。我們不應該由下而上進行，也就是不應該先決定最低的樣本數，因為這樣的話，除非我們能事先確認母體，否則無法（或很難）估計樣本的適當性。不錯，研究者有一個樣本，但是是什麼東西的樣本呢？

例如，我們的研究主題是「臺北市民對於交通的意見」，並在Sogo百貨公司門口向路過的人做調查，這樣的話，我們就可以獲得了適當的隨機樣本了嗎？如果調查的時間是上班時間，那麼隨機調查的對象比較不可能有待在家的人（失業的人、退休的人）。因此，在上班時間進行調查的隨機樣本雖然是母體的一部分，但是不具有代表性，因此不能稱為是適當的隨機樣本。但是如果我們研究的主題是「上班時間路過今日百貨公司者對於交通的意見」，那麼上述的抽樣法就算適當。從這裡我們可以了解：如果我們事前有臺北市民的清單，並從中抽取樣本，那麼樣本不僅具有代表性，而且其適當性也容易判斷。

4. How many

樣本大小的決定

研究者必須說明樣本大小是如何決定的。樣本大小決定的方式有很多，讀者可參考：榮泰生著，《企業研究方法》，4版（臺北：五南圖書出版公司，2011），第6章。

5. When

時間幅度

時間幅度是指研究是涉及到某一時間的橫斷面研究（cross-sectional study），還是涉及到長時間（不同時點）的縱斷面研究（longitudinal study）。

研究可以「對時間的處理」的不同，而分為橫斷面研究與縱斷面研究。橫斷面研究是在某一時點，針對不同年齡、教育程度、所得水準、種族、宗教等，進行大樣本的研究。相形之下，縱斷面研究是在一段時點的時間（通常是幾個星期、月、甚是幾年）來蒐集資料。顯然縱斷面研究的困難度更高，費用更大，也許就因為這樣，研究者通常會用小樣本。如果在不同的時點，所採用的樣本都是一樣，這種研究就是趨勢研究（trend analysis）。縱斷面研究的資料，亦可能由不同的研究者在不同的時點來提供。

調查研究是詢問受測者一些問題的方法。這些問題通常是他們的意見或是一些事實資料。在理論上，調查研究是屬於橫斷面研究，雖然在實際上問卷回收的時間可能要費上數月之久。橫斷面研究的典型類型是普查，普查是在同一天對全國的民眾進行訪談。

6. Where

地點

研究者必須說明在何處蒐集資料。如以網路問卷進行調查，則無地點的問題。如以一般問卷調查、人員訪談的方式蒐集資料，則應說明地點，如榮老師研究室、xx百貨公司門口等。

預試

在正式的、大規模的蒐集資料之前，我們進行預試（pilot testing）。預試的目的在於早期發現研究設計及測量工具的缺點並做修正，以免在大規模的、正式的調查進行之後，枉費許多時間與費用。研究者必須說明預試的期間與進行方式。

我們可以對母體進行抽樣，並對這些樣本進行模擬，以了解消費者的反應。並可以改正問卷的缺點（哪些問題很難回答、哪些問題太過敏感等）。通常預試對象的人數從25到100人不等，視所選擇的研究方法而定。在預試中受測的樣本不必經過正式的統計抽樣來決定，有時只要方便即可。值得注意的是：受測者在接受預試之後，對於所測試的主題會有比較深入的了解，在正式測試時會造成一些偏差現象，這種偏差稱為「事前測量誤差」。

2.9　資料分析

統計分析依分析的複雜度以及解決問題的層次，可分為單變量分析（univariate analysis）、雙變量分析（bivariate analysis）與多變量分析（multivariate analysis）。一般而言，單變量分析包括：出現的頻率（frequencies）、平均數、變異數、偏態、峰度等。雙變量分析包括：相關係數分析、交叉分析等。多變量分析包括：因素分析、迴歸分析、區別分析、變異數分析等。

在資料分析這個階段，研究者應呈現資料分析的結果，呈現的方式可用SPSS的輸出或自製表格，當然以SPSS的輸出來呈現較具有說服力，但有時輸出報表過多（尤其是針對不同變數用同一方法時），研究者可以自行編製匯總表。

在檢定研究假說時，我們要採取這樣的決策法則：如果分析的結果顯示我們不能棄卻虛無假說，就不要採取任何矯正行動。值得注意的是：我們要說「不棄卻」（not to reject），不要說「接受」（accept），因為虛無假說永遠不能被證實，所以不能「被接受」。[19]

利用SPSS，所傳回來的（所顯示的）值是顯著性（p值），我們要用顯著性和我們所設的顯著水準α值做比較，如果顯著性大於α值，未達顯著水準，則不棄卻虛無假說；如果顯著性小於α值，達到顯著水準，則棄卻虛無假說。在統計檢定時，本書所設定的顯著水準皆是0.05（α＝0.05）。

統計檢定的結果只能讓我們棄卻、或不棄卻假說。雖然如此，但是我們在許多研究中還是常常看到用「接受虛無假說」這樣的字眼，原因可能是覺得「不棄卻虛無假說」這個用字太過彆扭吧！本書也將「從善如流」，當用到「不棄卻」時，後面會以「接受」加註。

如果我們棄卻虛無假說（發現有統計上的顯著性），那麼我們就應該接受對立假說。在我們接受或棄卻一個虛無假說時，很可能做了錯誤的決定。例如當我們應該棄卻虛無假說時，我們卻接受了；或者當我們應該接受虛無假說時，卻是棄卻了。

「棄卻、不棄卻」與「成立、不成立」。在統計學中，虛無假說是以「負面」的方式來表示，例如，如果所要探討的題目是男與女在態度上的平均數有無顯著性差異，則所建立的虛無假說是：男與女在態度上的平均數「無」顯著性差異。如果顯著性小於顯著水準（我們所設定的顯著水準，α＝0.05），則棄卻虛無假說；如果顯著性大於顯著水準（我們所設定的顯著水準，α＝0.05），則不棄卻（接受）虛無假說。但是近年來的學術研究論文，傾向以「正面」的方式來表示虛無假說，例如，以上述的例子而言，所建立的假說是：男與女在態度上的平均數「有」顯著性差異。如果顯著性大於顯著水準（我們所設定的顯

---

[19] 從這裡我們可以看出歸納性推理（inductive reasoning）的特性。在演繹性推理（deductive reasoning），前提與結論之間可正當的建立「結論性的證實」（conclusive proof），但在歸納性推理中則沒有這種特點。

著水準，α = 0.05），則假說不成立；如果顯著性小於顯著水準（我們所設定的顯著水準，α = 0.05），則假說成立。綜合以上的敘述，棄卻「無」，不就是接受「有」嗎？而在「有」的情況下，假說是「成立」的。所以，不論用正面、負面的方式來敘述假說，結論都是一樣的。換言之，負面、正面敘述是一體兩面。最重要的研判點，就是顯著性。

我們可將以上的說明，整理如表2-4所示。

表2-4 研究問題、虛無假說、假說描述、驗證結果與研究結論

研究問題	虛無假說	假說描述	驗證結果	研究結論
甲和乙不同嗎？	H_0 甲＝乙	甲和乙沒有顯著性差異	具有顯著性差異 沒有顯著性差異	不成立 成立
甲和乙相同嗎？	H_0 甲≠乙	甲和乙具有顯著性差異	具有顯著性差異 沒有顯著性差異	成立 不成立

統計分析技術

隨著觀念架構的建立，在分析時所用的SPSS程序（統計分析技術）也會不同。圖2-3是對關連性測量的說明。圖2-4說明了驗證因果關係的有關技術。圖2-5顯示了有關二因子變異數分析的統計分析技術。這些技術都將在本書各章節說明。

關連性測量

測量變數間的關係、比較平均數
（1）依A與B的尺度（區間、次序、名義）或
（2）取樣方式（獨立樣本、相依樣本）
採取不同的分析工具

圖2-3 關連性測量

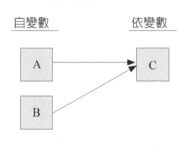

因果關係

名義尺度	區間尺度	SPSS程序（統計方法）
	A、C	簡單迴歸分析
A	C	單因子變異數分析
	A、B、C	多元迴歸分析
A	C、B	虛擬變數多元迴歸分析
C	A、B	區別分析、Logistic迴歸分析
B、C	A	虛擬變數區別分析

圖2-4 因果關係

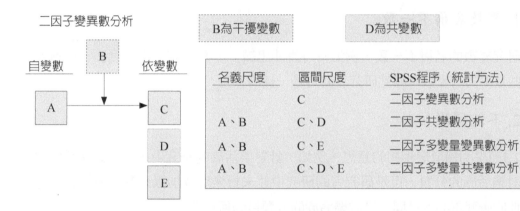

二因子變異數分析

| B為干擾變數 | | D為共變數 |

名義尺度	區間尺度	SPSS程序（統計方法）
	C	二因子變異數分析
A、B	C、D	二因子共變數分析
A、B	C、E	二因子多變量變異數分析
A、B	C、D、E	二因子多變量共變數分析

圖2-5 二因子變異數分析

2.10 研究結論與建議

研究結論

經過分析的資料，將可使研究者研判對於研究假說是否應棄卻。假說的棄卻或不棄卻，或者假說的成立與否，在研究上都有價值。

研究建議

研究者應解釋研究在企業問題上的涵義。研究建議應具體，使企業有明確的方向可循、有明確的行動方案可用，切忌曲高和寡、流於空洞、華而不實。例如，

「企業唯有群策群力、精益求精、設計有效的組織結構、落實企業策略」這種說法就流於空洞，因為缺少了「如何」的描述。

2.11 研究中常見的問題

過去二十餘年來，筆者指導或參與口試的論文不下百篇，發現有許多共同的「大」問題，整理如下，以供讀者參考：

1. 變數名稱不一致

研究變數的名稱不一致，例如有時說「忠誠」，有時說「忠誠度」，會讓人覺得這些是不同的變數（雖然研究者認為是一樣的）。

2. 不能環環相扣

2.3節說明過環環相扣的意思。例如，針對樂活族的研究中，在文獻探討中大量的探討樂活族的分類，但是研究者的研究中並未對樂活族加以分類，或者分類根本不是他的研究重心。試問：探討樂活族的分類目的何在？

3. 撰寫論文好像是在寫教科書

例如，針對消費者行為的研究，常以「XXX認為消費者行為是指，……」加以描述，試問：研究者是要對此定義提出質疑嗎？

4. 文獻探討見木不見林

大多數的研究其文獻探討只是對變數做定義，並列舉一些學者對某變數的定義，但真正的文獻探討是探討研究架構中變數之間關係的正反看法。

5. 變數之間關係混淆，關連性與因果性不分

因果式研究是找出影響依變數的各種原因（自變數），或者各自變數對依變數的影響程度。關連性研究則是在變數之間無因果關係，而這些變數是「互依的」。

6. 研究動機與研究背景混淆

研究動機是要說明在學術上要補哪些研究不足之處，或企圖澄清學術上哪些爭辯的問題；在實務上，要發掘什麼、澄清什麼現象。研究背景是說明為何研究此論文重要，並扼要說明與本研究有關的一些課題。

7. 問卷中的問題涉及到兩個變數

例如，研究中有兩個變數：工作績效與工作滿足，而研究者想要發現這兩個變數之間的關係。如果問卷中有一題是這樣問：「我的工作成果不錯，所以我感到滿足」，這樣的問法非常不適當。應該以工作績效的操作性定義來設計問卷各題項；以工作滿足的操作性定義來設計問卷各題項，然後再以統計分析來看出這兩個變數的關係。

8. 「分析技術」的陳述

在研究設計（通常在論文的第3章）中對研究分析技術的說明，通常以統計技術來分類說明，這是不適當的。應該是以資料分析的過程中會用到哪些統計技術，以及研究中各假說的驗證會用到哪些統計技術來說明。同時，有些研究者會「大肆」說明這些統計技術，事實上這是不必要的，只要扼要說明即可。

9. 引用失當

原作者寫ibid（同上）或et al.（等人），結果我們卻全盤把它抄進來。但是原作者的「同上」和我們的「同上」不同；而原作者的「等人」是因為他在其文章中第一次引用時，已將有關的作者名字寫出來。

10. 「研究限制」

論文中的研究限制是指知識上的不足，並不是研究方法上的缺陷或蒐集資料的技術不良。同樣的，「對後續研究的建議」是指在知識上的延伸，並不是方法上的延伸。例如，在研究限制上，如果表明資料蒐集方法的不當、樣本代表性的不足，或者統計分析的不周全，那麼為什麼不在這次研究時就克服這些問題？

第3章
樣本描述與
複選題分析

在研究程序中，資料蒐集是相當重要的工作。如果資料蒐集不正確、不周全，必然影響研究的可靠性。與資料蒐集有關的議題，包括：量表、問卷設計、資料蒐集的方法。[1]在資料蒐集之後，就要對資料進行一番描述與分析。

3.1　描述樣本的統計值

當資料蒐集完竣，要進行正式的分析之前，我們要對樣本加以描述。要描述所蒐集到的資料樣本，我們要對敘述統計（descriptive statistics）有所了解。本章所討論的是探索式資料分析的基本特性、資料的分配、呈現，以及相關的技術。首先，我們先複習一下有關的敘述統計（又稱描述式統計）。

在專題研究中，許多變數的分配形式都趨近於標準常態分配（standard normal distribution），這種分配（如圖3-1所示）是統計上最重要的理論分配；它是描述樣本資料的基礎，也是統計推定的基礎。

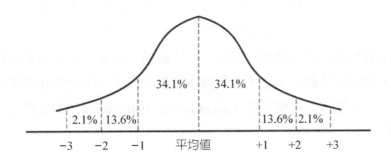

圖3-1　常態分配（+1表示加一個標準差）

分配（distribution）包括了對位置（location）、散佈（spread）及形狀（shape）的描述。當我們在描述（呈現）變數的分配形狀時，應了解：（1）分配的形狀和分配的位置、散佈一樣重要；（2）在了解分配的形狀時，以視覺化的方式來呈現比以數字來呈現更令人一目了然；（3）變數的分配形式決定了用哪一種統計技術來描述比較適當。

---

[1] 如欲深入了解這些課題，可參考：榮泰生，《企業研究方法》，四版（臺北：五南圖書出版公司，2011）。

位置的測量

位置的測量（measures of location），亦稱為中間傾向（central tendency），包括平均數（mean）、中位數（median）及眾數（mode）。

平均數

平均數指的是算術平均數，也就是在分配中各觀察值的和除以觀察數。這個位置的測量是用在區間、比率資料。如果分配中有極端的分數（如極大或極小），則易產生誤導的現象（平均數被高估或低估）。樣本平均數的符號是$\overline{X}$，母體平均數的代表符號是μ（mu）。樣本平均數的公式是：

$$\overline{X} = \sum_{i=1}^{n} \frac{X_i}{n}$$

中位數

中位數是分配的中央點。在分配中有一半的觀察點低於中位數，有一半的觀察點高於中位數。如果在分配中觀察點的數目是偶數，則中位數是兩個中間數的平均數。在以次序資料表示其中間點的場合，中位數最為適當。如果原始分數有極端的分數（過高、過低的分數），也不會影響中位數的決定。中位數也常用於區間、比率資料上，尤其是具有非對稱分配（asymmetric distribution）的變數上。中位數是以M或mdn來表示。

眾數

眾數是出現次數最多的那個數字。如果有一個以上的數字其出現的次數最多、且次數相等，則此分配稱為雙眾數（bimodal）或多眾數（multimodal）。如果每個數字（分數）都具有相同的觀察數（次數），則此分配沒有眾數。眾數是用在名目資料的位置測量上，如能配合中位數及平均數，則更能檢視分配的散佈情況及形狀。

▎散佈的測量

散佈的測量（measures of spread），又稱為離勢（dispersion）或變異性（variability），包括變異數（variance）、標準差（standard deviation）、全距（range）、四分位距（interquartile range）及四分位差（quartile deviation）。

變異數

變異數是對分配的平均數的變異分數求取其平方之後的平均。變異數是測量以平均數為基準的分數的分配情況。如果所有的分數都相等，則變異數為零。分數分散的情形越大，則變異數越大。變異數與標準差均用於區間、比率資料。樣本變異數以S²表示，母體的變異數則以希臘字sigma平方（σ²）表示。

$$S^2 = \sum_{i=1}^{n} \frac{(X_i - \overline{X})}{n-1}$$

標準差

標準差是變異數的平方根。標準差可能是在測量變數的散佈情況方面，使用得最為廣泛的測量工具。它免除了變異數的平方，因而增加了解釋力；換句話說，我們可以原始單位（例如，以「元」表示的淨收入），而不必以原始單位的平方（例如，以「元的平方」表示的淨收入）來看變數的散佈情況。和平均數一樣，標準差會受到極端分數的影響。樣本的標準差以S表示，母體的標準差以σ表示。

$$S = \sqrt{S^2}$$

全距

全距是分配中最大與最小的分數之差。與標準差不同的是，全距只涉及到最大與最小的分數，因此在測量散佈方面是相當粗糙的。在以全距為基礎來比較二個變數的散佈情況時，我們可以約略的看出分配是否具有均質性（homogeneity，標準差較小）或異質性（heterogeneity，標準差較大）。對均質性的分配而言，全距與標準差的比例會在2與6之間；對異質性的分配而言，全距與標準差的比例會大於6。

四分位距

四分位距（interquartile range, IQR）是分配中第一、第三分位之差。它也稱為中點分配（midspread）。名義、次序資料可配合中位數共同使用四分位距，來檢視變數的散佈情況。如果我們懷疑分配是否有非對稱性，或者我們在做探索式研究時，我們可用區間、比率資料來看它的四分位距。在分配中，最小的值是第0分位，最大的值是第100分位。第1分位Q_1是第25%的那個數字，又稱為下限（lower hinge）；中位數或Q_2是第50%的那個數字；第3分位Q_3是第75%的那個數字，又稱為上限（upper hinge）。IQR就是上限與下限之差（$Q_3 - Q_1$）。

四分位差

四分位差或稱半四分位距（semi-interquartile range）是Q_3與Q_1間距離的一半，其公式是這樣表示的：

$$Q = \frac{Q_3 - Q_1}{2}$$

對次序資料而言，分位差永遠與中位數共同使用來檢視分配的散佈情況。在常態分配下，中位數加減一個分位差占整個觀察點的50%。8個分位差幾乎可涵蓋整個數字分配範圍。當資料呈常態分配時，分位差與標準差的關係是固定的（$Q = 0.67455$）。

形狀的測量

形狀的測量包括分配的偏態（skewness）與峰度（kurtosis）。偏態是描述一個分配偏離對稱性的情形，峰度是描述一個分配的平坦或陡直情形。它們與統計學上的動差（moments）息息相關，形狀的測量用到第三、第四級動差（變異數是二級動差）。動差是以$m = (X - \bar{X})$來表示。

偏態

在對稱性的分配中，平均數、中位數、眾數都是在同樣的位置。偏態分為左偏態（或負偏態）與右偏態（或正偏態）二種。其公式是這樣的：

$$SK = \frac{m_3}{m_2\sqrt{m_2}} = \frac{\sum x^3/N}{(\sqrt{\sum x^2/N})^3}$$

對稱分配、左偏分配、右偏分配的情形,如下圖3-2所示:

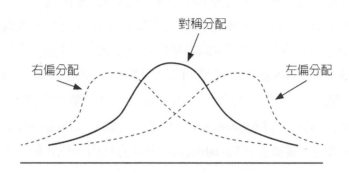

圖3-2　對稱分配、左偏分配、右偏分配

峰度

峰度是描述一個分配的平坦或陡直情況。峰度共有三種:常態峰(mesokurtic)、高狹峰(leptokurtic)及低闊峰(platykurtic)。其公式這是樣的:

$$ku = \frac{m_4}{m_2^2} - 3 = \frac{\sum x^4/N}{(\sum x^2/N)^2} - 3$$

常態峰、高狹峰及低闊峰的情形,如圖3-3所示:

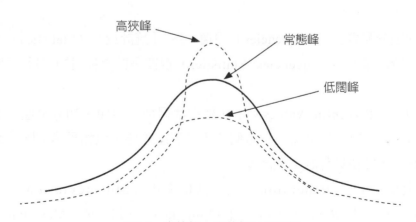

圖3-3　常態峰、高狹峰及低闊峰

3.2 次數分配表

本章視窗設定：按〔編輯〕〔選項〕，在「選項」視窗內的「一般」項下，將變數清單選擇為「顯示名稱」。本章輸出報表設定：在「選項」視窗內的「輸出標記」項下，將樞軸表標記的「標記中的變數顯示為」設為「標記」。

現在我們要利用SPSS來分析所蒐集的樣本。開啟檔案（檔案名稱：...\Chap03\ 次數分配.sav），按〔分析〕〔敘述統計〕〔次數分配表〕（〔Analyze〕〔Descriptive Statistics〕〔Frequencies〕，在「次數」（Frequencies）視窗中，將「年齡」選入右邊的「變數」（Variable(s)）下的方格內，以年齡作為要進行分析的變數，如圖3-4所示。

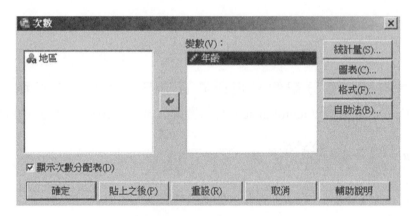

圖3-4 「次數」視窗

在「次數分配表」（Frequencies）視窗，按〔統計量〕（Statistics）；在「次數分配表：統計量」（Frequencies: Statistics）視窗選擇要輸出的項目，如圖3-5所示。

百分位數（Percentile Values）：在這裡我們加上的10、20分位值，也就是前10%、20%的值，對於年齡而言，這個值不是那麼重要，但如果是測驗分數（如學力測驗分數），則便具有很大的意義。

「分散情形」（Dispersion）：包括標準差（Std. deviation）、變異數（Variance）、範圍（Range）、最小值（Minimum）、最大值（Maximum）、平均數的標準誤（S.E. mean）。

「集中趨勢」（Central Tendency）：包括平均數（Mean）、中位數

（Median）、眾數（Mode）、總和（Sum）。

「分配」（Distribution）：包括偏態（Skewness）、峰度（Kurtosis）。

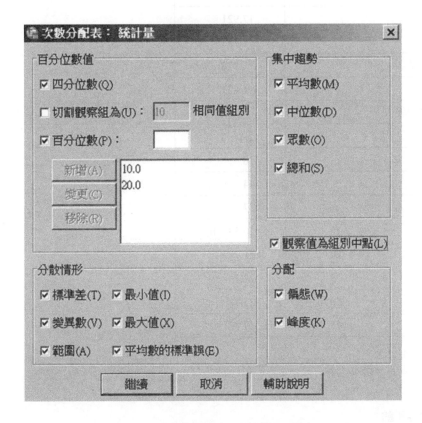

圖3-5　「次數分配表：統計量」視窗

按〔繼續〕，回到「次數分配表」視窗，按〔確定〕，SPSS輸出結果，如表3-1、表3-2所示。

表3-1　統計量實際年齡

個數	有效的	200
	遺漏值	4
平均數		24.89
平均數的標準誤		.299
中位數		23.78（a）
眾數		22

表3-1 統計量實際年齡（續）

標準差		4.233
變異數		17.921
偏態		1.153
偏態的標準誤		.172
峰度		1.827
峰度的標準誤		.342
範圍		26
最小值		18
最大值		44
總和		4977
百分位數	10	20.53（b）
	20	21.70
	25	22.10
	50	23.78
	75	27.82

a 自組別資料中計算。

b 自組別資料中計算百分位數。

表3-2 實際年齡

		次數	百分比	有效百分比	累積百分比
有效的	18	3	1.5	1.5	1.5
	19	12	5.9	6.0	7.5
	20	2	1.0	1.0	8.5
	21	13	6.4	6.5	15.0
	22	34	16.7	17.0	32.0
	23	29	14.2	14.5	46.5
	24	26	12.7	13.0	59.5
	25	21	10.3	10.5	70.0
	27	6	2.9	3.0	73.0
	28	11	5.4	5.5	78.5
	29	20	9.8	10.0	88.5

表3-2　實際年齡（續）

		次數	百分比	有效百分比	累積百分比
有效的	30	5	2.5	2.5	91.0
	32	5	2.5	2.5	93.5
	33	6	2.9	3.0	96.5
	36	6	2.9	3.0	99.5
	44	1	.5	.5	100.0
	總和	200	98.0	100.0	
遺漏值	系統界定的遺漏	4	2.0		
總和		204	100.0		

3.3　描述性統計量

　　開啟檔案（檔案名稱：…\Chap03\描述性統計量.sav），按〔分析〕
〔敘述統計〕〔描述性統計量〕（〔Analyze〕〔Descriptive Statistics〕
〔Descriptives〕），在「描述性統計量」（Descriptives）視窗中，將「年齡」選入
右邊的「變數」（Variable（s））下的方格內，以年齡作為要進行分析的變數，如
圖3-6所示。

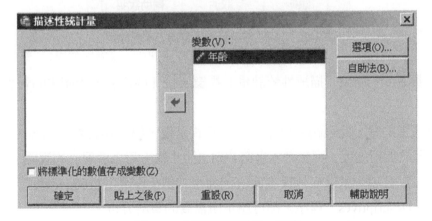

圖3-6　「描述性統計量」視窗

在「描述性統計量」（Descriptives）視窗中，按〔選項〕（Options），就會出現「描述性統計量：選項」（Descriptives: Options）視窗，在此視窗內，我們所選擇的情形如圖3-7所示。

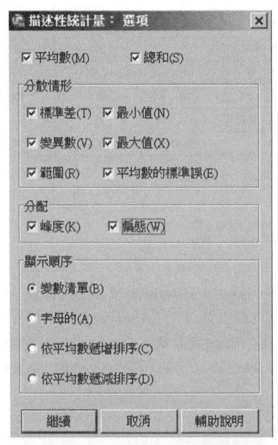

圖3-7　「描述性統計量：選項」視窗設定

按〔繼續〕，回到「描述性統計量」視窗，按〔確定〕，所產生的報表如表3-3所示。

值得一提的是，此表的輸出原來是以橫式呈現，經過作者處理過後，此表以直式呈現。至於如何處理，可參考本書第1章1.8節「輸出報表處理」的說明。

我們可以發現，就以描述樣本而言，利用次數分配表（Frequencies）或者描述性統計量（Descriptives）程序，都可產生所需要的資料分析。

表3-3　敘述統計

		年齡　實際年齡	有效的N（完全排除）
個數	統計量	200	200
範圍	統計量	26	
最小值	統計量	18	
最大值	統計量	44	
總和	統計量	4977	
平均數	統計量	24.88	
	標準誤	.299	
標準差	統計量	4.233	
變異數	統計量	17.921	
偏態	統計量	1.153	
	標準誤	.172	
峰度	統計量	1.827	
	標準誤	.342	

3.4　統計圖

　　所謂「一圖勝千文」，利用圖表來展示資料的分配情形，可讓人一目了然。
SPSS不僅具有各種圖表繪製的功能，也提供了地圖（Maps）的繪製。對於國際行銷
人員在做簡報時，利用地圖功能以呈現公司在各國的銷售情況是非常適當的。

　　按〔統計圖〕〔歷史對話記錄〕（〔Graphs〕〔Legacy Dialogs〕），我們可看
到SPSS所提供許多統計圖的繪製，如圖3-8所示。熟悉Excel的讀者應該對於這些圖
表不會陌生。SPSS提供的統計圖包括：條形圖（Bar）、立體長條圖（3-D Bar）、
線形圖（Line）、區域圖（Area）、圓餅圖（Pie）、股價圖（High-Low）、盒形圖
（Boxplot）、誤差長條圖（Error Bar）、人口金字塔圖（Population Pyramid）、散
佈圖／點狀圖（Scatter/Dot）、直方圖（Histogram）。有關散佈圖的做成，可參考
第7章，7.3節。

　　以SPSS製作統計圖，基本上有三種方式：（1）利用「圖表建立器」。首先選
擇來源（哪一種圖形），然後再將變數分別拖曳到X軸、Y軸座標上，如圖3-9所

圖3-8　SPSS圖表建立器與歷史對話記錄

示：（2）利用「圖表板樣本選擇器」，類同於Excel的繪圖精靈，逐項交代，非常
容易使用；（3）直接選擇「歷史對話記錄」下各種圖形。

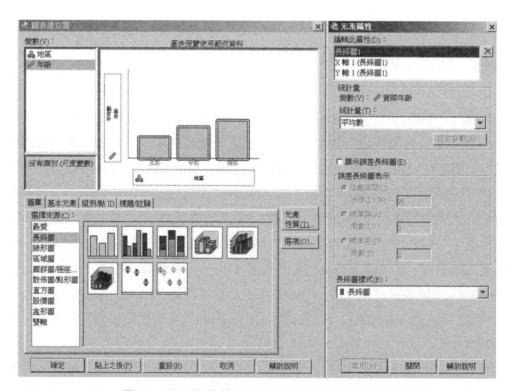

圖3-9　SPSS的圖表建立器、統計圖與元素屬性按

現在我們來說明圓餅圖（Pie）的做成。開啟檔案（檔案名稱：…\Chap03\描述性統計量.sav），如已開啟，無須重複。請注意在此檔案中，已經在「變數檢視」中將地區的數值（Values）加以建立。對於繪圖而言，這是很重要的一步，因為這樣可以使圖形的呈現一目了然（否則1、2、3各代表什麼，時間一久，連自己也搞不清楚）。

按〔統計圖〕〔歷史對話記錄〕〔圓餅圖〕（〔Graphs〕〔Legacy Dialogs〕〔Pie〕），在「圓餅圖」（Pie Charts）視窗中，選擇預設的「觀察值組別之摘要」（Summaries for Group of Cases），這代表「許多個別獨立變數的總和」，如圖3-10所示。另外兩種選項是：「各個變數之摘要」（Summaries of Separate Variables）、「個別觀察值數值」（Values of Individual Cases）。

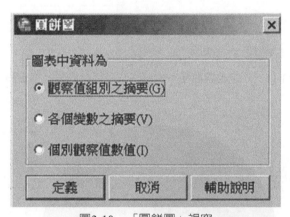

圖3-10　「圓餅圖」視窗

按〔定義〕，在「定義圓餅圖：採觀察值組別之摘要」（Define Pie: Summaries for Groups of Cases）視窗中，在「圖塊表示」（Slices Represent）下的選項中，以SPSS預設的「觀察值個數」（N of cases）為選項，當然也可點選「觀察值的%」，端視你的繪圖目的而定。在「定義圖塊依據」（Define Slices by）右邊的方格內，選入「地區」。在「標題」（Title）方面可以鍵入醒目的標題，例如「地區別的年齡觀察值榮泰生設計」，如圖3-11所示。

按〔繼續〕，回到原「定義圓餅圖：採觀察值組別之摘要」視窗，按〔確定〕，所產生的圓餅圖如圖3-12所示。

這個輸出結果略顯得「陽春」了一些，我們可以再加以美化。先在圖形上點兩下滑鼠左鍵（或者按滑鼠右鍵，點選〔編輯內容〕、〔在個別視窗中〕），如圖3-13所示。

圖3-11 「定義圓餅圖：採觀察值組別之摘要」視窗設定

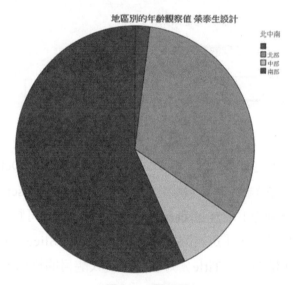

圖3-12 圓餅圖

在「圖表編輯器」（Chart Editor）視窗中，在圖形上按滑鼠右鍵，就可以決定要不要「新增文字方塊」（Add Text Box），也就是加一些文字說明；要不要「顯示資料標籤」（Show Data Label）；要不要「隱藏圖註」（Hide Legend）；要不要「扇形分解」（Explode Slice），也就是顯示成分割的圓餅圖，或者我們也可以依需要改變成其他的圖形，如圖3-14所示。

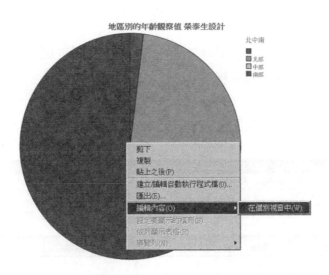

圖3-13　點選〔編輯內容〕、〔在個別視窗中〕

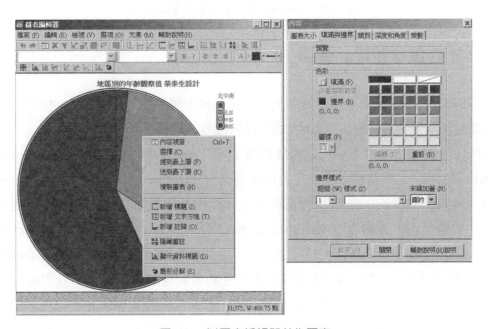

圖3-14　以圖表編輯器美化圖表

3.5 複選題分析

在問卷中常常會出現複選的題目。基本上，任何選項如果不是互斥的，都適合複選題的設計。例如，以下題而言，就是一個典型的複選題設計。

您習慣以何種方式購買？（可複選）

☑ 1.逛書店 ☐ 2.劃撥訂購 ☑ 3.傳真訂購 ☑ 4.電話訂購

☐ 5.團體訂購 ☑ 6.網路訂購 ☐ 7.其他

依照上面的勾選情況，我們在SPSS對此位受測者的建檔情形，如圖3-15所示。

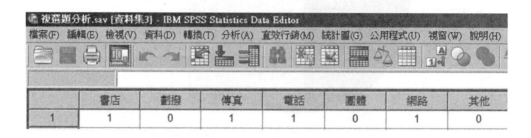

	書店	劃撥	傳真	電話	團體	網路	其他
1	1	0	1	1	0	1	0

圖3-15　在SPSS對某位受測者的建檔情形

「定義複選題集」視窗

在SPSS中，開啟檔案（檔案名稱：…\Chap03\複選題分析.sav）。檔案中建立了有關七種購買方式的資料，其中1表示以該種方式購買。

按〔分析〕〔複選題〕〔定義變數集〕（〔Analyze〕〔Multiple Response〕〔Define Sets〕），就會出現「定義複選題集」（Define Multiple Response Sets）視窗。此視窗的目的，是讓我們定義出在集合內的變數。首先，將所有的變數選定在「變數集內的變數」（Variable in Set）下的方格內，並在「變數編碼為」（Variables Are Coded As）的「二分法（D）計數值」（Dichotomies Counted value）填入「1」，表示我們是以1來表示受測者勾選該項。接著，我們要對這些變數取一個集合名稱，在「名稱」（Name）處填入「購買方式」，並在「標記」（Label）處填入「顧客的七種購買方式」，如圖3-16所示。

在「定義複選題集」視窗內，按〔新增〕（〔Add〕），則「購買方式」這個集合就會進入「複選題分析集」（Mult Response Sets）下的方格內，如圖3-17所示。為何稱為「集」？因為我們可以對其他的若干個變數建立另外一個集合。進入「複選題分析集」的集合，SPSS會以$來表示。按〔關閉〕。

圖3-16 「定義複選題集」視窗設定

圖3-17 「購買方式」這個集合已進入「複選題分析集」下的方格內

▍「複選題分析次數分配表」視窗

　　按〔分析〕〔複選題〕〔次數分配表〕（〔Analyze〕〔Multiple Response〕〔Frequencies〕），就會出現「複選題分析次數分配表」（Multiple Response Frequencies）視窗。此視窗的目的是讓我們做設定，以呈現複選題的頻率。將「購買方式」（標記為「顧客的七種購買方式」）這個集合選入右邊的「表格」（Tables for）下的方格內，如圖3-18所示。

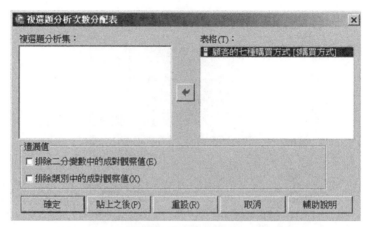

圖3-18 「複選題分析次數分配表」視窗設定

報表輸出——次數分配表

頻率的輸出報表，如表3-4、表3-5所示。

表3-4 觀察值摘要

	觀察值					
	有效的		遺漏值		總數	
	個數	百分比	個數	百分比	個數	百分比
$購買方式[a]	20	100.0%	0	.0%	20	100.0%

a 二分法群組表列於值1。

表3-5 購買方式次數

		反應值		觀察值百分比
		個數	百分比	
$購買方式[a]	書店	10	17.5%	50.0%
	劃撥	9	15.8%	45.0%
	傳真	10	17.5%	50.0%
	電話	10	17.5%	50.0%
	團體	7	12.3%	35.0%
	網路	7	12.3%	35.0%
	其他	4	7.0%	20.0%
總數		57	100.0%	285.0%

a 二分法群組表列於值1。

此輸出結果顯示了每一種購買方式的次數、該項次數（如逛書店的次數）占總次數的百分比，以及該項（如逛書店）占總觀察值（顧客數）的百分比。

「複選題分析交叉表」視窗

在SPSS中，開啟檔案（檔案名稱：…\Chap03\複選題分析1.sav）。檔案中建立了有關七種購買方式，其中1表示以該種方式購買。性別的資料中，1代表男性。

定義變數集的方式同前。按〔分析〕〔複選題〕〔交叉表〕（〔Analyze〕〔Multiple Response〕〔Crosstabs〕），就會出現「複選題分析交叉表」（Multiple Response Crosstabs）視窗。此視窗的目的是讓我們做設定在呈現交叉表時，什麼要當成「列」（Rows）、什麼要當成「欄」（Columns）。將「性別」選入「列」下的方格內，將其他變數選入「欄」下的方格內，如圖3-19（a）所示。

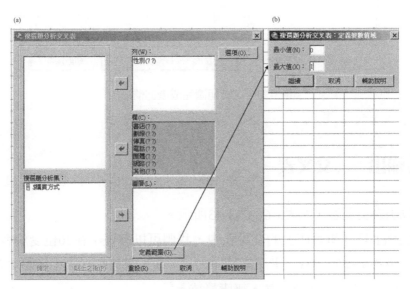

圖3-19　「複選題交叉表」視窗設定

定義變數值域

在「複選題交叉表」視窗中，按〔定義範圍〕，然後在所出現的「複選題交叉表：定義變數值域」（Multiple Response Crosstabs：Define Variable）視窗中，我們要對所選定的變數訂出範圍，如圖3-19（b）所示。圖中我們在「最小值」（Minimum）處填入0，在「最大值」（Maximum）處填入1。接著我們要對「列」的變數（也就是性別）定義範圍，定義完成的情形如圖3-20所示。

圖3-20　定義範圍完成後的情形

報表輸出——交叉表

報表輸出為交叉表，如表3-6到表3-13所示。

在「性別」與「逛書店」的交叉表中，我們可以發現：在20位受測者（顧客）中，逛書店與不逛書店各占一半（都是10人），在逛書店的10人中，男生有6人，女生有4人。其他的報表，一目了然，無庸贅述。

表3-6　觀察值摘要

	觀察值					
	有效的		遺漏值		總數	
	個數	百分比	個數	百分比	個數	百分比
性別*書店	20	100.0%	0	.0%	20	100.0%

表3-7　性別*書店　交叉表列

			書店		總數
			0	**1**	
性別	0 女性	個數	5	4	9
	1 男性	個數	5	6	11
總數		個數	10	10	20

百分比及總數是根據應答者而來的。

表3-8　性別*劃撥　交叉表列

			劃撥		總數
			0	**1**	
性別	0 女性	個數	5	4	9
	1 男性	個數	6	5	11
總數		個數	11	9	20

百分比及總數是根據應答者而來的。

表3-9　性別*傳真　交叉表列

			傳真		總數
			0	**1**	
性別	0 女性	個數	4	5	9
	1 男性	個數	6	5	11
總數		個數	10	10	20

百分比及總數是根據應答者而來的。

表3-10　性別*電話　交叉表列

			電話		總數
			0	**1**	
性別	0 女性	個數	4	5	9
	1 男性	個數	6	5	11
總數		個數	10	10	20

百分比及總數是根據應答者而來的。

表3-11　性別*團體　交叉表列

			團體		總數
			0	**1**	
性別	0 女性	個數	7	2	9
	1 男性	個數	6	5	11
總數		個數	13	7	20

百分比及總數是根據應答者而來的。

表3-12　性別*網路　交叉表列

			網路		總數
			0	**1**	
性別	0 女性	個數	8	1	9
	1 男性	個數	5	6	11
總數		個數	13	7	20

百分比及總數是根據應答者而來的。

表3-13　性別*其他　交叉表列

			其他		總數
			0	**1**	
性別	0 女性	個數	8	1	9
	1 男性	個數	8	3	11
總數		個數	16	4	20

百分比及總數是根據應答者而來的。

第4章
比較平均數

S **tatistical**

P **roducts**

S **ervices**

S **olution**

4.1 認識「比較平均數」

比較平均數（compare means）是指一個名義變數（如性別）的類別（如男女），在區間尺度（如廣告態度）上的平均數差異。在統計分析中，「比較平均數」是屬於單變量（univariate）的範疇。所謂變量（variate）是針對所要衡量的對象而言（不是指變數，更不是指變數的類別）。單變量是指我們要衡量的對象只有一個。以上述例子而言，我們要衡量的只有廣告態度，因此屬於單變量分析。

單變量分析與假說檢定

單變量分析（univariate analysis）顧名思義就是針對單一的變量進行描述與假設檢定，在分析這方面，研究者會用適當的技術針對樣本做分析（第3章〈資料蒐集與樣本描述〉）。在假說檢定方面，本章將說明區間資料的假說檢定，有關次序資料及名義資料的假說檢定，將在第6章〈無母數檢定〉做說明。首先我們要對假說檢定及假說檢定的技術，具備基本的認識。

假說檢定[1]

假說的檢定有兩種方法：（1）古典式或抽樣理論法（classical or sampling theory approach）；（2）貝氏法（Bayesian approach）。古典式統計法（classical approach）在企業研究中（尤其是行銷研究）使用得相當廣泛，也是大多數的統計學教科書所說明的重點。古典式統計學（classical statistics）是對樣本資料做分析，以客觀的機率觀點，對所建立的假說（hypotheses）做「棄卻或不棄卻」（reject or fail to reject）的決定。貝氏統計學（Bayesian statistics）延伸於古典統計學，也是用所蒐集到的樣本資料做決策，但是它還考慮到了其他可用的資訊。這些額外的資訊包括了基於相信程度（degree of belief）的主觀機率估計。這些主觀的估計是根據一般的經驗而來。這些估計值先以某種分配來表示（稱為事前分配，prior

---

[1] 統計技術包括統計的推定與檢定。統計推定（estimation）指的是，在某種可信賴的水平之下，以樣本統計量（例如，樣本中所得收入的平均值）來推定母體參數的範圍（例如，母體所得收入平均的範圍）。在行銷研究中，統計推定用得比較少，所以在本書中，我們將花大量的篇幅來討論統計檢定的問題及技術。

distribution），然後再根據所蒐集到的樣本資訊做調整。調整後的估計值（稱為事後分配，posterior distribution）可依以後蒐集到的資料再做修正。

顯著性

在統計學上，以男、女在態度上的平均數差異是否顯著為例，對於顯著性的解釋是這樣的：在m人當中每次抽取男女各n人（n<m），每抽一次，分別計算及記錄男、女的平均數，在抽取100次中，如果男與女的態度平均數相等的次數小於5（或不等的次數大於95），我們可認為：男、女在態度上的平均數差異有顯著差異；在抽取100次中，如果男與女的態度平均數相等的次數大於95（或不等的次數小於5），我們可認為：男、女在態度上的平均數差異沒有顯著差異。

在抽樣理論法中，我們是根據樣本資訊來接受或棄卻我們所做的研究假說。由於任何樣本與其母體都有某種程度的不同，因此我們必須判斷這些差異是否具有統計顯著性（statistical significance）。如果我們有充足的理由相信這些差異並不是完全由隨機抽樣誤差而來，那麼這些差異就有統計顯著性。

例如，大海零售商的稽核長大海先生非常關心顧客延期付款的情形。他以超過應收帳款到期日的平均天數來分析。一般而言，平均天數是50天，標準差是10天。假設大海先生對所有的客戶做分析，發現平均天數（也就是超過應收帳款到期日後的平均天數）是51天。這51天對於50天而言，是否具有統計上的顯著性？當然是！因為這個51天是對所有的客戶做普查之後所得到的結果，其中並沒有涉及到抽樣的問題。母體的平均數從50增加到51是不爭的事實。統計上有顯著性是一回事，實際上是否有顯著性（practical significance）是另外一回事。如果大海先生認為差一天沒有什麼大不了，那麼就沒有實際上的顯著性，或稱實際顯著性（practical significance）。

上述「如果大海先生認為差一天沒有什麼大不了，那麼就沒有實際顯著性」，顯然說明了顯著性與認知有關。在生命中或日常生活中，對於顯著性的認知是非常弔詭的事情。1分的差異顯著嗎？這要看你的分數是否在臨界點（或節骨眼）上。差了1分，你就上不了輔大管研所，因此這1分是非常顯著的。但是對於達到錄取標準的考生而言，差2、3分並不顯著，因為都考取了。同樣的道理，59分與60分、60分與61分，同樣都是差1分，但結果是天壤之別。在以上的情況中，顯著性具有「關鍵性」或「重要性」的涵義。

由於要對所有的客戶做分析是件曠日廢時的事情，所以我們通常會採取抽樣的方式。假設我們隨機抽取25個樣本（客戶），並計算其應收帳款到期日後的平均天數為54天。那麼這個54天與50天是否具有統計上的顯著性？這個答案很難說。如果我們有充分的理由相信，所有客戶的平均天數都超過了50天，那麼就會有統計上的顯著性。

由於我們所掌握的證據只是從一個抽樣而來，而所獲得的結果可能是由於抽樣誤差所導致的，所以我們會認為這個差距不具有統計上的顯著性。作為一個研究者，我們的主要任務就是要判斷，從這個樣本所獲得的結果是否具有統計上的顯著性。要做好這個判斷，我們必須先對假說檢定的邏輯（logic of hypothesis testing）有所了解。

假說檢定的邏輯

古典式的統計顯著性檢定涉及到兩種類型的檢定。我們是利用虛無假說（null hypothesis）來進行檢定。所謂虛無假說就是「對母體母數（parameter）與樣本統計量（statistic）之間並無差異存在」的陳述。在上述大海零售商的例子中，虛無假說是：母體母數（50天）並沒有改變。對立假說（alternative hypothesis）則認為平均天數有所改變；也就是說，樣本統計量（54天）顯示母體母數值不再是50天。在邏輯上，對立假說與虛無假說是相反的。

我們再以上述應收帳款的例子來探討顯著性檢定（test of significance）的觀念。虛無假說（H_0）是：應收帳款到期日後的平均天數（50天）並沒有改變。對立假說（H_1）有許多形式，隨著研究的目的而定。可以用「不同」來表示，也就是平均天數「不同於」50天，也可以用「大於」表示（例如，平均天數大於50天）或者「小於」表示（例如，平均天數小於50天）。

對立假說的不同類型反映了是屬於雙尾（two-tailed）或單尾（one-tailed）檢定。雙尾檢定（two-tailed test）又稱非方向性檢定（nondirectional test），考慮到兩種機率：平均天數可能大於50天或者可能小於50天的機率。在檢定這種假說時，棄卻區域（regions of rejection）分別在分配的兩個尾端。單尾檢定（one-tailed test）又稱方向性檢定（directional test）是將不可能結果的所有機率置於某一尾端（此尾端是由對立假說所決定）。圖4-1顯示了雙尾檢定的圖形，圖4-2顯示了單尾檢定（大於）的情形。

在這個例子中的假說，可以下列的形式表示：

虛無假說　$H_0：\mu = 50$天

對立假說　$H_1：\mu \neq 50$天　　（不同於）

　或者　　　$H_1：\mu > 50$天　　（大於）

　或者　　　$H_1：\mu < 50$天　　（小於）

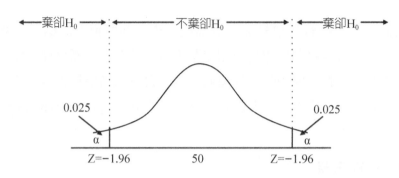

圖4-1　雙尾檢定

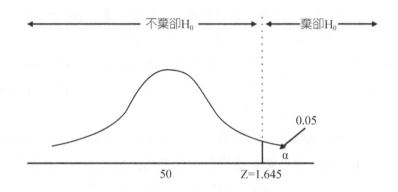

圖4-2　單尾檢定（大於的情形）

　　在檢定這些假說時，我們要採取這樣的決策法則：如果分析的結果顯示我們不能棄卻虛無假說，就不要採取任何矯正行動。值得注意的是：我們要說「不棄卻」（not to reject），不要說「接受」（accept），因為虛無假說永遠不能被證實，所以不能「被接受」。[2]

　　利用SPSS，所傳回來的（所顯示的）值是顯著性（p值），我們要用顯著性和

---

[2] 從這裡我們可以看出歸納性推理（inductive reasoning）的特性。在演繹性推理（deductive reasoning），前提與結論之間可正當的建立「結論性的證實」（conclusive proof），但在歸納性推理中則沒有這種特點。

我們所設的顯著水準α值做比較，如果顯著性大於α值，未達顯著水準，則不棄卻虛無假說；如果顯著性小於α值，達到顯著水準，則棄卻虛無假說。**在統計檢定時，本書所設定的顯著水準皆是0.05（α = 0.05）。**

統計檢定的結果只能讓我們棄卻、或不棄卻假說。雖然如此，但是我們在許多研究中還是常常看到用「接受虛無假說」這樣的字眼，原因可能是覺得「不棄卻虛無假說」這個用字太過彆扭吧！本書也將「從善如流」，當用到「不棄卻」時，後面會以「接受」加註。

如果我們棄卻虛無假說（發現有統計上的顯著性），那麼我們就應該接受對立假說。在我們接受或棄卻一個虛無假說時，很可能做了錯誤的決定。例如當我們應該棄卻虛無假說時，我們卻接受了；或者當我們應該接受虛無假說時，卻是棄卻了。

「棄卻、不棄卻」與「成立、不成立」。在統計學中，虛無假說是以「負面」的方式來表示。例如，如果所要探討的題目是男與女在態度上的平均數有無顯著性差異，則所建立的虛無假說是：男與女在態度上的平均數「無」顯著性差異。如果顯著性小於顯著水準（我們所設定的顯著水準，α = 0.05），則棄卻虛無假說；如果顯著性大於顯著水準（我們所設定的顯著水準，α = 0.05），則不棄卻（接受）虛無假說。但是近年來的學術研究論文，傾向以「正面」的方式來表示虛無假說，例如，以上述的例子而言，所建立的假說是：男與女在態度上的平均數「有」顯著性差異。如果顯著性大於顯著水準（我們所設定的顯著水準，α = 0.05），則假說不成立；如果顯著性小於顯著水準（我們所設定的顯著水準，α = 0.05），則假說成立。綜合以上的敘述，棄卻「無」，不就是接受「有」嗎？而在「有」的情況下，假說是「成立」的。所以不論用正面、負面的方式來敘述假說，結論都是一樣的。換言之，負面、正面敘述是一體兩面。最重要的研判點，就是顯著性。

我們可以用一國的司法制度來做類比。在一國的司法制度中，除非對於被起訴者能舉證其犯罪事實，否則必須假定他（她）是無罪的。在假說檢定中，這是虛無假說；也就是說，除非能得到反證，否則在「假定」與「結果」之間並無差異。如果能舉證無罪的現象不再存在，則應對被起訴者定罪。這就等於棄卻虛無假說，接受對立假說。錯誤的決定有兩種可能的結果：我們不公正的將無罪之人加以定罪，

或將一個有罪之人無罪開釋。

值得一提的是，在有些檢定中，「未達顯著水準」表示未違反某種分析的假定（如第5章5.2節的「誤差變異量的Levene檢定等式」）；有些檢定的「達到顯著水準」表示變數間的關連性、差異性達到顯著；有些檢定的「達到顯著水準」表示自變數在依變數上有顯著差異；有些檢定的「達到顯著水準」表示自變數在若干個依變數上，至少有一個依變數有顯著差異。對於顯著性所代表意義的解釋，要看不同的統計檢定。

型一與型二誤差

如果犯的是型一誤差（Type I error，α），則真實的虛無假說會被棄卻，也就是將無罪之人加以定罪。α值被稱為是顯著水準（level of significance），也就是棄卻虛無假說的機率。

如果犯的是型二誤差（Type II error，β），則錯誤的虛無假說並沒有被棄卻，也就是說開釋了一個有罪之人。在一個公正的司法體制下，減低將無罪之人判為有罪，比將有罪之人判為無罪更為重要。同樣的，在假說檢定中，我們比較要強調的是型一誤差。

統計檢定程序

對於統計顯著性的檢定，我們要遵循一定的程序。這些步驟如下：[3]

1.敘述虛無假說。

2.選擇適當的統計檢定方法。在選擇時要注意：

（1）我們所檢視的是單變量、雙變量，還是多變量的效應？

（2）資料是屬於比率、區間、次序，還是名義尺度？

（3）我們所比較的有多少樣本群體？

（4）在做比較時，從群體中所抽取的樣本是否為獨立的（換句話說，從某一個母體抽取樣本時，會不會限制了從另一個母體所抽取的樣本？如果不會，叫做「獨立的」）？

（5）所抽取的樣本有多大？

[3] S. Seigel, *Nonparametric Statistics for the Behavioral Sciences* （New York: McGraw-Hill, 1956），Chap 2.

3.**決定顯著水準**。在行銷研究中，使用得最為普遍的顯著水準是0.05、0.01、0.001。顯著水準的高低決定了我們所願意承擔的風險，以及這種選擇所產生的β風險。α風險越大，β風險就越小。

4.**計算統計量的值**。利用適當的統計公式，對所蒐集的資料算出其統計值（statistic）。這個統計值又稱計算值（calculated value）。

5.**查出臨界值（critical value）**。以適當的表查出在某一個顯著水準（及自由度）之下的臨界值，這個值決定了棄卻區域的範圍。

6.**做決策**。如果計算值大於臨界值，就要棄卻虛無假說，並做「接受對立假說成立」的結論。如果計算值小於臨界值，就不棄卻虛無假說。

以上說明的各種程序是一般統計學教科書所用的方法。如果我們能充分的掌握電腦硬軟體的功能，利用SPSS來進行假說檢定的話，我們要做的是上述的第一個步驟（敘述虛無假說）、第二個步驟（選擇適當的統計方法）以及第六個步驟（做決策）。其他的步驟（第三、四、五步驟）皆可利用SPSS去做。這樣的話，不僅有效率（把事情做得快），又有效能（把事情做得對）。所節省的時間可用於思考上，思考這些統計的結果在行銷策略及管理上的涵義。

獨立樣本與相關樣本

在介紹比較平均數的有關統計技術之前，我們有必要先了解獨立樣本（independent sample）與相關樣本（dependent sample）。在SPSS中有很多場合是要我們先決定是獨立樣本或相關樣本，所以了解它們的差別是相當具有關鍵性的。獨立樣本中每個處理水準均來自於同一母群體中的不同樣本，換句話說，對於不同的樣本隨機的給與不同的處理水準。相關樣本的每個處理水準均來自於同一母群體中的同一樣本，換句話說，每個樣本都要給與相同的處理水準。這裡所謂的「處理水準」視研究目的而定，它可能是廣告類型、領導風格類型（對領導風格類型的認知）、飲料類別等。

我們以「甲牌飲料、乙牌飲料這兩種飲料的口味測試」這個例子來說明。在獨立樣本中，每位受測者都是隨機選取一個飲料做口味測試，並給予評點；而在相關樣本中，每位受測者同時要做兩種飲料的口味測試，並分別給予評點。請看表4-1的說明。

表4-1 獨立樣本與相關樣本

獨立樣本			相關樣本		
受測者	飲料類型	評點	受測者	甲牌飲料評點	乙牌飲料評點
1	1	5	1	5	4
2	2	3	2	3	2
3	1	4	3	2	3
4	1	3	4	3	4
. . .	. . .	. . .	. . .	. . .	. . .
飲料類型中，1代表甲牌飲料，2代表乙牌飲料					

在SPSS程序中，獨立樣本要先交代分群變數（grouping variable），並界定群組（define groups）。

SPSS程序

在SPSS中適合利用區間資料以進行單變量假說檢定的統計技術，有比較平均數法（Compare Means）及一般線性模式（General Linear Model）。在比較平均數法中又有平均數（Means）、單一樣本T檢定（One-Sample T Test）、獨立樣本T檢定（Independent-Sample T Test）、成對樣本T檢定（Paired-Sample T Test）、單因子變異數分析（One-Way ANOVA）。在一般線性模式中，又有單變量（Univariate）、多變量（Multivariate）、重複量數（Repeated Measures）、變異成份，如圖4-3所示。本章將分別介紹比較平均數法中的各種統計方法，以及一般線性模式的單變量、重複量數這些技術的用法。

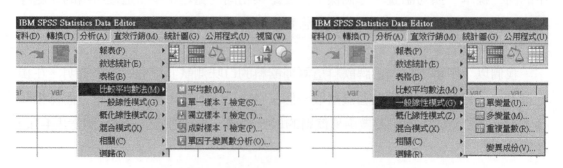

圖4-3 比較平均數與一般線性模式

4.2　平均數檢定

　　比較平均數法（Compare Means）中，平均數檢定（Means）處理程序的目的，在於檢視兩群體的平均數是否有顯著性差異。

研究問題

　　研究者欲研究性別與消費量的關係。所建立的虛無假說是：兩群體的消費量平均數無顯著性差異。同時研究者想要了解，性別（自變數）可以解釋消費量（依變數）之變異數的程度（亦即百分比多少）。

「平均數」視窗

　　進入SPSS，開啟檔案（檔案名稱：...\Chap04\平均數.sav），資料檔中包括性別（名義尺度）及消費量（區間尺度）。

　　按〔分析〕〔比較平均數法〕〔平均數〕（〔Analyze〕〔Compare Means〕〔Means〕），在「平均數」（Means）視窗中，我們將依變數「消費量」選入依變數清單（Dependent List）下的方格中，將自變項「性別」選入自變項清單（Independent List）下的方格中，如圖4-4所示。

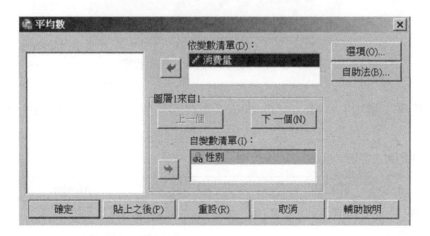

圖4-4　「平均數」視窗設定

選項

在「平均數」（Means）視窗的右上角，按〔選項〕（〔Options〕），就會產生「平均數：選項」（Means: Options）視窗，在此視窗中，我們可看到「格統計量」（Cell Statistics）的預設值是平均數（Mean）、觀察值個數（Number of Cases）、標準差（Standard Deviation），左邊其他的統計量由我們依需要自行選定。在此視窗的左下角點選〔Anova表格與eta值〕（〔Anova Table and eta〕），如圖4-5所示。

圖4-5 「平均數：選項」視窗設定

「平均數：選項」（Means: Options）視窗的其他統計量，如表4-2所示。

表4-2 「平均數：選項」視窗的其他統計量

中位數	Median
組別中位數	Group Median
平均數的標準誤	Std. Error of Mean

表4-2 「平均數：選項」視窗的其他統計量（續）

中位數	Median
總和	Sum
最小值	Minimum
最大值	Maximum
範圍（全距）	Range
第一個（即分組變數第一個類別的變數值）	First
最後一個（即分組變數最後一個類別的變數值）	Last
變異數	Variance
峰度	Kurtosis
峰度標準誤	Std. Error of Kurtosis
偏態	Skewness
偏態標準誤	Std. Error of Skewness
調和平均數	Harmonic Mean
幾何平均數	Geometric Mean
總和的百分比	Percent of Total Sum
次數的百分比	Percent of Total N

報表解讀

SPSS輸出結果，如表4-3到表4-6所示。

表4-3為觀察值處理摘要，表4-4為消費量報表。表4-5「ANOVA摘要表」顯示，顯著性$\alpha = 0.364 > 0.05$（0.05是我們設定的α顯著水準），未達顯著水準，所以我們接受虛無假說，而認為性別與消費量沒有顯著差異。

在「關連量數」的表格中，eta值是0.147，eta平方值是0.022，因此我們可以了解性別變項可以解釋消費量2.2%的變異程度。若口語一點來說，消費量的多寡與性別的關係微乎其微。

表4-3　觀察值處理摘要

	觀察值					
	包括		排除		總和	
	個數	百分比	個數	百分比	個數	百分比
消費量 * 性別	40	100.0%	0	.0%	40	100.0%

表4-4　消費量報表

性別	平均數	個數	標準差
1	3.19	21	1.601
2	3.68	19	1.797
總和	3.43	40	1.693

表4-5　ANOVA 摘要表

			平方和	自由度	平均平方和	F檢定	Sig.
消費量*性別	組間	（組合）	2.432	1	2.432	.845	.364
	組內		109.343	38	2.877		
	總和		111.775	39			

表4-6　關連量數

	Eta	Eta平方
消費量 * 性別	.147	.022

「單變量」視窗：求取關連性強度的另外一個做法

　　另外一個求取關連性強度的做法，就是按〔分析〕〔一般線性模式〕〔單變量〕（〔Analysis〕〔General Linear Model〕〔Univariate〕），在「單變量」（Univariate）視窗中，將「消費量」選入依變數（Dependent Variable）下的方格中，將「性別」選入固定因子（Fixed Factors）下的方格中，如圖4-6所示。這個例子所讀取的檔案仍然是「平均數.sav」。

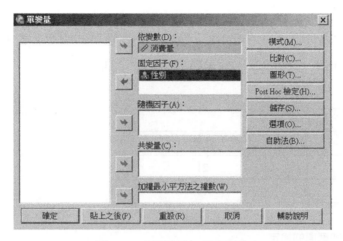

圖4-6 「單變量」視窗設定

選項

在「單變量」（Univariate）視窗中，按〔選項〕（〔Options〕），在「單變量：選項」（Univariate: Options）視窗的顯示（Display）中，勾選〔效果大小估計值〕（〔Estimate of Effect Size〕），如圖4-7所示。

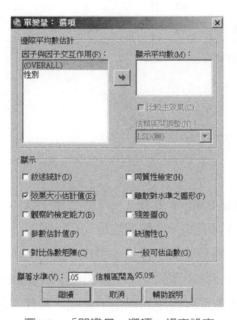

圖4-7 「單變量：選項」視窗設定

報表解讀

輸出結果，如表4-7、表4-8所示。

　　表4-7為受試者間因子。在表4-8「受試者間效應項的檢定」表中，淨相關Eta平方值（校正後的模式）為0.022，結果與上述分析一樣。

表4-7　受試者間因子

		個數
性別	1	21
	2	19

表4-8　受試者間效應項的檢定

依變數：消費量

來源	型 III 平方和	自由度	平均平方和	F 檢定	顯著性	淨相關 Eta 平方
校正後的模式	2.432[a]	1	2.432	.845	.364	.022
截距	471.432	1	471.432	163.836	.000	.812
性別	2.432	1	2.432	.845	.364	.022
誤差	109.343	38	2.877			
總和	581.000	40				
校正後的總數	111.775	39				

a　R 平方 = .022（調過後的 R 平方 = −.004）。

4.3　單一樣本T檢定

　　單一樣本T檢定（One Sample T Test）是針對單一樣本、樣本數（n）小於30的樣本平均數檢定。在先前說明的平均數假說檢定中，其樣本數是 n ≥ 30 的，而且其平均數的抽樣分配是呈常態分配的。但是如果樣本數 n<30，則平均數的抽樣分配不呈常態分配，而且是呈某一種類型的「學生 t 分配」（student t distribution）。隨著樣本數的不同，每個樣本數都有特定的學生 t 分配。當樣本數增加時，t 分配會呈常態分配。

　　既然 t 分配有若干個類型，要用哪一個 t 分配才適當？這要看自由度（degree of freedom, df）而定，對單一樣本的平均數假說檢定，自由度是樣本數減1（df = n−1）。

研究問題

大海飲料公司的管理當局相信，每位女學生每週平均飲料消費量是3罐。如果檢定的結果真有這麼多，則該公司的管理當局將會針對女學生做產品定位策略的擬定及測試。但是管理當局在實際的擬定及測試產品定位策略之前，要「非常」確信她們真正的消費量是3罐。該公司的研究人員對於28位女學生進行調查。虛無假說：每週平均消費量與3罐沒有顯著差異。

「單一樣本T檢定」視窗

開啟檔案（檔案名稱：...\Chap04\單一樣本T檢定.sav），資料檔中包括消費量（區間尺度）。

按〔分析〕〔比較平均數法〕〔單一樣本T檢定〕（〔Analyze〕〔Compare Means〕〔One-Sample T Test〕），在「單一樣本T檢定」（One-Sample T Test）視窗中，選定消費量作為檢定變數（Test Variable），在檢定值（Test Value）的方格內填入「3」（因為我們所建立的虛無假說是：每週平均消費量與3罐沒有顯著差異），如圖4-8(a)所示。

選項

在「單一樣本T檢定」視窗的右上角按〔選項〕（〔Options〕），在出現的「單一樣本T檢定：選項」（One-Sample T Test: Options）視窗中，我們可以決定信賴區間（Confidence Interval），SPSS的預設值為95%，如圖4-8(b)所示。

圖4-8 「單一樣本T檢定」與「單一樣本T檢定：選項」視窗設定

報表解讀

輸出結果，如表4-9、表4-10所示。

表4-9為單一樣本統計量，在表4-10「單一樣本檢定」表所顯示的是雙尾t檢定的顯著性，其顯著性 = 0.196>0.05，未達顯著水準，所以我們不棄卻虛無假說，而接受女性消費者的每週平均消費量與3罐沒有顯著差異（也可以說，與3罐的差異不顯著）。

表4-9 單一樣本統計量

	個數	平均數	標準差	平均數的標準誤
消費量	28	3.43	1.709	.323

表4-10 單一樣本檢定

	檢定值 = 3					
	t	自由度	顯著性（雙尾）	平均差異	差異的 95% 信賴區間	
					下界	上界
消費量	1.327	27	.196	.429	−.23	1.09

4.4 獨立樣本T檢定

行銷人員通常有興趣了解暴露於行銷組合變數（價格、產品、促銷、配銷）的不同群體，所產生的反應之間有什麼差別。要解決這類問題，可用獨立樣本T檢定（Independent Sample T Test）。

研究問題

大海飲料公司想要了解不同性別的消費者，在飲料的消費量上有無不同。虛無假說是這樣的：男性消費量與女性消費量的平均數並無顯著差異。

「獨立樣本T檢定」視窗

開啟檔案（檔案名稱：…\Chap04\獨立樣本T檢定.sav），資料檔中包括性別（名義尺度）以及消費量（區間尺度，SPSS的測量是「尺度」）。

按〔分析〕〔比較平均數法〕〔獨立樣本T檢定〕（〔Analyze〕〔Compare Means〕〔Independent-Sample T Test〕），在「獨立樣本T檢定」（Independent-Sample T Test）視窗中，將「消費量」變項選入檢定變數（Test Variable）方格中，將「性別」選入分組變數（Grouping Variable）方格中，如圖4-9(a)所示。

定義組別

在「獨立樣本T檢定」（Independent-Sample T Test）視窗中，我們必須定義組別（Define Groups）；在「性別（？？）」處按一下，再按〔定義組別〕。在這個例子中，我們是利用「使用指定的數值」（Use specified values），並以「1」代表群組1（男性），以「2」代表群組2（女性）。如圖4-9(b)所示。

若自變數為連續變數（區間尺度的資料），則應選擇「分割點」（Cut Point），並在其後的方格內輸入分組的臨界分數，也就是小於分割點的觀察值，分

(a) 獨立樣本T檢定　　　　　　　　　　(b) 定義組別

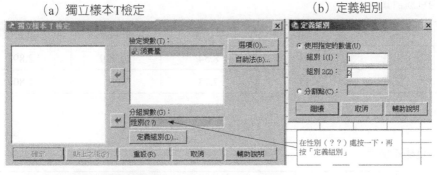

(c) 設定完成後的情形

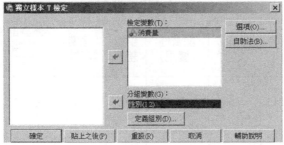

圖4-9　「獨立樣本T檢定」視窗設定

到一組，而大於或等於分割點的觀察值，分到另外一組。按〔繼續〕，完成後的情形如圖4-9(c)所示。

報表解讀

輸出報表，如表4-11、表4-12所示。表4-11為組別統計量。

獨立樣本檢定

我們必須了解，平均數差異檢定的基本假設之一，就是「兩群體的變異數具有同質性」（homogeneity of variance）。因此，SPSS在進行t檢定前，會先測試二組的變異數是否具有同質性。在表4-12「獨立樣本檢定」表中，「變異數相等的Levene檢定」中其F值為0.584，顯著性=0.452>0.05，未達顯著水準，故應接受「變異數相等」的虛無假說（虛無假說是，兩組的變異數相等）。

在表4-12「獨立樣本檢定」表中的「假設變異數相等」這一列，雙尾檢定的顯著性=0.810>0.05，所以我們接受「男性消費量與女性消費量的平均數並無顯著差異」的虛無假說。

表4-11　組別統計量

	性別	個數	平均數	標準差	平均數的標準誤
消費量	男性	13	8.54	10.429	2.893
	女性	15	7.73	7.005	1.809

表4-12　獨立樣本檢定

		變異數相等的 Levene 檢定		平均數相等的 t 檢定						
		F 檢定	顯著性	t	自由度	顯著性（雙尾）	平均差異	標準誤差異	差異的 95% 信賴區間 下界	差異的 95% 信賴區間 上界
消費量	假設變異數相等	.584	.452	.243	26	.810	.805	3.317	−6.013	7.623
	不假設變異數相等			.236	20.528	.816	.805	3.411	−6.299	7.910

綜合以上的釋例，我們可以了解：在針對兩獨立群體的平均數進行差異性檢定時，先要檢定「兩群體變異數相等」的虛無假說，此虛無假說的棄卻與否，決定了我們使用「假設變異數相等」或「不假設變異數相等」的 t 檢定（平均數相等的 t 檢定）。

4.5 成對樣本T檢定

在專題研究中，通常都是獨立樣本。然而有時候我們有必要抽取相關樣本（related samples）或者成對樣本（paired sample），例如，父母－兒女、消費人員－銷售經理、禮品部門－附屬用品部門等。

由於我們先前說明的統計技術，都是以獨立樣本為基礎。如果樣本是相依的話，則那些技術的使用並不適當，應使用成對樣本T檢定（Paired Sample T Test）。

研究問題

我們把兩種飲料「甲牌飲料」及「乙牌飲料」，分別放在六個零售店內銷售（每一個零售店都銷售這二種飲料）。管理當局有興趣了解：「甲牌飲料」與「乙牌飲料」的銷售量是否不同？在α = 0.05 之下，我們所建立的虛無假說是：「甲牌飲料」與「乙牌飲料」的銷售量並無顯著差異。對於這個問題適當的統計檢定，是用成對樣本T檢定。

「成對樣本T檢定」視窗

開啟檔案（檔案名稱：...\Chap04\成對樣本T檢定.sav），資料檔中包括甲牌飲料、乙牌飲料，均為區間尺度。

在 SPSS中按〔分析〕〔比較平均數法〕〔成對樣本T檢定〕（〔Analyze〕〔Compare Means〕〔Paired-Samples T Test〕），在「成對樣本T檢定」（Paired-Samples T Test）視窗中，配對變數（Paired Variables）為「甲牌飲料……乙牌飲料」，如圖4-10所示。

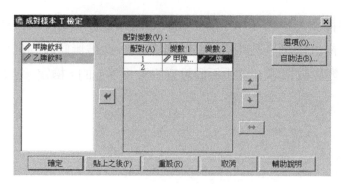

圖4-10　「成對樣本T檢定」視窗設定

報表解讀

輸出報表，如表4-13到表4-15所示。

表4-13為成對樣本統計量，表4-14為成對樣本相關。表4-15「成對樣本檢定」中，雙尾檢定的顯著性=0.121>0.05，未達到所設定的顯著水準，因此我們接受「甲牌飲料與乙牌飲料銷售量並無顯著差異」的虛無假說。

表4-13　成對樣本統計量

		平均數	個數	標準差	平均數的標準誤
成對 1	甲牌飲料	82.17	6	32.152	13.126
	乙牌飲料	76.17	6	25.639	10.467

表4-14　成對樣本相關

		個數	相關	顯著性
成對 1	甲牌飲料 和 乙牌飲料	6	.988	.000

表4-15　成對樣本檢定

		成對變數差異					t	自由度	顯著性（雙尾）
		平均數	標準差	平均數的標準誤	差異的 95% 信賴區間 下界	差異的 95% 信賴區間 上界			
成對 1	甲牌飲料 – 乙牌飲料	6.000	7.874	3.215	−2.263	14.263	1.867	5	.121

4.6 單因子變異數分析

在以獨立樣本進行平均數差異檢定方面，單因子變異數分析（One-Way ANOVA）是指有一個自變數。如果有二個自變數（因子）稱為二因子變異數分析（Two-Way ANOVA，見第5章），如果對於多個變量進行變異數分析，則稱為多變量變異數分析（MANOVA，見第12章）。

在行銷研究上，ANOVA的應用非常普遍。ANOVA的應用可回答像這樣的問題：「在固定薪資制、佣金制、固定及佣金合併制這三種制度下，銷售人員的業績（銷售量）之間有無顯著性的差異？」、「包裝的顏色——紅、黃、藍、綠——是否對銷售量有不同的影響？」、「五種廣告中，哪一種（如果有的話）會造成最大的消費者態度改變？」

▌前提假定

我們在使用ANOVA時，要注意其前提假定：

（1）隨機指派處理（treatment，如上例的各種包裝）到測試單位（test units，如上例的商店）。以上例而言，各種不同包裝的產品指派到各商店是隨機的。

（2）測量尺度至少是區間資料。

（3）測試組與控制組的變異數相等。

（4）處理效應（treatment effect，如不同包裝的銷售量）是可加性的（additive）。

ANOVA檢定中的第一個前提是「隨機指派處理到測試單位」，這個前提在企業研究中常常被忽略。在一般的研究中，常用假處理（pseudotreatment），例如職業、家庭生命週期等，來檢視其中各類別（如職業中的軍人）對某特定產品的消費情況。這種基於非機率抽樣的假處理，大大的增加了其他有關變數對反應變數（如銷售量）的影響。對於這個限制，研究者不可不慎。

研究問題

大海飲料公司考慮到三種包裝形式：1型（細長透明型）、2型（細長不透明型）及3型（短胖透明型）。由於這三型在包裝成本上有所不同，管理當局會採用最便宜的3型包裝，除非1型、2型具有銷售上的優勢。

管理當局想要了解，不同的包裝會影響銷售量嗎？研究人員就將銷售這三種包裝飲料的商店，隨機抽取25家，並分別在各組（每組25家）樣本中分別銷售這三種包裝的產品。

在這個例子中，所建立的虛無假說是：三種包裝的銷售量無顯著性的差異。

「單因子變異數分析」視窗

在SPSS中，開啟檔案（檔案名稱：...\Chap04\單因子變異數分析.sav），資料檔中的包裝（包裝類別）是名義尺度，銷售量（銷售業績）是區間尺度。

按〔分析〕〔比較平均數法〕〔單因子變異數分析〕（〔Analyze〕〔Compare Means〕〔One-Way ANOVA〕），在「單因子變異數分析」（One-Way ANOVA）視窗中，將「銷售量」選入到「依變數清單」（Dependent List）下的方格中，將「包裝」選入到〔因子〕（〔Factor〕）下的方格中，如圖4-11所示。

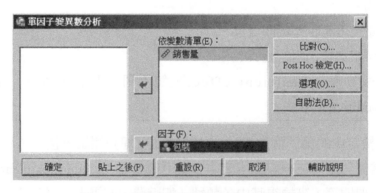

圖4-11 「單因子變異數分析」視窗設定

比對

在「單因子變異數分析」（One-Way ANOVA）視窗中，按〔比對〕（〔Contrast〕），我們就可以看到「單因子變異數分析：比對」（One-Way

ANOVA: Contrast）視窗。在此視窗中的一些功能，可讓我們進行事前比較與趨勢分析。為什麼要進行事前比較？原因在於在進行變異數分析之前，研究者可能根據某些理論或相關文獻，而好奇的想要了解哪幾對平均數有所差異。

在「單因子變異數分析：比對」（One-Way ANOVA: Contrast）視窗中，如勾選「多項式」（Polynomial）可進行趨勢分析。在「次數」（Degree）的下拉式方塊中，選單中共有線性（Linear）、二次趨勢（Quadratic）與三次趨勢（Cubic）。事前比較各處理水準的係數（Coefficient）總和必須等於0。如自變項有三個水準，我們想要比較包裝類型1與包裝類型2的平均數的平均數與包裝類型3的平均數，在這種情況下，比較係數分別輸入0.5、0.5、−1這三個係數，如圖4-12所示。係數清單中係數的順序與因子變數的值是相對應的，係數清單中的第一個係數所對應的是因子變數中數值最小的（編碼數值最小的組別，如上例的包裝1），係數清單中的最後一個係數所對應的是因子變數中數值最大的（編碼數值最大的組別，如上例的包裝3）。設定完成，按〔繼續〕。

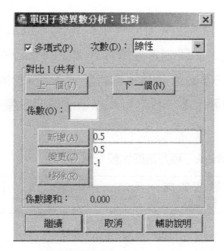

圖4-12　「單因子變異數分析：比對」視窗設定

事後多重比較

在「單因子變異數分析」（One-Way ANOVA）視窗中按〔Post Hoc檢定〕（〔Post Hoc〕），就會出現在「單因子變異數分析：Post Hoc多重比較」（One-Way ANOVA: Post Hoc Multiple Comparisons）視窗，在此視窗的「假設相同的變異數」（Equal Variances Assumed）方格下的各統計值中，點選〔Scheffe法〕、

〔Tucky法〕及〔Duncan〕這三個比較常用的分析法,如圖4-13所示。

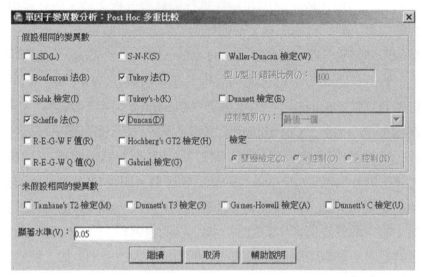

圖4-13　「單因子變異數分析:Post Hoc多重比較」視窗設定

　　Tucky適用於雙尾檢定,也適用於等組的情況。Scheffe適用於不等組的情況(但各組的變異數要相等),研究者要進行非成對的比較時,利用Scheffe是相當適合的。至於Duncan,此法不適用於當組數大於或等於3的情況,而且利用此法會有較多對的平均數會達到顯著水準。我們可將以上的說明,整理如表4-16所示。

表4-16　Tucky、Duncan、Scheffe三種方法的比較

檢定方法	成對的比較	成對或非成對比較	等組	等組或非等組	變異數同質	變異數異質
所有成對比較						
Tucky	✓		✓		✓	
Duncan	✓		✓		✓	
所有成對及非成對比較						
Scheffe		✓		✓		✓

▌報表解讀

　　輸出報表,如表4-17到表4-21所示。

ANOVA摘要表

在表4-17「ANOVA」摘要表中，顯著性=0.286>0.05，未達顯著水準，所以接受「三種不同的包裝其銷售量並無顯著性差異存在」的虛無假說。

表4-17　ANOVA摘要表

銷售業績

			平方和	自由度	平均平方和	F 檢定	顯著性
組間	（組合）		1406.960	2	703.480	1.273	.286
	一次項	對比	1341.620	1	1341.620	2.429	.124
		離差	65.340	1	65.340	.118	.732
組內			39773.360	72	552.408		
總和			41180.320	74			

比對（或對比）

表4-18為對比係數。從表4-19「對比檢定」表中可知，包裝類型1與包裝類型2的平均數的平均數與包裝類型3的平均數之間，沒有顯著性差異（顯著性=0.243>0.05）。

表4-18　對比係數

對比	包裝類型		
	細長透明型	細長不透明型	短胖透明型
1	.5	.5	−1

表4-19　對比檢定

		對比	對比值	標準誤	t	自由度	顯著性（雙尾）
銷售業績	假設變異數相等	1	6.78	5.757	1.178	72	.243
	未假設變異數相等	1	6.78	6.014	1.127	42.714	.266

多重比較

在進行F檢定且棄卻了虛無假說之後,就要進行事後比較。換句話說,在變異數分析中,如果整體的F檢定未達顯著水準,就不必進行事後比較檢定。在我們的上述例子中,由於整體的F檢定未達顯著水準,因此就不必進行事後比較檢定。但是為了說明起見,我們還是做一次給讀者了解。

多重比較檢定的技術有十餘種,包括了:比較數目最大法(maximization number of comparisons)、每格數目不相同的補償法(unequal cell size comparison)、每格同質法(cell homogeneity)及α或β減低法(α or β reduction)。使用最普遍的是Scheffe 檢定。我們對於Scheffe檢定所做的假說是:「沒有成對受測者的平均數是相同的」。

表4-20「多重比較」表中的結果應不會讓我們驚奇,因為整體的F檢定未達顯著水準,各種組合也不會達到顯著水準。表4-21為銷售業績。

表4-20 多重比較

依變數:銷售業績

	(I)包裝類型	(J)包裝類型	平均差異 (I-J)	標準誤	顯著性	95% 信賴區間 下界	95% 信賴區間 上界
Tukey HSD	細長透明型	細長不透明型	7.160	6.648	.531	−8.75	23.07
		短胖透明型	10.360	6.648	.270	−5.55	26.27
	細長不透明型	細長透明型	−7.160	6.648	.531	−23.07	8.75
		短胖透明型	3.200	6.648	.880	−12.71	19.11
	短胖透明型	細長透明型	−10.360	6.648	.270	−26.27	5.55
		細長不透明型	−3.200	6.648	.880	−19.11	12.71
Scheffe 法	細長透明型	細長不透明型	7.160	6.648	.562	−9.46	23.78
		短胖透明型	10.360	6.648	.303	−6.26	26.98
	細長不透明型	細長透明型	−7.160	6.648	.562	−23.78	9.46
		短胖透明型	3.200	6.648	.891	−13.42	19.82
	短胖透明型	細長透明型	−10.360	6.648	.303	−26.98	6.26
		細長不透明型	−3.200	6.648	.891	−19.82	13.42

表4-21 銷售業績

	包裝類型	個數	alpha = .05 的子集
			1
Tukey HSD[a]	短胖透明型	25	140.80
	細長不透明型	25	144.00
	細長透明型	25	151.16
	顯著性		.270
Duncan 檢定[a]	短胖透明型	25	140.80
	細長不透明型	25	144.00
	細長透明型	25	151.16
	顯著性		.146
Scheffe 法[a]	短胖透明型	25	140.80
	細長不透明型	25	144.00
	細長透明型	25	151.16
	顯著性		.303

顯示的是同質子集中組別的平均數。

a 使用調和平均數樣本大小 = 25.000。

4.7 重複量數

有時候我們有必要對二個（或以上）的相關樣本，進行平均數的差異性檢定。有時候，也對「成對樣本」做檢定，例如，我們要對父親、母親、孩子的態度平均分數做差異性檢定。在這種情況下，使用ANOVA並不恰當。這時候我們要用來檢定各成對群組的平均數差異（例如，檢定父親—母親這一組、母親—孩子這一組、父親—孩子這一組）。

一般線性模式（General Linear Model）的「重複量數」（Repeated Measure），適用於對相關樣本進行二個（或以上）平均數差異檢定。

研究問題

大海飲料公司為了要了解不同廣告類型的廣告效果，因此進行了一個研究。研究者要求15位受測者中的每位受測者觀看四種類型的廣告，觀看之後要做回憶測

試，要他們回憶每一則廣告的內容，並對他們的回憶深度及正確性做評分。在這個例子中，虛無假設是：不同類型的廣告效果之間並無顯著差異。

「重複量數」視窗

開啟檔案（檔案名稱：...\Chap04\重複量數.sav）。資料檔中，包括類型1、類型2、類型3、類型4的區間尺度資料。

按〔分析〕〔一般線性模式〕〔重複量數〕（〔Analyze〕〔General Linear Model〕〔Repeated Measures〕），在所呈現的「重複量數定義因子」（Repeated Measures Define Factor(s)）視窗中，在「受測者內因子的名稱」（Within Subject Factor Name）右邊的方格中填入「類型」（預設為Factor1），在「水準個數」（Number of Levels）中填入「4」，並按〔新增〕（〔Add〕），加入到其右邊的方格內。在我們的例子中，共有四種類型的廣告。在「量數名稱」（Measure Name）右邊的方格中，填入「廣告效果」，並按〔新增〕（〔Add〕），加入到其右邊的方格內，如圖4-14所示。

圖4-14 「重複量數定義因子」視窗設定

定義

在「重複量數定義因子」（Repeated Measures Define Factor(s)）視窗中按〔定

義〕（〔Define〕），就會產生「重複量數」（Repeated Measures）視窗，在此視窗中將「類型」選入「受測者內變數」（Within-Subjects Variables）下方的方格內，在還沒有選入之前，這些變數名稱是：_?_（1，廣告效果）、_?_（2，廣告效果）、_?_（3，廣告效果）、_?_（4，廣告效果），在選入之後就變成：類型1（1，廣告效果）、類型2（2，廣告效果）、類型3（3，廣告效果）、類型4（4，廣告效果），如圖4-15所示。

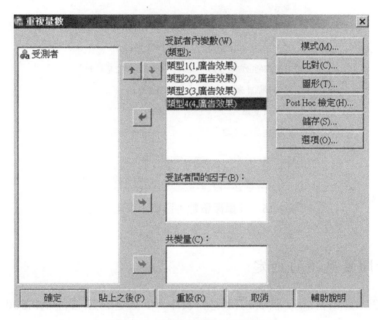

圖4-15　「重複量數」視窗設定

選項

在「重複量數」（Repeated Measures）視窗，按〔選項〕（〔Options〕），就會產生「重複量數：選項」（Repeated Measures: Options）視窗。在此視窗中，我們可將「類型」選入「顯示平均數」（Display Means for）下的方格中，並選擇「比較主效果」（Compare main effects），及在「顯示」（Display）下點選〔敘述統計〕（〔Descriptive Statistics〕），如圖4-16所示。

報表解讀

重複量數（Repeated Measures）的輸出報表，如表4-22到表4-24所示。

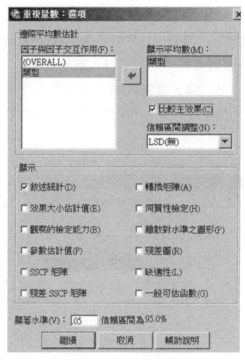

圖4-16　「重複量數：選項」視窗設定

受試者間效應項的檢定

在表4-22「受試者間效應項的檢定」表中，F檢定的顯著性為0.000<0.05，已達顯著水準，應棄卻虛無假說，而認為在不同類型的廣告下，其效果有顯著的不同。

表4-22　受試者間效應項的檢定

測量：廣告效果					
轉換的變數：均數					
來源	型 III 平方和	自由度	平均平方和	F 檢定	顯著性
截距	10720.067	1	10720.067	2732.056	.000
誤差	54.933	14	3.924		

Mauchly 球形檢定

在表4-23「Mauchly球形檢定」表中，顯著性為0.153>0.05，未達顯著水準，表示未違反變異數分析的球形假定。

所謂球面性（sphericity）是指受測樣本於自變項的每一實驗處理中，在依變項上的得分，兩兩配對相減所得的差之變異數必須相等；換句話說，不同的受測者在不同水準間配對或重複測量，其變動情形應該具有一致性。相關樣本的變異數分析，如果違反了這項規定，將會提高型一誤差的機率。

表4-23　Mauchly 球形檢定[b]

測量：廣告效果

受試者內效應項	Mauchly's W	近似卡方分配	自由度	顯著性	Epsilon[a]		
					Greenhouse-Geisser	Huynh-Feldt 值	下限
類型	.530	8.080	5	.153	.756	.910	.333

檢定正交化變數轉換之依變數的誤差共變量矩陣的虛無假設，是識別矩陣的一部分。
a 用來調整顯著性平均檢定的自由度，改過的檢定會顯示在「Within-Subjects Effects」表檢定中。
b 設計：截距。
受試者內設計：類型。

敘述統計

從表4-24「敘述統計」表的平均數資料來看，我們可以了解：類型4的效果最佳，而類型1的效果最差。

表4-24　敘述統計

	平均數	標準差	個數
類型1	11.40	1.682	15
類型2	12.80	1.781	15
類型3	14.00	1.134	15
類型4	15.27	1.624	15

4.8　重要統計檢定值

比較平均數的重要統計檢定值，如表4-25所示。

表4-25　重要統計檢定值

統計值	意義	判讀
Mauchly 球形檢定	所謂球面性（sphericity）是指受測樣本於自變項的每一實驗處理中，在依變項上的得分，兩兩配對相減所得的差之變異數必須相等；換句話說，不同的受測者在不同水準間配對或重複測量，其變動情形應該具有一致性。相關樣本的變異數分析，如果違反了這項規定，將會提高型一誤差的機率。	未達顯著水準，表示未違反變異數分析的球形假定。

第 5 章
二因子變異數、
共變數分析

5.1 認識二因子變異數分析

我們已在「樣本描述與比較平均數」該章中，說明過有關單因子變異數分析（univariate ANOVA or one-way ANOVA）的課題。本章將說明二因子變異數分析。所謂單因子、二因子是指自變數的數目；單因子有一個自變數，二因子有兩個自變數。

在二因子變異數分析（Two-way ANOVA）中，依變數或稱準則變數（以Y表示）是區間或比率尺度的資料，而自變數或稱預測變數（以A、B表示）是類別資料（或區間資料）。研究者一次操弄兩個自變項，以探討對依變數的影響。

▌二因子實驗設計的三種情形

在二因子實驗設計中，假設二個自變數分別為A、B。隨著研究者對於這二個自變數的操弄方式的不同，大致可分三種情形：

（1）二因子受測者間設計（between subject），此設計又稱完全隨機因子設計（completely randomized factorial design）。此設計的自變數A因子、B因子都是獨立樣本設計。

（2）二因子受測者內設計（within subject），此設計又稱隨機集區因子設計（randomized block factorial design）。此設計的自變數A因子、B因子都是相關樣本設計。

（3）分割區設計（split-plot design），又稱混合設計，此設計的二個自變數中其中一個因子為獨立樣本設計，另一個因子為相關樣本設計。

▌二因子變異數分析的目的

如以二因子設計與集區設計做比較的話，二因子變異數分析涉及到集區因子（block，以A代表）以及處理因子（treatment，以B代表）這二個因子。集區因子通常以列（row）的位置來呈現；處理因子又稱實驗變數，通常以欄（column）的位置來呈現。值得注意的是，這是在觀念上的說明，在SPSS內建檔的方式是不一樣的。

二因子變異數分析的目的在於檢定主要效果及交互作用，主要效果包括集區效

果與處理效果：

（1）集區效果（block effect）。集區的不同對準則變數的影響有無顯著性的差異。
（2）處理效果（treatment effect，或稱實驗變數效果）。實驗變數的不同對準則變數的影響有無顯著性的差異。
（3）互動效果或稱交互作用（interaction effect，以 I 代表）。集區對準則變數的影響是否會因處理的不同而異；處理對準則變數的影響是否會因集區的不同而異。

例如，研究者在五塊地（集區）上，分別灑以不同的四種肥料（處理或實驗變數）。他想要了解蘋果的收成（產量）到底是因為地的不同而異呢（集區效果）？還是因為肥料的不同（處理效果）？以及地的不同對蘋果收成的影響是隨著肥料的不同而異？[1]

二因子變異數分析的步驟

進行二因子變異數分析的首要步驟，在於檢視二因子（也就是集區因子與處理因子）的交互作用。以受測者性別（A因子）與廣告類型（B因子）為例，性別分為男性、女性二個水準，分別以a1、a2代表；廣告類型分為提供資訊式、心理激發式、命令式、模仿式四種，分別以b1、b2、b3、b4代表。在這個2 x 4的二因子受測者內設計（又稱隨機集區因子設計）中，各細格與邊緣平均數（marginal mean）的代號如表5-1所示。

表5-1　隨機集區因子設計中，各細格與邊緣平均數的代號

B因子（處理）　　　A因子（集區）		B因子				邊緣平均數
		b1	**b2**	**b3**	**b4**	
A因子	a1	a1b1	a1b2	a1b3	a1b4	A1
	a2	a2b1	a2b2	a2b3	a2b4	A2
邊緣平均數		B1	B2	B3	B4	

---

[1] 有關變數之間複雜關係的詳細說明，可參考：榮泰生，《企業研究方法》，四版（臺北：五南圖書出版公司，2011），第11章。

如果交互作用不顯著，就要進行主要效果（main effect）的比較，也就是比較A因子的邊緣平均數，檢視A1、A2這兩個水準組哪一組較佳；比較B因子的邊緣平均數，檢視B1、B2、B3、B4這四個水準組哪一組較佳。比較時所使用的方法是單因子變異數分析。在這個例子中，我們要進行二個單因子變異數分析。

在上表中，只要有一個細格的平均數與總平均數的差異達到顯著水準，則二因子交互作用的效果就會達到顯著。如果交互作用顯著，就要進行單純主要效果（simple main effect）的比較。在此例中，要進行的分析是：

（1）在A = 1的情況下，進行b1、b2、b3、b4的比較。
（2）在A = 2的情況下，進行b1、b2、b3、b4的比較。
（3）在B = 1的情況下，進行a1、a2的比較。
（4）在B = 2的情況下，進行a1、a2的比較。
（5）在B = 3的情況下，進行a1、a2的比較。
（6）在B = 4的情況下，進行a1、a2的比較。

為什麼要分得這麼細？因為如果交互作用顯著，表示A因子水準組的效果（A因子對於Y的影響）會受到B因子水準組的影響（此時B因子被稱為是干擾變數）；B因子水準組的效果（B因子對於Y的影響）會受到A因子水準組的影響（此時A因子被稱為是干擾變數），既然都會「受到影響」所以比較**主要效果**就沒有什麼意義，因此我們要更細的進行**單純主要效果**的比較。〔有關干擾變數的詳細解說，可參考榮泰生著，《企業研究方法》，四版（臺北：五南圖書出版公司，2011），第11章〕。

不論是主要效果或是單純主要效果的考驗，如果達到顯著的話，就要進行事後（post hoc）檢定，以檢視各因子在各水準之間的差異情況（例如提供資訊式與心理激發式、命令式、模仿廣告的差異）。但如果因子水準只有二個（例如性別中的男性、女性），SPSS就會發出警告（這只是警告，並無大礙）。

警告

> 性別 未執行Post hoc檢定，因為 組別少於三組。

綜合以上所說明的，我們可以用流程圖（圖5-1）來表示，以期一目了然。

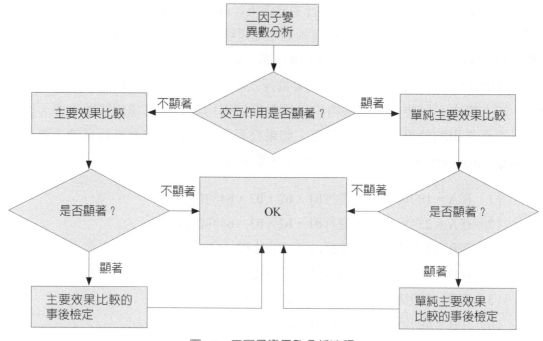

圖5-1　二因子變異數分析流程

5.2　二因子受測者間設計（交互作用不顯著）

　　如前所述，二因子受測者間設計的自變數A因子、B因子都是獨立樣本設計。這是最常用的二因子變異數分析。

研究問題

　　假設大海飲料公司進行了一項實驗，想要了解性別（集區）、飲料品牌（實驗變數）對購買可能性的影響。事實上，性別的不同對於購買可能性的影響可能是因為品牌不同所致；或者品牌的不同對於購買可能性的影響，可能是因為性別的不同所致。所以，研究者有必要將這些互動效果納入考慮。

　　研究者所建立的虛無假說，如表5-2所示。

表5-2　研究者所建立的虛無假說

集區效果H$_0$：	性別的不同對購買可能性無顯著性的影響
處理效果H$_0$：	飲料品牌的不同對購買可能性無顯著性的影響
互動效果H$_0$：	性別與品牌對購買可能性的影響，無互動效果（也就是說，性別的不同對購買可能性的影響，不因品牌的不同而異；品牌的不同對購買可能性的影響，不因性別的不同而異）

「單變量」視窗

按〔編輯〕〔選項〕，在「選項」視窗內的「一般」項下，將變數清單選擇為「顯示標記」。

開啟檔案（檔案名稱：...\Chap05\購買可能性（交互作用不顯著）.sav），在此資料檔中，變數A表示性別（1為男，2為女）、B代表飲料品牌（分為甲牌飲料、乙牌飲料、丙牌飲料這三種飲料）、Y代表購買可能性（從0到100，數字越大，表示可能性越高）。

在SPSS中，按〔分析〕〔一般線性模式〕〔單變量〕（〔Analyze〕〔General Linear Model〕〔Univariate〕），在所產生的「單變量」（Univariate）視窗中，將「購買可能性」選入右邊「依變數」（Dependent Variable）下的方格中，將「性別」、「飲料類別」選入「固定因子」（Fixed Factor(s)）下的方格中，如圖5-2所示。固定因子就是自變數。

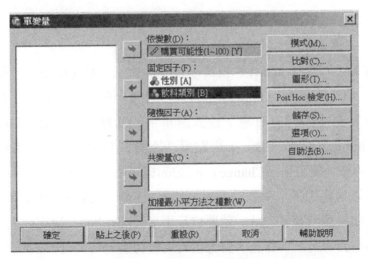

圖5-2　「單變量」視窗設定

模式

在「單變量」（Univariate）視窗，按〔模式〕（Model），就會出現「單變量：模式」（Univariate: Model）視窗，如圖5-3所示。此視窗的目的在於讓使用者指明分析的模式。我們使用預設的「完全因子設計」（Full factorial）。

在「平方和」（Sum of Squares）右邊的選項中，類型III（Type III）是預設的類型，是指「此效應的平方和是其他效應和與任何包含此效應正交調整後的平方和」。

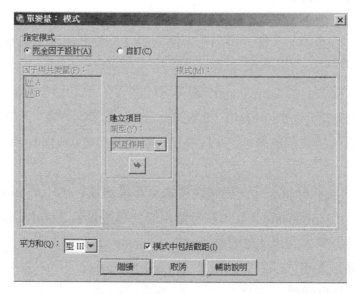

圖5-3　「單變量：模式」視窗

比對

在「單變量」（Univariate）視窗，按〔比對〕（Contrast），就會出現「單變量：對比」（Univariate: Contrast）視窗，可按照研究者的需要，做各種設定。按〔A〕，再點選「比對」右邊下拉式清單中的〔離差〕（Deviation），再按〔變更〕（Change）；按〔B〕，再點選「比對」右邊下拉式清單中的〔簡單〕（Simple），再按〔變更〕（Change），完成後的情形如圖5-4所示。

對比是用以檢定因子水準間的差異。如前所述，不論是主要效果或是單純主要效果的考驗，如果達到顯著的話，就要進行事後（post hoc）檢定，以檢視各因子在各水準之間的差異情況。事實上，對比也有這種功能。

SPSS提供的對比方式，如表5-3所示。

表5-3　對比方式

對比方式	說明
離差（Deviation）	SPSS內定以最後一組為參考組。如果要變更以第一組為參考組，應在「參考類別」（Preference Category）選項中勾選「第一個」（First）。離差對比是：除參考水準外，每個水準的平均數會與所有水準的平均數做一比較。
簡單（Simple）	SPSS內定以最後一組為參考組。每個水準的平均數會與最後一個水準的平均數做一比較。我們可以自訂參考組為第一組。
Helmert	因子每個水準的平均數與之後所有水準的平均數做一比較。
差異（Difference）	因子每個水準的平均數與先前所有水準的平均數做一比較。此比較方式恰與Helmert方式相反。
重複（Repeated）	每個水準的平均數（最後一個除外）與之後相鄰的平均數做一比較。
多項式（Polynomial）	根據因子變數的水準數，進行直線、二次趨向、三次趨向……的比較。

圖5-4　「單變量：對比」視窗設定

圖形

在「單變量」（Univariate）視窗，按〔圖形〕（Plots），就會出現「單變量：剖面圖」（Univariate: Profile Plots）視窗。此視窗的目的在於讓使用者交待要繪製的趨勢圖。如果獨立樣本二因子變異數分析的交互作用顯著，則繪製出來的圖形就是自變數在依變數上的交互作用圖。

將左邊「因子」（Factors）中的二個因子A、B，分別選入「水平軸」（Horizontal Axis）及「個別線」（Separated Lines）下的空格中，按〔新增〕（〔Add〕），然後再將左邊「因子」（Factors）中的二個因子B、A分別選入「水平軸」（Horizontal Axis）及「個別線」（Separated Lines）下的空格中，按〔新增〕（〔Add〕），完成後的情形如圖5-5所示。最下方的大方格會出現「A* B」、「B * A」。

圖5-5 「單變量：剖面圖」視窗設定

觀察值平均數的Post Hoc（事後）多重比較

在「單變量」（Univariate）視窗，按〔Post Hoc檢定〕（Post Hoc），就會出現「單變量：觀察值平均數的Post Hoc多重比較」（Univariate: Post Hoc Multiple Comparisons for Observed Means）視窗。將左邊「因子」（Factor(s)）方格中的「A」、「B」變數選入右邊「Post Hoc檢定」（Post Hoc）下的方格中。在「假設相同的變異數」（Equal Variance Assumed）方格內選取〔Scheffe法〕，如圖5-6所示。

圖5-6 「單變量：觀察值平均數的Post Hoc多重比較」視窗設定

儲存

在「單變量」（Univariate）視窗，按〔儲存〕（Save），就會出現「單變量：儲存」（Univariate: Save）視窗，如圖5-7所示。此視窗的目的是讓我們儲存「預測值」（Predicted Values）、「殘差值」（Residuals）及「診斷」（Diagnostics）。我

們也可以將係數統計量儲存在一個檔案內。

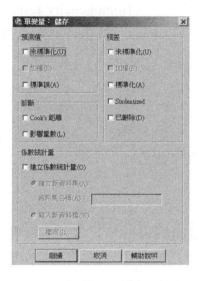

圖5-7　「單變量：儲存」視窗

選項

　　在「單變量」（Univariate）視窗，按〔選項〕（Options），就會出現「單變量：選項」（Univariate: Options）視窗。將左邊「因子與因子交互作用」（Factor(s) and Factor Interaction）下的「（OVERALL）」選入右邊「顯示平均數」（Display Means for）下的方格中，以顯示細格及邊緣平均數，如圖5-8所示。

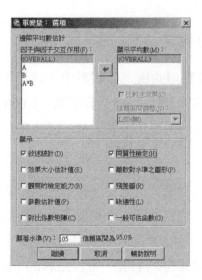

圖5-8　「單變量：選項」視窗

在「顯示」（Display）方格中，選取〔描述統計〕（〔Descriptive statistics〕）、〔同質性檢定〕（〔Homogeneity tests〕）。你也可以選取其他的統計值，如效果大小估計值（Estimate of effect size）、觀察的檢定能力（Observed power）等。

報表解讀

輸出報表，如表5-4到表5-7所示。

同質性檢定

從表5-4「誤差變異量的Levene檢定等式」報表中，同質性檢驗的顯著性=0.541>0.05，未達顯著水準，接受虛無假說，表示各組間的變異數具有同質性，符合基本假說。

表5-4　誤差變異量的Levene檢定等式[a]

依變數：購買可能性（1～100）

F檢定	分子自由度	分母自由度	顯著性
.817	5	70	.541

檢定各組別中依變數誤差變異量的虛無假設是相等的。

a　設計：截距+A+B+A＊B。

受試者間效應項的檢定

在表5-5「受試者間效應項的檢定」報表中，我們可看到性別（集區）、品牌（實驗變數）、交互作用的顯著性（p值）分別為：0.000、0.430、0.242。除了性別之外，飲料品牌、交互作用均未達到顯著水準。因此在 $\alpha = 0.05$ 的顯著水準下，對虛無假說檢定的結論是：

棄卻「H_0：性別的不同對購買可能性無顯著性的影響」。

不棄卻（接受）「H_0：飲料品牌的不同對購買可能性無顯著性的影響」。

不棄卻（接受）「H_0：性別與品牌對購買可能性的影響，無互動效果」（也就是說，性別的不同對購買可能性的影響，不因品牌的不同而異；品牌的不同對購買可能性的影響，不因性別的不同而異）。

表5-5　受試者間效應項的檢定

依變數：購買可能性（1～100）

來源	型 III 平方和	自由度	平均平方和	F 檢定	顯著性
校正後的模式	15191.303[a]	5	3038.261	7.002	.000
截距	221430.391	1	221430.391	510.281	.000
A	13552.727	1	13552.727	31.232	.000
B	742.304	2	371.152	.855	.430
A * B	1257.229	2	628.614	1.449	.242
誤差	30375.684	70	433.938		
總和	284015.000	76			
校正後的總數	45566.987	75			

a　R 平方 = .333（調過後的 R 平方 = .286）。

A因子與B因子的主要效果

由於交互作用未達顯著，所以我們要分別比較A因子的主要效果、B因子的主要效果。由於A因子達到顯著，所以要比較其主要效果。A因子只有兩個水準，所以直接比較其邊緣與B因子的主要效果即可。在表5-6「敘述統計」輸出報表中，男性的邊緣平均數是42.97，女性的邊緣平均數是69.05，所以女性的購買可能性顯著的高於男性。

表5-6　敘述統計

依變數：購買可能性（1～100）

性別	飲料類別	平均數	標準差	個數
男	甲牌飲料	51.69	19.717	16
	乙牌飲料	34.40	15.153	10
	丙牌飲料	38.50	18.318	12
	總和	42.97	19.298	38
女	甲牌飲料	67.11	23.614	9
	乙牌飲料	68.60	19.885	15
	丙牌飲料	70.79	26.003	14
	總和	69.05	22.581	38

表5-6 敘述統計（續）

性別	飲料類別	平均數	標準差	個數
總和	甲牌飲料	57.24	22.044	25
	乙牌飲料	54.92	24.681	25
	丙牌飲料	55.88	27.725	26
	總和	56.01	24.649	76

　　由於B因子未達顯著，所以我們可以不必再進行比較。但我們不妨列出來參考一下。從表5-7「多重比較」表中，可看到甲牌飲料與乙牌飲料、丙牌飲料之間在購買可能性（總分100分）上的差異不顯著。

表5-7 多重比較

依變數：購買可能性（1～100）
Scheffe法

（I）飲料類別	（J）飲料類別	平均數差異（I-J）	標準誤	顯著性	95% 信賴區間	
					下限	上限
甲牌飲料	乙牌飲料	2.32	5.892	.925	−12.42	17.06
	丙牌飲料	1.36	5.835	.973	−13.24	15.95
乙牌飲料	甲牌飲料	−2.32	5.892	.925	−17.06	12.42
	丙牌飲料	−.96	5.835	.986	−15.56	13.63
丙牌飲料	甲牌飲料	−1.36	5.835	.973	−15.95	13.24
	乙牌飲料	.96	5.835	.986	−13.63	15.56

以觀察的平均數為基礎。

剖面圖

　　由於性別與飲料類別的交互作用不顯著，所以以下的圖形可讓我們看出趨勢值。圖5-9是以性別為橫軸，加入飲料類別後之購買可能性的估計邊緣平均數。圖5-10是以飲料類別為橫軸，加入性別後之購買可能性的估計邊緣平均數。

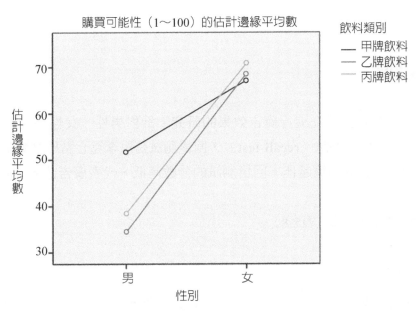

圖5-9　以性別為橫軸，加入飲料類別後之購買可能性的估計邊緣平均數

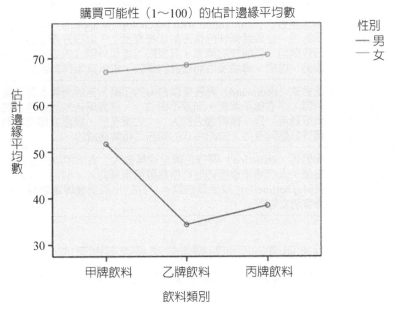

圖5-10　以飲料類別為橫軸，加入性別後之購買可能性的估計邊緣平均數

5.3　二因子受測者間設計（交互作用顯著）

如前所述，二因子受測者間設計的自變數A因子、B因子都是獨立樣本設計。這

是最常用的二因子變異數分析。

研究問題

大海研究公司受委託進行廣告效果的研究。針對男性、女性每人看過一種廣告之後，再進行回憶測試（recall test），回憶測試是以李克七點尺度衡量，分數越高者表示對於廣告的回憶越佳。回憶測試的分數高低，代表廣告效果（advertising effect）的大小。

廣告類型共有四種（表5-8）：

表5-8　廣告類型

類型編號	類型	說明
1	提供資訊式	提供資訊式（information）廣告是平鋪直述某些事實真相。這些事實並不是以爭論的形式出現。報紙上的分類廣告即是一例。
2	心理激發式	心理激發式（motivation with psychological appeals）廣告充分的利用情感訴求，企圖將愉快的情感附加在產品上，以提升產品的訴求。這類廣告會創造一個愉快的氣氛，其賣點可能是外顯式的或者是內隱式的。化妝品、香煙、啤酒及酒類產品的廣告，常以氣氛作為訴求。
3	命令式	命令式（command）廣告會以命令的口氣，告訴消費者要做某些事情。例如，「酒後不開車，開車不喝酒」。這類廣告的假設是：閱聽人（觀眾或聽眾）是「聽得進去的人」。如果產品、服務或構念廣為人知，或獲得好感與支持，做命令式的廣告是相當適當的。
4	模仿式	模仿式（imitation）廣告企圖呈現某些人士或情境以供觀眾模仿，其假設是：人們總是會模仿他們所喜歡或崇拜的人。例如，女超人琳達卡特在Maybelline的化妝品廣告說：「你的化妝品會隱藏皺紋，但我的化妝品會防止皺紋」。

研究者想要了解，性別與廣告類別對廣告效果是否有顯著的交互作用；也就是說，不同的性別在不同類型的廣告下，其廣告效果是否有顯著的差異。

「單變量」視窗

開啟檔案（檔案名稱：...\Chap05\ 廣告效果（交互作用顯著）.sav），在此資料檔中的變數有性別（1為男，2為女）、廣告類型（1代表提供資訊式、2代表心理激發式、3代表命令式、4代表模仿式）。

在SPSS中，按〔分析〕〔一般線性模式〕〔單變量〕（〔Analyze〕〔General

Linear Model〕〔Univariate〕），在所產生的「單變量」（Univariate）視窗中，將「廣告效果」（回憶測試評點）選入右邊「依變數」（Dependent Variable）下的方格中，將「性別」、「廣告類型」選入「固定因子」（Fixed Factor(s)）下的方格中，如圖5-11所示。固定因子就是自變數。

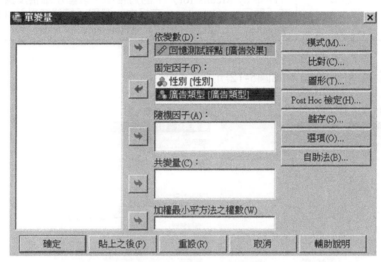

圖5-11 「單變量」視窗設定

其他的設定

其他的選項，如表5-9所示。

表5-9 其他選項的設定

圖5-12(a)	模式	使用預設的「完全因子設計」（Full factorial）。
圖5-12(b)	比對	按〔性別〕，再點選「比對」右邊下拉式清單中的〔離差〕（Deviation），再按〔變更〕（Change）；按〔廣告類型〕，再點選「比對」右邊下拉式清單中的〔簡單〕（Simple），再按〔變更〕（Change）。
圖5-12(c)	圖形	將左邊「因子」（Factors）中的二個因子性別、廣告類型分別選入「水平軸」（Horizontal Axis）及「個別線」（Separated Lines）下的空格中，按〔新增〕（Add），然後再將左邊「因子」（Factors）中的二個因子廣告類型、性別分別選入「水平軸」（Horizontal Axis）及「個別線」（Separated Lines）下的空格中，按〔新增〕（Add），完成後最下方的大方格會出現「性別*廣告類型」、「廣告類型*性別」。
圖5-12(d)	觀察值平均數的Post Hoc（事後）多重比較	將左邊「因子」（Factor（s））方格中的「性別」、「廣告類型」變數選入右邊「Post Hoc檢定」（Post Hoc）下的方格中。在「假設相同的變異數」（Equal Variance Assumed）方格內選取Scheffe法。

表5-9　其他選項的設定（續）

	儲存	此視窗的目的是讓我們儲存「預測值」（Predicted Values）、「殘差值」（Residuals）及「診斷」（Diagnostics）。我們也可以將係數統計量儲存在一個檔案內。
圖5-12(e)	選項	將左邊「因子與因子交互作用」（Factor（s）and Factor Interaction）下的「（OVERALL）」選入右邊「顯示平均數」（Display Means for）下的方格中，以顯示細格及邊緣平均數。在「顯示」（Display）方格中，選取〔描述統計〕（Descriptive statistics）、〔同質性檢定〕（Homogeneity tests）。

以上各步驟操作過程，如圖5-12所示。

(a) 單變量：模式

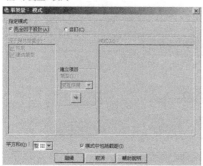

(b) 單變量：對比

(c) 單變量：剖面圖

(e) 單變量：選項

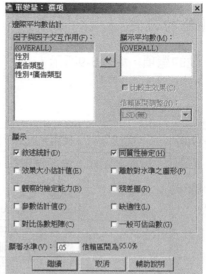

(d) 單變量：觀察值平均數的Post Hoc多重比較

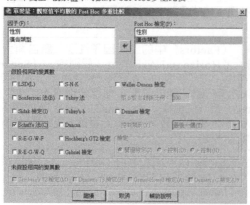

圖5-12　「單變量」視窗其他設定（二因子受測者間設計）

報表解讀

輸出報表，如表5-10、表5-11所示。

敘述統計

表5-10 敘述統計

依變數：回憶測試評點				
性別	廣告類型	平均數	標準差	個數
男性	提供資訊式	6.83	.408	6
	心理激發式	3.33	.516	6
	命令式	6.00	.000	6
	模仿式	3.50	.548	6
	總和	4.92	1.613	24
女性	提供資訊式	3.00	1.095	6
	心理激發式	6.50	.548	6
	命令式	2.00	1.095	6
	模仿式	5.00	.000	6
	總和	4.13	1.941	24
總和	提供資訊式	4.92	2.151	12
	心理激發式	4.92	1.730	12
	命令式	4.00	2.216	12
	模仿式	4.25	.866	12
	總和	4.52	1.810	48

受試者間效應項的檢定

在表5-11「受試者間效應項的檢定」的輸出報表中，性別（顯著性 =0.000<0.05）、廣告類型（顯著性=0.002<0.05）、性別與廣告類型的交互作用（顯著性=0.000<0.05），均達到顯著水準。由於性別與廣告類型的交互作用達到顯著水準，所以我們要進行單純主要效果的檢定。

表5-11 受試者間效應項的檢定

依變數：回憶測試評點

來源	型 III 平方和	自由度	平均平方和	F 檢定	顯著性
校正後的模式	136.813[a]	7	19.545	45.541	.000
截距	981.021	1	981.021	2285.874	.000
性別	7.521	1	7.521	17.524	.000
廣告類型	7.896	3	2.632	6.133	.002
性別 * 廣告類型	121.396	3	40.465	94.288	.000
誤差	17.167	40	.429		
總和	1135.000	48			
校正後的總數	153.979	47			

a R 平方 = .889（調過後的 R 平方 = .869）。

剖面圖

由於性別與廣告類型的交互作用顯著，以下的圖形可讓我們看出交互作用的現象。圖5-13是以性別為橫軸，加入廣告類型後之廣告效果的估計邊緣平均數。圖5-14是以廣告類型為橫軸，加入性別後之廣告效果的估計邊緣平均數。

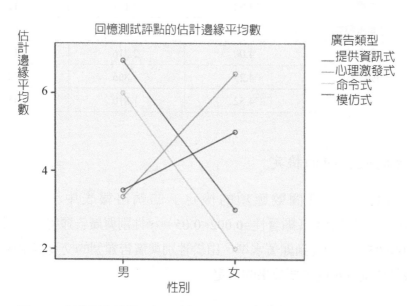

圖5-13 以性別為橫軸，加入廣告類型後之廣告效果的估計邊緣平均數

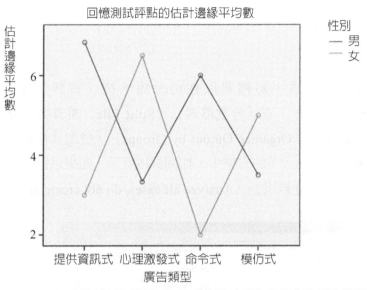

圖5-14　以廣告類型為橫軸，加入性別後之廣告效果的估計邊緣平均數

單純主要效果

由於交互作用顯著，就要進行單純主要效果（simple main effect）的比較。在此例中，要進行的分析是：

（1）在性別＝1（男性）的情況下，進行提供資訊式、心理激發式、命令式、模仿式的比較；

（2）在性別＝2（女性）的情況下，進行提供資訊式、心理激發式、命令式、模仿式的比較；

（3）在廣告類型＝1（提供資訊式）的情況下，進行男性、女性的比較；

（4）在廣告類型＝2（心理激發式）的情況下，進行男性、女性的比較；

（5）在廣告類型＝3（命令式）的情況下，進行男性、女性的比較；

（6）在廣告類型＝4（模仿式）的情況下，進行男性、女性的比較。

為什麼要分得這麼細？因為如果交互作用顯著，表示A因子（性別）水準組的效果（A因子對於廣告效果的影響）會受到B因子（廣告類型）水準組的影響（此時廣告類型被稱為是干擾變數）；B因子（廣告類型）水準組的效果（B因子對於廣告效果的影響）會受到A因子（性別）水準組的影響（此時性別被稱為是干擾變數），既然都會「受到影響」所以比較**主要效果**就沒有什麼意義，因此我們要更細

的進行**單純主要效果**的比較。

如何進行？

　　利用分割檔案的方式，將檔案以性別分組。按〔資料〕〔分割群組〕（〔Data〕〔Split File〕），在「分割檔案」（Split File）視窗中，按〔性別〕，選擇〔依群組組織輸出〕（Organize Output by Groups），並將「性別」選入到「依此群組」（Group Based on）下的方格中，如圖5-15所示。如果以後要取消分組，選「分析所有觀察值，勿建立群組」（Analyze all cases, do not create groups）即可。

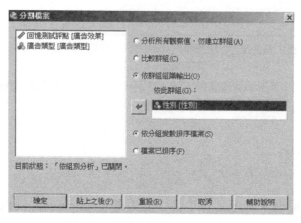

圖5-15　「分割檔案」視窗設定

　　接著要進行單因子變異數分析，按〔分析〕〔比較平均數法〕〔單因子變異數分析〕（〔Analyze〕〔Compare Means〕〔One-Way ANOVA〕），在「單因子變異數分析」（One-Way ANOVA）視窗中，將「廣告效果」（回憶測試評點）選入「依變數清單」（Dependent List）下的方格內，將「廣告類型」選入「因子」（Factor）下的方格內，如圖5-16所示。

圖5-16　「單因子變異數分析」視窗

在「單因子變異數分析」（One-Way ANOVA）視窗中，按〔Post Hoc檢定〕（〔Post Hoc〕，亦即事後檢定），就會出現「單因子變異數分析：Post Hoc多重比較」（One-Way ANOVA: Post Hoc Multiple Comparisons）視窗，勾選〔Scheffe法〕（〔Scheffe〕），如圖5-17所示。我們將以Scheffe檢定來進行事後比較。

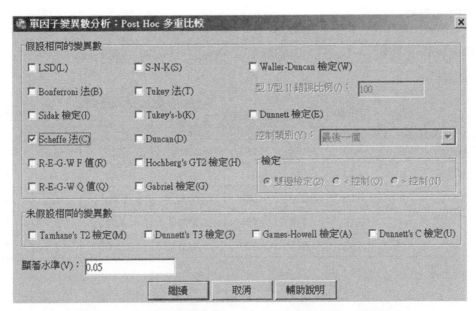

圖5-17 「單因子變異數分析：Post Hoc多重比較」視窗設定

在「單因子變異數分析」（One-Way ANOVA）視窗中，按〔選項〕（〔Options〕），在出現的「單因子變異數分析：選項」（One-Way ANOVA: Options）視窗中，勾選〔描述性統計量〕（〔Descriptive Statistics〕）、〔變異數同質性檢定〕（〔Homogeneity tests〕）。

廣告類型的單純主要效果

輸出的報表（表5-12到表5-21）是以男性、女性分開顯示。在這些報表中，我們可看到男性與女性的描述性統計量、ANOVA表、多重比較、同質子集。由於報表本身說明的很清楚，所以我們就不再贅述。

大體而言，男性、女性在四種廣告類型中的廣告效果均有顯著性差異，至於在不同的性別中，由於廣告類型的不同在廣告效果上的差異是多少，可從平均數及Scheffe事後檢定看出來。

所謂「同質子集」是指因子水準中有哪些是比較相近，可以集結成一個子集

合。在同質子集方面，無論男性、女性，都可分成三個相同的子集。無論男性、女性，所分子集的情形都是：提供資訊式與命令式合成一個子集、心理激發式為一子集、模仿式為一子集。就以提供資訊式與命令式廣告而言，男性與女性的廣告效果是很類似的。

性別 = 男性

表5-12　描述性統計量[a]

回憶測試評點

	個數	平均數	標準差	標準誤	平均數的 95% 信賴區間		最小值	最大值
					下界	上界		
提供資訊式	6	6.83	.408	.167	6.40	7.26	6	7
心理激發式	6	3.33	.516	.211	2.79	3.88	3	4
命令式	6	6.00	.000	.000	6.00	6.00	6	6
模仿式	6	3.50	.548	.224	2.93	4.07	3	4
總和	24	4.92	1.613	.329	4.24	5.60	3	7

a　性別 = 男性。

表5-13　變異數同質性檢定[a]

回憶測試評點

Levene 統計量	分子自由度	分母自由度	顯著性
11.667	3	20	.000

a　性別 = 男性。

表5-14　ANOVA[a]

回憶測試評點

	平方和	自由度	平均平方和	F 檢定	顯著性
組間	56.167	3	18.722	102.121	.000
組內	3.667	20	.183		
總和	59.833	23			

a　性別 = 男性。

表5-15 多重比較[a]

依變數：回憶測試評點
Scheffe 法

（I）廣告類型	（J）廣告類型	平均差異（I-J）	標準誤	顯著性	95% 信賴區間	
					下界	上界
提供資訊式	心理激發式	3.500*	.247	.000	2.75	4.25
	命令式	.833*	.247	.027	.08	1.59
	模仿式	3.333*	.247	.000	2.58	4.09
心理激發式	提供資訊式	−3.500*	.247	.000	−4.25	−2.75
	命令式	−2.667*	.247	.000	−3.42	−1.91
	模仿式	−.167	.247	.927	−.92	.59
命令式	提供資訊式	−.833*	.247	.027	−1.59	−.08
	心理激發式	2.667*	.247	.000	1.91	3.42
	模仿式	2.500*	.247	.000	1.75	3.25
模仿式	提供資訊式	−3.333*	.247	.000	−4.09	−2.58
	心理激發式	.167	.247	.927	−.59	.92
	命令式	−2.500*	.247	.000	−3.25	−1.75

* 平均差異在 .05 水準是顯著的。

a 性別＝男性。

表5-16 回憶測試評點[b]

Scheffe 法

廣告類型	個數	alpha = .05 的子集		
		1	2	3
心理激發式	6	3.33		
模仿式	6	3.50		
命令式	6		6.00	
提供資訊式	6			6.83
顯著性		.927	1.000	1.000

顯示的是同質子集中組別的平均數。

a 使用調和平均數樣本大小＝6.000。

b 性別＝男性。

性別 = 女性

表5-17 描述性統計量[a]

回憶測試評點

	個數	平均數	標準差	標準誤	平均數的 95% 信賴區間		最小值	最大值
					下界	上界		
提供資訊式	6	3.00	1.095	.447	1.85	4.15	2	4
心理激發式	6	6.50	.548	.224	5.93	7.07	6	7
命令式	6	2.00	1.095	.447	.85	3.15	1	3
模仿式	6	5.00	.000	.000	5.00	5.00	5	5
總和	24	4.13	1.941	.396	3.31	4.94	1	7

a 性別 = 女性。

表5-18 變異數同質性檢定[a]

回憶測試評點

Levene 統計量	分子自由度	分母自由度	顯著性
.	3	.	.

a 性別 = 女性。

表5-19 ANOVA[a]

回憶測試評點

	平方和	自由度	平均平方和	F 檢定	顯著性
組間	73.125	3	24.375	36.111	.000
組內	13.500	20	.675		
總和	86.625	23			

a 性別 = 女性。

表5-20　多重比較[a]

依變數：回憶測試評點
Scheffe 法

（I）廣告類型	（J）廣告類型	平均差異（I-J）	標準誤	顯著性	95% 信賴區間	
					下界	上界
提供資訊式	心理激發式	−3.500*	.474	.000	−4.95	−2.05
	命令式	1.000	.474	.250	−.45	2.45
	模仿式	−2.000*	.474	.005	−3.45	−.55
心理激發式	提供資訊式	3.500*	.474	.000	2.05	4.95
	命令式	4.500*	.474	.000	3.05	5.95
	模仿式	1.500*	.474	.040	.05	2.95
命令式	提供資訊式	−1.000	.474	.250	−2.45	.45
	心理激發式	−4.500*	.474	.000	−5.95	−3.05
	模仿式	−3.000*	.474	.000	−4.45	−1.55
模仿式	提供資訊式	2.000*	.474	.005	.55	3.45
	心理激發式	−1.500*	.474	.040	−2.95	−.05
	命令式	3.000*	.474	.000	1.55	4.45

* 平均差異在 .05 水準是顯著的。

a 性別 = 女性。

表5-21　回憶測試評點[b]

Scheffe 法

廣告類型	個數	alpha = .05 的子集		
		1	2	3
命令式	6	2.00		
提供資訊式	6	3.00		
模仿式	6		5.00	
心理激發式	6			6.50
顯著性		.250	1.000	1.000

顯示的是同質子集中組別的平均數。

a 使用調和平均數樣本大小 = 6.000。

b 性別 = 女性。

性別的單純主要效果

利用分割檔案的方式（〔資料〕〔分割群組〕；〔Data〕〔Split File〕），將檔案以廣告類型分組。在「分割檔案」（Split File）視窗中，按〔廣告類型〕，選擇〔依群組組織輸出〕（Organize Output by Groups），並將「廣告類型」選入到「依此群組」（Group Based on）下的方格中。如果以後要取消分組，選「分析所有觀察值，勿建立群組」（Analyze all cases, do not create groups）即可。

接著要進行單因子變異數分析，按〔分析〕〔比較平均數法〕〔單因子變異數分析〕（〔Analyze〕〔Compare Means 〕〔One-Way ANOVA〕），在「單因子變異數分析」（One-Way ANOVA）視窗中，將「廣告效果」（回憶測試評點）選入「依變數清單」（Dependent List）下的方格內，將「性別」選入「因子」（Factor）下的方格內。

在「單因子變異數分析」（One-Way ANOVA）視窗中，按〔Post Hoc檢定〕（〔Post Hoc〕，亦即事後檢定），就會出現「單因子變異數分析：Post Hoc多重比較」（One-Way ANOVA: Post Hoc Multiple Comparisons）視窗，勾選〔Scheffe法〕（〔Scheffe〕）。我們將以Scheffe檢定來進行事後比較。

在「單因子變異數分析」（One-Way ANOVA）視窗中，按〔選項〕（〔Options〕），在出現的「單因子變異數分析：選項」（One-Way ANOVA: Options）視窗中，勾選〔描述性統計量〕（〔Descriptive Statistics〕）、〔變異數同質性檢定〕（〔Homogeneity tests〕）。

輸出的報表（表5-22到表5-33）是以廣告類型分開顯示。在這些報表中，我們可看到提供資訊式、心理激發式、命令式、模仿式的描述性統計量、ANOVA表。由於報表本身說明的很清楚，所以我們就不再贅述。大體而言，在四種廣告類型中因性別的不同在廣告效果上會有顯著性差異，至於在每一種廣告類型中，由於性別的不同在廣告效果上的差異是多少，可從平均數看出來。

廣告類型 = 提供資訊式

表5-22 描述性統計量[a]

回憶測試評點

	個數	平均數	標準差	標準誤	平均數的 95% 信賴區間		最小值	最大值
					下界	上界		
男性	6	6.83	.408	.167	6.40	7.26	6	7
女性	6	3.00	1.095	.447	1.85	4.15	2	4
總和	12	4.92	2.151	.621	3.55	6.28	2	7

a 廣告類型 = 提供資訊式。

表5-23 變異數同質性檢定[a]

回憶測試評點

Levene 統計量	分子自由度	分母自由度	顯著性
42.250	1	10	.000

a 廣告類型 = 提供資訊式。

表5-24 ANOVA[a]

回憶測試評點

	平方和	自由度	平均平方和	F 檢定	顯著性
組間	44.083	1	44.083	64.512	.000
組內	6.833	10	.683		
總和	50.917	11			

a 廣告類型 = 提供資訊式。

廣告類型 = 心理激發式

表5-25　描述性統計量[a]

回憶測試評點

	個數	平均數	標準差	標準誤	平均數的 95% 信賴區間		最小值	最大值
					下界	上界		
男性	6	3.33	.516	.211	2.79	3.88	3	4
女性	6	6.50	.548	.224	5.93	7.07	6	7
總和	12	4.92	1.730	.499	3.82	6.02	3	7

a　廣告類型 = 心理激發式。

表5-26　變異數同質性檢定[a]

回憶測試評點

Levene 統計量	分子自由度	分母自由度	顯著性
.625	1	10	.448

a　廣告類型 = 心理激發式。

表5-27　ANOVA[a]

回憶測試評點

	平方和	自由度	平均平方和	F 檢定	顯著性
組間	30.083	1	30.083	106.176	.000
組內	2.833	10	.283		
總和	32.917	11			

a　廣告類型 = 心理激發式。

廣告類型 = 命令式

表5-28　描述性統計量[a]

回憶測試評點

	個數	平均數	標準差	標準誤	平均數的 95% 信賴區間		最小值	最大值
					下界	上界		
男性	6	6.00	.000	.000	6.00	6.00	6	6
女性	6	2.00	1.095	.447	.85	3.15	1	3
總和	12	4.00	2.216	.640	2.59	5.41	1	6

a　廣告類型 = 命令式。

表5-29　變異數同質性檢定[a]

回憶測試評點

Levene 統計量	分子自由度	分母自由度	顯著性
.	1	.	.

a　廣告類型 = 命令式。

表5-30　ANOVA[a]

回憶測試評點

	平方和	自由度	平均平方和	F 檢定	顯著性
組間	48.000	1	48.000	80.000	.000
組內	6.000	10	.600		
總和	54.000	11			

a　廣告類型 = 命令式。

廣告類型 = 模仿式

表5-31　描述性統計量[a]

回憶測試評點

	個數	平均數	標準差	標準誤	平均數的 95% 信賴區間		最小值	最大值
					下界	上界		
男性	6	3.50	.548	.224	2.93	4.07	3	4
女性	6	5.00	.000	.000	5.00	5.00	5	5
總和	12	4.25	.866	.250	3.70	4.80	3	5

a　廣告類型 = 模仿式。

表5-32　變異數同質性檢定[a]

回憶測試評點

Levene 統計量	分子自由度	分母自由度	顯著性
.	1	.	.

a　廣告類型 = 模仿式。

表5-33　ANOVA[a]

回憶測試評點

	平方和	自由度	平均平方和	**F** 檢定	顯著性
組間	6.750	1	6.750	45.000	.000
組內	1.500	10	.150		
總和	8.250	11			

a　廣告類型 = 模仿式。

5.4　拉丁方格設計

　　拉丁方格設計除了可控制處理變數之外，還可以在統計上控制二個集區變數，但此二個變數不能有互動效應。

　　拉丁方格設計是使得每一個集區變數（或稱外在變數），被分成同樣數目的集區或層次（例如，每個集區有相同數目的折扣商店）。處理變數也要被分成同樣數目的層次（例如高價、平價、低價）。在拉丁方格設計的表格中，列（row）表示一個外在變數的集區，而欄（column）表示另一個外在變數的集區。處理變數的層次將被指派到每一個方格，而只能在每一個列或欄出現一次，不得重複。

　　拉丁方格設計是以外在變數的集區數目來加以描述，例如，如有三個集區，就叫做3X3（3乘3）拉丁方格設計；有四個集區，就叫做4X4（4乘4）拉丁方格設計。

　　假設我們要測試大海護膚乳液三種不同的降價對銷售量的影響。我們認為，銷售量的變化會隨著零售出口（retail outlet，也就是藥房、超市、折扣商店）的不同而異。同時，我們也了解，銷售量會隨著時間的變化而變化。那麼我們要如何利用拉丁方格設計，來進行這項實驗？

　　第一步，要建立一個拉丁方格設計的表格，而外在變數的集區數須與表格中的列、欄數相當。由於處理變數（價格）有三種層次，而其中一個集區變數（商店類型）又有三種層次，所以另外一個集區變數（時間）也要被分成三個層次。我們所建立的表格如表5-34所示。

表5-34　拉丁方格設計的表格

時間幅度	商店類型		
	藥房	超市	折扣店
1			
2			
3			

　　然後，我們隨機地分別指派處理變數（價格）的層次到九個方格之中。每個列或欄只能有一個價格層次。

　　先將第一列的每個方格隨機指派三種價格層次（PL_1、PL_2、PL_3分別代表低價、平價、高價）。

1	PL_2	PL_3	PL_1

　　然後，PL_1及PL_3必須隨機地指派到第二列、第一欄中，因為第一列、第一欄已

經有PL_2了，不得重複：

1	PL_2	PL_3	PL_1
2	PL_1		

如此這四個隨機指派的方格就已決定了拉丁方格設計的架構，最後的設計如表5-35所示。

表5-35　拉丁方格的最後設計

時間幅度	商店類型		
	藥房	超市	折扣店
1	PL_2	PL_3	PL_1
2	PL_1	PL_2	PL_3
3	PL_3	PL_1	PL_2

拉丁方格設計好了之後，我們就要決定每一方格用什麼基本設計。一般而言，事前及事後、事後設計（加或不加控制組）是常用的實驗方法。如果我們使用的是：事後加控制組設計，在第一個時間幅度（例如第一個月），我們在五個藥房的定價是PL_2，在五個超市的定價是PL_3，在五個折扣店的定價是PL_1。在控制組方面，每個商店類型的五個商店均維持目前的定價，然後記錄每一個方格中實驗商店與控制商店的平均銷售差異。

在第二、第三個時間幅度的實驗程序，與第一個時間幅度是一樣的。

最後分析的重點在於，不同的價格水準、商店類型、時間幅度分別在銷售量方面有無顯著性的差異。更進一步，哪一個價格水準、商店類型、時間幅度對於銷售量的影響最大。

拉丁方格設計在行銷研究上運用得相當廣泛，尤其是有關零售店的研究上，因為要控制住商店類型、規模及時間幅度等這些因素的影響，是相對容易的事。我們可以測得實驗單位對處理變數各種不同水準的反應，因此我們就可以使得樣本數目達到極小化。

拉丁方格設計雖然「功能強大」，但還是不免有些缺點：

（1）它要求列、欄及處理層級的數目必須要相等。這個限制有時候對於某些特

定的研究會產生問題。如果我們要測試產品的四種樣式，就必須在四種時間幅度上，控制住四種類型的商店，但是如果我們只有三種類別的商店的話呢？

（2）拉丁方格設計一次只能控制二個外在變數。[2]

（3）拉丁方格設計限制外在變數（集區變數）之間、外在變數與處理變數之間不能產生互動作用。[3]

研究問題

拉丁方格設計的ANOVA與先前說明的二因子受測者間設計的變異數分析非常類似，只是在拉丁方格設計的ANOVA中，集區變數有二個、處理變數有一個，共三個自變數。我們所設計好的拉丁方格如表5-36所示。PL_1、PL_2、PL_3分別代表低價、平價與高價。

表5-36 所設計好的拉丁方格

時間幅度	商店類型		
	藥房	超市	折扣店
1	PL_2	PL_3	PL_1
2	PL_1	PL_2	PL_3
3	PL_3	PL_1	PL_2

研究者試圖發現，不同的價格水準、商店類型、時間幅度分別在銷售量方面，有無顯著性的差異。更進一步，哪一個價格水準、商店類型、時間幅度對於銷售量的影響最大。

「單變量」視窗

開啟檔案（檔案名稱：...\Chap05\拉丁方格.sav），在此資料檔中，時間幅度有

---

[2] 但是有一個簡單的延伸方法稱為格來哥拉丁方格設計（Graeco-Latin square design），可讓我們再多控制一個額外的變數。

[3] 但是我們可以孤立並測量某些互動效應。

三個，分別稱為時間幅度1、時間幅度2、時間幅度3；商店類型有三個，分別稱為藥房、超市、折扣店；價格水準有三個，分別稱為低價、平價、高價。

在SPSS中，按〔分析〕〔一般線性模式〕〔單變量〕（〔Analyze〕〔General Linear Model〕〔Univariate〕），在所產生的「單變量」（Univariate）視窗的「模式」（Model）中，將「銷售量」選入右邊「依變數」（Dependent Variable）下的方格中，將「價格水準」、「商店類型」、「時間幅度」選入「固定因子」（Fixed Factor(s)）下的方格中，如圖5-18所示。固定因子就是自變數。

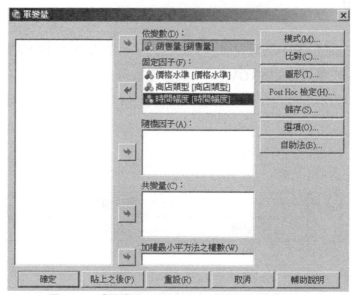

圖5-18　「單變量」視窗設定（拉丁方格設計）

模式

在「單變量」（Univariate）視窗，按〔模式〕（〔Model〕），就會出現「單變量：模式」（Univariate: Model）視窗。此視窗的目的，在於讓使用者指明分析的模式。我們使用「自定」（Custom）的方式設計。在「建立項目」（Build Terms）方格內的下拉式清單中，選「主作用」（Main effect），將左邊「因子與共變數」（Factors and Covariates）方格內的價格水準、商店類型、時間幅度選入右邊的「模式」（Model）之中。

接著在「建立項目」（Build Terms）方格內的下拉式清單中，選「完全三因子」（All 3-way），然後左手按住「Ctrl」鍵不放，以滑鼠分別點選價格水準、商店類型、時間幅度，再選入右邊的「模式」（Model）之中，完成後的情形如圖5-19所示。

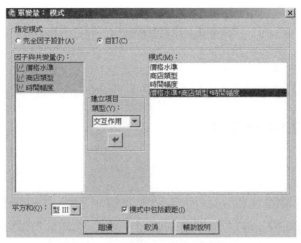

圖5-19 「單變量：模式」視窗設定

其他的設定

「單變量」視窗中其他的設定，如圖5-20所示。

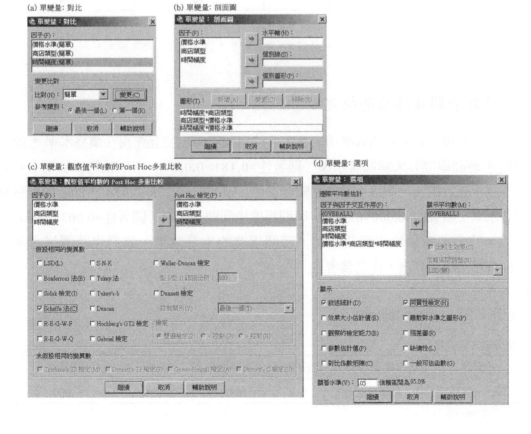

圖5-20 「單變量」視窗其他設定（拉丁方格設計）

報表解讀

輸出報表，如表5-37到表5-41所示。

同質性檢定

從「誤差變異量的 Levene 檢定等式」輸出報表中，同質性檢定的顯著性 =0.614>0.05，未達顯著水準，接受虛無假說，表示各組間的變異數具有同質性，符合基本假說。

表5-37 誤差變異量的 Levene 檢定等式[a]

依變數：銷售量

F 檢定	分子自由度	分母自由度	顯著性
.797	8	16	.614

檢定各組別中依變數誤差變異量的虛無假設是相等的。

a 設計：截距+價格水準+商店類型+時間幅度+價格水準 * 商店類型 * 時間幅度。

受測者間效應項的檢定

從表5-38「受試者間效應項的檢定」輸出報表中，交互作用（價格水準 * 商店類型 * 時間幅度）未達顯著水準（顯著性=0.181>0.05），所以我們要檢視主要效果。在主要效果上，價格水準未達顯著水準（顯著性=0.278>0.05），商店類型達到顯著水準（顯著性=0.000<0.05），時間幅度達到顯著水準（顯著性=0.003<0.05）。所以，我們要繼續檢視商店類型、時間幅度的主要效果。我們也將價格水準的 Scheffe事後檢定列出，作為參考。

表5-38 受試者間效應項的檢定

依變數：銷售量

來源	型 III 平方和	自由度	平均平方和	F 檢定	顯著性
校正後的模式	5555.360[a]	8	694.420	10.502	.000

表5-38　受試者間效應項的檢定（續）

來源	型 III 平方和	自由度	平均平方和	F 檢定	顯著性
截距	62053.364	1	62053.364	938.425	.000
價格水準	183.385	2	91.692	1.387	.278
商店類型	2924.171	2	1462.085	22.111	.000
時間幅度	1171.043	2	585.521	8.855	.003
價格水準 * 商店類型 * 時間幅度	252.274	2	126.137	1.908	.181
誤差	1058.000	16	66.125		
總和	77263.000	25			
校正後的總數	6613.360	24			

a　R平方 = .840（調過後的R平方 = .760）。

價格水準的多重比較

表5-39「多重比較（價格水準）」表顯示，價格水準的高低對於銷售量的影響並無顯著性。雖然不顯著，但是我們還是可以仔細的檢視一下。低價比高價在銷售量上高了3.33，低價比平價在銷售量上少了5.65，可見公司可採取平價策略。

表5-39　多重比較（價格水準）

依變數：銷售量
Scheffe 法

(I) 價格水準	(J) 價格水準	平均數差異 (I−J)	標準誤	顯著性	95% 信賴區間	
					下限	上限
低價	平價	−5.65	4.098	.407	−16.70	5.40
	高價	3.33	3.833	.691	−7.00	13.67
平價	低價	5.65	4.098	.407	−5.40	16.70
	高價	8.98	4.098	.122	−2.06	20.03
高價	低價	−3.33	3.833	.691	−13.67	7.00
	平價	−8.98	4.098	.122	−20.03	2.06

以觀察的平均數為基礎。

商店類型的多重比較

從表5-40「多重比較（商店類型）」表可知，商店類型對銷售量的影響達到顯著水準，其中以超市的銷售量最佳。

表5-40　多重比較（商店類型）

依變數：銷售量
Scheffe 法

(I) 商店類型	(J) 商店類型	平均數差異 (I−J)	標準誤	顯著性	95% 信賴區間	
					下限	上限
藥房	超市	−31.40*	4.098	.000	−42.44	−20.35
	折扣店	−14.29*	4.098	.011	−25.33	−3.24
超市	藥房	31.40*	4.098	.000	20.35	42.44
	折扣店	17.11*	3.833	.002	6.78	27.45
折扣店	藥房	14.29*	4.098	.011	3.24	25.33
	超市	−17.11*	3.833	.002	−27.45	−6.78

以觀察的平均數為基礎。
*　在水準 .05 上的平均數差異顯著。

時間幅度的多重比較

從表5-41「多重比較（時間幅度）」表可知，時間幅度對銷售量的影響達到顯著水準，其中以時間幅度1最佳。

表5-41　多重比較（時間幅度）

依變數：銷售量
Scheffe 法

(I) 時間幅度	(J) 時間幅度	平均數差異 (I−J)	標準誤	顯著性	95% 信賴區間	
					下限	上限
時間幅度1	時間幅度2	8.94	4.098	.125	−2.11	19.98
	時間幅度3	20.38*	4.098	.001	9.33	31.43
時間幅度2	時間幅度1	−8.94	4.098	.125	−19.98	2.11
	時間幅度3	11.44*	3.833	.029	1.11	21.78
時間幅度3	時間幅度1	−20.38*	4.098	.001	−31.43	−9.33
	時間幅度2	−11.44*	3.833	.029	−21.78	−1.11

以觀察的平均數為基礎。

* 在水準 .05 上的平均數差異顯著。

5.5 混合設計

如前所述，分割區設計（split-plot design），又稱混合設計，此設計的二個自變數中其中一個因子為獨立樣本設計，另一個因子為相關樣本設計。有關何謂獨立樣本，何謂相關樣本，可參考本書第4章「比較平均數」4.1節的說明。簡單的說，獨立樣本中每個處理水準均來自於同一母群體中的不同樣本，而相關樣本的每個處理水準均來自於同一母群體中的同一樣本。

研究問題

大海研究公司受委託進行廣告效果的研究。針對男性、女性**每人看過四種廣告之後**，再進行回憶測試（recall test），回憶測試是以總分10分計算，分數越高者表示對於廣告的回憶越佳。回憶測試的分數高低，代表廣告效果（advertising effect）的大小。

廣告類型共有四種（表5-42）：

表5-42　四種廣告類型

類型編號	類型
1	提供資訊式
2	心理激發式
3	命令式
4	模仿式

研究者想要了解，性別與廣告類別在廣告效果上是否有顯著的交互作用；也就是說，不同的性別在不同類型的廣告下，其廣告效果是否有顯著的差異。

「重複量數定義因子」視窗

開啟檔案（檔案名稱：...\Chap05\重複量數.sav），在此資料檔中的變數有性別（1為男，2為女）、「廣告類型1」代表提供資訊式、「廣告類型2」代表心理激發式、「廣告類型3」代表命令式、「廣告類型4」代表模仿式。

在SPSS中，按〔分析〕〔一般線性模式〕〔重複量數〕（〔Analyze〕〔General Linear Model〕〔Repeated Measures〕），在所產生的「重複量數定義因子」（Repeated Measures Define Factor(s)）視窗中，在「受測者內因子的名稱」（Within-Subject Factor Name）後的方格內填入「廣告類型」，在「水準個數」（Number of Levels）後的方格內填入「4」。接著按〔新增〕（〔Add〕），則「廣告類型（4）」就會進入定義的方格內，同時在「量數名稱」（Measure Name）右

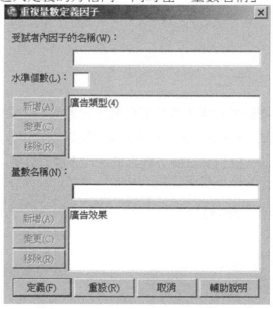

邊的方格內填入「廣告效果」，按〔新增〕（〔Add〕），結果如圖5-21所示。

圖5-21　「重複量數定義因子」視窗設定

「重複量數」視窗

按〔定義〕（Define）就會出現「重複量數」（Repeated Measure）的主要視窗。分別選取「廣告類型1」、「廣告類型2」、「廣告類型3」、「廣告類型4」變數並按右移圖示，選入右邊的「受測者內變數」（Within-Subjects Variables）下的方格內。點選「性別」到中間的「受測者間因子」（Between-Subjects Factor(s)）方格

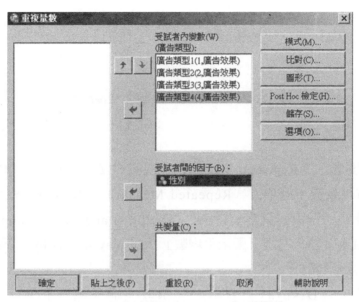

中，如圖5-22所示。

圖5-22 「重複量數」視窗設定

圖形

在「重複量數」（Repeated Measures）視窗，按〔圖形〕（Plots），就會出現「重複量數：剖面圖」（Repeated Measures: Profile Plots）視窗。此視窗的目的，在於讓使用者交待要繪製的趨勢圖。如果獨立樣本二因子變異數分析的交互作用顯著，則繪製出來的圖形就是自變數在依變數上的交互作用圖。

將左邊「因子」（Factors）中的「性別」，選入「水平軸」（Horizontal Axis）下的空格中；將「廣告類型」選入「個別線」（Separated Lines）下的空格中，然後

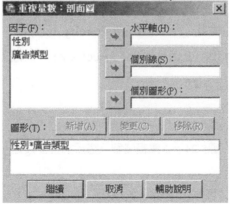

按〔新增〕（〔Add〕），完成後的情形如圖5-23所示。

圖5-23　「重複量數：剖面圖」視窗設定

選項

在「重複量數」（Repeated Measures）視窗，按〔選項〕（〔Options〕），就會出現「重複量數：選項」（Repeated Measures: Options）視窗，如圖5-24所示。將左邊「因子與因子交互作用」（Factor(s) and Factor Interaction）下的「（OVERALL）」選入右邊「顯示平均數」（Display Means for）下的方格中，以顯示細格及邊緣平均數。

在「顯示」（Display）方格中，選取〔描述統計〕（〔Descriptive

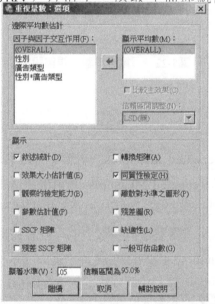

statistics〕）、〔同質性檢定〕（〔Homogeneity tests〕）。你也可以選取其他的統計值，如效果大小估計值（Estimate of effect size）、觀察的檢定能力（Observed power）。

圖5-24　「重複量數：選項」視窗設定

▌報表解讀

輸出報表，如表5-43到表5-54所示。

一般線性模式

　　表5-43為廣告類型（或受測者內因子）的名稱及水準數。值得注意的是，廣告類型變成了依變數，而廣告效果變成了要「測量」的資料。廣告類型是相關樣本設計。

表5-45　敘述統計（續）

表5-43　受試者內因子

測量：廣告效果

廣告類型	依變數
1	廣告類型1
2	廣告類型2
3	廣告類型3
4	廣告類型4

　　表5-44為性別（受測者間因子）的名稱及水準。性別是獨立樣本設計。

表5-44　受試者間因子

		數值註解	個數
性別	1	男性	8
	2	女性	8

敘述統計

　　表5-45為敘述統計。

表5-45　敘述統計

	性別	平均數	標準差	個數
提供資訊式	男性	2.63	.744	8
	女性	8.13	.641	8
	總和	5.38	2.918	16
心理激發式	男性	3.88	1.553	8
	女性	6.00	1.309	8
	總和	4.94	1.769	16
命令式	男性	3.25	1.282	8
	女性	6.00	1.852	8
	總和	4.63	2.094	16

	性別	平均數	標準差	個數
模仿式	男性	6.63	1.302	8
模仿式	女性	4.88	1.727	8
	總和	5.75	1.732	16

共變量矩陣等式的Box檢定

表5-46為不同性別的受測者在四個廣告類型水準的同質性多變量檢定結果。採用的方法是Box's M檢定。顯著性=0.957>0.05，接受虛無假說，不同性別的受測者在四個重複量數（repeated measures）的變異數具有同質性，未違反基本假說。

表5-46　共變量矩陣等式的 Box 檢定[a]

Box's M	5.524
F 檢定	.377
分子自由度	10
分母自由度	937.052
顯著性	.957

檢定依變數的觀察共變量矩陣之虛無假設，等於交叉組別。

a　設計：截距+性別

受試者內設計：廣告類型

Mauchly球形檢定

表5-47為受測者在廣告類型得分的球面性假說檢定。Mauchly's W值的顯著性=0.167>0.05，未達顯著水準，應接受虛無假說，表示資料未違反球面性假說。Greenhouse-Geisser值、Huynh-Feldt 值分別是0.793、1.000，大於判別水準0.75；大於0.75，表示資料未違反球面性假說。

表5-48　受試者內效應項的檢定（續）

表5-47　Mauchly 球形檢定[b]

測量：廣告效果

受試者內效應項	Mauchly's W	近似卡方分配	自由度	顯著性	Epsilon(a)		
					Greenhouse-Geisser	Huynh-Feldt 值	下限
廣告類型	.540	7.832	5	.167	.793	1.000	.333

檢定正交化變數轉換之依變數的誤差共變量矩陣的虛無假設，是識別矩陣的一部分。

a　可用來調整顯著性平均檢定的自由度，改過的檢定會顯示在"Within-Subjects Effects"表檢定中。

b　設計：截距+性別。

受試者內設計：廣告類型。

受試者內效應項的檢定

　　由於資料符合球面性的假說，所以我們以「假設為球形」的資料來判讀。如果資料違反球面性假說，則應以Greenhouse-Geisser值、Huynh-Feldt 值來判讀。

　　表5-48「受試者內效應項的檢定」表顯示，交互作用的顯著性=0.000，表示性別與依變數（廣告類型）在廣告效果上有顯著的交互作用。廣告類型的顯著水準=0.153>0.05，未達顯著水準。

表5-48　受試者內效應項的檢定

測量：廣告效果

來源		型III平方和	自由度	平均平方和	F檢定	顯著性
廣告類型	假設為球形	11.672	3	3.891	1.848	.153
	Greenhouse-Geisser	11.672	2.378	4.909	1.848	.167
	Huynh-Feldt 值	11.672	3.000	3.891	1.848	.153
	下限	11.672	1.000	11.672	1.848	.195
廣告類型 * 性別	假設為球形	107.172	3	35.724	16.972	.000
	Greenhouse-Geisser	107.172	2.378	45.071	16.972	.000
	Huynh-Feldt 值	107.172	3.000	35.724	16.972	.000
	下限	107.172	1.000	107.172	16.972	.001
誤差（廣告類型）	假設為球形	88.406	42	2.105		
	Greenhouse-Geisser	88.406	33.290	2.656		

來源		型III平方和	自由度	平均平方和	F檢定	顯著性
誤差（廣告類型）	Huynh-Feldt 值	88.406	42.000	2.105		
	下限	88.406	14.000	6.315		

受試者內對比的檢定

「受試者內對比的檢定」表，如表5-49所示。

表5-49　受試者內對比的檢定

測量：廣告效果

來源	廣告類型	型III平方和	自由度	平均平方和	F檢定	顯著性
廣告類型	線性	.528	1	.528	.285	.602
	二次方	9.766	1	9.766	5.117	.040
	三次方	1.378	1	1.378	.540	.474
廣告類型 * 性別	線性	89.253	1	89.253	48.117	.000
	二次方	1.266	1	1.266	.663	.429
	三次方	16.653	1	16.653	6.527	.023
誤差（廣告類型）	線性	25.969	14	1.855		
	二次方	26.719	14	1.908		
	三次方	35.719	14	2.551		

同質性考驗

從表5-50「誤差變異量的Levene檢定等式」輸出報表中，四種廣告類型的同質性檢驗的顯著性分別為0.349、0.719、0.713、0.506，均大於>0.05，未達顯著水準，接受虛無假說，表示各廣告類型間的變異數具有同質性，符合基本假說。

表5-50 誤差變異量的Levene檢定等式[a]

	F檢定	分子自由度	分母自由度	顯著性
提供資訊式	.940	1	14	.349
心理激發式	.134	1	14	.719
命令式	.141	1	14	.713
模仿式	.467	1	14	.506

檢定各組別中依變數誤差變異量的虛無假設是相等的。

a 設計：截距+性別

受試者內設計：廣告類型

受試者間效應項的檢定

表5-51為「受試者間效應項的檢定」，即以性別為自變數，以受測者在四個廣告類型的得分總和為依變數，進行獨立樣本的單因子變異數分析。

性別的顯著性=0.000<0.05，達到顯著水準，從「敘述統計表」中得知，女性的廣告效果平均數是25.01（8.13+6.00+6.00+4.88），男性的廣告效果平均數是16.39（2.63+3.88+3.25+6.63），女性的廣告效果平均數顯著的大於男性的廣告效果平均數。但是由於性別與依變數（廣告類型）在廣告效果上有顯著的交互作用，所以這種主要效果的比較並沒有實質意義。我們應進行單純主要效果的檢視。

表5-51 受試者間效應項的檢定

測量：廣告效果

轉換的變數：均數

來源	型III平方和	自由度	平均平方和	F檢定	顯著性
截距	1711.891	1	1711.891	1549.347	.000
性別	74.391	1	74.391	67.327	.000
誤差	15.469	14	1.105		

估計的邊際平均數

估計的邊際平均數，如表5-52所示。

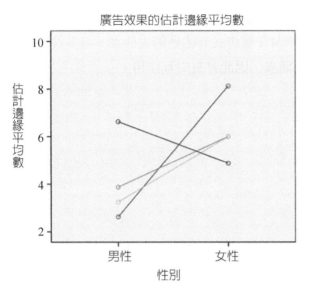

表5-52　總平均數

測量：廣告效果

平均數	標準誤	95% 信賴區間	
		下限	上限
5.172	.131	4.890	5.454

剖面圖

　　圖5-25是以性別為橫軸，加入廣告類型後之廣告效果的估計邊緣平均數。由於性別與廣告類型的交互作用顯著，以下的圖形可讓我們看出交互的現象。事實上，如果從圖形並輔之以敘述統計的資料（表5-53）來判讀，也可以發現交互作用。

表5-53　男性、女性在各廣告類型上的廣告效果比較

廣告類型 ＼ 性別	男性	女性	比較
廣告類型1（提供資訊式）	2.63	8.13	男<女
廣告類型2（心理激發式）	3.88	6.00	男<女
廣告類型3（命令式）	3.25	6.00	男<女
廣告類型4（模仿式）	6.63	4.88	男>女

　　廣告類型1（提供資訊式）、廣告類型2（心理激發式）、廣告類型3（命令式）均是男小於女，但在廣告類型4（模仿式）卻是男大於女，可見性別對廣告效果的影響，會隨著廣告類型的不同而異，因此會有交互作用。

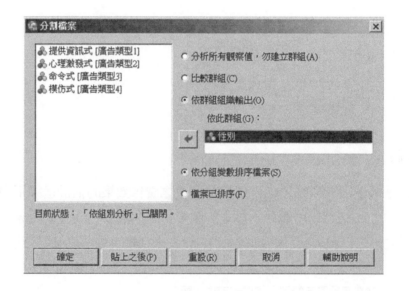

圖5-25　性別與廣告類型的交互作用圖

敘述統計，如表5-54所示。

表5-54　敘述統計

	性別	平均數	標準差	個數
提供資訊式	男性	2.63	.744	8
	女性	8.13	.641	8
	總和	5.38	2.918	16
心理激發式	男性	3.88	1.553	8
	女性	6.00	1.309	8
	總和	4.94	1.769	16
命令式	男性	3.25	1.282	8
	女性	6.00	1.852	8
	總和	4.63	2.094	16
模仿式	男性	6.63	1.302	8
	女性	4.88	1.727	8
	總和	5.75	1.732	16

單純主要效果

從「受試者內效應項的檢定」（表5-48）中，交互作用的顯著性=0.000，表示性別與依變數（廣告類型）在廣告效果上有顯著的交互作用。因此，要進行單純主要效果的檢定。

廣告類型的單純主要效果

利用分割檔案的方式，也就是按〔資料〕〔分割檔案〕（〔Data 〕〔Split File〕），將檔案以性別分組。在「分割檔案」（Split File）視窗中，按〔依群組組織輸出〕（〔Organize Output by Groups〕），並將「性別」選入到「依此群組」（Group Based on）下的方格中，如圖5-26所示。如果以後要取消分組，按〔分析所有觀察值，勿建立群組〕（〔Analyze all cases, do not create groups〕）即可。

圖5-26　以「性別」分割檔案

　　按〔確定〕之後，在SPSS中，按〔分析〕〔一般線性模式〕〔重複量數〕（〔Analyze〕〔General Linear Model〕〔Repeated Measures〕），由於我們先前已做有關設定，所以無須重新設定，按〔確定〕即可產生輸出報表。如果你已經離開SPSS，必須重新讀取資料檔，並按〔分析〕〔一般線性模式〕〔重複量數〕（〔Analyze〕〔General Linear Model〕〔Repeated Measures〕），並依循圖5-21到圖5-24的做法。

　　廣告類型的單純主要效果在於檢定：

（1）在性別=1（男性）中，不同的廣告類型（提供資訊式、心理激發式、命令式、模仿式）的廣告效果是否有顯著差異。

（2）在性別=2（女性）中，不同的廣告類型（提供資訊式、心理激發式、命令式、模仿式）的廣告效果是否有顯著差異。

報表輸出

輸出報表，如表5-55到表5-67所示。

表5-55　受試者內因子

測量：廣告效果

廣告類型	依變數
1	廣告類型1
2	廣告類型2
3	廣告類型3
4	廣告類型4

性別 = 男性

表5-56　敘述統計[a]

	性別	平均數	標準差	個數

表5-59　受試者內效應項的檢定[a]（續）

提供資訊式	男性	2.63	.744	8
	總和	2.63	.744	8
心理激發式	男性	3.88	1.553	8
	總和	3.88	1.553	8
命令式	男性	3.25	1.282	8
	總和	3.25	1.282	8
模仿式	男性	6.63	1.302	8
	總和	6.63	1.302	8

a　性別＝男性。

表5-57　多變量檢定[b,c]

	效應項	數值	F 檢定	假設自由度	誤差自由度	顯著性
廣告類型	Pillai's Trace	.918	18.776[a]	3.000	5.000	.004
	Wilks' Lambda 變數選擇法	.082	18.776[a]	3.000	5.000	.004
	多變量顯著性檢定	11.265	18.776[a]	3.000	5.000	.004
	Roy 的最大平方根	11.265	18.776[a]	3.000	5.000	.004
廣告類型 * 性別	Pillai's Trace	.000	.[a]	.000	.000	.
	Wilks' Lambda 變數選擇法	1.000	.[a]	.000	6.000	.
	多變量顯著性檢定	.000	.[a]	.000	2.000	.
	Roy 的最大平方根	.000	.000[a]	3.000	4.000	1.000

a　精確的統計量。
b　設計：截距+性別。
受試者內設計：廣告類型。
c　性別 = 男性。

表5-58　Mauchly 球形檢定[b,c]

測量：廣告效果

受試者內效應項	Mauchly's W	近似卡方分配	自由度	顯著性	Epsilon[a]		
					Greenhouse-Geisser	Huynh-Feldt 值	下限
廣告類型	.375	5.608	5	.352	.644	.885	.333

檢定正交化變數轉換之依變數的誤差共變量矩陣的虛無假設，是識別矩陣的一部分。
a　可用來調整顯著性平均檢定的自由度。改過的檢定會顯示在 "Within-Subjects Effects" 表檢定中。
b　設計：Intercept+性別。
受試者內設計：廣告類型。
c　性別 = 男性。

表5-59　受試者內效應項的檢定[a]

測量：廣告效果

來源		型 III 平方和	自由度	平均平方和	F 檢定	顯著性
廣告類型	假設為球形	74.594	3	24.865	14.442	.000
	Greenhouse-Geisser	74.594	1.932	38.610	14.442	.000
	Huynh-Feldt 值	74.594	2.655	28.095	14.442	.000
	下限	74.594	1.000	74.594	14.442	.007

來源		型 III 平方和	自由度	平均平方和	F 檢定	顯著性
廣告類型 * 性別	假設為球形	.000	0	.	.	.
	Greenhouse-Geisser	.000	.000	.	.	.
	Huynh-Feldt 值	.000	.000	.	.	.
	下限	.000	.000	.	.	.
誤差（廣告類型）	假設為球形	36.156	21	1.722		
	Greenhouse-Geisser	36.156	13.524	2.674		
	Huynh-Feldt 值	36.156	18.585	1.945		
	下限	36.156	7.000	5.165		

a 性別 = 男性。

表5-60 受試者間效應項的檢定[a]

測量：廣告效果
轉換的變數：均數

來源	型 III 平方和	自由度	平均平方和	F 檢定	顯著性
截距	536.281	1	536.281	471.086	.000
性別	.000	0	.	.	.
誤差	7.969	7	1.138		

a 性別 = 男性。

表5-61 總平均數[a]

測量：廣告效果

平均數	標準誤	95% 信賴區間	
		下限	上限
4.094	.189	3.648	4.540

a 性別 = 男性。

表5-66　受試者間效應項的檢定[a]（續）

性別 = 女性

表5-62　敘述統計[a]

	性別	平均數	標準差	個數
提供資訊式	女性	8.13	.641	8
	總和	8.13	.641	8
心理激發式	女性	6.00	1.309	8
	總和	6.00	1.309	8
命令式	女性	6.00	1.852	8
	總和	6.00	1.852	8
模仿式	女性	4.88	1.727	8
	總和	4.88	1.727	8

a　性別 = 女性。

表5-63　多變量檢定[b,c]

效應項		數值	F檢定	假設自由度	誤差自由度	顯著性
廣告類型	Pillai's Trace	.871	11.259[a]	3.000	5.000	.012
	Wilks' Lambda 變數選擇法	.129	11.259[a]	3.000	5.000	.012
	多變量顯著性檢定	6.755	11.259[a]	3.000	5.000	.012
	Roy 的最大平方根	6.755	11.259[a]	3.000	5.000	.012

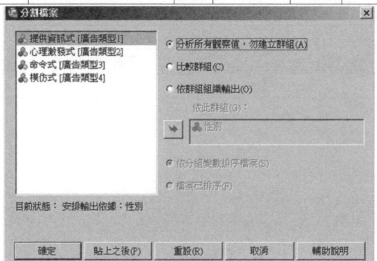

廣告類型 * 性別	Pillai's Trace	.000	.^a	.000	.000	.
	Wilks' Lambda 變數選擇法	1.000	.^a	.000	6.000	.
	多變量顯著性檢定	.000	.^a	.000	2.000	.
	Roy 的最大平方根	.000	.000^a	3.000	4.000	1.000

a 精確的統計量。

b 設計：Intercept+性別。

受試者內設計：廣告類型。

c 性別 = 女性。

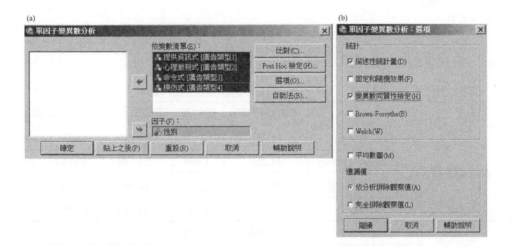

表5-64　Mauchly 球形檢定[b,c]

測量：廣告效果

受試者 內效應項	Mauchly's W	近似卡方 分配	自由度	顯著性	Epsilon[a]		
					Greenhouse- Geisser	Huynh-Feldt 值	下限
廣告類型	.409	5.112	5	.408	.636	.869	.333

檢定正交化變數轉換之依變數的誤差共變量矩陣的虛無假設，是識別矩陣的一部分。

a 可用來調整顯著性平均檢定的自由度，改過的檢定會顯示在 "Within-Subjects Effects" 表檢定中。

b 設計：Intercept+性別。

受試者內設計：廣告類型。

c 性別＝女性。

表5-65　受試者內效應項的檢定[a]

測量：廣告效果

來源		型III平方和	自由度	平均平方和	F檢定	顯著性
廣告類型	假設為球形	44.250	3	14.750	5.928	.004
	Greenhouse-Geisser	44.250	1.909	23.175	5.928	.015
	Huynh-Feldt 值	44.250	2.608	16.969	5.928	.007
	下限	44.250	1.000	44.250	5.928	.045
廣告類型 * 性別	假設為球形	.000	0	.	.	.
	Greenhouse-Geisser	.000	.000	.	.	.
	Huynh-Feldt 值	.000	.000	.	.	.
	下限	.000	.000	.	.	.
誤差（廣告類型）	假設為球形	52.250	21	2.488		
	Greenhouse-Geisser	52.250	13.366	3.909		
	Huynh-Feldt 值	52.250	18.254	2.862		
	下限	52.250	7.000	7.464		

a 性別＝女性。

表5-66　受試者間效應項的檢定[a]

測量：廣告效果
轉換的變數：均數

表5-70 ANOVA（續）

來源	型III平方和	自由度	平均平方和	F檢定	顯著性
截距	1250.000	1	1250.000	1166.667	.000
性別	.000	0	.	.	.
誤差	7.500	7	1.071		

a 性別 = 女性。

表5-67 總平均數[a]

測量：廣告效果

平均數	標準誤	95% 信賴區間	
		下限	上限
6.250	.183	5.817	6.683

a 性別 = 女性。

性別的單純主要效果

　　取消分組，按〔資料〕〔分割檔案〕（〔Data〕〔Split File〕），在「分割檔案」（Split File）視窗中，點選〔分析所有觀察值，勿建立群組〕（Analyze all cases, do not create groups），如圖5-27所示。（至於是否要將「性別」左移到左邊的方格中，則無所謂）。何以要取消組別？因為廣告類型是相關樣本，不應以它來分類。所以，我們不可能以上述的「廣告類型的單純主要效果」的方式處理。

圖5-27 取消分組

　　接著要進行單因子變異數分析，按〔分析〕〔比較平均數法〕〔單因子變異數分析〕（〔Analyze〕〔Compare Means〕〔One-Way ANOVA〕），在「單因子變異數分析」（One-Way ANOVA）視窗中，將「廣告類型1」、「廣告類型2」、「廣告類型3」、「廣告類型4」選入「依變數清單」（Dependent List）下的方格內，將「性別」選入「因子」（Factor）下的方格內，如圖5-28(a)所示。按〔選項〕（〔Options〕），在「單因子變異數分析：選項」（One-Way ANOVA: Options）視窗的「統計」（Statistics）方格中，點選〔描述性統計量〕（〔Descriptive〕）、〔變異數同質性檢定〕（〔Homogeniety of variance test〕），如圖5-28(b)所示。

圖5-28 「單因子變異數分析」與選項的視窗設定

性別的單純主要效果在於檢定：

（1）在廣告類別=1（提供資訊式）中，不同的性別的廣告效果是否有顯著差異；

（2）在廣告類別=2（心理激發式）中，不同的性別的廣告效果是否有顯著差異；

（3）在廣告類別=3（命令式）中，不同的性別的廣告效果是否有顯著差異；

（4）在廣告類別=4（模仿式）中，不同的性別的廣告效果是否有顯著差異。

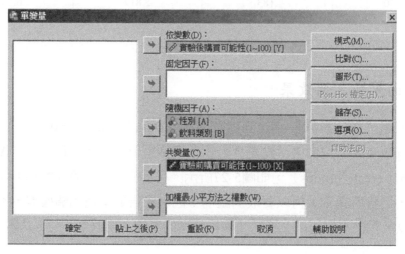

輸出報表

輸出報表，如表5-68到表5-70所示。這些報表從其本身的資料就可以輕易解讀，不贅。

表5-68 描述性統計量

		個數	平均數	標準差	標準誤	平均數的 95% 信賴區間		最小值	最大值
						下界	上界		

提供資訊式	男性	8	2.63	.744	.263	2.00	3.25	2	4
	女性	8	8.13	.641	.227	7.59	8.66	7	9
	總和	16	5.38	2.918	.730	3.82	6.93	2	9
心理激發式	男性	8	3.88	1.553	.549	2.58	5.17	1	6
	女性	8	6.00	1.309	.463	4.91	7.09	4	8
	總和	16	4.94	1.769	.442	3.99	5.88	1	8
命令式	男性	8	3.25	1.282	.453	2.18	4.32	2	5
	女性	8	6.00	1.852	.655	4.45	7.55	3	9
	總和	16	4.63	2.094	.523	3.51	5.74	2	9
模仿式	男性	8	6.63	1.302	.460	5.54	7.71	5	8
	女性	8	4.88	1.727	.611	3.43	6.32	2	7
	總和	16	5.75	1.732	.433	4.83	6.67	2	8

表5-69 變異數同質性檢定

Levene 統計量	分子自由度	分母自由度	顯著性

提供資訊式	.940	1	14	.349
心理激發式	.134	1	14	.719
命令式	.141	1	14	.713
模仿式	.467	1	14	.506

表5-70　ANOVA

		平方和	自由度	平均平方和	F檢定	顯著性
提供資訊式	組間	121.000	1	121.000	250.963	.000
	組內	6.750	14	.482		
	總和	127.750	15			
心理激發式	組間	18.063	1	18.063	8.758	.010
	組內	28.875	14	2.063		
	總和	46.938	15			
命令式	組間	30.250	1	30.250	11.930	.004
	組內	35.500	14	2.536		
	總和	65.750	15			
模仿式	組間	12.250	1	12.250	5.237	.038
	組內	32.750	14	2.339		
	總和	45.000	15			

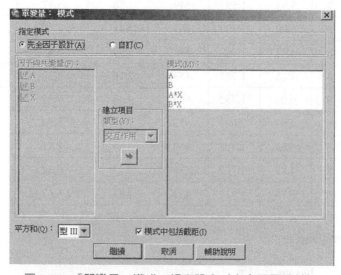

圖5-31　「單變量：模式」視窗設定（完全因子設計）

5.6 二因子共變數分析

共變數分析（analysis of covariance, ANCOVA）的目的，在於進一步的消除對準則變數（Y）的可能來源。當我們受到某種刺激後對它所做的反應，通常會受到前次我們接受到此刺激時所做的反應之影響。以行為學而論，這是連結論的學習方式，我們之所以會進步，會越做越好，會改正錯誤，甚或一錯再錯等都與過去的經驗有關，以及對此經驗的知覺、記憶有關。但是以實驗設計的角度來看，如對過去的知覺如果不加以控制的話，會影響此次實驗的正確性。[4]

▌研究問題

在「二因子變異數分析」（5.2節「二因子受測者間設計」）中，研究者認為（或懷疑）「實驗（試飲）前購買可能性」可能會影響「實驗（試飲）後購買可能性」，此要控制住「實驗前購買可能性」，因為如果不加以控制的話，可能看不出實驗的效果（例如，某人本來就喜歡某個飲料，試飲或不試飲對他的「購買可能性」並沒有什麼關係）。

研究者有興趣了解，在排除「實驗（試飲）前購買可能性」之後，性別與飲料類別在「實驗（試飲）後購買可能性」上是否有顯著的交互作用？

---

[4] 有關實驗研究的詳細說明，可參考：榮泰生，《企業研究方法》，四版（臺北：五南圖書出版公司，2011），第10章。

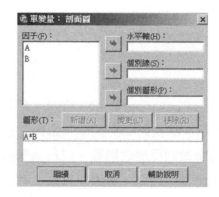

◗「單變量」視窗

　　開啟檔案（檔案名稱：...\Chap05\ 共變數.sav），在此資料檔中，變數A表示性別（1為男，2為女）；B代表飲料類別（分為甲牌飲料、乙牌飲料、丙牌飲料這三種飲料）；X代表實驗前購買可能性（從0到100，數字越大，表示可能性越高）；Y代表實驗後購買可能性（從0到100，數字越大，表示可能性越高）。

　　在SPSS中，按〔分析〕〔一般線性模式〕〔單變量〕（〔Analyze〕〔General Linear Model〕〔Univariate〕），在所產生的「單變量」（Univariate）視窗中，將「實驗後購買可能性」選入右邊「依變數」（Dependent Variable）方格中，將「性別」、「飲料類別」選入「固定因子」（Fixed Factor(s)）方格中。將「實驗前購買可能性」選入右邊「共變數」（Covariate(s)）方格中，如圖5-29所示。

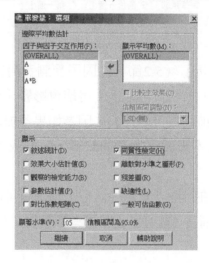

圖5-29　「單變量」視窗設定

迴歸係數同質性檢定

　　「組內迴歸係數同質性」（homogeinity of with-in regression coefficient）是進行共變數分析的重要假設之一，它是指各實驗處理組中依據共變數（X）預測依變數（Y）所得到的各條迴歸係數（斜率）要相等，如果不符合這個條件，則逕自進行共變數分析，將會導致不正確的結論。

　　在「單變量」（Univariate）視窗中，按〔模式〕（Model），在所產生的「單變量：模式」（Univariate: Model）視窗中，點選〔自訂〕（Custom）；在「建立項目」（Build Terms）方格下類型的下拉式清單中，選擇「主作用」，然後將A、B、選入右邊的模式（Model）方格內；在「建立項目」方格下類型的下拉式清單中，選擇「交互作用」，以滑鼠點選A，然後按Ctrl鍵不放，然後再用滑鼠按X，然後再按〔建立項目〕（Build Terms）的方向鍵（向右），即可將A*X順利讀入右邊的模式（Model）方格內。以同樣的方式將B、X讀入，成為B*X，所做的設定如圖5-30所示。

圖5-30　　「單變量：模式」視窗設定（自訂）

　　按〔繼續〕（Continue），回到「單變量」（Univariate）視窗，按〔確定〕（OK），產生輸出報表。

　　表5-71為「受試者間效應項的檢定」表，從表中可看出組內迴歸係數同質性檢定的情形。性別組內迴歸係數同質性檢定結果（A * X），顯著性=0.103，未達顯著水準，接受虛無假說，表示二組迴歸線的斜率相同，也就是說以共變數對依變數進行迴歸分析時的斜率並無顯著差異；換言之，共變數（實驗前購買可能性）與依變數（實驗後購買可能性）的關係不會因為性別的不同而異。符合共變數組內迴歸係數同質性假定，因此進行共變數分析是適當的。

　　飲料類別組內迴歸係數同質性檢定結果（B * X），顯著性=0.720，未達顯著水準，接受虛無假說，表示三組迴歸線的斜率相同；也就是說，以共變數對依變數進行迴歸分析時的斜率並無顯著差異。換言之，共變數（實驗前購買可能性）與依變數（實驗後購買可能性）的關係，不會因為飲料類別的不同而異。符合共變數組內迴歸係數同質性假定，因此進行共變數分析是適當的。

表5-71　受試者間效應項的檢定

依變數：Y 實驗後購買可能性（1～100）

來源		型 III 平方和	df	平均平方和	F	顯著性
截距	假設	554.574	1	.	.	.
	誤差	.	.ᵃ	.		
A	假設	10.144	1	10.144	.079	.779
	誤差	8696.562	68	127.891ᵇ		
B	假設	54.522	2	27.261	.213	.809
	誤差	8696.562	68	127.891ᵇ		
A * X	假設	348.377	1	348.377	2.724	.103
	誤差	8696.562	68	127.891ᵇ		
B * X	假設	84.299	2	42.149	.330	.720
	誤差	8696.562	68	127.891ᵇ		

a　無法使用 Satterthwaite 法計算誤差項自由度。

b　MS（誤差）

模式

在「單變量」（Univariate）視窗中，按〔模式〕（Model），在所產生的「單變量：模式」（Univariate: Model）視窗如圖5-31所示。此視窗的目的在於讓使用者指明分析的模式，將模式改為預設的「完全因子設計」（Full factorial）。

對比

在「單變量」（Univariate）視窗，按〔比對〕（Contrast），就會出現「單變量：對比」（Univariate: Contrast）視窗，對比是用以檢定因子水準間的差異。按〔A〕，再點選「比對」右邊下拉式清單中的〔簡單〕（Simple），再按〔變更〕（〔Change〕）；按〔B〕，再點選「比對」右邊下拉式清單中的〔簡單〕（Simple），再按〔變更〕（〔Change〕），完成後的情形如圖5-32所示。

我們使用簡單（Simple）對比，SPSS預設以最後一組為參考組。每個水準的平均數，會與最後一個水準的平均數做一比較。（我們也可以自訂參考組為第一組）。

表5-75　受試者間效應項的檢定（續）

圖5-32　「單變量：對比」視窗設定

圖形

在「單變量」（Univariate）視窗，按〔圖形〕（〔Plots〕），就會出現「單變量：剖面圖」（Univariate: Profile Plots）視窗。此視窗的目的，在於讓使用者交待要繪製的趨勢圖。如果獨立樣本二因子變異數分析的交互作用顯著，則繪製出來的圖形就是自變數在依變數上的交互作用圖。

將左邊「因子」（Factors）中的A（性別）選入「水平軸」（Horizontal Axis）下的方格中；將B（廣告類型）選入「個別線」（Separated Lines）下的方格中，然後按〔新增〕（〔Add〕），完成後的情形如圖5-33所示。最下方的大方格會出現「A*B」。

圖5-33　「單變量：剖面圖」視窗設定

選項

在「單變量」（Univariate）視窗，按〔選項〕（〔Options〕），就會出現「單變量：選項」（Univariate: Options）視窗。將左邊「因子與因子交互作用」（Factor(s) and Factor Interaction）下的「（OVERALL）」選入右邊「顯示平均數」（Display Means for）下的方格中，以顯示細格及邊緣平均數，如圖5-34所示。

在「顯示」（Display）方格中，選取〔描述統計〕（〔Descriptive statistics〕）、〔同質性檢定〕（〔Homogeneity tests〕）。你也可以選取其他的統計值，如效果大小估計值（Estimate of effect size）、觀察的檢定能力（Observed power）等。

圖5-34　「單變量：選項」視窗設定

報表解讀

輸出報表，如表5-72到表5-80所示。

受試者間因子

受試者間因子，如表5-72所示。

表5-72　受試者間因子

		數值註解	個數
性別	1	男	38
	2	女	38
飲料類別	1	甲牌飲料	25
	2	乙牌飲料	25
	3	丙牌飲料	26

敘述統計

表5-78　對比結果（K矩陣）（續）

　　敘述統計，如表5-73所示。

表5-73　敘述統計

依變數：實驗後購買可能性（1~100）

性別	飲料類別	平均數	標準差	個數
男	甲牌飲料	51.69	19.717	16
	乙牌飲料	34.40	15.153	10
	丙牌飲料	38.50	18.318	12
	總和	42.97	19.298	38
女	甲牌飲料	67.11	23.614	9
	乙牌飲料	68.60	19.885	15
	丙牌飲料	70.79	26.003	14
	總和	69.05	22.581	38
總和	甲牌飲料	57.24	22.044	25
	乙牌飲料	54.92	24.681	25
	丙牌飲料	55.88	27.725	26
	總和	56.01	24.649	76

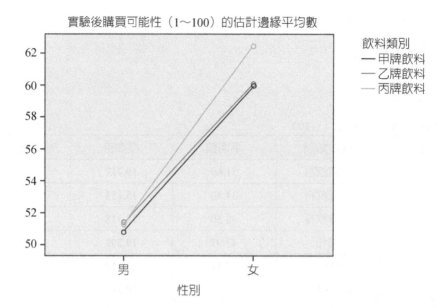

實驗後購買可能性（1～100）的估計邊緣平均數

使用下列值估計出現在模式的共變量：實驗前購買可能性（1～100）＝ 61.01

同質性考驗

從表5-74「誤差變異量的Levene檢定等式」輸出報表中，同質性檢驗的顯著性=0.354>0.05，未達顯著水準，接受虛無假說，表示各組間的變異數具有同質性，符合基本假說，適合進行共變數分析。

表5-74　誤差變異量的Levene檢定等式[a]

依變數：Y實驗後購買可能性（1~100）

F	df1	df2	顯著性
1.127	5	70	.354

檢定各組別中依變數誤差變異量的虛無假設是相等的。

a　Design：截距＋X＋A＋B＋A＊B。

受試者間效應項的檢定

從表5-75「受試者間效應項的檢定」表中，A因子（性別）與B因子（飲料類別）在排除「實驗前購買可能性」的影響之後，在實驗後購買可能性上，沒有顯著的交互作用（顯著性=0.920>0.05，未達顯著水準），所以我們應進行主要效果的檢視。A因子（性別）在排除「實驗前購買可能性」的影響之後，在實驗後購買可能

表5-81　重要統計檢定值（續）

性上的顯著性=0.000，達到顯著水準。B因子（飲料類別）在排除「實驗前購買可能性」的影響之後，在實驗後購買可能性上的顯著性=0.430，未達顯著水準。所以基本上，我們應對性別進行事後檢定。

表5-75　受試者間效應項的檢定

依變數：Y 實驗後購買可能性（1～100）

來源		型III平方和	df	平均平方和	F	顯著性
截距	假設	720.295	1	720.295	2.265	.252
	誤差	758.089	2.384	317.990[a]		
X	假設	21258.423	1	21258.423	160.885	.000
	誤差	9117.261	69	132.134[b]		
A	假設	1343.923	1	1343.923	39.537	.000
	誤差	808.474	23.785	33.991[c]		
B	假設	29.392	2	14.696	1.448	.430
	誤差	17.138	1.689	10.146[d]		
A * B	假設	21.930	2	10.965	.083	.920
	誤差	9117.261	69	132.134[b]		

a　153 MS(A) + .123 MS(B) − .124 MS(A * B) + .848 MS（誤差）。
b　MS（誤差）。
c　810 MS(A * B) + .190 MS（誤差）。
d　1.007 MS(A * B) − .007 MS（誤差）。

對比（性別水準）

我們所使用的簡單對比，在性別的簡單對比中（表5-76、表5-77），在排除「實驗前購買可能性」的影響之後，在實驗後購買可能性上，男性（水準1）低於女性（水準2），顯著性=0.002<0.05，達到顯著水準。

表5-76　對比結果（K矩陣）

性別 簡單對比[a]	依變數
	實驗後購買可能性（1～100）

水準 1 vs. 水準 2	對比估計		−9.673
	假設的數值		0
	差異（估計－假設的）		−9.673
	標準誤		3.033
	顯著性		.002
	差異的 95% 信賴區間	下限	−15.724
		上限	−3.622

a 參考類別 = 2。

第 6 章
無母數檢定

6.1 認識無母數檢定

所謂「母數」是指母體的參數（parameter），例如母體的平均數、變異數等。因為有母數，所以我們可以利用樣本的平均數來推定母體平均數所在範圍。「無母數」是指沒有母體的參數，既然母體沒有參數，就不可能用樣本來推估。次序尺度、名義尺度的資料就屬於無母數。

進一步說明，區間資料的平均數檢定（第4章〈比較平均數〉）所使用的統計技術都屬於母數法（parametric methods）。在使用母數統計法時，對於所要研究的母體都有一些比較嚴格的規定。例如，在檢定二個獨立樣本的平均數有無顯著性的差異，而使用t檢定法時，我們必須先假定二個樣本都來自具有相同變異數的常態母體。同時，進行母體統計分析時，所用的數據都是以區間尺度或比率尺度這些高階的測量尺度。相形之下，無母數法（nonparametric methods）對於母體所做的假定較少，而且我們可以用次序尺度、名義尺度這些低階的測量尺度的資料來進行統計分析。

SPSS無母數檢定程序

無母數檢定（Nonparametric Tests）隨著獨立樣本、相關樣本以及次序資料、名義資料的不同，可分為若干個測試類型（test type），如表6-1所示。所謂K個樣本是指分類群組的群組數目在2個以上（在SPSS中稱為「若干個」）。SPSS無母數檢定程序，如圖6-1所示。

有關何謂獨立樣本、何謂相關樣本可參考第4章4.1節。在SPSS程序中，獨立樣本要先交代分群變數（grouping variable），並界定群組（define groups）。

我們有必要對次序資料及名義資料（類別資料）再加以說明。次序資料具有「等級」的涵義，例如優、佳、差、劣（可分別以1、2、3、4代表）。名義資料沒有「等級」的涵義，如男性、女性（可分別以1、2代表）。次序資料可以涵蓋名義資料，例如將優、佳、差、劣分成四類。但是名義資料不可以涵蓋次序資料，例如男性的等級高於女性，這樣是不對的。SPSS的無母數檢定方法，可整理如表6-1所示。

圖6-1　無母數檢定統計方法

表6-1　SPSS的無母數檢定方法

	單一樣本	獨立樣本		相關樣本	
		二個	**K**個	二個	**K**個
次序	Kolmogorov-Smirnov	Mann-Whitney	Kruskal-Wallis	Wilcoxon	Friedman
名義		卡方檢定（Chi Square）	K個獨立樣本的卡方檢定（Chi Square）	McNemar	Cochran Q

6.2 次序（等級）資料

　　在針對次序資料進行無母數檢定方面，可用的適當技術，如表6-2所示。

表6-2　次序資料進行無母數檢定的技術

單一樣本	獨立樣本		相關樣本	
	二個	**K個**	二個	**K個**
Kolmogorov-Smirnov	Mann-Whitney	Kruskal-Wallis	Wilcoxon	Friedman

單一樣本的次序檢定

　　有時候我們想要了解，樣本中的一組次序是否與理論上或假說上的次序排列（theoretical or hypothetical rank ordering）有所不同。在這種情形之下，使用Kolmogorov-Smirnov檢定是相當適當的。此檢定是檢視一組觀察的次序（樣本值）是否合乎我們所建立的虛無假說（也就是，次數是否合乎某種分配），這個「某種分配」包括了常態分配（normal distribution）、二項式分配（binomial distribution）、波爾生分配（Poisson distribution）、指數分配（exponential distribution）。

研究問題

　　大海飲料公司想要了解各顧客在購買飲料時，對於「價格重要性」上的次序排列是否隨機的，或者是否具有某種共同的偏好。

　　在大海飲料公司的例子中，對於「價格重要性」這個變數的資料經蒐集之後加以建檔。在檔案中「重要性」這個變數的1表示極重要，5表示極不重要。我們所建立的虛無假說是：次數呈常態分配。

「單一樣本Kolmogorov-Smirnov檢定」視窗

　　開啟檔案（檔案名稱：...\Chap06\Kolmogorov-Smirnov.sav）。資料檔中的變數「重要性」是次序尺度資料。

　　在SPSS中，選擇〔分析〕〔無母數檢定〕〔歷史對話記錄〕〔單一樣本K-S檢定〕（〔Analyze〕〔Nonparametric Tests〕〔Legacy Dialogs〕〔1-Sample K-S〕），在所產生的「單一樣本Kolmogorov-Smirnov檢定」（One-Sample Kolmogorov-Smirnov Test）視窗中，將「重要性」選入「檢定變數清單」（Test Variable List）下的方格中，我們設定的情形如圖6-2所示。

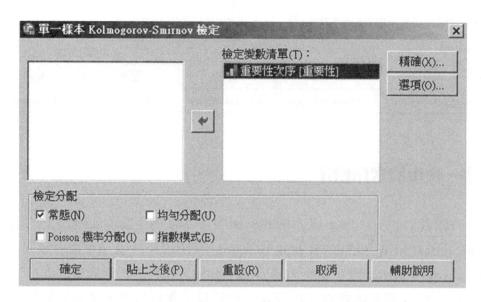

圖6-2 「單一樣本Kolmogorov-Smirnov檢定」視窗設定

報表解讀

表6-3「單一樣本Kolmogorov-Smirnov檢定」表顯示，顯著性=0.000<0.05，已達顯著水準，故應棄卻虛無假說，而認為次數不呈常態分配。

表6-3 單一樣本Kolmogorov-Smirnov檢定

		重要性 重要性次序
	個數	62
常態參數[a,b]	平均數	2.37
	標準差	1.485
最大差異	絕對	.290
	正的	.290
	負的	−.178
Kolmogorov-Smirnov Z 檢定		2.282
漸近顯著性（雙尾）		.000

a 檢定分配為常態。
b 根據資料計算。

二個獨立樣本的次序差異檢定

在二個獨立樣本下，進行次序差異檢定的統計方法有：

（1）Mann-Whitney U 檢定

（2）Moses極端反應（Moses extreme reaction）

（3）Kolmogorov-Smirnov二樣本檢定

（4）Wald-Wolfwitz檢定

以上的檢定方法中，以Mann-Whitney U 檢定在專題研究上使用得比較普遍，也是比較好的方法。這個檢定還依照樣本大小的不同，分為兩種版本，我們將以大樣本為例（所謂大樣本是指其中一組的樣本數大於20，或者兩組樣本的總和大於10）。[1]

研究問題

大海飲料公司想要了解：消費者對於甲牌飲料所排定的次序與對乙牌飲料所排定的次序是否相同（是否有顯著差異）？該公司所建立的虛無假說是：消費者對於甲牌飲料所排定的次序與對乙牌飲料所排定的次序並無不同（並無顯著差異）。

「二個獨立樣本」視窗

在SPSS中，開啟檔案（檔案名稱：...\Chap06\ Mann-Whitney.sav）。資料檔中的「飲料分類」變數中的1代表甲牌飲料，2代表乙牌飲料。「次序」變數表示對該飲料所排定的次序。每位受測者被要求給予1～5等級分數，等級1表示最差，等級5表示最好。受測者隨機分成兩組，第一組測試甲牌飲料，第二組測試乙牌飲料。

按〔分析〕〔無母數檢定〕〔歷史對話記錄〕〔二個獨立樣本〕（〔Analyze〕〔Nonparametric Tests〕〔Legacy Dialogs〕〔2 Independent Samples〕），在所產生的「二個獨立樣本」（Two-Independent-Samples Tests）視窗中，我們設定的情形如圖6-3（a）所示。在這個視窗中，將「次序」變數選入「檢定變數清單」（Test Variable List）。在這個視窗中，我們也可以看到SPSS中二個獨立樣本次序差異性檢定的其他方法。

---

[1] 有關的詳細說明，可參考：S. Siegel, *Nonparametric Statistics* (New York: McGraw Hill Book Co., 1956).

定義

「兩個獨立樣本」（Two-Independent-Samples Tests）視窗中，按〔定義組別〕（〔Define Groups〕，就會產生「兩個獨立樣本：定義組別」（Two Independent Samples: Define）視窗，如圖6-3（b）所示。在此視窗中，在組別1（Group1）的右邊方格鍵入「1」，在組別2（Group2）的右邊方格鍵入「2」，表示我們是用1與2將飲料分類。

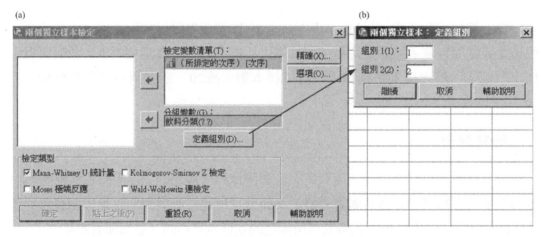

圖6-3 「兩個獨立樣本」視窗設定

報表解讀

輸出報表，如表6-4、表6-5所示。表6-4為等級。表6-5「檢定統計量」表顯示，顯著性 = 0.134>0.05，未達顯著水準，故不棄卻虛無假說，因此認為：消費者對於甲牌飲料所排定的次序與對乙牌飲料所排定的次序並無不同（並無顯著差異）。

表6-4 等級

	飲料分類 （Test Group）	個數	等級平均數	等級總和
次序 （所排定的次序）	1 甲牌飲料	24	16.67	400.00
	2 乙牌飲料	6	10.83	65.00
	總和	30		

表6-5　檢定統計量[b]

	次序（所排定的次序）
Mann-Whitney U 統計量	44.000
Wilcoxon W 統計量	65.000
Z 檢定	−1.499
漸近顯著性（雙尾）	.134
精確顯著性〔2*（單尾顯著性）〕	.158[a]

a 未對等值做修正。

b 分組變數：飲料分類（Test Group）。

K個獨立樣本的次序差異檢定

有時候，研究人員有必要針對K個（2個以上）獨立樣本，進行次序的差異性檢定。例如，針對K個獨立的樣本，就K個產品的包裝做次序評等；或者針對K個獨立樣本（例如，高收入者、中收入者、低收入者）就K個產品的廣告做次序評等。這些研究在行銷研究中已是屢見不鮮。

在針對K個獨立樣本，進行次序的差異性檢定時，適當的統計方法是Kruskal-Wallis單因子等級變異數分析（Kruskal-Wallis analysis of variance by ranks）。

研究問題

大海飲料公司想要了解不同口味的品牌名稱（牌名）對餐廳銷售的影響。研究人員邀請了15位餐廳經理來進行「無品牌」飲料的口味測試，並要求每位受測者（經理）給予1～9等級分數，等級1表示最差，等級9表示最好。

這個程序也同樣的施用在另外獨立的二組（每組15人）的餐廳經理，請他們分別測試甲牌飲料、乙牌飲料這二種品牌（每組測試一種品牌）。虛無假說是：三種品牌的次序評等並無顯著差異。

「K個獨立樣本」視窗

在SPSS中，開啟檔案（檔案名稱：...\Chap06\Kruskal-Wallis.sav），檔中的「品牌」變數的1、2、3分別代表「無品牌」、甲牌飲料、乙牌飲料這三種品牌。

按〔分析〕〔無母數檢定〕〔歷史對話記錄〕〔K個獨立樣本〕（〔Analyze〕

〔Nonparametric Tests〕〔Legacy Dialogs〕〔K Independent Samples〕），在所產生的「多個獨立樣本」（Tests for Several Independent Samples）視窗中，我們將變數「次序」選入「檢定變數清單」（Test Variable List）下的方格中，將變數「品牌」選入「分組變數」（Grouping Variable）下的方格中，情形如圖6-4（a）所示。

定義範圍

在「多個獨立樣本」（Test for Several Independent Samples）視窗中，按〔定義範圍〕（〔Define Range〕），在「多個獨立樣本：定義範圍」（Several Independent Samples: Define Range）視窗中，我們在「最小值」（Minimum）右邊的方格中填入「1」，在「最大值」（Maximum）右邊的方格中填入「3」，表示「組別變數的水準範圍」（Range for Grouping Variable）是1到3，如圖6-4（b）所示。

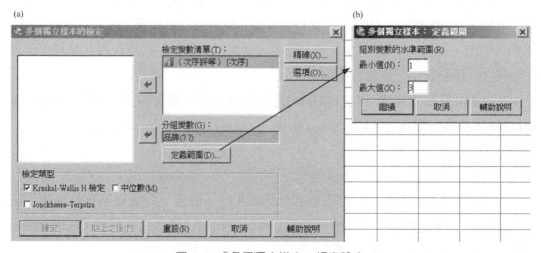

圖6-4　「多個獨立樣本」視窗設定

報表解讀

輸出報表，如表6-6、表6-7所示。表6-6為等級。在表6-7「檢定統計量」表中，顯著性=0.922>0.05，未達顯著水準，故應不棄卻虛無假說，並認為三種品牌的次序評等並無顯著差異。

表6-6　等級

	品牌（品牌名稱）	個數	等級平均數
次序（次序評等）	1 無品牌	15	21.90
	2 甲牌飲料	15	23.53
	3 乙牌飲料	15	23.57
	總和	45	

表6-7　檢定統計量[a,b]

	次序（次序評等）
卡方	.163
自由度	2
漸近顯著性	.922

a Kruskal Wallis 檢定。

b 分組變數：品牌（品牌名稱）。

二個相關樣本的次序差異檢定

研究者有時有必要對二相關樣本的次序差異性做評估。夫妻之間、採購代理商與使用者之間、廣告活動的事前及事後（這些情況都會用到相關樣本），對於某一品牌、包裝顏色、樣式的偏好的次序差異──這些都是研究人員有興趣了解的問題。

適合對於二個相關樣本的次序進行差異性檢定的方法有：

（1）符號檢定（sign test）

（2）Wilcoxon 配對符號等級檢定（Wilcoxon matched paired signed-ranks test）。Wilcoxon 配對符號等級檢定，可以說是以次序資料來進行 t_r 檢定。

以下的例子是用大樣本（n>25），來說明如何進行Wilcoxon 配對符號等級檢定。

研究問題

大海飲料公司邀請40位消費者來做甲牌飲料及乙牌飲料測試，每位消費者測試二次（分別測試甲牌飲料及乙牌飲料）。每位受測者被要求給予1～10等級分數，等級1表示最差，等級10表示最好。每位受測者都要測試甲牌飲料、乙牌飲料。管理當

局想要了解：甲牌飲料與乙牌飲料對於消費者所認知的口味偏好有何影響。因此，虛無假說是：甲牌飲料與乙牌飲料在消費者所認知的口味偏好（次序評等）上並無顯著差異。

「二個相關樣本」視窗

開啟檔案（檔案名稱：...\Chap06\Wilcoxon.sav），檔中的變數甲牌飲料及乙牌飲料所輸入的值分別代表次序評點。

在SPSS中，按〔分析〕〔無母數檢定〕〔歷史對話記錄〕〔二個相關樣本〕（〔Analyze〕〔Nonparametric Tests〕〔Legacy Dialogs〕〔2 Related Samples〕），在所產生的「兩個相關樣本檢定」（Two-Related Sample Tests）視窗中，我們將甲牌飲料與乙牌飲料選入「成對檢定」（Test-Pair(s) List）下的方格中，如圖6-5所示。

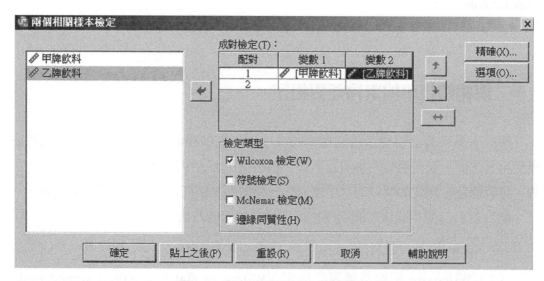

圖6-5　「二個相關樣本」視窗設定

報表解讀

輸出報表，如表6-8、表6-9所示。表6-8為等級。在表6-9「檢定統計量」表中顯示，顯著性=0.380>0.05，未達顯著水準，故不棄卻（接受）虛無假說。管理當局可認為：甲牌飲料與乙牌飲料在消費者所認知的口味偏好（次序評等）上並無顯著差異。

表6-8 等級

		個數	等級平均數	等級總和
乙牌飲料—甲牌飲料	負等級	17[a]	18.29	311.00
	正等級	21[b]	20.48	430.00
	等值結	2[c]		
	總和	40		

a 乙牌飲料＜甲牌飲料。
b 乙牌飲料＞甲牌飲料。
c 乙牌飲料＝甲牌飲料。

表6-9 檢定統計量[b]

	乙牌飲料—甲牌飲料
Z 檢定	−.877[a]
漸近顯著性（雙尾）	.380

a 以負等級為基礎。
b Wilcoxon 符號等級檢定。

K個相關樣本的次序差異檢定

在上述的例子中，如果我們以一組樣本（15人）針對每一個受測者做三種品牌的測試，則用Kruskal-Wallis檢定就不恰當了。這時候，我們要用Friedman二因子等級變異數分析（Friedman two-way analysis of variance by ranks）、Kendall's W 或者Cochran Q。換句話說，在K個（二個以上）相關樣本中，資料是次序尺度的場合，我們要用Friedman二因子等級變異數分析及相依技術。

研究問題

以前例而言，我們所選的15位餐廳經理，每一位都要分別對「無品牌」、甲牌飲料、乙牌飲料做次序評等。每個消費者測試三次（分別測試「無品牌」、甲牌飲料及乙牌飲料）。每位受測者被要求給予1～9等級分數，等級1表示最差，等級9表示最好。管理當局想要了解：「無品牌」、甲牌飲料與乙牌飲料對於消費者所認知的口味偏好有何影響。因此，虛無假說是：「無品牌」、甲牌飲料與乙牌飲料在消費者所認知的口味偏好（次序評等）上並無顯著差異。簡言之，虛無假說是：三種

品牌的次序評等並無顯著差異。

「K個相關樣本」視窗

在SPSS中，開啟檔案（檔案名稱：...\Chap06\Friedman.sav），檔中的資料分別是「無品牌」、甲牌飲料、乙牌飲料的次序評等。

選擇〔分析〕〔無母數檢定〕〔歷史對話記錄〕〔K個相關樣本〕（〔Analyze〕〔Nonparametric Tests〕〔Legacy Dialogs〕〔K Related samples〕），在所產生的「多個相關樣本的檢定」（Test for Several Related Samples）視窗中，我們將「無品牌」、甲牌飲料、乙牌飲料這三個變數選入「檢定變數」（Test Variable）下的方格中，如圖6-6所示。在此視窗內，也可以看到多個相關樣本的次序差異檢定的其他統計技術。

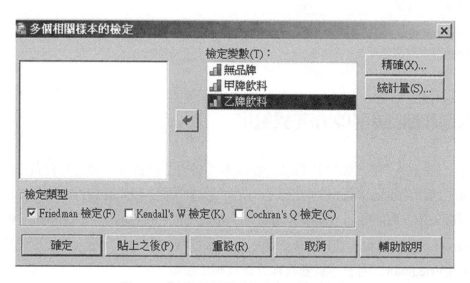

圖6-6 「多個相關樣本的檢定」視窗設定

報表解讀

輸出報表，如表6-10、表6-11所示。表6-10為等級。在表6-11「檢定統計量」表中，顯著性=0.804>0.05，未達顯著水準，故不棄卻虛無假說，而認為「無品牌」、甲牌飲料、乙牌飲料的次序評等並無顯著差異。

表6-10 等級

	等級平均數
無品牌	2.07
甲牌飲料	1.87
乙牌飲料	2.07

表6-11 檢定統計量[a]

個數	**15**
卡方	.436
自由度	2
漸近顯著性	.804

a Friedman 檢定。

6.3 名義資料

在針對名義資料進行無母數檢定方面，可用的適當技術，如表6-12所示。

表6-12 名義資料進行無母數檢定的技術

獨立樣本		相關樣本	
二個	K個	二個	K個
卡方檢定（Chi Square）	K個獨立樣本的卡方檢定（Chi Square）	McNemar	Cochran Q

二個獨立樣本的類別分配檢定

我們通常必須決定二個樣本群在某一分類上的分配情形是否有顯著性的差異，或者說，其差異並不是完全由隨機抽樣誤差而來。例如，購買者與非購買者在北部、中部、南部這三類地區的分布上是否有顯著性差異？二個獨立樣本的類別分配檢定的目的，在於進行兩變數之間的獨立性檢定（test of independence），又稱卡方檢定（χ^2檢定）。[2]例如，地區別與所得別是否獨立？年齡與教育程度是否獨立？須

---

[2] 研究者亦可以以誤差比例遞減（Proportional Reduction in Error，簡稱PRE，由 Goodman &

注意，這些變數必須是類別資料（categorical data）。

研究問題

大海飲料公司想要了解：男性與女性消費者在使用程度上（輕度使用、中度使用、重度使用）上有無顯著差異？我們所建立的虛無假說是：男性與女性消費者在使用程度上（輕度使用、中度使用、重度使用）無顯著差異。

「卡方檢定」視窗

在SPSS中，開啟檔案（檔案名稱：...\Chap06\Chi Square.sav），在檔案中，「性別」變數的1代表男性，2代表女性；「使用類別」變數的1、2、3分別代表輕度使用、中度使用、重度使用。

按〔分析〕〔無母數檢定〕〕〔歷史對話記錄〕〔卡方…〕（〔Analyze〕〔Nonparametric Tests〕〔Legacy Dialogs〕〔Chi Square〕），在所產生的「卡方檢定」（Chi-Square Test）視窗中，將變數選入「檢定變數清單」（Test Variable List）下的方格中，如圖6-7所示。

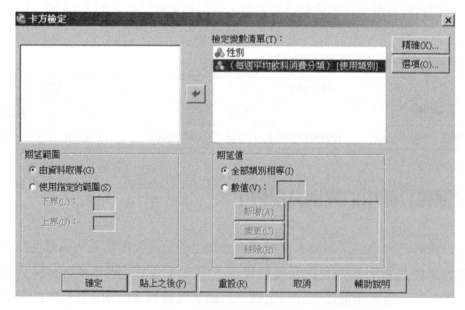

圖6-7　「卡方檢定」視窗設定（二個獨立樣本的類別分配檢定）

Kruskal提出）來看，「首先在不知道其他變數的情況之下，計算預測時誤差發生的機率，然後再計算知道另一變數下，預測時誤差發生的機率」。

報表解讀

輸出報表如表6-13、表6-14所示。表6-13為使用類別(每週平均飲料消費分類)。在表6-14「檢定統計量」表中,顯著性=0.710>0.05,未達顯著水準,固不棄卻(接受)虛無假說,而認為:男性與女性消費者在使用程度上(輕度使用、中度使用、重度使用)無顯著差異。

表6-13 使用類別(每週平均飲料消費分類)

	觀察個數	期望個數	殘差
1 輕度使用	20	21.7	−1.7
2 中度使用	29	21.7	7.3
3 重度使用	16	21.7	−5.7
總和	65		

表6-14 檢定統計量

	性別	使用類別(每週平均飲料消費分類)
卡方	.138[a]	4.092[b]
自由度	1	2
漸近顯著性	.710	.129

a 0個格(.0%)的期望次數少於5。最小的期望格次數為32.5。
b 0個格(.0%)的期望次數少於5。最小的期望格次數為21.7。

進階探討

在二個獨立樣本的類別分配檢定中,我們也可使用交叉分析(第7章7.8節),交叉分析可以提供比較深入的分析,例如方向性量數、對稱性量數。

K個獨立樣本的類別分配檢定

白領、藍領及管理群在重度使用、中度使用、輕度使用及非使用這四個消費類別中有無不同?採購代理商、作業人員、工廠經理在對大海飲料的態度類別(分為喜歡、無意見、不喜歡)上有無不同?像這樣的問題涉及到類別資料(名義資料)

及K個獨立樣本的檢定問題,最適當的統計方法是:K個獨立樣本的 χ^2 檢定。

研究問題

大海飲料公司想要了解:採購代理商、作業人員、工廠經理消費者在使用程度上(輕度使用、中度使用、重度使用)有無顯著差異?我們所建立的虛無假說是:採購代理商、作業人員、工廠經理消費者在使用程度上(輕度使用、中度使用、重度使用)無顯著差異。

「卡方檢定」視窗

在SPSS中,開啟檔案(檔案名稱:...\Chap06\Chi Square k.sav),在檔案中,「人員」變數的1代表採購代理商,2代表作業人員,3代表工廠經理;「使用類別」變數的1、2、3分別代表輕度使用、中度使用、重度使用。

按〔分析〕〔無母數檢定〕〔歷史對話記錄〕〔卡方…〕(〔Analyze〕〔Nonparametric Tests〕〔Legacy Dialogs〕〔Chi Square〕),在所產生的「「卡方檢定」(Chi-Square Test)視窗中,將變數選入「檢定變數清單」(Test Variable List)下的方格中,如圖6-8所示。

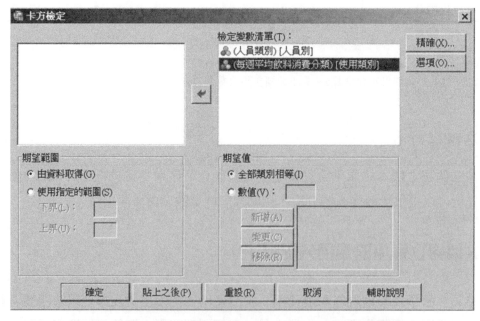

圖6-8 「卡方檢定」視窗設定(K個獨立樣本的類別分配檢定)

報表解讀

輸出報表如表6-15所示。在表6-15「檢定統計量」表中,顯著性=0.179>0.05,未達顯著水準,固不棄卻(接受)虛無假說,而認為:採購代理商、作業人員、工廠經理消費者在使用程度上(輕度使用、中度使用、重度使用)無顯著差異。

表6-15 檢定統計量

	人員別(人員類別)	使用類別(每週平均飲料消費分類)
卡方	3.446[a]	4.092[a]
自由度	2	2
漸近顯著性	.179	.129

a 0個格(.0%)的期望次數少於5。最小的期望格次數為21.7。

二個相關樣本的類別分配檢定

有時候我們有興趣了解在一個事件之後的類別改變。例如大海飲料公司的廣告經理想要了解受測者在看過某一個他(她)自己選擇的廣告影片(當然某種廣告影片介紹某種產品)之後,會選擇哪一種品牌的產品。這種情形是屬於二個相關樣本的類別分配檢定的問題,以McNemar檢定最為恰當。

研究問題

管理當局想要了解:廣告的效果會影響受測者選擇甲牌飲料嗎?虛無假說是:廣告的效果不會影響受測者選擇甲牌飲料。

「兩個相關樣本檢定」視窗

開啟檔案(檔案名稱:...\Chap06\McNemar.sav),變數CF(commercial film 的起頭字)中的1代表選擇(及觀看)甲牌飲料廣告影片,2表示選擇其他廣告影片;變數「選擇」的1代表選擇甲牌飲料,2代表選擇其他品牌的飲料。

在SPSS中,選擇〔分析〕〔無母數檢定〕〔歷史對話記錄〕〔二個相關樣本〕(〔Analyze〕〔Nonparametric Tests〕〔Legacy Dialogs〕〔2 Related samples〕),

在所產生的「兩個相關樣本檢定」（Two-Related-Sample Tests）視窗，將「CF-選擇」選入右邊「成對檢定」（Test Pair(s) List）中，在「檢定類型」（Test type）中點選〔McNemar檢定〕，設定情形如圖6-9所示。

圖6-9 「兩個相關樣本檢定」視窗設定

報表解讀

輸出報表如表6-16、表6-17所示。表6-16為CF（選擇觀看CF影片）& 選擇（選擇產品）。在表6-17「檢定統計量」表中，顯著性=1.000>0.05，未達顯著水準，故不棄卻虛無假說，而認為廣告的效果不會影響受測者選擇甲牌飲料。

表6-16 CF（選擇觀看CF影片）& 選擇（選擇產品）

CF（選擇觀看CF影片）	選擇（選擇產品）	
	1 選擇甲牌飲料	2
1 甲牌飲料廣告影片	13	11
2 其他品牌的廣告影片	10	6

表6-17 檢定統計量[b]

	CF（選擇觀看CF影片）& 選擇（選擇產品）
個數	40
精確顯著性（雙尾）	1.000[a]

a 使用二項式分配。

b McNemar 檢定。

K個相關樣本的類別分配檢定

來自同一家庭的父親、母親、長子（或長女），在重度、中度、輕度這三種電視觀賞類別上有無不同？屬於同一公司的採購代理商、作業人員、工廠經理，在對大海飲料的態度類別（分為喜歡、無意見、不喜歡）上有無不同？隨著我們對於「男性飲用」、「女性飲用」、「男女皆適用」這三類標籤（註解）的不同，同一個人是否會不隸屬於同一類別？解決像這樣的問題，最適當的統計方法就是Cochran Q檢定。

研究問題

大海飲料公司邀請20位消費者對「無品牌」、甲牌飲料、乙牌飲料進行口味測試，每個人在測試三種品牌的口味之後，可以選擇六組包裝的該產品或者$120。此研究的虛無假說是：品牌類別對選擇（選擇產品或金錢）無顯著差異（影響）。

「K個相關樣本」視窗

開啟檔案（檔案名稱：...\Chap06\Cochran Q.sav），檔中「無品牌」、甲牌飲料、乙牌飲料中的1代表選擇該產品，2代表選擇$120。

在SPSS中，按〔分析〕〔無母數檢定〕〔歷史對話記錄〕〔K個相關樣本〕（〔Analyze〕〔Nonparametric Tests〕〔Legacy Dialogs〕〔K Related Samples〕），在所產生的「多個相關樣本檢定」（Test for Several Related Samples）視窗中的「檢定類型」（Test Type）選〔Cochran's Q檢定〕，設定情形如圖6-10所示。

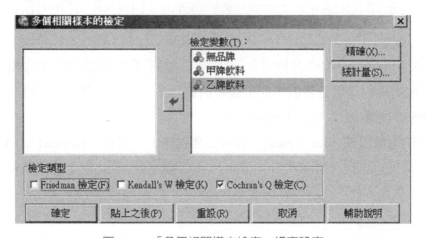

圖6-10 「多個相關樣本檢定」視窗設定

報表解讀

輸出報表如表6-18、表6-19所示。表6-18為次數分配表。表6-19「檢定統計量」表顯示，顯著性=0.336>0.05，未達顯著水準，故不棄卻虛無假說，而認為品牌類別對選擇（選擇產品或金錢）無顯著差異（影響）。

表6-18　次數分配表

	數值	
	1	**2**
無品牌	8	12
甲牌飲料	6	14
乙牌飲料	10	10

表6-19　檢定統計量

個數	**20**
Cochran's Q 檢定	2.182[a]
自由度	2
漸近顯著性	.336

a 視為成功者有2個。

6.4　進階探討——對數線性（LogLinear）

在6.3節曾說明使用卡方檢定（χ^2檢定）進行「二個獨立樣本的類別分配檢定」，其所處理的是兩個變數。如果變數的數目多於兩個，應如何處理？此時就要利用到SPSS的對數線性（LogLinear）。

SPSS的對數線性（LogLinear）具有三個程序：一般化（General）、Logit分析（Logit）及模式選擇（Model Selection），如圖6-11所示。以下分別就這三個程序加以說明。

圖6-11 對數線性統計方法

一般化（General）

研究問題

某研究者想要發現家庭大小類別、年所得類別與擁有車輛數類別的關係。

「一般對數線性分析」視窗

開啟檔案（檔案名稱：...\Chap06\Logit.sav）。資料檔中，「家庭大小類別」分為兩類：<4人、>5人，分別以1、2表示。「年所得類別」分為兩類：<100萬、>100.1萬，分別以1、2表示。「擁有車輛類別」分為兩類：<1輛、>2輛，分別以1、2表示。

按〔分析〕〔對數線性〕〔一般化〕（〔Analyze〕〔LogLinear〕

〔General〕），就會產生「一般對數線性分析」（General LogLinear Analysis）視窗，在此視窗中，將左邊的變數選入右邊的「因素」（Factor(s)）下的方盒內，如圖6-12所示。

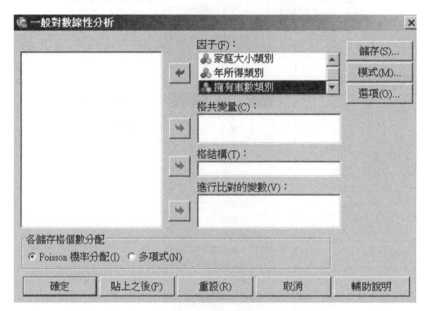

圖6-12　「一般對數線性分析」視窗設定

模式

在「一般對數線性分析」（General LogLinear Analysis）視窗按〔模式〕（Model），就會產生「一般對數線性分析：模式」（General LogLinear Analysis: Model）視窗，在此視窗中，按〔自訂〕（Customs），在「建立項目」（Build Term(s)）下的下拉式清單中，選「主作用」（Main effects），並將左邊的變數選入右邊的「模式中的項目」（Terms in Model）下的方盒中，如圖6-13所示。

選項

在「一般對數線性分析」（General LogLinear Analysis）視窗按〔選項〕（Options），就會產生「一般對數線性分析：選項」（General LogLinear Analysis: Options）視窗，在此視窗中，點選在「顯示」（Display）下的「估計值」（Estimates），如圖6-14所示。其他已經打勾的都是SPSS預設的。

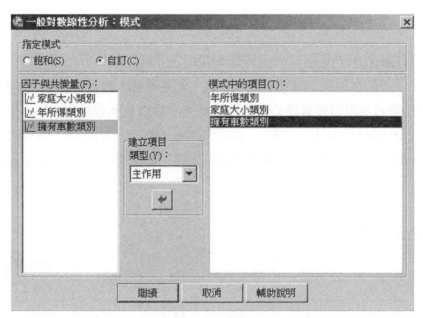

圖6-13 「一般對數線性分析：模式」視窗設定

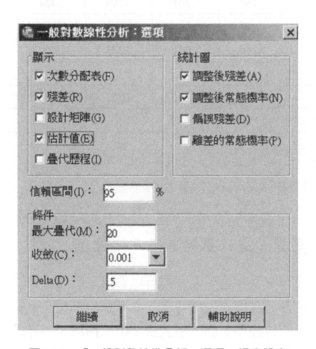

圖6-14 「一般對數線性分析：選項」視窗設定

報表解讀

輸出報表，如表6-20所示。

1. 在模式中只選主要效果

所謂「主要效果」是指同一個變數的類別之間的顯著性。在表6-20「參數估計值」表中，「年所得類別」的顯著性=0.424，未達顯著水準，表示低於100萬、高於100.1萬的受測者並沒有顯著性的關係。家庭大小類別的顯著性=0.000，達到顯著水準，表示家庭人數低於4人、高於5人的受測者具有顯著性的關係。擁有汽車類別的顯著性=0.000，達到顯著水準，擁有1輛車以下、擁有2輛車以上的受測者具有顯著性的關係。

表6-20　參數估計值[b,c]

參數	估計	標準誤差	Z	Sig。	95% 信賴區間	
					下界	上界
常數	.928	.295	3.143	.002	.349	1.507
〔年所得類別=1〕	.160	.201	.799	.424	−.233	.554
〔年所得類別=2〕	0[a]	.	.	.	.	.
〔家庭大小類別=1〕	1.266	.241	5.243	.000	.793	1.739
〔家庭大小類別=2〕	0[a]	.	.	.	.	.
〔擁有車數類別=1〕	1.099	.231	4.757	.000	.646	1.551
〔擁有車數類別=2〕	0[a]	.	.	.	.	.

a 這個參數多餘，因此設為零。
b 模式：Poisson。
c 設計 \ ：常數+年所得類別+家庭大小類別+擁有車數類別。

2. 在模式中選擇主要效果加上交互作用

如果在模式中選擇交互作用，則我們可以看出家庭大小類別、年所得類別與擁有車數類別之間的關係。在模式中如何交代交互作用？在「一般對數線性分析：模式」視窗內的「建立項目類型」的下拉式清單中，選擇「交互作用」，點選「年所得類別」，然後按住Ctrl鍵不放，點選「擁有車數類別」，再按向右鍵，即可在「模式中的項目」呈現「年所得類別*擁有車數類別」。依照上述方法，我們也將「家庭大小類別*擁有車數類別」呈現在「模式中的項目」。

在表6-21「參數估計值」表中，依據估計值，我們可建立以下的方程式：

$$\ln(e_{ijk}) = -1.97 + 3.39（家庭大小類別）+1.73（年所得類別）$$

「擁有車數類別」與「家庭大小類別」的顯著性=0.000，達到顯著水準。「擁有車數類別」與「年所得類別」的顯著性=0.001，達到顯著水準。表示家庭大小、年所得都與擁有車輛數具有顯著性的關係存在。易言之，家庭大小、年所得都是預測擁有車輛數的有效指標。

從Z值來看，家庭大小、年所得的Z值分別是5.38、3.28，都是正值，因此當家庭人數增加時或者當年所得增加時，擁有車數就會增加。如果對Z值加以比較，家庭人數比年所得更具有預測力。

表6-21　參數估計值[b,c]

參數	估計	標準誤差	Z	Sig。	95% 信賴區間	
					下界	上界
常數	2.559	.267	9.572	.000	2.035	3.083
〔年所得類別=1〕	−1.153	.468	−2.462	.014	−2.070	−.235
〔年所得類別=2〕	0[a]	.	.	.	.	.
〔家庭大小類別=1〕	−.754	.429	−1.758	.079	−1.594	.087
〔家庭大小類別=2〕	0[a]	.	.	.	.	.
〔擁有車數類別=1〕	−1.971	.543	−3.629	.000	−3.035	−.907
〔擁有車數類別=2〕	0[a]	.	.	.	.	.
〔年所得類別=1〕*〔擁有車數類別=1〕	1.728	.526	3.283	.001	.696	2.760
〔年所得類別=1〕*〔擁有車數類別=2〕	0[a]	.	.	.	.	.
〔年所得類別=2〕*〔擁有車數類別=1〕	0[a]	.	.	.	.	.
〔年所得類別=2〕*〔擁有車數類別=2〕	0[a]	.	.	.	.	.
〔家庭大小類別=1〕*〔擁有車數類別=1〕	3.393	.631	5.379	.000	2.157	4.629
〔家庭大小類別=1〕*〔擁有車數類別=2〕	0[a]	.	.	.	.	.
〔家庭大小類別=2〕*〔擁有車數類別=1〕	0[a]	.	.	.	.	.
〔家庭大小類別=2〕*〔擁有車數類別=2〕	0[a]	.	.	.	.	.

a 這個參數多餘，因此設為零。

b 模式：Poisson。

c 設計 \：常數+年所得類別+家庭大小類別+擁有車數類別+年所得類別*擁有車數類別+家庭大小類別*擁有車數類別。

Logit分析（Logit）

研究問題

某研究者想要發現家庭大小類別、年所得類別與擁有車輛數類別的關係，進而了解家庭大小、年所得是否可預測擁有車輛數。

「Logit對數線性分析」視窗

開啟檔案（檔案名稱：...\Chap06\Logit.sav）。資料檔中，「家庭大小類別」分為兩類：<4人、>5人，分別以1、2表示。「年所得類別」分為兩類：<100萬、>100.1萬，分別以1、2表示。「擁有車輛類別」分為兩類：<1輛、>2輛，分別以1、2表示。

按〔分析〕〔對數線性〕〔Logit分析〕（〔Analyze〕〔LogLinear〕〔Logit〕），就會產生「Logit對數線性分析」（Logit LogLinear Analysis）視窗，在此視窗中，將「擁有車數類別」變數選入右邊的「依變數」（Dependent）下的方盒內，將「家庭大小類別」、「年所得類別」變數選入右邊的「因素」（Factor(s)）下的方盒內，如圖6-15所示。

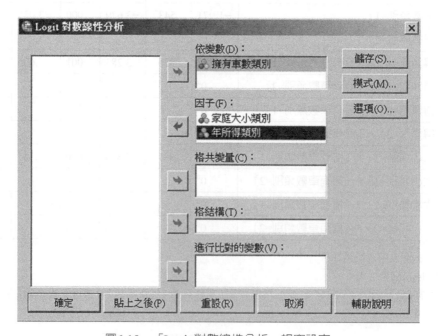

圖6-15 「Logit 對數線性分析」視窗設定

模式

在「Logit對數線性分析」（Logit LogLinear Analysis）視窗中，按〔模式〕（Model），就會產生「Logit對數線性分析：模式」（Logit LogLinear Analysis: Model）視窗，在此視窗中，按〔自訂〕（Customs），在「建立項目類型」（Build Term(s)）下的下拉式清單中，選「主作用」（Main effects），並將左邊的變數選入右邊的「模式中的項目」（Terms in Model）下的方盒中，如圖6-16所示。

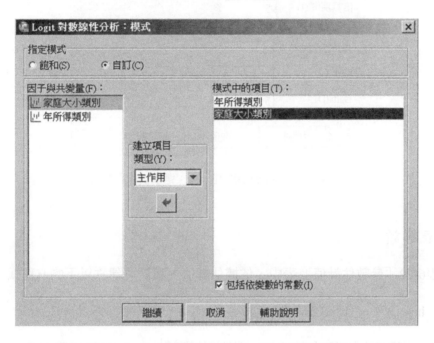

圖6-16　「Logit對數線性分析：模式」視窗設定

選項

在「Logit對數線性分析」（Logit LogLinear Analysis）視窗中，按〔選項〕（Options），就會產生「Logit對數線性分析：選項」（Logit LogLinear Analysis: Options）視窗，在此視窗中，點選在「顯示」（Display）下的「估計值」（Estimates），如圖6-17所示。

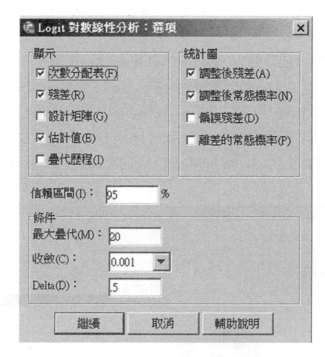

圖6-17 「Logit對數線性分析：選項」視窗設定

報表解讀

在表6-22「參數估計值」表中，依據估計值，我們可建立以下的方程式；

$$\ln(e_{ijk}) = -2.18 + 3.56（家庭大小類別）+ 1.96（年所得類別）$$

「擁有車數類別」與「家庭大小類別」的顯著性 = 0.000，達到顯著水準。「擁有車數類別」與「年所得類別」的顯著性 = 0.006，達到顯著水準，表示家庭大小、年所得都與擁有車輛數具有顯著性的關係存在。易言之，家庭大小、年所得都是預測擁有車輛數的有效指標。

從Z值來看，家庭大小、年所得的Z值分別是4.88、2.74，都是正值，因此當家庭人數增加時或者當年所得增加時，擁有車數就會增加。如果對Z值加以比較，家庭人數比年所得更具有預測力。

表6-22　參數估計值[c,d]

參數		估計	標準誤差	Z	Sig。	95%信賴區間	
						下界	上界
常數	〔家庭大小類別=1〕＊〔年所得類別=1〕	.452[a]					
	〔家庭大小類別=1〕＊〔年所得類別=2〕	1.861[a]					
	〔家庭大小類別=2〕＊〔年所得類別=1〕	1.488[a]					
	〔家庭大小類別=2〕＊〔年所得類別=2〕	2.531[a]					
〔擁有車數類別=1〕		−2.175	.704	−3.090	.002	−3.555	−.796
〔擁有車數類別=2〕		0[b]	.	.	.	.	.
〔擁有車數類別=1〕＊〔年所得類別=1〕		1.961	.716	2.738	.006	.557	3.364
〔擁有車數類別=1〕＊〔年所得類別=2〕		0[b]	.	.	.	.	.
〔擁有車數類別=2〕＊〔年所得類別=1〕		0[b]	.	.	.	.	.
〔擁有車數類別=2〕＊〔年所得類別=2〕		0[b]	.	.	.	.	.
〔擁有車數類別=1〕＊〔家庭大小類別=1〕		3.556	.728	4.882	.000	2.129	4.984
〔擁有車數類別=1〕＊〔家庭大小類別=2〕		0[b]	.	.	.	.	.
〔擁有車數類別=2〕＊〔家庭大小類別=1〕		0[b]	.	.	.	.	.
〔擁有車數類別=2〕＊〔家庭大小類別=2〕		0[b]	.	.	.	.	.

a 在多項式假設下常數不是參數，因此不計算它們的標準誤。
b 這個參數多餘，因此設為零。
c 模式：Logit多項式。
d 設計＼：常數+擁有車數類別+擁有車數類別*年所得類別+擁有車數類別*家庭大小類別

模式選擇（Model Selection）

研究問題

　　某研究者想要發現家庭大小類別、年所得類別與擁有車輛數類別這三者之間的關係。

「模式選擇對數線性分析」視窗

　　開啟檔案（檔案名稱：...\Chap06\Logit.sav）。資料檔中，「家庭大小類別」

分為兩類：<4人、>5人，分別以1、2表示。「年所得類別」分為兩類：<100萬、
>100.1萬，分別以1、2表示。「擁有車輛類別」分為兩類：<1輛、>2輛，分別以1、
2表示。

按〔分析〕〔對數線性〕〔模式選擇〕（〔Analyze〕〔LogLinear〕〔Model
Selection〕，就會產生「模式選擇對數線性分析」（Model Selection LogLinear
Analysis）視窗，在此視窗中，將左邊的變數選入右邊的「因素」（Factor(s)）下的
方盒內，如圖6-18（a）所示。

定義範圍

在「模式選擇對數線性分析」（Model Selection LogLinear Analysis）視窗中，
按〔定義範圍〕（Define Range），在出現的「模式選擇對數線性分析：定義範圍」
（Loglinear Analysis: Define Range）視窗中，在「最小值」（Minimum）右邊的方
格中填入「1」，在「最大值」（Maximum）右邊的方格中填入「2」，如圖6-18
（b）所示。

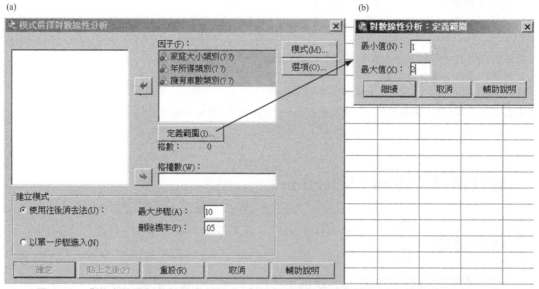

圖6-18 「模式選擇對數線性分析」、「模式選擇對數線性分析：定義範圍」視窗設定

報表解讀

輸出報表如表6-23所示。家庭大小類別與擁有車輛數類別的顯著性=0.000，達
到顯著水準。年所得類別與擁有車輛數類別的顯著性=0.0000，達到顯著水準。

表6-23 逐步摘要

步驟[a]		效應項	卡方統計量[c]	自由度	顯著性	疊代數量
0	生成組[b]	家庭大小類別*年所得類別*擁有車數類別	.000	0	.	
	刪除的作用 1	家庭大小類別*年所得類別*擁有車數類別	.406	1	.524	5
1	生成組[b]	家庭大小類別*年所得類別,家庭大小類別*擁有車數類別,年所得類別*擁有車數類別	.406	1	.524	
	刪除的作用 1	家庭大小類別*年所得類別	.249	1	.618	2
	2	家庭大小類別*擁有車數類別	34.005	1	.000	2
	3	年所得類別*擁有車數類別	9.128	1	.003	2
2	生成組[b]	家庭大小類別*擁有車數類別,年所得類別*擁有車數類別	.655	2	.721	
	刪除的作用 1	家庭大小類別*擁有車數類別	37.299	1	.000	2
	2	年所得類別*擁有車數類別	12.422	1	.000	2
3	生成組[b]	家庭大小類別*擁有車數類別,年所得類別*擁有車數類別	.655	2	.721	

a 在每個步驟中,如果顯著性水準大於.050,則在概似比變更具有最大顯著性水準的作用會被刪除。

b 最佳模式的統計量會顯示於每個步驟的步驟0之後。

c 對於〔刪除的作用〕,這是作用於模式中刪除後,卡方所做的變更。

第 7 章

關連性測量

7.1 認識關連性測量

◎ 典型問題

在企業研究（尤其是行銷研究）的問題領域中，有一大部分是涉及到兩個（或以上）變數之間的關係。在探討變數之間的關係時，我們有必要研究它們之間的強度（strength）、方向（direction）、形狀（shape）以及其他的特徵。有時候我們也有必要從其他的變數中預測某一個變數的值，以輔助企業的策略性、戰術性決策。我們先來看一看典型的管理問題：

（1）企業在軟體開發上的成本有與日俱增的現象。自行開發與外包對使用者滿意度的關係如何？使用者滿意度與生產力的關係如何？

（2）員工的畢業學校與生產力的關係如何？與服務年資的關係如何？

（3）未分配盈餘及折舊是投資於資本設備的主要資金來源之一。經濟的景氣情況與資本支出的關係如何？

（4）如何以目前的投資水準來預測明年的銷售量？

以上的問題都涉及到關連性測量（measures of association）的問題。隨著問題的特性、變數尺度的不同，我們必須使用不同的測量方法。關連性測量隨著資料尺度的不同，而分為以下各種統計方式，如表7-1所示。

表7-1 關連性測量的各種統計方式

區間資料	次序資料	名義資料
Pearson相關係數	Goodman & Kruskal Gamma	Pearson卡方檢定
單因子變異數分析	Spearman's Rho	
簡單迴歸分析		

◎ 雙變數間的關係

雙變數之間的關係涉及到：正相關或負相關、相關性的強度、對稱或不對稱、自變數與依變數、線性或非線性、偽關係（或有無中介變數）、抑制變數（或干擾

變數）。

正相關或負相關

如果某一變數的值會隨著另外一個變數的值增加而增加，則此二變數的關係是正相關（positive）或正向關係（direct）。相同的，如果某一變數的值會隨著另外一個變數的值減少而減少，則此二變數的關係是正相關（positive）。相反的，如果某一變數的值會隨著另外一個變數的值增加而減少，則此二變數的關係是負相關（negative）或反向關係（inverse）。

例如，個人的教育程度越高，其所得越高，則教育程度與所得之間成正相關。如果教育程度越高，所受的種族歧視程度越低，則教育程度與種族歧視之間呈負相關。

值得注意的是，我們所說的負相關只是變數之間變化的方向，不是指其程度，因此我們不能說負相關的程度必定低於正相關的程度。

相關性的強度

我們在發現了二變數之間有關係之後，接下來的問題是：它們之間的關係有多強？如前所述，如果二個變數X及Y之間有關係，則Y會隨著X的變化而變，反之亦然。這二個變數之間的強度，就是當X變化多少的時候，Y會變化多少。

在統計學上，測量相關性強度的統計量稱為相關係數（correlation coefficient）或Pearson動差相關係數（Pearson's Product Moment Correlation Coefficient）。相關係數的符號是以希臘字母γ（唸成Gamma）表示，其值在−1.00到+1.00之間，0.00表示無相關（或是表示在以X來預測Y時，有0%的正確率）。+1.00表示在預測二變數之間的正相關時，有100% 的正確率；−1.00表示在預測二變數之間的負相關時，有100%的正確率。

對稱或不對稱

直到目前為止，我們所討論的只是二個變數之間的對稱關係（symmetrical relationship），也就是說二個變數的其中一個會隨著另外一個變數的變化而變化，即，X會造成Y的變化，而且Y也會造成X的變化。例如貧窮會導致失學，而失學也會導致貧窮〔這就是貧窮的惡性循環（vicious cycle of poverty）〕。

但是在非對稱關係（asymmetrical relationship）中，X會造成Y的變化，而Y不

會造成X的變化。例如,吸菸與得肺癌的關係是「非對稱的」;吸菸會導致肺癌,但是肺癌不會導致吸菸。

在統計有關的文獻中,常將對稱關係視為「解釋」(explanation),將非對稱關係視為預測(prediction)。在研究的探索階段中,首先就是確認所有具有關連性的變數,或是有對稱關係的變數。如果變數之間的關係相當微弱,那麼它們能夠幫助我們做預測的能力就非常有限。如果我們發現變數之間有關連性,就可以利用其非對稱性係數(asymmetrical coefficient),例如迴歸係數(regression coefficient),由某一變數來預測另外一個變數。在企業研究上,研究者最有興趣的非對稱關係類型有:

（1）刺激—反應關係(stimulus-response relationship)。是指由某個物件的刺激所造成的反應關係。例如價格上升造成銷售降低;正面的激勵造成生產力增加;政府的新大陸政策對投資所造成的影響等。實驗研究均是涉及到刺激—反應關係的研究。

（2）屬性—傾向關係(property-disposition relationship)。屬性是隸屬於某一個體或物件的持久特性,這些特性並不是由情境所激發的。年齡、性別、家庭生命週期、宗教信仰、族群都是個體的屬性。傾向是隨著情境所做的某種反應,例如態度、意見、習慣、價值及驅動力等。屬性—傾向關係的例子有:年齡不同對儲蓄態度的影響、性別對於社會地位的態度的影響、社會地位對於納稅的意見等。屬性—傾向關係的研究在企業研究中非常普遍,幾乎成了企業研究的主流。

（3）傾向—行為關係(disposition-behavior relationship)。行為包括了消費實務、工作績效、人際關係互動等。傾向—行為關係的研究有:對產品品牌的意見與其購買行為的關係;工作滿足與績效的關係;道德價值與不實納稅行為的關係等。許多事後式的研究(ex post facto,如調查研究),都涉及到屬性、傾向及行為的關係。

（4）屬性—行為關係(property-behavior relationship)。例如家庭生命週期階段與家具購買行為的關係;社會地位與家庭儲蓄類型的關係;年齡與運動參與行為的關係等。

自變數與依變數

在非對稱的關係中，能夠影響另外一個變數的變化的稱為自變數或是預測變數（predictive variable）。可以反應出自變數的結果（效應）的稱為依變數（dependent variable）或準則變數（criterion variable）。依變數的高低至少有一部分是受到自變數的高低、強弱所影響。在因果關係中，因是自變數、果是依變數。例如，我們假說吸菸會導致肺癌，則吸菸是自變數，癌症是依變數。自變數與依變數有許多同義字，如表7-2所示。

表7-2　自變數與依變數的同義字

自變數	依變數
假設的「因」（presumed cause）	假設的「果」（presumed effect）
刺激（stimulus）	反應（response）
預測自⋯（predicted from⋯）	預測至⋯（predicted to⋯）
先行（antecedent）	後果（consequence）
操弄的（manipulated）	測量的結果（measured outcome）
預測變數（predictor）	準則變數（criterion）

依變數通常是我們要去解釋的變數。自變數常發生在依變數之前，例如我們想要用父親的所得水準來預測子女的所得水準，則前者是自變數，後者是依變數。但是，有時候我們很難分辨何者是自變數，何者是依變數。現在我們用態度和行為的例子來說明。

雖然大多數態度和行為的研究均指出態度的確影響行為，但是，在沒有加入中介變數之前，他們的關係還是很薄弱的，這使得一些研究人員試圖從另外一個角度來看行為是否影響態度，這個觀點，就稱為自覺理論（self-perception theory）。[1]

當人們被問到關於某些事情的態度時，他們往往會回想自己過去有關的行為，並且從其行為來推論態度，所以當一個職員被問到在公司工作的感覺時，他可能會想：「因為我已經在這家公司工作了十年，所以我一定會喜歡這個工作」。因此，自覺理論認為，人們的態度都是在行為發生後被賦予的某種意義，而不是事前的一種「設計」。

---

[1] D. J. Bem, "Self-Perception Theory," in L. Berkowitz (ed.), *Advances in Experimental Social Psychology* (6), New York: Academic Press, 1972, pp.1-62.

　　自覺理論已經得到相當的證實。傳統上態度和行為間的關連性依然被肯定，只是很薄弱（相關程度不高）。相對來說，行為和態度間的關連性卻很強，那麼，我們該怎樣下結論呢？似乎我們總是擅長為自己所做的事找藉口，卻不擅長將我們所發現的道理加以落實。

線性或非線性

　　在線性（linear）或直線（straight-line）的關係中，二變數會以同樣的變化率而變化，不論該變數的值是低、中或高。在非線性（nonlinear）或曲線（curvilinear）的關係中，一個變數的值的改變會因另一個變數的不同值而異。

　　圖7-1的（a）、（b）表示了線性關係、非線性關係。在（a）部分的線性關係中，不論變數X的值如何，變數Y的改變率是一樣的。改變率就是該直線的斜率（slope，以$\Delta Y/\Delta X$表示）。斜率越陡直，表示改變率越高。

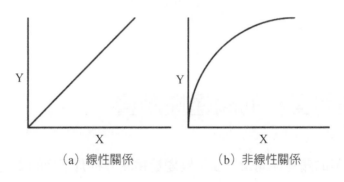

(a) 線性關係　　　　　(b) 非線性關係

圖7-1　線性關係與非線性關係

　　在圖7-1（b）部分的非線性關係中，X值變大時，Y的變化率變得緩慢。也許教育程度與所得會呈現這種關係，換句話說，教育程度的增加具有「邊際效用遞減」（diminishing marginal utility）的現象。因此，不斷的受教育不會使我們成為億萬富翁的（這是指收入而言，不是指在精神上、心智上的獲得）。另外，學習曲線告訴我們，產品的平均成本會隨著數量的倍增，而減低20～30%，但是這總不能無線延伸，使得當產量變得很大時，平均成本為零吧！此外，我們還要注意，圖7-1的（b）部分所表示的只是一種非線性關係，還有許多其他類型的非線性關係。

▌SPSS關連性測量統計技術

在SPSS中與關連性測量有關的程序，如表7-3所示。

表7-3　SPSS中與關連性測量有關的程序

SPSS程序：〔分析〕	SPSS程序：〔**Analyze**〕	說明
〔相關〕 〔雙變數〕	〔Correlate〕 〔Bivariate〕	區間資料的關連性測量 次序資料的關連性測量
〔迴歸方法〕 〔曲線估計〕	〔Regression〕 〔Curve Estimation〕	區間資料的關連性測量，檢視其間是否有曲線關係
〔比較平均數法〕 〔單因子變異數分析〕	〔Compare Means〕 〔One-Way ANOVA〕	名義資料與區間資料的關連性測量
〔迴歸方法〕 〔直線〕	〔Regression〕 〔Linear〕	區間資料的關連性測量，檢視其間是否有線性關係
〔描述性統計〕 〔交叉表〕	〔Descriptive Statistics〕 〔Crosstabs〕	名義資料的關連性測量

7.2　區間資料的關連性測量

在區間資料的關連性測量方面，雙變量相關分析有下列的規定：（1）二個變數必須是區間尺度或者比率尺度的連續性變數；（2）相關分析並不分辨何者為依變數、何者為自變數，它是以對稱的觀點來看待這二個變數；換句話說，相關係數γ_{xy}與γ_{yx}是相同的。表7-4列舉了區間資料或比率資料的關連性測量方法。

表7-4　關連性測量的方法（區間或比率尺度）

係數	說明
Pearson相關	用於連續性線性相關的變數
相關比率（Eta）	用於非線性資料，或是檢視連續性依變數的主要效果
雙系列（biserial）	用於其中一個是連續性變數，另一個是二分式變數
偏相關（partial correlation）	涉及到三個變數，在剔除（固定）第三個變數的效應之後，看另外二個變數之間的關係

表7-4　關連性測量的方法（區間或比率尺度）（續）

係數	說明
部分相關（part correlation）又稱複相關	涉及到三個變數，看一個變數與另外二個變數之間的關係
雙變量線性迴歸	從某一個變數的分數來預測另外一個變數

7.3　Pearson相關係數

　　Pearson相關係數（correlation coefficient）或稱Pearson積差係數（product moment coefficient），是以γ（Gamma）表示。Gamma是代表基於樣本資料的線性關連性的相關估計。ρ代表母體中二變數的相關性。相關係數顯示了相關性的強度及方向（正或負）。兩變數之間的關係，還包括了對稱或不對稱、線性或非線性等。

　　線性關係所呈現的形狀是一條直線，而非線性關係所呈現的形狀可能是曲線（curvilinear）、拋物線（parabola）或複合曲線（compound curve）。Pearson's γ所測量的雙變數關係是線性關係。值得注意的是：只從γ看不出資料是線性關係或非線性關係。所以，我們要以散佈圖（scatter plot）來看變數之間的關係。

散佈圖

　　利用散佈圖，我們可以更清楚的了解二個變數之間的關係。我們可以直覺的（視覺化的）看出它們之間的方向及形狀（如果稍加練習，我們也可以看出其間的強度）。

　　在表7-5的數據中，我們會發現：具有幾乎雷同的匯總統計量的四組資料，所呈現的形狀是多麼不同。

表7-5　具有相同匯總統計量的四組資料

資料編號	第一組		第二組		第三組		第四組	
	X1	Y1	X2	Y2	X3	Y3	X4	Y4
1	10	8.04	10	9.14	10	7.46	8	6.58
2	8	6.95	8	8.14	8	6.77	8	5.76

表7-5　具有相同匯總統計量的四組資料（續）

資料編號	第一組		第二組		第三組		第四組	
	X1	Y1	X2	Y2	X3	Y3	X4	Y4
3	13	7.58	13	8.74	13	12.74	8	7.71
4	9	8.81	9	8.77	9	7.11	8	8.84
5	11	8.33	11	9.26	11	7.81	8	8.47
6	14	9.96	14	8.1	14	8.384	8	7.04
7	6	7.24	6	6.13	6	6.08	8	5.25
8	4	4.26	4	3.1	4	5.39	19	12.5
9	12	10.84	12	9.13	12	8.15	8	5.56
10	7	4.82	7	7.26	7	6.42	8	7.91
11	5	5.68	5	4.74	5	5.73	8	6.89
Pearson's γ	0.8164		0.8162		0.8163		0.8165	
γ^2	0.6665		0.6662		0.6663		0.6667	
調整後 γ^2	0.6295		0.6292		0.6293		0.6297	
標準誤	1.2366		1.2372		1.2363		1.2357	

　　現在我們以SPSS的繪圖功能來繪製上表中各組數據的散佈圖，在SPSS中，開啟檔案（檔案名稱：...\Chap07\Scatter.sav），按〔統計圖〕〔歷史對話記錄〕〔散佈圖／點形圖〕（〔Graphs〕〔Legacy Dialogs〕〔Scatterplots〕），在「散佈圖／點狀圖」（Scatterplot）視窗中，共有五種選擇：簡單散佈（Simple Scatter）、矩陣散佈（Matrix Scatter）、簡單點形（Simple Plot）、重疊散佈（Overlay Scatter）及立體散佈（3-D Scatter）。我們所選擇的是預設的「簡單散佈」（Simple），如圖7-2示。

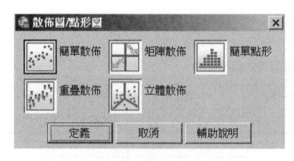

圖7-2　「散佈圖／點形圖」視窗設定

在「散佈圖／點形圖」（Scatterplot）視窗中，按〔定義〕（〔Define〕），在「簡單散佈圖」（Simple Scatterplot）視窗中，將y1、x1分別選入到右邊的Y軸（Y Axis）、X軸（X Axis）下的方格中（圖7-3），以產生第一組資料的散佈圖。

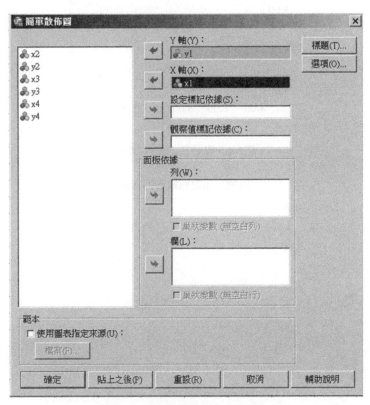

圖7-3　「簡單散佈圖」視窗設定

以上述方式，在「簡單散佈圖」視窗中，分別將第二組資料、第三組資料、第四組資料的y、x資料分別選入到右邊的Y軸、X軸下的方格中，以分別產生散佈圖。輸出報表檔案名稱：Ch07散佈圖.spv。

所產生的散佈圖如圖7-4到圖7-7所示。我們發現，第一組數據所繪出的圖形呈直線關係，故適合做Pearson的相關分析。第二組數據所繪出的圖形呈曲線關係，故不適合做Pearson的相關分析。第三組數據所繪出的圖形中，有一個影響點（influential point）改變了變數間的關係，故不適合做Pearson的相關分析（如果沒有這個影響點，可能是$\gamma = 1.0$的正關係）。第四組數據所繪出的圖形中，X值是固定的，其中有一個影響點，故不適合做Pearson的相關分析。

以第一組資料繪製的散佈圖

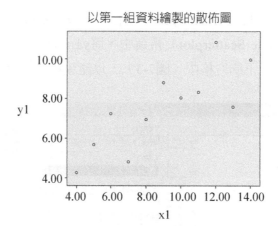

圖7-4　雙變數的線性關係

以第二組資料繪製的散佈圖

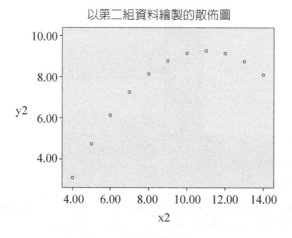

圖7-5　雙變數的曲線關係

以第三組資料繪製的散佈圖

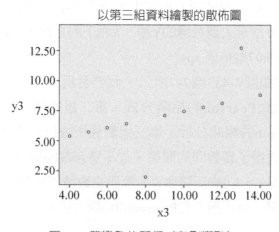

圖7-6　雙變數的關係（有影響點）

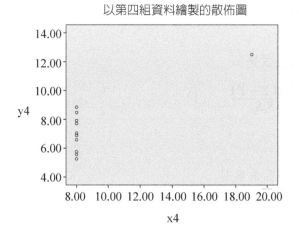

以第四組資料繪製的散佈圖

圖7-7　雙變數的關係（X值固定、有影響點）

　　從以上的數據及其散佈圖中，我們可以發現，統計的數字會說謊。如果我們不以視覺化的圖形來檢視數據，而逕自以匯總的統計數據來做研判的話，很可能會造成分析上的偏差。此為研究者必須要注意到的重要問題。同時，我們在做Pearson相關分析時，要注意對γ的限制條件。

γ 的限制條件

　　像任何母數統計法一樣，相關性分析對於其資料也有限制條件。我們在做相關係數的檢定時，要符合這些限制條件。

　　對相關係數γ的第一個條件是線性（linearity），也就是兩變數的關係可由一條穿過這些資料群的直線來代表。當γ = 0時，二變數的關係就不可能用直線來代表。兩變數的相關性很高，並不能說明它們是線性關係，因為有可能是非線性關係。

　　利用相關係數γ的第二個限制條件是雙變量呈常態分配（bivariate normal distribution），也就是說，兩變數的資料是從母體抽取的隨機樣本。在母體中，此二變數是以聯合的方式呈常態分配（或簡稱呈聯合常態分配）。

　　有時候，我們所欲進行的相關分析無法滿足上述的假說，此時我們就要選擇非線性、無母數的關連性分析。

γ 的計算公式

計算Pearson γ的公式是：

$$\gamma = \frac{\Sigma(X-\bar{X})(Y-\bar{Y})}{(N-1)S_x S_y} \qquad (1)$$

其中：

N = 成對觀察點的數目

$S_x, S_y = X$ 與 Y 的標準差

由於：

$$S_x = \sqrt{\frac{\Sigma x^2}{N}} \qquad S_y = \sqrt{\frac{\Sigma y^2}{N}}$$

所以我們可以寫成：

$$\gamma = \frac{\Sigma xy}{\sqrt{(\Sigma x^2)(\Sigma y^2)}} \qquad (2)$$

在公式（2）中，如將分子除以N，就是共變數（covariance）。共變數的意思是：X與Y分配共同的變異值。共變數為正時，表示二變數以同向變化；共變數為負時，表示二變數以反向變化；共變數為零時，表示二變數之間沒有關係。公式（2）的分母部分表示二個分配所呈現的最大共同潛在變異（maximum potential variation）。

研究問題

研究者欲研究淨利與現金流量的關係，並從富士比500大企業中隨機抽取的10個樣本資料來進行分析。

視覺判斷

開啟檔案（檔案名稱：...\Chap07\Pearson.sav），檔中分別呈現了：X變數淨利（百萬美元）、Y變數現金流量（百萬美元）。我們將以這個檔案的數字，來說明Pearson積差相關係數γ。

　　首先，我們用目視法（視覺化）來判斷X（淨利）與Y（現金流量）是否呈線性關係，經SPSS繪圖之後的結果如圖7-8所示。圖中我們可以看出資料點是呈線性關係。

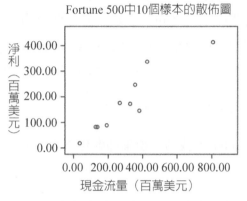

圖7-8　X（淨利）與Y（現金流量）的關係圖

「雙變數相關」視窗

　　按〔分析〕〔相關〕〔雙變數〕（〔Analyze〕〔Correlate〕〔Bivariate〕），在所產生的「雙變數相關」分析（Bivariate Correlations Analysis）視窗中，將淨利、現金流量點選進入右邊的「變數」（Variables）方格內，「相關係數」（Correlation Coefficient）方盒內為預設的「相關係數」（Pearson），也就是計算Pearson相關係數γ，設定如圖7-9示。

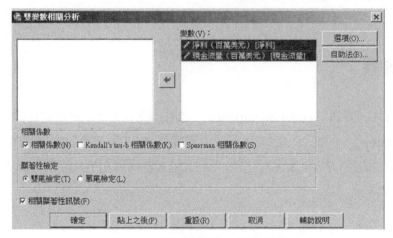

圖7-9　「雙變數相關」視窗設定

報表解讀

SPSS輸出結果如表7-6所示。在表中，$\gamma = 0.930$，因此淨利與現金流量有高度的相關性，而且相關性達到顯著水準（顯著性 = 0.000<0.05）。

淨利與現金流量的關係是真實的，還是由機會造成的？用統計學的術語來說明這個問題，γ 是否為母體$\rho = 0$的機會變異（chance variation）。在這個問題中，我們的虛無假設是：母體中，淨利與現金流量無顯著關係，也就是：

H_0：$\rho = 0$（淨利與現金流量無顯著關係）

由於顯著性=0.000<0.05 ，我們必須棄卻虛無假設，而認為淨利與現金流量有顯著關係。

表7-6　相關（淨利與現金流量）

		淨利（百萬美元）	現金流量（百萬美元）
淨利（百萬美元）	Pearson相關	1	.930**
	顯著性（雙尾）	.	.000
	個數	10	10
現金流量（百萬美元）	Pearson相關	.930**	1
	顯著性（雙尾）	.000	.
	個數	10	10

** 在顯著水準為0.01時（雙尾），相關顯著。

共同變異

X與Y的共同變異（common variance）是用γ^2表示。γ^2又稱判定係數（coefficient of determination）。判定係數的意思是：雙變數中的某一變數的變異，由另外一個變數來解釋的程度。$\gamma^2 = 0.86$的意思是：86%的X變異可由Y來解釋，或者86%的Y變異可由X來解釋。

相關矩陣

相關矩陣（correlation matrix）是描述（呈現）二個變數以上其相關係數的表格。開啟檔案（檔案名稱：...\Chap07\Correlation Matrix.sav），資料檔中包括15位消費者對於電視品牌A牌、B牌、C牌、D牌、E牌電視的態度分數（在1到10分的連續尺度上做評點）。

在SPSS中，按〔分析〕〔相關〕〔雙變數〕（〔Analyze〕〔Correlate〕〔Bivariate〕），在所產生的「雙變數相關分析」（Bivariate Correlations Analysis）視窗中，將A牌電視、B牌電視、C牌電視、D牌電視、E牌電視點選進入右邊的「變數」（Variables）方格內，

「相關係數」（Correlation Coefficient）方盒內為預設的「相關係數」（Pearson），也就是計算Pearson相關係數γ，所做的設定如圖7-10所示。

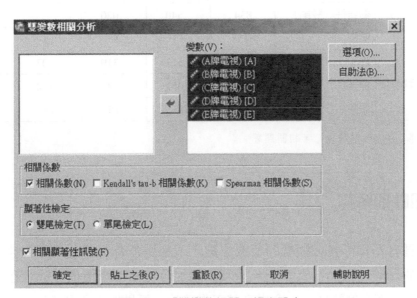

圖7-10　「雙變數相關」視窗設定

SPSS所產生的相關矩陣，如表7-7所示。在表中，我們可以看到對角線的相關係數是1，表示變數與它自己的相關。表中亦顯示出二變數之間相關性檢定的顯著性。

表7-7中顯示，C牌電視與D牌電視的Pearson相關係數為0.593，在顯著水準為0.05 時（雙尾），相關顯著。

表7-7 相關（電視品牌）

		A（A牌電視）	B（B牌電視）	C（C牌電視）	D（D牌電視）	E（E牌電視）
A（A牌電視）	Pearson相關	1	.133	.204	.059	.208
	顯著性（雙尾）	.	.636	.466	.834	.457
	個數	15	15	15	15	15
B（B牌電視）	Pearson相關	.133	1	−.123	−.172	−.513
	顯著性（雙尾）	.636	.	.662	.540	.051
	個數	15	15	15	15	15
C（C牌電視）	Pearson相關	.204	−.123	1	.593*	.319
	顯著性（雙尾）	.466	.662	.	.020	.247
	個數	15	15	15	15	15
D（D牌電視）	Pearson相關	.059	−.172	.593*	1	.407
	顯著性（雙尾）	.834	.540	.020	.	.132
	個數	15	15	15	15	15
E（E牌電視）	Pearson相關	.208	−.513	.319	.407	1
	顯著性（雙尾）	.457	.051	.247	.132	.
	個數	15	15	15	15	15

* 在顯著水準為0.05時（雙尾），相關顯著。

相關性的解釋

　　任何具有正負符號、強度的相關係數，不論是否有統計上的顯著性，都沒有因果關係的涵義。雖然在直覺上，淨利的增加會提高市場價值，或者在某些場合下，員工工作滿意度的增加，會提高其工作績效，但是如果我們用這些變數分別做相關分析的話，我們無法獲得因果性的證據。我們知道，二變數之間有以下的各種關係：（1）X造成Y的改變；（2）Y造成X的改變；（3）X與Y同時受到另外一個（或另外數個）變數的影響；（4）X與Y互相影響。屬於事後研究（ex post facto studies）的相關分析，不能對上述的任何現象提出證據。

偽關係（假的關係）

我們也要注意到二變數所可能產生的偽關係（假的關係），或人工化的相關（artifact correlation）。當我們將兩組的資料合併成一組來看X與Y的關係時，我們常常會被合併組的XY關係所矇騙。

大海房屋租賃公司將目標市場分為二個市場區隔：趕時髦者區隔、新婚夫婦區隔，來檢視每月所得收入與租屋意願。為了簡化起見，每個市場區隔抽取五人做樣本，所蒐集的資料如表7-8所示。租屋意願的資料是在1到10點的連續性量表上的分數。

表7-8　二市場區隔的所得及意願資料

市場區隔及消費者		每月所得（萬元）	租屋意願
趕時髦者	1	9.5	9.2
	2	7.8	7.3
	3	6.5	7.8
	4	7.4	9.2
	5	3.8	7.2
新婚夫婦	1	6.5	7.8
	2	9.2	9.8
	3	7.5	9.0
	4	8.2	8.4
	5	8.0	8.6

如果我們分開計算相關係數，則$\gamma_{趕時髦者}=0.6702$，$\gamma_{新婚夫婦}=0.8415$，如果我們將此二區隔合併為一個區隔，則$\gamma_{合併組}=0.7298$。這個例子告訴我們隨著「如何形成一組」的不同，γ值會不同。企業研究人員不應被「不實的」相關係數所矇騙。

邏輯意義

相關分析的結果可使研究者知道兩個變數的相關程度如何。須注意的是，研究者所採用的變數在邏輯上（或者觀念層次上）應有意義，否則「臺灣稻米產量」與「法國人口」的相關係數為0.72（高度相關），又能代表什麼意義？

實務考慮（偏相關）

我們通常認為，下雨量與蓄水池的水位高度成正相關，但是有些縣市有其特別的水資源管理制度或洩洪計畫，所以有時候這二個變數並不會呈現出單純的正相關。這時候，偏相關（partial correlation）或是複相關（multiple correlation）或者複迴歸技術，都可幫助我們釐清這些混淆因素。在進行偏相關分析時，我們會控制住一些外在變數，以使得要分析的變數之間的關係不會受到這些外在變數的影響。

大樣本

在大樣本的場合，即使相關程度很低，但是還會有統計上的顯著性。這個「顯著性」只是反映了在母體中二變數之間線性關係的可能性。在企業經營中，如果銷售量與銷售淨利之間的相關係數是0.3，但是具有統計上的顯著性，我們要提出報告讓管理當局正視這個問題嗎？這很難說。因為這個問題還涉及到在現金流量、銷售量、市場價值、淨利這些變數之間是呈現高度、中度，還是低度相關的問題。同時，影響相關係數的因素，還包括了研究的本質、抽樣特性等原因。如果我們只因為「具有統計上的顯著性」就逕自下結論，似乎是有「見樹不見林」之虞。

7.4 簡單迴歸分析──模式與曲線估計

兩個變數之間的關連（association）包括兩個現象：相關關係（correlation）與因果關係（cause effect）。當我們以X的觀察值（observed data）來預測相對應的Y值時，就是企圖發掘其因果關係。這個過程稱為簡單迴歸（simple regression）。當X變數有一個以上時，Y就變成了多個預測變數（predictors, X）的函數，這個情形就是多元迴歸或稱複迴歸（multiple regression）。不論是簡單迴歸或是多元迴歸，所使用的都是迴歸分析（regression analysis）的技術。有關多元迴歸的說明，見第11章〈多元迴歸分析〉。

Pearson相關分析與迴歸分析的比較如表7-9所示。從這個表中我們可以了解：相關分析與迴歸分析的相同及相異之處。我們可利用迴歸分析，來更深入的探討變數間的因果關係。

表7-9　Pearson積差相關與迴歸分析的比較

比較項目	Pearson積差相關	迴歸分析
測量尺度	區間或比率尺度	區間或比率尺度
變數的特性	X，Y變數皆為連續性、線性相關	X、Y變數皆為連續性、線性相關
X，Y關係	X與Y具對稱性	Y是依變數，X是自變數。「以X對Y迴歸」不同於「以Y對X迴歸」
相關性	$\gamma_{xy} = \gamma_{yx}$	「Y、X的相關性」等於Y的預測值與X的觀察值之間的相關性
判定係數	解釋了X及Y的共同變異	X的變異比率是由它對Y迴歸的最小平方來解釋

來源：D. R. Cooper and Pamela Schindler, *Business Research Methods*（New York, NY: McGraw-Hill Companies Inc., 2003），p. 580.

基本模式

基本上，要替兩個連續性變數來建立模式，最好的方法就是用直線表示。雙變量的線性迴歸關係可以下列公式表示：

Y = *a* + *b*X

依變數Y值是其對應的自變數X值的線性函數（linear function）。斜率*b*及截距*a*稱為迴歸係數（regression coefficient）。斜率*b*是X變動一個單位所造成的Y變化。其公式是：

$$b = \frac{\Delta Y}{\Delta X}$$

Δ表示「變化」的意思。*b*表示Y的變化與X變化的比率。圖7-11顯示各種斜率之例。

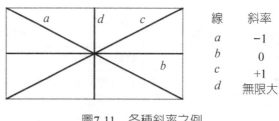

圖7-11　各種斜率之例

截距a表示線性函數穿越過Y軸之值。a與b的公式為：

$$a = \frac{(\Sigma y)(\Sigma x^2) - (\Sigma x)(\Sigma xy)}{n(\Sigma x^2)(\Sigma x)^2}$$

$$b = \frac{n(\Sigma xy) - (\Sigma x)(\Sigma y)}{n(\Sigma x^2)(\Sigma x)^2}$$

曲線估計

在使用SPSS的線性迴歸模式（程序：按〔分析〕〔迴歸方法〕〔直線〕（〔Analyze〕〔Regression〕〔Linear〕）之前，應先確信所建立的迴歸模式是線性的。如果自變數與依變數之間不呈線性關係，而逕自用線性迴歸，則分析的正確性必然大打折扣。

研究問題

依照策略大師波特（Michael Porter）的看法，企業所追求的市場占有率，最有利的位置是市場占有率極大（採取成本領導策略）或極小（採取差異化策略），最忌諱的就是不大不小的市場占有率。如果市場占有率不大不小，企業就會被「嵌在中間」（stuck in the middle），如圖7-12示。

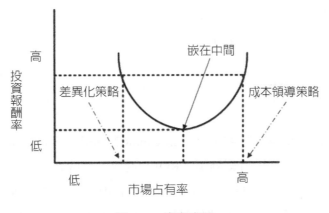

圖7-12　嵌在中間

　　根據波特的理論，管理者不能同時採取低成本策略與差異化策略，理由在於：差異化會增加成本，所以必須以高價來抵銷高成本。例如，如果BIC突然開始利用大量廣告來替產品增加強勢的全球品牌形象，則BIC的成本就會提高。在這種情況下，如果BIC在刮鬍刀的定價上低於吉列或Cross，則不可能獲得利潤。根據波特的看法，管理者必須在低成本策略或差異化策略做一個選擇，並將不做這種選擇的管理者與企業統稱為「嵌在中間」（stuck in the middle）。根據波特的看法，嵌在中間的企業其績效會低於採取低成本策略或差異化策略的企業。為了避免被嵌在中間，高級主管必須責成各部門經理採取降低成本或造成差異化的行動。

　　然而，我們也發現到一些例外情況：許多企業既可將成本壓得比競爭者還低，又可對產品進行差異化。[2]例如，豐田汽車的生產系統號稱是世界上最有效率的系統。這個效率讓豐田汽車在面對全球汽車市場的競爭對手時，得以採取低成本策略；同時，豐田也在卓越的設計與品質上，造成有別於競爭對手的差異化優勢，以致於豐田可以對許多新款汽車訂定高價。[3]因此，豐田似乎是同時採取低成本與差異化的事業單位層次策略。這個例子告訴我們，雖然波特的架構可以有效地解釋許多個案，但經營卓越的公司（如豐田、麥當勞、戴爾電腦）其產品都兼具低成本與差異化的特性。

---

[2] C. W. L. Hill, "Differentiation Versus Low Cost or Differentiation and Low Cost: A Contingency Framework," *Academy of Management Review* 13 (1988), 401–12.

[3] J. P. Womack, D. T. Jones, and D. Roos, *The Machine That Changed the World* (New York: Rawson Associates, 1990).

　　研究者有興趣進行實證研究，以發掘「嵌在中間」的現象。所蒐集的是市場占有率（Share）、投資報酬率（ROI）的資料。

「曲線估計」視窗

　　啟動SPSS，開啟檔案（檔案名稱：...\Chap07\Market Share.sav）。資料檔中包括市場占有率（Share）、投資報酬率（ROI）資料，這些資料的測量都是尺度。

　　按〔分析〕〔迴歸〕〔曲線估計〕（〔Analyze〕〔Regression〕〔Curve Estimation〕），在所產生的「曲線估計」（Curve Estimation）視窗中，將「ROI」選入「依變數」（Dependent(s)）下的方格內，將「Share」選入「自變數」（Independent）下的方格內。在「模式」（Model）方盒內的各選項中，點選〔二次曲線模式〕（Quadratic），（〔直線〕（Linear）為預設值，要加以保留），並點選〔顯示ANOVA摘要表〕（Display ANOVA table），讓SPSS顯示ANOVA表格，如圖7-13所示。

　　在模式中的各選項，如表7-10所示。

表7-10　在模式中的各選項

Linear（線性） $y = b_0 + b_1x$	Quadratic（二次曲線模式） $y = b_0 + b_1x + b_2x^2$	Compound（複合模式） $y = b_0b_1x$
Growth（成長模式） $y = e^{(b_0 + b_1x)}$	Logarithmic（對數模式） $y = b_0 + b_1\ln(x)$	Cubic（三次曲線模式） $y = b_0 + b_1x + b_2x^2 + b_3x^3$
S（S方程式） $y = e^{(b_0 + b_1/x)}$	Exponential（指數模式） $y = b_0e^{(b_1x)}$	Inverse（倒數模式） $y = b_0 + b_1/x$
Power（冪次） $y = b_0x^{(b_1)}$	Logistic（Logistic分配） $y = 1/(1/u + b_0b_1x)$	

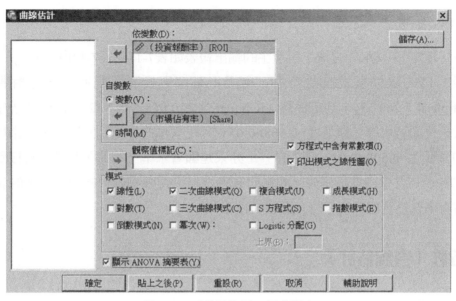

圖7-13 「曲線估計」視窗選定

儲存

在「曲線估計」（Curve Estimation）視窗中，按〔儲存〕（〔Save〕），就會產生「自動曲線估計：儲存」（Curve Estimation: Save」）視窗，此視窗可讓我們儲存預測值（Predicted values）、殘差（Residuals），以及在95%信賴區間之下預測區間（Prediction intervals），如圖7-14(a)所示。按〔繼續〕，回到「曲線估計」視窗，按〔確定〕，SPSS會提出「確定儲存所有8變數」的說明，要我們確定，如圖7-14(b)所示。

(a)   (b)

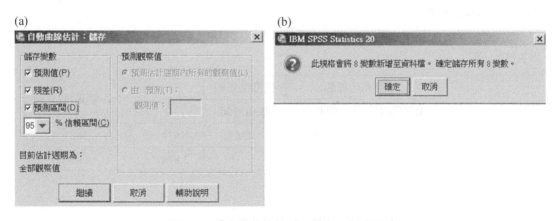

圖7-14 「自動曲線估計：儲存」視窗設定

報表解讀

按〔確定〕（OK）之後，所產生的輸出報表如表7-11到表7-13所示。

表7-11的線性模式摘要表中，市場占有率與投資報酬率的多元相關係數（Multiple R）為0.136，判定係數（R Square）為0.018；表7-12的ANOVA表中，迴歸模式未達顯著水準（顯著性=0.508>0.05）。一次項的標準化迴歸係數（市場占有率）的顯著性=0.508>0.05（表7-13），亦未達顯著水準。因此，我們必須接受迴歸方程式為不為直線的虛無假設。如果研究者逕自以直線迴歸模式進行分析的話，則市場占有率對投資報酬率會沒有顯著的預測力。

▌線性（直線估計）

表7-11 模式摘要

R	R平方	調過後的R平方	估計的標準誤
.136	.018	−.022	15.254

自變數是（市場占有率）。

表7-12 ANOVA

	平方和	df	平均平方和	F	顯著性
迴歸	104.854	1	104.854	.451	.508
殘差	5584.107	24	232.671		
總數	5688.962	25			

自變數是（市場占有率）。

表7-13 係數

	未標準化係數		標準化係數	t	顯著性
	B之估計值	標準誤	Beta分配		
（市場占有率）	.973	1.450	.136	.671	.508
（常數）	31.890	8.232		3.874	.001

二次方（曲線估計）

所產生的二次方模式摘要表，如表7-14到表7-16所示。市場占有率與投資報酬率的多元相關係數（Multiple R）為0.783，判定係數（R Square）為0.613（見表7-14），迴歸模式達到顯著水準（顯著性=0.000<0.05，見表7-15）。二次項的標準化迴歸係數（市場占有率**2）的顯著性=0.000<0.05（見表7-16），達到顯著水準。接受迴歸方程式為曲線的虛無假設。以市場占有率去預測投資報酬率的二次方程式如下：

未標準化迴歸方程式：投資報酬率 = 130.030−40.561（市場占有率）+ 3.771（市場占有率²）

標準化迴歸方程式：投資報酬率 = −5.657（市場占有率）+ 5.844（市場占有率²）

表7-14　模式摘要

R	R平方	調過後的R平方	估計的標準誤
.783	.613	.580	9.778

自變數是（市場占有率）。

表7-15　ANOVA

	平方和	df	平均平方和	F	顯著性
迴歸	3489.895	2	1744.948	18.250	.000
殘差	2199.066	23	95.612		
總數	5688.962	25			

自變數是（市場占有率）。

表7-16　係數

	未標準化係數		標準化係數	t	顯著性
	B 之估計值	標準誤	Beta 分配		
（市場占有率）	−40.561	7.042	−5.657	−5.760	.000
（市場占有率）**2	3.771	.634	5.844	5.950	.000
（常數）	130.030	17.317		7.509	.000

所產生的二次曲線圖形，如圖7-15示。

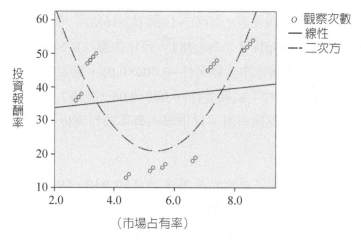

圖7-15　所產生的二次曲線圖形

所儲存的資料值，如圖7-16所示。

	Share	ROI	FIT_1	ERR_1	LCL_1	UCL_1	FIT_2	ERR_2	LCL_2	UCL_2
1	5.3	16	37.04969	-21.04969	4.96816	69.13122	20.98323	-4.98323	-.37310	42.33956
2	5.2	15	36.95235	-21.95235	4.86974	69.03495	21.07980	-6.07980	-.25966	42.41927
3	6.7	19	38.41256	-19.41256	6.05409	70.77102	27.55022	-8.55022	6.41918	48.68126
4	6.6	18	38.31521	-20.31521	5.99446	70.63597	26.59092	-8.59092	5.42805	47.75380
5	4.5	14	36.27091	-22.27091	4.10273	68.43910	23.86759	-9.86759	2.75396	44.98123
6	4.4	13	36.17357	-23.17357	3.98205	68.36509	24.56753	-11.56753	3.49404	45.64102
7	5.6	16	37.34174	-21.34174	5.24668	69.43679	21.14602	-5.14602	-.23050	42.52253
8	5.7	17	37.43908	-20.43908	5.33394	69.54423	21.35112	-4.35112	-.02181	42.72405
9	2.7	36	34.51866	1.48134	1.51504	67.52228	48.00563	-12.00563	26.28803	69.72322
10	2.8	37	34.61601	2.38399	1.68136	67.55066	46.02356	-9.02356	24.49405	67.55306
11	2.9	38	34.71336	3.28664	1.84509	67.58162	44.11691	-6.11691	22.74695	65.48687
12	3.2	48	35.00540	12.99460	2.32065	67.69014	38.84948	9.15052	17.80651	59.89245
13	3.2	48	35.00540	12.99460	2.32065	67.69014	38.84948	9.15052	17.80651	59.89245
14	3.4	50	35.20009	14.79991	2.62452	67.77567	35.71496	14.28504	14.78385	56.64606
15	3.3	49	35.10275	13.89725	2.47391	67.73158	37.24451	11.75549	16.26673	58.22229
16	3.3	49	35.10275	13.89725	2.47391	67.73158	37.24451	11.75549	16.26673	58.22229
17	3.1	47	34.90805	12.09195	2.16475	67.65135	40.52987	6.47013	19.40117	61.65857
18	2.8	37	34.61601	2.38399	1.68136	67.55066	46.02356	-9.02356	24.49405	67.55306
19	7.2	46	38.89929	7.10071	6.31167	71.48692	33.47801	12.52199	12.45526	54.50076
20	7.1	45	38.80195	6.19805	6.26553	71.33837	32.14161	12.85839	11.10858	53.17465
21	7.3	47	38.99664	8.00336	6.35514	71.63814	34.88983	12.11017	13.86858	55.91107
22	7.4	48	39.09399	8.90601	6.39597	71.79201	36.37706	11.62294	15.34682	57.40731
23	8.3	51	39.97012	11.02988	6.64653	73.29370	53.15608	-2.15608	31.25986	75.05231
24	8.4	52	40.06746	11.93254	6.66169	73.47324	55.39751	-3.39751	33.28193	77.51310
25	8.5	53	40.16481	12.83519	6.67437	73.65525	57.71437	-4.71437	35.34792	80.08082
26	8.6	54	40.26216	13.73784	6.68460	73.83972	60.10664	-6.10664	37.45619	82.75709

圖7-16　所儲存的資料值

這些資料值的名稱、註解及說明，如表7-17所示。

表7-17　名稱、註解及說明

The following new variables are being created:	
Name（名稱）	**Label**（註解）
FIT_1	Fit for ROI with SHARE from CURVEFIT, MOD_9 LINEAR
解說	直線迴歸模式中，自變數SHARE（市場占有率）與依變數（投資報酬率）的配適度
ERR_1	Error for ROI with SHARE from CURVEFIT, MOD_9 LINEAR
解說	直線迴歸模式中，自變數SHARE（市場占有率）與依變數（投資報酬率）的誤差
LCL_1	95% LCL for ROI with SHARE from CURVEFIT, MOD_9 LINEAR
解說	直線迴歸模式中，以自變數SHARE（市場占有率）推估依變數（投資報酬率）的95%信賴區間下限
UCL_1	95% UCL for ROI with SHARE from CURVEFIT, MOD_9 LINEAR
解說	直線迴歸模式中，以自變數SHARE（市場占有率）推估依變數（投資報酬率）的95%信賴區間上限
FIT_2	Fit for ROI with SHARE from CURVEFIT, MOD_9 QUADRATIC
解說	曲線迴歸模式中，自變數SHARE（市場占有率）與依變數（投資報酬率）的配適度
ERR_2	Error for ROI with SHARE from CURVEFIT, MOD_9 QUADRATIC
解說	曲線迴歸模式中，自變數SHARE（市場占有率）與依變數（投資報酬率）的誤差
LCL_2	95% LCL for ROI with SHARE from CURVEFIT, MOD_9 QUADRATIC
解說	曲線迴歸模式中，以自變數SHARE（市場占有率）推估依變數（投資報酬率）的95%信賴區間下限
UCL_2	95% UCL for ROI with SHARE from CURVEFIT, MOD_9 QUADRATIC
解說	曲線迴歸模式中，以自變數SHARE（市場占有率）推估依變數（投資報酬率）的95%信賴區間上限

進階研究

　　由於上述的市場占有率與投資報酬率並不是線性關係，因此研究者可以進一步將市場占有率的高低分組（例如分成高市場占有率組、中市場占有率組、低市場占有率組），以了解不同的市場占有率組別在投資報酬率上有無顯著差異。所使用的方法是單因子變異數分析（詳細操作說明可見第4章4.6節）。由於自變數市場占有

率為區間尺度的變數，所以我們要先將它轉換成組別。

在Market Share.sav這個資料檔中，其最大的數值是8.4，最小的數值是2.7。首先將此變數加以排序，然後再取33分位差的數值，因為要將市場占有率資料分成三等分。按〔分析〕〔描述性統計〕〔次數分配表〕（〔Analyze〕〔Descriptive Statistics〕〔Frequencies〕），在「次數分配表」（Frequencies）視窗中，按〔統計值〕（Statistics）；在出現的「次數分配表：統計值」（Frequencies: Statistics）視窗中的「百分比」（Percentiles）方盒內，選Percentiles，鍵入33，按Add，再鍵入66，按〔新增〕（〔Add〕）。接著，我們要將市場占有率的區間資料分成三組。按〔轉換〕〔重新編碼〕（〔Transform〕〔Recode〕），出現的是「重新編碼成不同變數」（Recode into Different Variable）視窗（可參考第1章，圖1-22），在此視窗內，點選「Share」，並在「輸出之新變數」（Output Variable）的名稱（Name）方格內填寫「市場占有率分組」，在標記（Label）的方格內填寫「高、中、低」。然後按〔變更〕（〔Change〕），即可產生分組結果。資料轉換也可以使用Visual Binning（視覺化聚集器）的方式，可參考第1章〈認識IBM SPSS Statistics〉的1.6節「資料轉換」。

接著，按〔分析〕〔平均數比較法〕〔單因子變異數分析〕（〔Analyze〕〔Compare Means〕〔One-Way ANOVA〕），以投資報酬率為依變數，以市場占有率分組為因子，進行「獨立樣本單因子變異數分析」。

7.5 簡單迴歸分析釋例

研究問題

研究者欲發掘年資（自變數或預測變數）是否可有效的預測滿足感（依變數或準則變數）。

「曲線估計」視窗

啟動SPSS,開啟檔案(檔案名稱:...\Chap07\ Seniority.sav)。檔案中預測變數是年資,依變數是滿足感。年資是實際服務的年數,滿足感則是以李克五點尺度來衡量,共10個題項,每一個題項「極不同意」的評點是1分,「極同意」的評點是5分,總分是10個題項的得分加總。年資與滿足感均為區間尺度(在SPSS中此二變數的測量為尺度)。

按〔分析〕〔迴歸〕〔曲線估計〕(〔Analyze〕〔Regression〕〔Curve Estimation〕),在所產生的「曲線估計」(Curve Estimation)視窗中,將「滿足感」選入「依變數」(Dependent(s))的方格內,將「年資」選入「自變數」(Independent)下的方格內。在「模式」(Model)方盒內的各選項中點選〔二次曲線模式〕(Quadratic)(〔直線〕為預設值,要加以保留),並點選「顯示ANOVA摘要表」(Display ANOVA table),讓SPSS顯示ANOVA表格,如圖7-17所示。

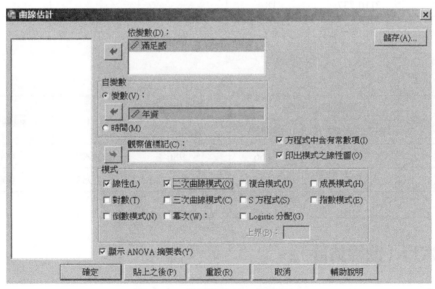

圖7-17 「曲線估計」視窗設定

報表解讀

按〔確定〕(〔OK〕)之後,所產生的輸出報表如表7-18到表7-23所示。表7-18線性模式摘要表顯示,年資與滿足感的多元相關係數(Multiple R)為0.986,判定係數(R Square)為0.971。迴歸模式達到顯著水準(顯著性=0.000<0.05,表

7-19）。一次項的標準化迴歸係數（年資）的顯著性=0.000<0.05（表7-20），達到顯著水準。接受迴歸方程式為直線的虛無假設。

▍線性（直線估計）

表7-18　模式摘要

R	R平方	調過後的R平方	估計的標準誤
.986	.971	.970	1.887

自變數是年資。

表7-19　ANOVA

	平方和	df	平均平方和	F	顯著性
迴歸	2050.180	1	2050.180	575.539	.000
殘差	60.557	17	3.562		
總數	2110.737	18			

自變數是年資。

表7-20　係數

	未標準化係數		標準化係數	t	顯著性
	B之估計值	標準誤	Beta分配		
年資	3.976	.166	.986	23.990	.000
（常數）	5.571	1.125		4.953	.000

▍二次方（曲線估計）

在所產生的曲線模式摘要表（表7-21），年資與滿足感的多元相關係數（Multiple R）為0.986，判定係數（R Square）為0.972。迴歸模式達到顯著水準（顯著性=0.000<0.05，表7-22），但其二次項的標準化迴歸係數（年資**2）的顯著性=0.694>0.05（表7-23），未達顯著水準，故應接受迴歸方程式不為曲線的虛無假設，所以應採用直線迴歸方程式為宜。

表7-21　模式摘要

R	R平方	調過後的R平方	估計的標準誤
.986	.972	.968	1.936

自變數是年資。

表7-22　ANOVA

	平方和	df	平均平方和	F	顯著性
迴歸	2050.779	2	1025.390	273.631	.000
殘差	59.957	16	3.747		
總數	2110.737	18			

自變數是年資。

表7-23　係數

	未標準化係數		標準化係數	t	顯著性
	B之估計值	標準誤	Beta分配		
年資	3.669	.785	.910	4.675	.000
年資**2	.026	.066	.078	.400	.694
（常數）	6.282	2.120		2.964	.009

所產生的直線圖，如圖7-18所示。

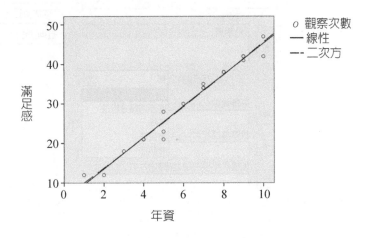

圖7-18　產生的直線圖

◢ 「直線迴歸」視窗

開啟檔案（檔案名稱：...\Chap07\ Seniority.sav ）。檔案中自變數（預測變數）是年資，依變數（準則變數）是滿足感。如已經開啟，不必重複開啟。

在SPSS中，按〔分析〕〔迴歸〕〔線性〕（〔Analyze〕〔Regression〕〔Linear〕），在所產生的「線性迴歸」（Linear Regression）視窗中，將「滿足感」選入「依變數」（Dependent(s)）下的方格內，將「年資」選入「自變數」（Independent）下的方格內。迴歸方法（Method）使用內定的「輸入」（Enter）。輸入法是一種強迫介入式的方法，會強迫所有的自變數有順序的進入迴歸方程式，不考慮自變數之間的關係，同時計算所有變數的相關係數。由於簡單迴歸只有一個自變數，所以無所謂「同時計算所有變數的相關係數」的問題。我們設定的情形如圖7-19所示。

SPSS的迴歸程序有五種方法：輸入（Enter）、逐步迴歸分析法（Stepwise）、移除（Remove）、向後法（Backward）、向前法（Forward）。在簡單迴歸中，用預設的「輸入」就可以了。至於其他的方法，使用在多元迴歸比較有意義。詳細的說明，見第11章〈多元迴歸分析〉。

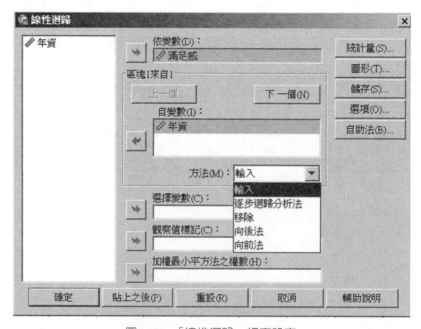

圖7-19 「線性迴歸」視窗設定

統計量

在「線性迴歸」（Linear Regression）視窗中，按〔統計量〕（Statistics），就會產生「直線迴歸：統計量」（Linear Regression: Statistics）視窗，在此視窗內我們勾選的情形如圖7-20所示，其中的術語說明如表7-24所示。

表7-24　「直線迴歸：統計量」視窗中統計量術語

迴歸係數（**Regression Coefficient**）	
估計值（Estimates）	為預設選項。可輸出迴歸係數與相關的統計值，包括原始的迴歸係數估計值與標準誤、標準化迴歸係數（Beta）、迴歸係數的t值及其雙尾檢定的p值（顯著性）。 也會呈現未進入迴歸方程式時的Beta值、Beta值的t值、p值（顯著性），排除已經進入迴歸方程式的變數的影響後，自變數與依變數的偏相關係數、共線性統計量（最小容忍度）。
信賴區間（Confidence intervals）	會輸出迴歸係數在95%信賴區間的統計值
共變異數矩陣 （Covariance matrix）	未標準化的「變異數—共變數」矩陣。矩陣的對角線是變異數，上三角部分是相關係數，下三角部分是共變數。
模式適合度（Model fit）	預設選項。可輸出多元相關係數（R）、決定係數（R^2）、調整後的R^2及估計標準誤，以及變異數分析摘要表。
R平方改變量 （R squared change）	決定係數（R^2）的改變。
描述性統計量（Descriptives）	會輸出變數的平均數、標準差、有效觀察值的個數、所有變數間的相關矩陣。
部分與偏相關 （Part and partial correlations）	可輸出部分以及偏相關統計值。
共線性診斷 （Collinearity diagnosis）	會輸出共線性診斷的統計量，如變異數膨脹係數、交乘積矩陣的特徵值、條件指標及變異數分解的比例
殘差（**Residuals**）	
Durbin-Watson值 （Durbin-Watson）	檢定相鄰的兩誤差項的相關程度大小，當誤差之間完全沒有線性相關時，此值接近2。
全部觀察值診斷 （Casewise diagnosis）	包括殘差值與極端值的分析，標準化及未標準化殘差和預測值的摘要統計表。在極端值的判斷中，SPSS以內定值3作為判斷標準。

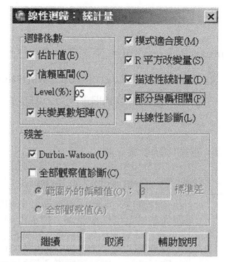

圖7-20 「線性迴歸：統計值」視窗設定

圖形

在「線性迴歸」（Linear Regression）視窗中，按〔圖形〕（Plots），就會產生「線性迴歸：圖形」（Linear Regression: Plots）視窗，在此視窗內我們勾選的情形如圖7-21所示。其中的名稱術語中，代表的字母說明如表7-25所示。

表7-25 「線性迴歸：圖形」視窗中代表的字母說明

Z	標準化（Standardized）
PRED	預測值（predicted）
RESID	殘差（residual）
D	刪除後（deleted）
ADJ	調整後（adjusted）
S	Studentized
*ZPRED	標準化預測值（standardized predicted）
*ZRESID	標準化殘差值（standardized residual）
*DRESID	刪除後殘差值（deleted residual）
*ADJPRED	調整後預測值（adjusted predicted）
*SRESID	t化殘差值（Studentized residuals）
*SDRESID	刪除後t化殘差值（Studentized deleted residual）

要繪製殘差值的散佈圖，必須選取一個變數為Y軸（依變數），另一個變數為X軸。若要繪製其他類型的圖形，只要按〔下一個〕（Next），重新選取Y軸、X軸的變數。

在「標準化殘差圖」（Standardized Residual Plots）的選項中有兩個：「直方圖」（Histogram），可繪出殘差值的直方圖；「常態機率圖」（Normal probability plots），可繪出殘差的常態機率散佈圖。

「產生所有淨相關圖形」（Produce all partial plots），可印出每個自變數與依變數的殘差分佈圖，繪製此圖的目的在於偵測某自變數是否出現極端值。

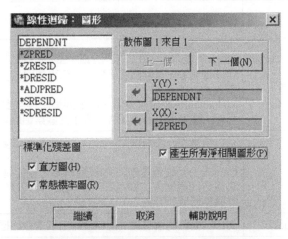

圖7-21　「線性迴歸：繪圖」視窗設定

儲存

在「線性迴歸」（Linear Regression）視窗中，按〔儲存〕（〔Save〕），就會產生「線性迴歸：儲存」（Linear Regression: Save）視窗，如圖7-22所示，可將有關變數儲存起來以供線性後續分析之用。「線性迴歸：儲存」視窗中各術語，如表7-26所示。

表7-26　「線性迴歸：儲存」視窗中各術語

預測值（**Predicted Variables**）	
未標準化（Unstandardized）	未標準化的預測值
標準化（Standardized）	標準化的預測值

表7-26 「線性迴歸：儲存」視窗中各術語（續）

調整後（Adjusted）	調整後的預測值
平均數與預測值的標準誤 （S.E. of mean predictions）	預測值的標準誤
殘差（**Residuals**）	
未標準化（Unstandardized）	未標準化的殘差值
標準化（Standardized）	標準化的殘差值
學生化（Studentized）	t化的殘差值
已刪除（Deleted）	刪除後的標準化殘差值
學生化去除殘差 （Studentized deleted）	刪除後的t化殘差值
距離（**Distance**）	
Mahalanobis距離殘差值 （Mahalanobis）	可以檢測哪一個觀察值，對於「自變數與依變數的影響」具有影響力。 Mahalanobis距離殘差值，亦即觀察值與自變數的平均數的距離，可測得極端值。數值越大，表示此觀察值越具有影響力。
Cook's距離值 （Cook's D）	可以檢測哪一個觀察值，對於「自變數與依變數的影響」具有影響力。 Cook's D距離值是刪除第i個觀察值之後的迴歸係數改變值。如果其百分比等級大於10或20（也就是百分位數在前10或前20），則此觀察值具有影響力。
槓桿值（Leverage values）	測出自變數的極端值（但無法測出依變數的極端值）
預測區間（**Prediction Intervals**）信賴水準內定值為**95%**	
平均數（Mean）	平均數上下限區間範圍
個別值（Individual）	單一觀察值預測區間的上下限
影響統計量（**Influence Statistics**）	
迴歸係數差異量 （DfBeta）	剔除某一特殊的觀察值後，迴歸係數的改變量
標準化的迴歸係數差異量 （Standardized DfBeta）	剔除某一特殊的觀察值後，迴歸係數的標準化改變量
DfFit	預測值的差異量
Standardized DfFit	標準化的預測值差異量
共變異數比值 （Covariance ratio）	剔除某特定觀察值的共變數矩陣的行列式與原先的（沒有剔除這些觀察值，也就是包括所有觀察值）共變數矩陣的行列式二者的比值

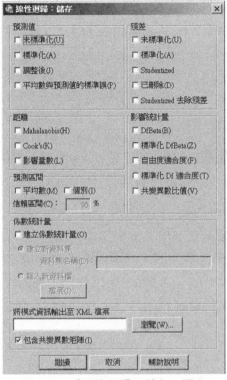

圖7-22 「線性迴歸：儲存」視窗

選項

在「線性迴歸」（Linear Regression）視窗中，按〔選項〕（〔Options〕），
就會產生「線性迴歸：選項」（Linear Regression: Options）視窗，如圖7-23所示。

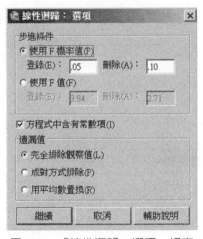

圖7-23 「線性迴歸：選項」視窗

在「步進條件」」（Stepping Method Criteria，也就是採用逐步迴歸分析法的標準）中，有兩個方法：使用F機率（Use probability of F）、使用F值（Use F value）。由於我們所選用的是簡單迴歸分析的輸入法，所以採用逐步迴歸分析法的標準並不適用。

報表解讀

SPSS的輸出報表，如表7-27到表7-31所示。值得一提的是，有些統計值對於簡單迴歸並不適用，例如簡單迴歸就沒有共線性的問題。

係數

在SPSS的輸出報表中（表7-27），我們所得到的a（常數）、b（年資的估計值）如下。其中，$a = 5.571$，$b = 3.976$，所以我們的迴歸模式是：Y = 5.571 + 3.976（年資）。截距是5.571，斜率是3.976，表示如果年資增加一單位，滿足感就會增加9.547單位。

表7-27　係數[a]

模式		未標準化係數		標準化係數	t	顯著性	B的95.0%信賴區間	
		B之估計值	標準誤差	Beta分配			下界	上界
1	（常數）	5.571	1.125		4.953	.000	3.198	7.944
	年資	3.976	.166	.986	23.990	.000	3.626	4.326

a　依變數：滿足感。

敘述統計

「敘述統計」表如下（表7-28）。

表7-28　敘述統計

	平均數	標準離差	個數
滿足感	30.47	10.829	19
年資	6.26	2.684	19

變異數分析

由「變異數分析」表（表7-29）可知，年資與滿足感具有顯著性。顯著性=0.000<0.05，達到顯著水準。

我們可進一步檢視迴歸模式是否能適合資料，這就是配適度（goodness of fit）的問題。在簡單迴歸中，最重要的檢定就是檢定b是否為0。[4]斜率為0是因為下列情況所造成的：（1）Y與X毫無關係，而且很明顯的沒有固定的形式；（2）對每一個不同的X而言，Y總是固定的；（3）X與Y有關係，但是這種關係是「非線性」的函數關係。顯著性=0.000<0.05，已達顯著水準，在顯著水準=0.05之下，我們要棄卻b=0的虛無假設，而認為以年資來預測滿足感是「配適的」（fit）。

表7-29　Anova[b]

模式		平方和	df	平均平方和	F	顯著性
1	迴歸	2050.180	1	2050.180	575.539	.000[a]
	殘差	60.557	17	3.562		
	總數	2110.737	18			

a 預測變數：（常數），年資。
b 依變數：滿足感。

殘差

我們現在說明一下圖7-24的殘差（residual）問題。殘差是指Y的觀察值與實際值之差，以$Y_i - \hat{Y}_i$表示。將殘差加以標準化之後，其平均數為0，標準差為1。在殘差圖中，標準化殘差值應落於2與−2之間，圍繞著零點呈隨機散佈，不能有可辨識的形狀出現。要滿足這些條件，我們才可以說，迴歸模式運用得適當。

---

[4] A. D. Aczel, *Complete Business Statistics*, 2nd ed. (Homewood, Ill.: Richard D. Irwin, 1993), p. 433.

直方圖

依變數：滿足感

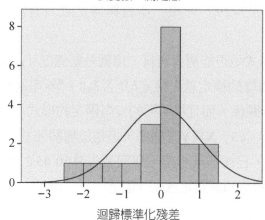

Mann=5.50E-16
Std.Dev.=0.972
N=19

迴歸標準化殘差

圖7-24　標準化殘差圖

在我們的例子中，標準化殘差值是從−2.358到1.350（表7-30），圍繞著零點呈隨機散佈，而且看不到有固定的形狀出現。事實上，我們如果更嚴謹一點，還要看誤差值的分配是否具有常態性、線性、變異數是否相等、誤差之間是否具有獨立性這些條件。這些比較嚴謹的條件，見第11章〈多元迴歸分析〉。

表7-30　殘差統計量[a]

	最小值	最大值	平均數	標準離差	個數
預測值	9.55	45.33	30.47	10.672	19
殘差	−4.451	2.549	.000	1.834	19
標準預測值	−1.961	1.392	.000	1.000	19
標準殘差	−2.358	1.350	.000	.972	19

a　依變數：滿足感。

以上在殘差的說明中曾說過「不能有可辨識的形狀出現」，這句話的語意相當模糊，到底是指什麼？試看圖7-25對於「可辨識的形狀」的圖示便可一目了然。大體而言，「可辨識的形狀」會有固定的「型」出現。

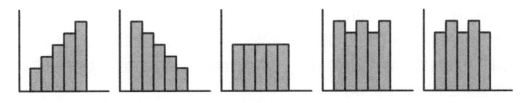

圖7-25 「可辨識的形狀」圖示

決定係數

決定係數（coefficient of determination）或稱判定係數，是以「R的平方」或R^2表示。它說明了「Y所產生的變異可由X來解釋的程度」。在線性關係的測量中，它能告訴我們迴歸直線能配合資料的程度有多少。它也能告訴我們，迴歸方程式在預測方面的正確性程度如何。一般而言，R的平方應等於80%或以上。低於這個數字，預測的正確性頗令人懷疑。在我們的例子中，R的平方=0.971，所以我們可以合理的肯定預測的正確性。如果R的平方小於80%，究其原因可能是：數據資料不足，或者沒有考慮到其他變數。

表7-31中的Durbin-Watson值是判斷有無自相關（autocorrelation）的現象，對簡單迴歸不適用。

表7-31 Durbin-Watson值

模式	R	R平方	調過後的R平方	估計的標準誤	Durbin-Watson檢定
1	.986[a]	.971	.970	1.887	2.103

a 預測變數：（常數），年資。
依變數：滿足感。

7.6 次序資料的關連性測量

我們在這一節將對與次序資料有關的各係數加以說明，這些係數包括：Gamma、Kendall's Tau-b、Kendall's Tau-c、Somer's D、Spearman's Rho。

除了Spearman's Rho之外，上述的統計量都是基於配對（pair）的相符

（concordant）或不相符（disconcordant）的觀念。這些統計量都不需要做「雙變量呈常態分配」的假設。它們的相關係數範圍是從 −1.0（完全負相關）到 +1.0（完全正相關）。在這個範圍內，係數越大，表示強度越強，這些特性可以使得研究人員分析雙變數之間的強度及方向。

如果我們將這些等級資料以名義資料來處理，並求得其相關係數的話（例如我們以SPSS算出Cramer's V），則算出的統計量必定是正值，因為在名義資料中並不是次序。但假如我們用次序（等級）資料，來檢視二變數之間的相關性，則可揭露其真實的相關情況。在這個例子中，所有的係數都是負值。

當某受測者在一個變數的等級很高，而且在另外一個變數上的等級也很高時，則這個成對（pair）的觀察值就具有相符性（concordance）；如果某受測者在一個變數的等級很高，但是在另外一個變數上的等級很低時，則這個成對（pair）的觀察值就具有不相符性（disconcordance）。以P表示相符的配對數，以Q表示不相符的配對數。在P-Q關係中，如果相符性的配對數（P）大於不相符的配對數（Q），則表示這二變數具有正向關係；如果相符性的配對數（P）小於不相符的配對數（Q），則表示這二變數具有負向關係。

Goodman & Kruskal's Gamma

研究問題

大海軟體公司建立了其70位員工的職位等級、健康等級資料。企圖了解職位等級與健康等級的關係。

「交叉表」視窗

開啟檔案（檔案名稱：...\Chap07\Goodman.sav），在資料檔中，職位分為三個等級，分別為1（管理階層）、2（白領階級）及3（藍領階級）。健康也分為三個等級，分別為1（健康）、2（普通）及3（不健康）。

在SPSS中，選擇〔分析〕〔描述統計〕〔交叉表〕（〔Analyze〕、〔Descriptive Statistics〕、〔Crosstabs〕），在所產生的「交叉表」（Crosstabs）視窗中，我們設定的情形如圖7-26所示。

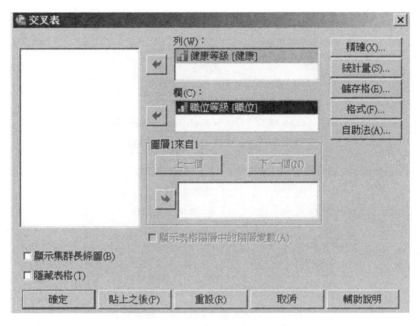

圖7-26　「交叉表」視窗設定

統計值

在「交叉表」（Crosstabs）視窗中，按〔統計量〕（Statistics），就會產生「交叉表：統計量」（Crosstabs: Statistics）視窗，在「次序的」（Ordinal）的方框內，選Gamma參數、Somers' d值、 Kendall's tau-b相關係數、Kendall's tau-c統計量數，如圖7-27所示。表7-32說明了「交叉表：統計量」視窗中各係數的意義。

表7-32　「交叉表：統計量」視窗中各係數的意義

係數	說明
Gamma參數	基於「相符—不相符」的配對（P-Q）；誤差比例遞減（PRE）的解釋
Somers' d值	基於P-Q，以列聯表次序做調整
Kendall's tau-b相關係數	基於P-Q，以「平手的」次序做調整
Kendall's tau-c統計量數	基於P-Q，以列聯表次序做調整

圖7-27 「交叉表：統計值」視窗設定

報表解讀

SPSS的輸出，如表7-33、表7-34所示。

1. 方向性量數

「方向性量數」（表7-33）包括Somers'd統計量。Somers'd統計量有補償「平手的」配對的能力。它可以依照依變數的方向做調整。以職位等級來預測健康等級時，預測誤差可減少52.6%，以健康等級來預測職位等級時，預測誤差可減少50.0%。顯著性近似值=0.000<0.05，而且都達到顯著水準。表示職位等級、健康等級，都是對方很好的預測變數。

表7-33 方向性量數

			數值	漸近標準誤[a]	近似T分配[b]	顯著性近似值
以次序量數為主	Somers'd統計量	對稱性量數	.513	.087	5.865	.000
		健康 健康等級依變數	.526	.089	5.865	.000
		職位 職位等級依變數	.500	.086	5.865	.000

a 未假定虛無假設為真。
b 使用假定虛無假設為真時之漸近標準誤。

2. 對稱性量數

對稱性量數包括Kendall's tau-b 統計量數、Kendall's tau-c統計量數、Gamma統計量，如表7-34所示。

表7-34　對稱性量數

		數值	漸近標準誤[a]	近似T分配[b]	顯著性近似值
以次序量數為主	Kendall's tau-b統計量數	.513	.087	5.865	.000
	Kendall's tau-c統計量數	.497	.085	5.865	.000
	Gamma 統計量	.702	.104	5.865	.000
有效觀察值的個數		70			

a 未假定虛無假設為真。
b 使用假定虛無假設為真時之漸近標準誤。

Gamma統計量是指Goodman & Kruskal's Gamma（γ）。Gamma 統計量=0.702<0.05，因此，職位等級與健康等級有顯著性的關係。我們可以結論：管理階層增高時，健康情形就越佳（這好像與我們的認知不是很一致，可能因為這些數據是作者所杜撰的）。當γ = 0.7時，配對數有85%是相符的，15%是不相符的（P + Q = 1.0，P−Q = 0.7，因此2P = 1.7, P = 0.85, Q = 0.15）。相符的配對數幾乎等於不相符配對數的6倍。值得注意的是：如果是2X2的列聯表，則必以Yule's Q來代替Gamma。[5]

Kendall's tau-b是將Gamma更加以精緻化的係數。它考慮到「平手」的情形。在平手時，受測者在X上所給予的等級與在Y上給予的等級相同。對樣本數為n的樣本而言，共有n（n−1）/2種配對，在剔除相符、不相符的配對之後，就是平手的配對了。tau-b 並不能解釋到誤差比例遞減（proportion reduction in error, PRE）的情形。對於平方列聯表（如2 x 2、3 x 3列聯表）而言，其係數值是從−1.0到+1.0。Kendall's tau-b統計量數=0.513，顯著性近似值=0.000<0.05，達到顯著水準。因此，職位等級與健康等級有顯著性的關係。

Kendall's tau-c也是將Gamma更加以精緻化的係數。它比tau-b應用得更為廣泛，因為它可適合任何大小的列聯表（不論是幾乘幾的列聯表）。Kendall's tau-c統計量

---

[5] G. U. Yule, and M. G. Kendall, *An Introduction to the Theory of Statistics* (New York: Hafner, 1950).

數=0.497，顯著性近似值=0.000<0.05，達到顯著水準。因此，職位等級與健康等級有顯著性的關係。

Spearman's Rho

Spearman's Rho是相當普遍的等級相關係數。Rho是將兩變數分別排定其等級之後，再求取其相關係數。有時候研究者發現在連續性的變數中，有許多異常現象需要矯正，所以乾脆將這些資料（分數）轉換成等級，來計算其Spearman's Rho係數。

我們可以將Spearman Rho看成是Pearson積差相關的另一種特殊形式。Rho的優點多於缺點，其優點有：（1）當資料轉換成對數（log）或加以平方時，Rho值不受影響；（2）在轉換成等級資料之後，那些極端的分數便不復存在，因為極端分數（極大或極小）再怎麼樣也變成一個等級。從這裡我們可以了解：在分配中最大的數字（或最高的等級）等於其樣本數；（3）如果以手工運算，在計算上非常簡單（如果以SPSS計算，則計算每個係數更為快速）。

Rho的主要缺點是：對於「相同次序」（tied ranks）的反應非常敏感。如果平手次序的數目太多，便會扭曲了Rho的正確性。

研究問題

大海企管研究所對10名申請者在甄試入學中，第一關、第二關考試排定次序，並企圖發掘第一關、第二關考試的等級有無關係。虛無假設：第一關、第二關的等級無相關（$\gamma = 0$）。

「雙變數相關」視窗

開啟檔案（檔案名稱：...\Chap07\Spearman.sav），資料檔中的變數「第一關」、「第二關」都是次序。

按〔分析〕〔相關〕〔雙變數〕（〔Analyze〕〔Correlate〕〔Bivariate〕），在所產生的「雙變數相關」（Bivariate Correlations）視窗中，將「第一關」、「第二關」選入到右邊的「變數」（Variables）下的方盒內，並在「相關係數」（Correlation Coefficients）方盒內，點選〔Spearman相關係數〕，情形如圖7-28所示。

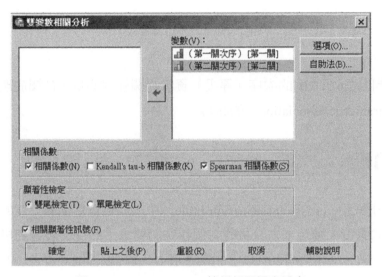

圖7-28　Spearman's Rho等級相關視窗設定

報表解讀

SPSS輸出，如表7-35所示。

1. Spearman's Rho係數

Spearman's Rho係數值為0.651，因此，第一關、第二關的次序其相關性略高。對虛無假設「第一、第二關的等級無相關（$\gamma = 0$）」做測試，由於顯著性=0.041<0.05，已達顯著性，因此我們應棄卻虛無假設，而認為第一、第二關的等級有相關。

表7-35　相關

			第一關 （第一關次序）	第二關 （第二關次序）
Spearman's Rho係數	第一關 （第一關次序）	相關係數	1.000	.651*
		顯著性（雙尾）	.	.041
		個數	10	10
	第二關 （第二關次序）	相關係數	.651*	1.000
		顯著性（雙尾）	.041	.
		個數	10	10

* 相關的顯著水準為0.05（雙尾）。

7.7 名義資料的關連性測量

名義資料及7.6節說明的次序（等級）資料的關連性測量，都屬於無母數關連性測量（nonparametric association）的範疇。

▌交叉分析

在交叉分類表（cross classification table）中，我們可用名義尺度的資料來測量二變數關係的強度。運用卡方分析時有個特殊的要求，即交叉表各細格內的期望次數（或理論次數）通常需有80%以上的期望值要大於5，否則卡方考驗的結果偏差會非常明顯。

研究問題

大海市調公司受委託，研究吸菸情況與工作意外的關係。

「交叉表」視窗

開啟檔案（檔案名稱：...\Chap07\CrossTabs.sav），檔中的「吸菸」變數中的1代表吸菸者，0代表非吸菸者；「意外」這個變數的1代表發生工作意外，0 代表沒有發生工作意外。

按〔分析〕〔敘述統計〕〔交叉表〕（〔Analyze〕、〔Descriptive Statistics〕、〔Crosstabs〕），在所產生的「交叉表」（Crosstabs）視窗中，將「吸菸」選入右邊「列」（Row）下的方盒內，將「意外」選入右邊「欄」（Column(s)）下的方盒內，所做的設定如圖7-29所示。

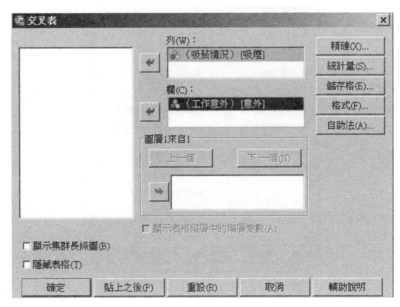

圖7-29 「交叉表」視窗設定

統計量

在「交叉表」（Crosstabs）視窗中，按〔統計量〕（Statistics），就會產生「交叉表：統計量」（Crosstabs: Statistics）視窗，在此視窗內，點選〔卡方分配〕（Chi-square）、名義（Nominal Data）方盒內的各係數，情形如圖7-30所示。「交叉表：統計量」視窗中各係數的說明，如表7-36所示。

表7-36 「交叉表：統計量」視窗中各係數說明

係數	說明
列聯係數（Contingency coefficient）	基於CS，假設具有彈性的資料及分配
Phi	基於卡方（Chi-Square, CS）2x2表
Phi與Cramer's v	基於CS，當有一個列聯表的尺度>2時
Lambda值	基於PRE的假設
不確定係數	適用於多元尺度
Kappa統計量數	測量「一致性」

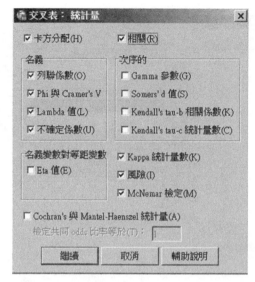

圖7-30 「交叉表：統計量」視窗設定

報表解讀

SPSS所產生的交叉表以及顯著性水準，如表7-37到表7-40所示。

1. 吸菸情況*工作意外交叉表

表7-37 吸菸情況*工作意外交叉表

		工作意外		總和
		未發生意外	發生意外	
吸菸情況	非吸菸者	22	13	35
	吸菸者	10	21	31
總和		32	34	66

2. Pearson卡方檢定

我們的虛無假設是：吸菸與否與工作意外無關。Pearson卡方=6.163，漸近顯著性=0.013<0.05（表7-38），已達顯著水準，所以應棄卻虛無假設，而認為吸菸與否與工作意外有關（具有顯著性差異）。

連續性校正（correlation for continuity）是由Yate提出。當表格為2 x 2（也就是自由度=1），而且理論次數（不是觀察次數）又小於5時，必須以連續性校正的顯著性為判斷是否具有顯著性的依據。

　　在2 x 2表格中，而且每個細格人數都很小的時候，就應用Fisher's精確檢定（Fisher's exact probability）的顯著性為判斷是否具有顯著性的依據。

表7-38　卡方檢定

	數值	自由度	漸近顯著性（雙尾）	精確顯著性（雙尾）	精確顯著性（單尾）
Pearson卡方	6.163[a]	1	.013		
連續性校正[b]	4.998	1	.025		
概似比	6.269	1	.012		
Fisher's精確檢定				.016	.012
線性對線性的關連	6.069	1	.014		
McNemar檢定				.678[c]	
有效觀察值的個數	66				

a 0格（.0%）的預期個數少於5。最小的預期個數為15.03。
b 只能計算2 x 2表格
c 使用二項式分配

3. 方向性量數

　　方向性量數包括Lambda值、Goodman與Kruskal's Tau測量、不確定係數，如表7-39所示。

　　Lambda（λ）、Goodman與Kruskal's Tau測量，都可用來解釋誤差比例遞減（proportion reduction in error, PRE）的現象。lambda係數說明了「一個名義變數的頻率對另外一個名義變數的頻率能提供多少預測的證據？」Lambda可以是非對稱性的（預測有方向性），也可以是對稱的（列變數可以預測欄變數；欄變數也可以預測列變數）。Lambda的值從0（完全沒有預測誤差的能力）到1（可剔除所有的預測誤差）。

　　從表中我們可以了解：當以工作意外來預測吸菸情況時（或更明確的說，當我們有工作意外的資料，來預測吸菸情況時），預測誤差可減少25.8%；當以吸菸情況來預測工作意外時，預測誤差可減少28.1%。以上二者均未達顯著水準。

　　Goodman與Kruskal's Tau是利用列聯表的邊際值（table marginals）來減少預測誤差。如表所示。我們可以看出，由於「工作意外」這個資訊的提供，使得預測「吸菸情況」的誤差減少了近9.3%；由於「吸菸情況」這個資訊的提供，使得預測「工作意外」的誤差減少了近9.3%。二者均達到顯著水準。Goodman與Kruskal's Tau也可以

用來測試Tau=0的虛無假設。由於顯著性=0.014<0.05，我們可以結論：Tau與係數0之間有顯著性的差異；換句話說，在母體中「工作意外」與「吸菸情況」具有關連性。

表7-39　方向性量數

			數值	漸近標準誤[a]	近似T分配[b]	顯著性近似值
以名義量數為主	Lambda值	對稱性量數	.270	.140	1.786	.074
		吸菸情況依變數	.258	.162	1.392	.164
		工作意外依變數	.281	.157	1.549	.121
	Goodman 與 Kruskal's Tau 測量	吸菸情況依變數	.093	.071		.014[c]
		工作意外依變數	.093	.071		.014[c]
	不確定係數	對稱性量數	.069	.053	1.284	.012[d]
		吸菸情況依變數	.069	.053	1.284	.012[d]
		工作意外依變數	.069	.053	1.284	.012[d]

a　未假定虛無假設為真。
b　使用假定虛無假設為真時之漸近標準誤。
c　以卡方近似法為準。
d　概似比卡方機率。

4. 對稱性量數

對稱性量數包括Phi值、Cramer's V值、列聯係數，如表7-40所示。

表7-40　對稱性量數

		數值	漸近標準誤[a]	近似T分配[b]	顯著性近似值
以名義量數為主	Phi值	.306			.013
	Cramer's V值	.306			.013
	列聯係數	.292			.013
以間隔為主	Pearson R相關	.306	.117	2.567	.013[c]
以次序量數為主	Spearman相關	.306	.117	2.567	.013[c]
同意量數	Kappa統計量數	.304	.117	2.482	.013
有效觀察值的個數		66			

a　未假定虛無假設為真。
b　使用假定虛無假設為真時之漸近標準誤。
c　以一般近似值為準。

Phi值。Phi（φ）值是從0到+1.0，並以N來矯正 χ^2 值。Phi值適用於像這樣的 2x2 列聯表。如果列聯表較大（如2 x 3、3 x 3 的表），則它的係數會超過 +1.0。在 這個例子中，Phi值的顯著性近似值=0.013<0.05，因此吸菸情況與工作意外有關，而 Phi值 = 0.306，我們可認為吸菸與否與工作意外有中度的相關性。值得注意的是： 這二個變數並沒有因果性與方向性。Phi的公式為：

$$\phi = \sqrt{\frac{\chi^2}{N}}$$

Cramer's V值。Cramer's V值修正了Phi，以適用較大的列聯表。不論是任何形 狀的列聯表（不論是幾乘幾的列聯表），它的值均不會超過+1.0。其公式為：

$$v = \sqrt{\frac{\chi^2}{N(k-1)}}$$

k：欄 的 數 目

在這個例子中，Cramer's V值的顯著性近似值=0.013<0.05，因此吸菸情況與工 作意外有關，而Cramer's V值 = 0.306，我們可認為吸菸與否與工作意外有中度的相 關性。

列聯係數（Contingency coefficient C）。不同的列聯表形狀有著不同的 Contingency coefficient C上限值。其上限值公式為：

$$\sqrt{\frac{k-1}{k}}$$

k：欄 的 數 目

對2x2的列聯表而言，其上限值為0.71；對3x3的列聯表而言，其上限值是 0.82；對4x4的列聯表而言，其上限值為0.87。C的公式是：

$$C = \sqrt{\frac{\chi^2}{\chi^2 + N}}$$

C的主要優點在於它可配合任何形式的資料，不論這些資料是具有偏態或常 態、離散或連續、名義或次序。

在這個例子中，列聯係數的顯著性近似值=0.013<0.05，因此吸菸情況與工作意 外有關，而列聯係數 = 0.292，我們可認為吸菸與否與工作意外有中度的相關性。

多重交叉分析

研究問題

大海市調公司受委託研究性別、吸菸情況、工作意外之間的關係。

「模式選擇對數線性分析」視窗

開啟檔案（檔案名稱：...\Chap07\CrossTabs_Multiple.sav），檔中的「吸菸」變數中的1代表吸菸者，0代表非吸菸者；「意外」這個變數的1代表發生工作意外，0代表沒有發生工作意外；「性別」變數中的0代表女性，1代表男性。

按〔分析〕〔對數線性〕〔模式選擇〕（〔Analyze〕、〔Loglinear〕、〔Model Selection〕），在所產生的「模式選擇對數線性分析」（Model Selection Loglinear Analysis）視窗中，將「意外」、「吸菸」、「性別」選入右邊「因子」（Factor）下的方盒內，並分別加以定義，定義範圍都是從0到1，所做的設定，如圖7-31所示。

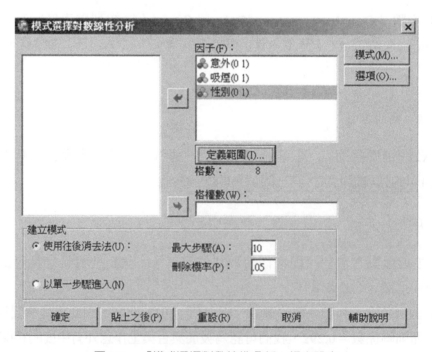

圖7-31 「模式選擇對數線性分析」視窗設定

報表解讀

使用「向後消去法統計量」，所產生「逐步摘要」表（表7-41）可發現：吸菸、意外、性別這三者之間具有顯著性差異。

表7-41 逐步摘要

	步驟[a]	效應項	卡方統計量[c]	自由度	顯著性	疊代數量
0	生成組[b]	意外*吸菸*性別	.000	0	.	
	刪除的作用1	意外*吸菸*性別	10.242	1	.001	5
1	生成組[b]	意外*吸菸*性別	.000	0	.	

a 在每個步驟中，如果顯著性水準大於.050，則在概似比變更具有最大顯著性水準的作用會被刪除。
b 最佳模式的統計量會顯示於每個步驟的步驟0之後。
c 對於〔刪除的作用〕，這是作用於模式中刪除後，卡方所做的變更。

從表7-42「儲存格個數與殘差」表中可看出意外的發生與否、吸菸與否、性別的交叉分析結果（顯示個數與百分比）。吸菸的男性發生意外的比例最高，不吸菸的女性發生意外的比例最低。

表7-42 儲存格個數與殘差

意外	吸菸	性別	觀察的		預期的	
			個數	%	個數	%
0未發生意外	0非吸菸者	0	35.000	26.5%	35.000	26.5%
		1	10.000	7.6%	10.000	7.6%
	1吸菸者	0	.000	.0%	.000	.0%
		1	19.000	14.4%	19.000	14.4%
1發生意外	0非吸菸者	0	17.000	12.9%	17.000	12.9%
		1	10.000	7.6%	10.000	7.6%
	1吸菸者	0	10.000	7.6%	10.000	7.6%
		1	31.000	23.5%	31.000	23.5%

第 8 章
因素分析與信度檢定

S tatistical

P roducts

S ervices

S olution

　　從本章開始，我們將要介紹多變量分析有關技術。本章將先對多變量分析技術做一個梗概性的說明，然後再介紹因素分析。同時，本章也將說明在專題研究上相當重要的信度檢定。

8.1　多變量分析

　　在學術論文研究中，多變量資料的處理及分析是相當重要的一環。如何以適當的統計技術，將所蒐集到的資料加以處理分析，以提供決策者所需的資訊，在決策的品質上扮演著一個相當關鍵性的角色。隨著微電腦的普及，統計分析的套裝軟體的「物美價廉」，使得我們在進行多變量分析時如虎添翼。但是分析的方便，並不表示分析的正確；我們應對於如何選用適當的多變量技術，以及如何對於統計的輸出結果做分析及解釋，做深入的了解。

選擇適當的技術

　　多變量技術（multivariate technique）可以依照圖8-1、8-2、8-3所顯示的結構來加以分類。研究者在選擇一個適當的方法時，要回答下列三個問題：

1. 變數之間是相依性，還是互依性？

　　多變量技術可依相依性（dependence）及互依性（inter-dependence）來加以歸類。我們所選擇的多變量技術是否適當，首先就是要看我們對於相依性、互依性的了解是否清楚。如果在研究問題中，有準則變數（criterion variable，或依變數）、預測變數（predictor variable，或自變數），則這個問題是屬於相依性的問題。多變量變異數分析（multivariate analysis of variance, MANOVA）、多元迴歸（multiple regression）或稱複迴歸、區別分析（discriminant analysis）這些多變量分析技術，都分別有準則變數及預測變數。另外一方面，如果變數之間是互相關連的，沒有哪一個（或者哪些個）變數是依變數，也沒有哪一個（或者哪些個）變數是自變數，則各變數之間就具有互依性。因素分析（factor analysis）、集群分析（cluster analysis）、多元尺度法（multidimensional scaling, MDS），都是處理各變數之間互依性問題的多變量技術。

2. 依變數是否一個以上？

如果對第一個問題的回答是「互依性」，則對這一題的回答必定是「否」。如果對第一個問題的回答是「相依性」，則就要看依變數的數目。如果依變數的數目在一個以上，可用的技術有典型相關、多變量變異數分析；如果依變數的數目只有一個，則分析的技術有多元迴歸等。

3. 資料的量數（或稱尺度、類型）如何？

在這個步驟中，我們要考慮的是資料測量的問題，也就是資料是計量的（metric）或是非計量的（nonmetric）。計量資料是指以量尺（區間、比率尺度）來測量的資料；非計量資料是指以名義、次序量數（尺度）來測量的資料。在相依法中，我們要考慮的是某個（或某些個）依變數的量數（測量尺度）；在互依法中，我們要同時考慮到各變數的量數（測量尺度）。在圖8-1、8-2、8-3中，我們可以看到，基於量數（測量尺度）的不同會有不同的測量技術。

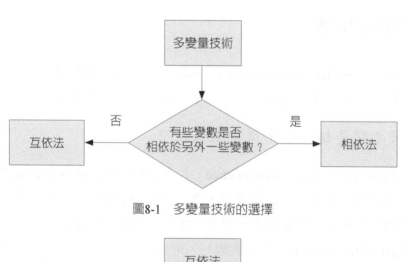

圖8-1 多變量技術的選擇

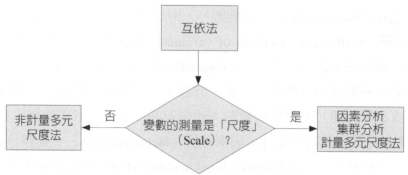

圖8-2 多變量互依法技術的選擇

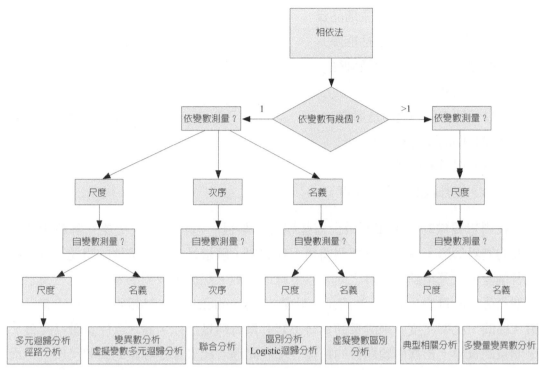

說明：SPSS在「變數檢視」中將變數的測量（Measurement）分為尺度（Scale）、次序的（Ordinal）、名義的（Nominal），而尺度包括區間（或等距）尺度（Interval）、比率尺度（Ratio）。

圖8-3　多變量相依法技術的選擇

釋例

　　圖8-1、8-2、8-3說明了選擇多變量分析技術的步驟。我們現在以一個小個案來說明這些技術的選擇。大海軟體公司的行銷研究部門，最近想進行一項研究，以了解消費者對於該公司在盡社會責任方面的意見。此研究的問卷題目如下所示。研究中要求受測者就每一題在「做得完全、做得略完全、無意見、做得略不完全、做得不完全」這些尺度上做評點。

（1）對慈善機構、福利及健康基金提供協助
（2）對公眾及私人教育提供協助
（3）僱用少數民族（人種上及種族上），並提供發展、訓練
（4）參與社區活動
（5）防止污染
（6）僱用女性員工，並提供發展、訓練

（7）改善員工的工作生活品質

（8）資源的節省（包括能源）

（9）對失業者的僱用及訓練

（10）協助小企業

（11）都市化的更新及發展

（12）協助藝術的發展

（13）保護消費者

（14）提升政治及政府制度

　　我們想要做的是：如何減少這些題目的數目，但仍能（或更能）解釋受測者之間的變異情形。為了回答這個問題，我們要了解這是一個互依性的問題，因為依照各個變數所蒐集到的資料之間，並沒有依變數。然後，我們要看一看這些資料的類型是屬於計量的（metric）或是非計量的（nonmetric）。計量資料是指以量尺量數（區間、比率尺度）來測量的資料；非計量資料是指以名義、次序量數（尺度）來測量的資料。根據問題題目的特性（那些問題看起來像是等距的區間尺度），而且經過初步分析，發現若干變數之間具有線性關係，所以我們認為這些資料是計量的。接著我們有三種選擇：多元尺度法、集群分析及因素分析。多元尺度法可以讓我們針對物件（個體、物體、產品、品牌等）之間的相似性及偏好情形，在幾何圖形或空間圖上建立其相對的定位。這個空間圖說明了物件的相似、相異情況。集群分析可建立同質的次群體或集群。因素分析會在變數之間尋找某些特定的型式（pattern），以便將若干個變數集結成一個因素。在我們的例子中，我們所選擇的是因素分析。

　　現在我們再舉個例子說明互依技術的選擇。假如我們有興趣從家庭收入、家庭大小、家庭所處地區是城市或鄉村這些變數，來預測家庭的食物支出的情形。回到圖8-3，我們了解這個問題中有一個依變數（或準則變數），那就是家庭食物支出。「家庭食物支出」這個變數是計量資料，因為它是以比率尺度來測量的。家庭收入、家庭大小這二個變數也是計量資料，但是「地區」這個自變數是二分的（dichotomous）的名義資料。根據圖8-3，我們可選擇的技術有：變異數分析、虛擬變數多元迴歸分析。

8.2 認識因素分析

以SPSS進行因素分析，是一種探索性因素分析（exploratory factor analysis），易言之，我們是對一個變數探索其所具有的因素。而Amos的構成原理是屬於驗證性因素分析（confirmatory factor analysis）；也就是先以因素（預測變數）為建構基礎，來驗證是否能代表一個變數（潛在變數）。我們可以說Amos是結合因素分析（驗證性因素分析）與路徑分析的有力工具。[1]

傳統上，研究者在進行因素分析之前，對於變數的因素結構（此變數是由哪些因素構成）並沒有預設立場，而藉由SPSS進行因素分析之後，以因素負荷量來萃取因素，並對因素加以命名。這種因素分析帶有「探索」的意味，因此稱為探索性因素分析（exploratory factor analysis, EFA）。

但是有時候研究者在研究開始時，對於某個變數已經了解其結構關係，或者對於其結構關係具有相當的理論及推論基礎。例如，某個變數的測量是由若干個不同的子量表所組成，此時研究者所進行的因素分析，可以被用來驗證或確認這些因素是否可代表此變數。這種因素分析帶有「驗證」的意味，因此稱為驗證性因素分析（confirmatory factor analysis, CFA）。Amos所處理的是CFA，以下我們將探索性因素分析簡稱為因素分析。

因素分析最初為Spearman、 Thomson 與 Burt 等心理學家，所發展出的一種統計方法。因素分析在早期主要用於心理學領域，後來則廣泛的應用在醫學、生物學、經濟學、教育學及其他行為科學領域方面。經過多年的發展，因素分析包含許多縮減空間（或維度）的技術， 其主要目的在以較少的維數（number of dimensions）來表示原先的資料結構，也就是簡化資料，而又能保留住原有資料所提供的大部分資訊。

▌目的

因素分析的主要目的是：減少變數數目、確認資料的基本結構及尺度。

---

[1] 有關以Amos處理的驗證性因素分析，可參考：榮泰生著，《Amos與研究方法》，四版（臺北：五南圖書出版公司，2011）。

減少變數數目

在行銷研究中，研究者所遇到的問題之一，就是變數太多。變數太多的結果會使得在分析上顯得笨拙（例如，有100個變數的多元迴歸），而且變數之間的關連性可能很高，而產生複共線性的問題。進行因素分析可以減少變數的數目，使我們在運用其他的多變量分析技術時，能夠得心應手，而且又不失去對原始資料的代表性。

在進行調查研究中，我們在進行問卷的預試時，對所蒐集的資料可以做因素分析，以精簡問卷中的題數，使得所用的變數能夠真正的分辨出受測者的差異。精簡、有效的問卷，可以節省我們的時間及金錢、便於管理、增加問卷的回收率。

確認資料的基本結構及尺度

在我們的研究中，常常碰到這樣的問題：雖然我們有50個變數，但是所衡量的只是受測者的五個基本特性。例如，在針對家計單位做研究的例子中，像房間數目、車庫大小、浴室數目、居住人數、每年的水電費等這些變數，可能只是反映一個基本的結構或尺度，那就是家庭大小。

▌基本原理

因素分析是從建立一個相關矩陣（correlation matrix）開始，企圖產生「新的」變數，而每一個新的變數是原始變數的線性組合（linear combination）。這些新的變數稱為因素（factor），而每一個線性組合的係數稱為因素負荷量（factor loading）。

因素是變數的線性組合，亦即：

$$F_{1j} = a_{1j}X_1 + a_{2j}X_2 + a_{3j}X_3 + \cdots\cdots + a_{nj}X_n$$

其中：

F_j ＝ 第j個因素

適用情況及樣本數要求

因素分析（factor analysis）是一種互依分析（Analysis of Interdependence）技術。所謂互依法是將所有的變數「一視同仁」，如圖8-4所示。在樣本數的要求方面：（1）樣本數不得低於50，最好有100個以上；（2）樣本數最少為變數個數的5倍，最好是10倍。

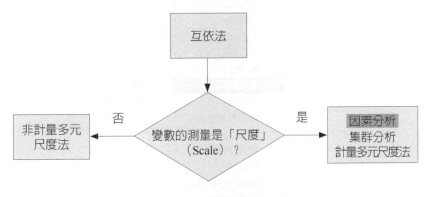

圖8-4　因素分析的適用情況

SPSS程序

在SPSS中，按〔分析〕〔維度縮減〕（〔Analysis〕〔Data Reduction〕），就會呈現有關因素分析的技術，包括因子（Factor）、對應分析、最適尺度，如圖8-5所示。本章將詳細說明幾乎每篇碩博士論文都會使用到的因子（因素分析）。對應分析的應用，見10.7節。

8.3　因素分析

研究問題

生活型態（life style）是一綜合指標，可定義為人們生活及支配時間與金錢的方式，它受到文化、社會階層、參考群體及家庭影響，另一方面也受到個人價值觀體

圖8-5　SPSS因素分析技術

系與人格的影響，再經由個人內生化而形成。其不僅可以反應個人或群體的生活態度及價值觀的型式（patterns），它包含了個人心理的圖像以及行為的特徵；它可能是個人典型的態度，亦可能是個人自由選擇的生活方式。研究者的AIO（activity, interest, opinion）量表，是參考Plummer（1974）所提出的生活型態層面，並參考相關文獻的AIO變數發展而成，共有23題，採李克五點區間尺度，從「非常同意」到「非常不同意」，分別給予5到1的分數。研究者所整理的23個生活型態變數，如表8-1所示。

表8-1　23個生活型態變數

變數代號	題號	問卷中題目描述
var01	第1題	我常注意跟流行時髦有關的訊息。
var02	第2題	我經常參加朋友間的聚會。
var03	第3題	我很在意我買的東西是否與眾不同有個性。
var04	第4題	我的服飾和裝扮經常隨著流行趨勢改變。
var05	第5題	我寧願住在大都市而不願意住在鄉下郊區。
var06	第6題	我對於社會上的事物非常感興趣。
var07	第7題	我比其他人更有嘗試新產品的精神。
var08	第8題	我喜歡遊山玩水投入大自然的懷抱。
var09	第9題	我重視我的休閒活動。
var10	第10題	我喜歡到戶外活動，不喜歡悶在家裡。
var11	第11題	我喜歡與街坊鄰居聊天。
var12	第12題	我很注意國內的政治經濟等情勢的發展動向。
var13	第13題	我喜歡與家人共進晚餐。
var14	第14題	我常和朋友討論新聞時勢。
var15	第15題	我經常花時間陪伴我的家人。
var16	第16題	我花許多時間做家事。
var17	第17題	我對於鄰居朋友間的事情相當熱心。
var18	第18題	我認為這個社會需要有嚴密的法律以安定我們的生活。
var19	第19題	我認為有良好的教育，成功的機會比較大。
var20	第20題	只要現有的東西還能使用，我通常不會隨意更換。
var21	第21題	在假期中，我只願意待在家中休息放鬆自己。
var22	第22題	我認為目前的生活已經很好了，沒有必要去改變。
var23	第23題	我喜歡安定有保障性的工作。

「因子分析」視窗

在SPSS中，開啟檔案（檔案名稱：...\Chap08\因素分析.sav）。資料檔中包括以上23個變數的李克五點區間尺度資料。

按〔分析〕〔維度縮減〕〔因子〕（〔Analyze〕〔Data Reduction〕

〔Factor〕），在所產生的「因子分析」（Factor Analysis）視窗中，我們將要分析的變數選入「變數」（Variables）下方的方格內，如圖8-6所示。值得一提的是，SPSS將「因子」稱為「Factor」，因此我們常稱的「因素分析」，在SPSS中稱為「因子分析」。

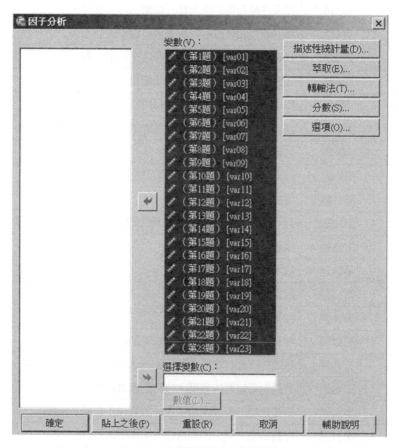

圖8-6　「因子分析」視窗設定

描述性統計量

在「因子分析」（Factor Analysis）視窗中，按〔描述性統計量〕（Descriptives），就會出現「因子分析：描述性統計量」（Factor Analysis: Descriptives）視窗；在此視窗內，在「統計」（Statistics）的選項中，選擇預設的〔未轉軸之統計量〕（〔Initial Solutions〕）。在「相關矩陣」（Correlation Matrix）的選項中，我們選擇預設的〔係數〕（〔Coefficients〕）、〔KMO與Bartlett的球形檢定〕（〔KMO and Bartlett's test of sphericity〕），如圖8-7所示。

圖8-7　「因子分析：描述性統計量」視窗設定

萃取

　　在「因子分析」（Factor Analysis）視窗中，我們按〔萃取〕（〔Extraction〕），就會產生「因子分析：萃取」（Factor Analysis: Extraction）視窗。萃取的方法有：主成份（Principal components）、未加權最小平方法（Unweighted least squares）、概化最小平方法（Generalized least square）、最大概似法（Maximum likelihood）、主軸因子（Principal-axis factoring）、Alpha因素萃取法（Alpha factoting）、映像因素萃取法（Image factoring），如圖8-8（a）所示。這些萃取方法各有特色，限於篇幅不加以說明，我們利用SPSS預設的主成份（Principal components）。

　　主成份分析（principal component analysis）是因素分析中運用得最為廣泛的分析方式。這個方式是發展出一組毫無相關的因素，也就是說，它們的軸是互相垂直的。所選擇的第一個因素是能夠使得資料散佈得最開的因素，同時也是最能解釋資料的變異情況的因素。所選擇的第二個因素（與第一個垂直的因素）將是最能夠解釋剩下來的資料變異的因素。剩下來的因素（每一個都與前一個垂直）將陸續的被挑選，一直到剩下的未解釋變異低於某一個可接受的水準時為止。

　　在「分析」（Analyze）選項方格中，選擇預設的〔相關矩陣〕（〔Correlation matrix〕），就是以相關矩陣來抽取因素。

　　在「顯示」（Display）選項方格中，點選〔未旋轉因子解〕（〔Unrotated factor solution〕），也就是印出未轉軸時的因素負荷量、特徵值及共同性。〔陡坡

圖〕（Scree plot），印出陡坡圖，讓我們一目了然的看出因素的個數，當然我們從特徵值的大小也可以很容易的看出來。

在「萃取」（Extract）的選項方格中，「根據特徵值」、「特徵值大於」（Eigenvalues over）是指特徵值大於多少才是我們要選取因素的條件，後面的空格預設值為1，表示因素抽取時，只抽取特徵值大於1的。理論上，我們可填寫0到變數總數（在我們的例子是23）的數值。「固定因子數目」、「要萃取的因子」（Number of factors）是讓我們決定要讓SPSS產生多少因素。如果研究者根據經驗或者文獻探討的心得，認為某一變數具有若干個因素，就可以選擇此項，以交待SPSS抽取如數的因子。

「收斂最大疊代」（Maximum Iteration for Convergence）是指因素抽取時疊代的最大次數，預設值為25。因素分析在進行轉軸運算時，如果研究者發現疊代次數為25，但是無法呈現轉軸結果時，可將此數值加大，例如改成45。以上的設定如圖8-8（b）所示。

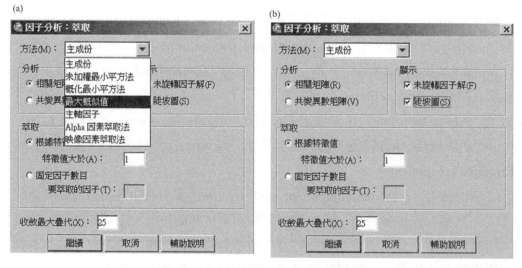

圖8-8　「因子分析：萃取」視窗設定

轉軸法

在「因子分析」（Factor Analysis）視窗中，按〔轉軸法〕（〔Rotation〕）之後，所呈現的「因子分析：轉軸法」（Factor Analysis: Rotation）視窗，如圖8-9所示。

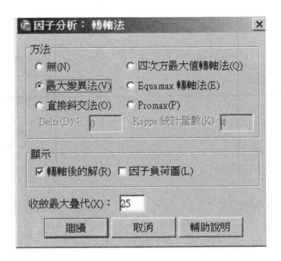

圖8-9 「因子分析：轉軸法」視窗設定

　　因素分析的轉軸方式有：最大變異法（Varimax）、四次方最大值轉軸法（Quartimax）、Equamax轉軸法，或稱相等最大值法（Equamax）、直接斜交法（Direct Oblimin）、Promax轉軸法（Promax）。前三者屬於直交轉軸法（orthogonal rotations），後二者屬於斜交轉軸法（oblique rotations）。這些方法的扼要說明見表8-2。

表8-2　因素分析的轉軸方式

直交轉軸法 （**orthogonal rotations**）	最大變異法（Varimax）	因素與因素之間沒有相關（相關為0），因素軸之間的夾角等於90度
	四次方最大值轉軸法（Quartimax）	
	Equamax轉軸法，或稱相等最大值法（Equamax）	
斜交轉軸法 （**oblique rotations**）	直接斜交法（Direct Oblimin）	因素與因素之間有某種程度的相關（相關不為0），因素軸之間的夾角不是90度
	Promax轉軸法（Promax）	

　　簡言之，轉軸的目的在於凸顯資料值於座標上的位置，使得原來「不大不小」的值，變得「特別大」或「特別小」。我們可以從圖8-10中了解直交轉軸法的情形。

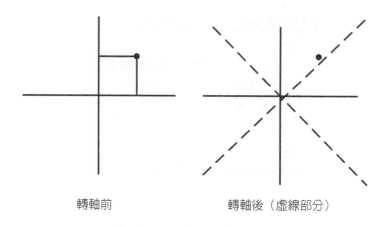

轉軸前　　　　　　　　轉軸後（虛線部分）

圖8-10　因素轉軸前後的比較

因素分數

在「因子分析」（Factor Analysis）視窗中，按〔分數〕（〔Scores〕）之後，就會呈現「因子分析：產生因素分數」（Factor Analysis: Factor Score）視窗，如圖8-11所示。按〔因素儲存成變數〕（Save as variables），以便將因素分數加以儲存，以供後續分析之用。SPSS預設的變數名稱為Fac1_1、Fac2_1、Fac3_1，……。也可點選〔顯示因素分數係數矩陣〕（Display factor score coefficient matrix），以便在輸出報表中呈現因素分數係數矩陣。

在「方法」（Method）的方格內，表示計算因素分數的方法，共有迴歸方法（Regression）、Bartlett法、Anderson-Rubin因子分析估計法這三種方法。可用預設的迴歸方法。

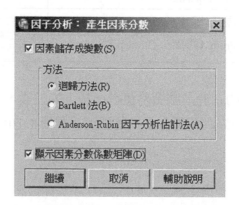

圖8-11　「因子分析：產生因素分數」視窗設定

選項

在「因子分析」（Factor Analysis）視窗中，按〔選項〕（〔Options〕），就會產生「因子分析：選項」（Factor Analysis: Options）視窗，如圖8-12所示。在「遺漏值」（Missing Value）方格選項內，我們可決定對於遺漏值應如何處理。可利用預設的「完全排除觀察值」（Exclude cases listwise），也就是觀察值在所有變數中沒有遺漏值者才加以分析。「成對方式排除」（Exclude cases pairwise）是指在成對相關分析中，捨棄出現遺漏值的觀察值。「用平均數置換」（Replace with mean）是指以平均數來取代遺漏值。

在「係數顯示格式」（Coefficient Display Format）方格選項內，勾選〔依據因素負荷排序〕（Sorted by size），就會將有關係數（如因素負荷量）依照大小排序。「絕對值低於」（Suppress absolute values less than）是指因素負荷量小於某個數值的就不要印出，SPSS預設值為0.10。

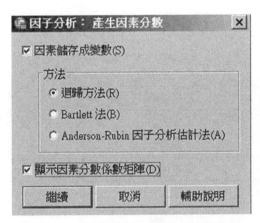

圖8-12　「因子分析：選項」視窗設定

報表解讀

報表輸出，如表8-3到表8-11所示。

適合進行因素分析嗎？（KMO與Bartlett檢定）

KMO與Bartlett檢定結果如表8-3所示。KMO是「取樣適切性」檢定，而Bartlett是「球形」檢定。

KMO是Kaiser-Meyer-Olkin所提出的取樣適切性量數，其值介於0與1之間。當

KMO值越接近1時，表示變項之間的共同因素越多，越適合進行因素分析。如果KMO小於0.5，則不宜進行因素分析。進行因素分析的普通準則是：KMO值至少要在0.6以上。我們這個例子的KMO值是0.761，故適合進行因素分析。

Bartlett球形檢定的顯著性是0.000，已達顯著水準，應棄卻虛無假說（虛無假說是：變項間的淨相關矩陣不是單元矩陣）。棄卻虛無假說的意思是：母群體的相關矩陣間有共同因素存在，因此適合進行因素分析。

表8-3　KMO與Bartlett檢定

Kaiser-Meyer-Olkin取樣適切性量數		.761
Bartlett球形檢定	近似卡方分配	1553.321
	自由度	253
	顯著性	.000

一般常用的標準如表8-4所示。

表8-4　KMO評定標準

KMO<0.5	不能使用
0.5≦KMO<0.6	不太適合
0.6≦KMO<0.7	普通
0.7≦KMO<0.8	還算適合
0.8≦KMO<0.9	適合
0.9≦KMO	非常適合

因素負荷量（轉軸後的成份矩陣）

經過SPSS分析之後，輸出的「轉軸後」的因素矩陣如表8-5所示。此表顯示了因素與變數的相關係數，稱為因素負荷量（factor loading）。例如變數var01與因素1的負荷量是0.733，與因素2的負荷量是0.149，與因素3的負荷量是0.016，…。

表8-5　轉軸後的成份矩陣[a]

	元件						
	1	**2**	**3**	**4**	**5**	**6**	**7**
var09（第9題）	.741	.139	−.241	.103	−.181	−.026	−.110
var01（第1題）	.733	.149	.016	−.037	−.165	−.107	.004
var16（第16題）	.699	.245	.208	−.066	−.336	−.014	.221
var08（第8題）	.681	.204	−.395	.061	−.089	−.067	−.036
var10（第10題）	.622	−.207	.057	−.323	.171	.095	−.032
var03（第3題）	.599	.311	.267	−.031	.144	−.324	.187
var11（第11題）	.520	.256	.205	−.030	.137	.398	−.137
var14（第14題）	.087	.804	−.055	.139	−.070	.157	−.198
var22（第22題）	.184	.770	.101	−.089	−.040	−.094	.008
var19（第19題）	.315	.732	.035	.015	.111	.099	.074
var04（第4題）	.000	−.070	.784	.272	−.054	−.166	.033
var23（第23題）	.022	.022	.692	.136	.160	.394	−.120
var20（第20題）	−.005	.151	.667	.221	.127	.032	.189
var18（第18題）	−.112	.107	.435	.389	.241	.287	−.127
var15（第15題）	−.005	.102	.165	.763	.017	.086	.068
var02（第2題）	.041	.014	.243	.700	.196	−.029	.132
var06（第6題）	−.146	−.212	.183	.636	.229	.030	−.028
var12（第12題）	−.173	−.088	.052	.021	.719	.259	−.263
var05（第5題）	.020	.046	.270	.204	.668	−.085	.117
var13（第13題）	−.144	.043	−.030	.243	.584	.082	.265
var21（第21題）	−.217	.307	.107	−.026	.191	.640	.321
var07（第7題）	.009	−.469	.002	.363	.021	.536	.117
var17（第17題）	.017	−.131	.058	.131	.052	.107	.861

萃取方法：主成份分析。

旋轉方法：含Kaiser常態化的Varimax法。

a 轉軸收斂於9個疊代。

　　　　將因素負荷量大於0.5者集結成一個成份（因素），並將之命名。
對同一因素，其對應的題項的因素負荷量均大於0.5，就可認為此變數
（生活型態）的收斂效度佳。在區別效度的檢驗方面，每一題項在其所

屬的成份（因素）中，其因素負荷量要大於0.5。符合此條件的題項越多，則此變數的區別效度就越高。從另外一個角度來看，收斂效度是指，每一題項在其所屬的成份（因素）中，其因素負荷量必須接近1；而區別效度是指，每一題項在其不所屬的成份（因素）中，其因素負荷量必須接近0。第18題（以虛線表示）不符合以上說明的條件，故應刪除，以增加此變數（生活型態）的收斂效度與區別效度。有關收斂效度與區別效度的詳細探討，見榮泰生著，《企業研究方法》，四版（臺北：五南圖書出版公司，2011），第4章。

將資料檔「因素分析.sav」另存新檔成「因素分析_刪除第18題.sav」，在「因素分析_刪除第18題.sav」資料檔中，點選〔var18〕欄，按滑鼠右鍵，選擇〔清除〕，即可將此欄位刪除。再按〔確定〕，產生輸出報表，從表8-6中，我們可以看見已無因素負荷量小於0.5的題項。

表8-6　轉軸後的成份矩陣[a]

	元件						
	1	2	3	4	5	6	7
var09（第9題）	.744	.138	−.236	.101	−.177	−.029	−.100
var01（第1題）	.735	.151	.023	−.036	−.162	−.103	.008
var16（第16題）	.698	.248	.215	−.062	−.327	−.010	.228
var08（第8題）	.686	.203	−.396	.053	−.083	−.071	−.018
var10（第10題）	.620	−.206	.073	−.316	.167	.109	−.051
var03（第3題）	.596	.317	.273	−.027	.153	−.305	.179
var11（第11題）	.512	.258	.221	−.022	.130	.410	−.173
var14（第14題）	.082	.805	−.047	.147	−.077	.168	−.229
var22（第22題）	.182	.771	.093	−.097	−.032	−.102	.019
var19（第19題）	.312	.732	.030	.007	.112	.104	.068
var04（第4題）	−.010	−.060	.792	.288	−.043	−.159	.017
var20（第20題）	−.017	.164	.694	.250	.130	.073	.127
var23（第23題）	.013	.021	.665	.111	.175	.344	−.081
var15（第15題）	−.010	.108	.168	.770	.025	.097	.048
var02（第2題）	.036	.021	.242	.703	.207	−.018	.118

表8-6　轉軸後的成份矩陣^a（續）

	元件						
	1	2	3	4	5	6	7
var06（第6題）	−.150	−.208	.177	.635	.238	.027	−.032
var12（第12題）	−.180	−.089	.058	.024	.705	.275	−.308
var05（第5題）	.014	.050	.259	.193	.680	−.083	.115
var13（第13題）	−.147	.045	−.039	.233	.593	.092	.256
var21（第21題）	−.225	.309	.119	−.019	.183	.666	.273
var07（第7題）	.005	−.465	.019	.376	.020	.551	.084
var17（第17題）	.018	−.125	.052	.123	.073	.120	.876

萃取方法：主成份分析。

旋轉方法：含Kaiser常態化的Varimax法。

a 轉軸收斂於8個疊代。

　　Bartlett球形檢定的顯著性是0.000（表8-7），已達顯著水準，應棄卻虛無假說（虛無假說是：變項間的淨相關矩陣不是單元矩陣）。棄卻虛無假說的意思是：母群體的相關矩陣間有共同因素存在，因此適合進行因素分析。

表8-7　KMO與Bartlett檢定

Kaiser-Meyer-Olkin 取樣適切性量數		.761
Bartlett 的球形檢定	近似卡方分配	1428.484
	df	231
	顯著性	.000

共同因素的抽取及命名

　　因素的抽取是考慮轉軸後因素負荷量數值較大的那些變數（也就是變異數最大，Varimax的因素負荷量至少應大於0.50的那些變數）。

　　以因素分析獲得因素矩陣及其他相關資料後，還必須對各因素所代表的意義加以解釋（命名），以顯示變數與因素間的關係。在對因素的命名時，通常以因素結構為主，由因素和變數間相關係數（因素負荷量）的大小，可以知道某個因素與那些變數具有較高的關聯，與那些變數的關聯較小或沒有關聯，從而可了解該因素的意義，並給予適當的名稱。

在我們的例子中，我們將上表以因素的形成為基礎，依照題項順序重新加以整理，並加以命名，彙整結果如表8-8所示。因素一的轉軸平方和負荷量累積總變異量（%）可參考「解說總變異量表」（轉軸平方和負荷量的「變異數的%」部分）。

表8-8　因素命名

因素項目	問卷題項	因素負荷量	轉軸平方和負荷量累積總變異量（%）	因素命名
因素一	1. 我常注意跟時髦流行有關的訊息。	0.735		
	3. 我很在意我買的東西是否與眾不同有個性。	0.596		
	8. 我喜歡遊山玩水投入大自然的懷抱。	0.686		
	9. 我重視我的休閒活動。	0.744	15.093	追求時髦
	10. 我喜歡到戶外活動，不喜歡悶在家裡。	0.620		
	11. 我喜歡與街坊鄰居聊天。	0.512		
	16. 我花許多時間做家事。	0.698		
因素二	14. 我常和朋友討論新聞時勢。	0.805		
	19. 我認為有良好的教育，成功的機會比較大。	0.732	26.724	戶外休閒
	22. 我認為目前的生活已經很好了，沒有必要去改變。	0.771		
因素三	4. 我的服飾和裝扮經常隨著流行趨勢改變。	0.792		
	20. 只要現有的東西還能使用，我通常不會隨意更換。	0.694	36.534	社會關懷
	23. 我喜歡安定有保障性的工作。	0.665		
因素四	2. 我經常參加朋友間的聚會。	0.703		
	6. 我對於社會上的事物非常感興趣。	0.635	45.842	傳統顧家
	15. 我經常花時間陪伴我的家人。	0.770		
因素五	5. 我寧願住在大都市而不願意住在鄉下地區。	0.680		
	12. 我很注意國內的政治經濟等情勢的發展動向。	0.705	53.836	節約守法
	13. 我喜歡與家人共進晚餐。	0.593		
因素六	7. 我比其他人更有嘗試新產品的精神。	0.551	59.976	居家安定
	21. 在假期中，我只願意待在家中休息放鬆自己	0.666		
因素七	17. 我對於鄰居朋友間的事情相當熱心。	0.876	64.647	安逸滿足

因素命名是根據研究者的主觀判斷，因此這可能是因素分析的最大限制。

特徵值

特徵值（eigenvalue）是每個因素的因素負荷量的平方和。例如因素一（SPSS輸出報表稱因素為元件）的特徵值＝$(0.735)^2 + (0.036)^2 + (0.596)^2 + \cdots +$

（0.016）^{2} = 3.321（參考表8-9「解說總變異量」中的「轉軸平方和負荷量」）。一般認為，如果某一個因素的初始特徵值（eigenvalue）大於1，此因素就稱得上是一個有意義的因素。在我們的例子中，初始特徵值大於1的因素有7個。

特徵值除以變數的數目，所得到的數值表示：該因素所能解釋的變異數的比例（其意義有如多元迴歸分析中的判定係數R^2）。

表8-9 解說總變異量

元件	初始特徵值			平方和負荷量萃取			轉軸平方和負荷量		
	總數	變異數的%	累積%	總數	變異數的%	累積%	總數	變異數的%	累積%
1	4.368	19.856	19.856	4.368	19.856	19.856	3.321	15.093	15.093
2	3.484	15.837	35.693	3.484	15.837	35.693	2.559	11.630	26.724
3	1.804	8.202	43.895	1.804	8.202	43.895	2.158	9.810	36.534
4	1.387	6.305	50.200	1.387	6.305	50.200	2.048	9.308	45.842
5	1.243	5.649	55.848	1.243	5.649	55.848	1.759	7.994	53.836
6	1.139	5.176	61.025	1.139	5.176	61.025	1.351	6.140	59.976
7	1.017	4.623	65.647	1.017	4.623	65.647	1.248	5.671	65.647
8	.842	3.828	69.475						
9	.823	3.739	73.214						
10	.720	3.273	76.487						
11	.639	2.906	79.394						
12	.597	2.715	82.109						
13	.569	2.585	84.693						
14	.537	2.439	87.132						
15	.493	2.239	89.371						
16	.467	2.122	91.493						
17	.405	1.840	93.333						
18	.358	1.629	94.962						
19	.322	1.464	96.426						
20	.282	1.283	97.709						
21	.279	1.270	98.979						
22	.225	1.021	100.000						

萃取法：主成份分析。

共同性

共同性（communality）是所有因素能夠解釋各變數的總變異的比例。在本例中，變數var01的共同性＝（0.735）^{2}＋（0.151）^{2}＋（0.023）^{2}＋……＋（0.008）^{2}＝0.601（參考表8-11轉軸後的成份矩陣）。因此在本例中，七個因素能夠解釋變數var01的總變異的比例是60.1%（表8-10）。

表8-10　共同性

	初始	萃取
var01（第1題）	1.000	.601
var02（第2題）	1.000	.611
var03（第3題）	1.000	.680
var04（第4題）	1.000	.742
var05（第5題）	1.000	.590
var06（第6題）	1.000	.559
var07（第7題）	1.000	.669
var08（第8題）	1.000	.683
var09（第9題）	1.000	.681
var10（第10題）	1.000	.575
var11（第11題）	1.000	.593
var12（第12題）	1.000	.712
var13（第13題）	1.000	.505
var14（第14題）	1.000	.765
var15（第15題）	1.000	.646
var16（第16題）	1.000	.758
var17（第17題）	1.000	.821
var19（第19題）	1.000	.662
var20（第20題）	1.000	.610
var21（第21題）	1.000	.712
var22（第22題）	1.000	.658
var23（第23題）	1.000	.610

萃取法：主成份分析。

表8-11 轉軸後的成份矩陣[a]

	元件						
	1	2	3	4	5	6	7
var09（第9題）	.744	.138	−.236	.101	−.177	−.029	−.100
var01（第1題）	.735	.151	.023	−.036	−.162	−.103	.008
var16（第16題）	.698	.248	.215	−.062	−.327	−.010	.228
var08（第8題）	.686	.203	−.396	.053	−.083	−.071	−.018
var10（第10題）	.620	−.206	.073	−.316	.167	.109	−.051
var03（第3題）	.596	.317	.273	−.027	.153	−.305	.179
var11（第11題）	.512	.258	.221	−.022	.130	.410	−.173
var14（第14題）	.082	.805	−.047	.147	−.077	.168	−.229
var22（第22題）	.182	.771	.093	−.097	−.032	−.102	.019
var19（第19題）	.312	.732	.030	.007	.112	.104	.068
var04（第4題）	−.010	−.060	.792	.288	−.043	−.159	.017
var20（第20題）	−.017	.164	.694	.250	.130	.073	.127
var23（第23題）	.013	.021	.665	.111	.175	.344	−.081
var15（第15題）	−.010	.108	.168	.770	.025	.097	.048
var02（第2題）	.036	.021	.242	.703	.207	−.018	.118
var06（第6題）	−.150	−.208	.177	.635	.238	.027	−.032
var12（第12題）	−.180	−.089	.058	.024	.705	.275	−.308
var05（第5題）	.014	.050	.259	.193	.680	−.083	.115
var13（第13題）	−.147	.045	−.039	.233	.593	.092	.256
var21（第21題）	−.225	.309	.119	−.019	.183	.666	.273
var07（第7題）	.005	−.465	.019	.376	.020	.551	.084
var17（第17題）	.018	−.125	.052	.123	.073	.120	.876

萃取方法：主成份分析。

旋轉方法：含Kaiser常態化的Varimax法。

a 轉軸收斂於8個疊代。

因素分數

因素分數（factor score）的計算方式是：將每一個變數的觀察值的標準化值（standardized value）乘以其係數（因素負荷量），再將這些值加總即得。在

〔Factor Analysis〕的視窗中，選擇〔Scores〕。

在本例的因素分數如圖8-13所示。因此我們可以了解，受測者1：

在追求時髦這個因素上的分數是−1.22709

在戶外休閒這個因素上的分數是−0.21973

在社會關懷這個因素上的分數是−0.80904

在傳統顧家這個因素上的分數是0.08465

在節約守法這個因素上的分數是0.53217

在居家安定這個因素上的分數是0.24657

在安逸滿足這個因素上的分數是−0.05538

因素分析(刪除第18題).sav [資料集1] - SPSS Statistics Data Editor

檔案(F) 編輯(E) 檢視(V) 資料(D) 轉換(T) 分析(A) 統計圖(G) 公用程式(U) 增益集(O) 視窗(W) 說明(H)

1 : FAC1_1   -1.2270921020571635

	var23	FAC1_1	FAC2_1	FAC3_1	FAC4_1	FAC5_1	FAC6_1	FAC7_1
1	3	-1.22709	-0.21973	-0.80904	0.08465	0.53217	0.24657	-0.05538
2	2	1.43760	-0.07144	0.15477	1.77117	0.64071	-2.58280	-1.39738
3	3	-1.93901	-0.71220	0.52240	-1.66784	0.86039	0.74102	-1.09894
4	4	0.22083	-0.07117	1.70600	-0.92976	0.72582	-0.10289	0.82865
5	3	-0.59676	-0.22895	-0.76774	-0.40059	1.11464	0.42286	-0.77131
6	4	-0.76569	2.01820	-1.58981	0.04713	2.11650	-0.73072	-0.10514
7	4	-1.39360	0.80044	0.05706	0.28357	0.28357	-0.56703	0.50215
8	2	-1.88360	-1.43634	-0.84934	0.37077	-0.04994	-1.32561	-0.08042
9	3	-0.64595	-1.01763	-0.40503	-0.29903	-1.55352	0.75505	0.32443
10	3	-1.08413	0.75445	-0.41467	-1.64128	-0.13265	-0.08547	-1.27262
11	3	0.20615	-0.25668	0.06065	0.13627	-0.12909	0.29213	-0.87138
12	3	-0.70423	0.45170	-1.36713	0.46925	-0.59969	0.97085	0.44044
13	2	0.36725	-0.21473	-0.70590	0.02469	2.28332	-0.97244	-0.58792
14	3	2.52842	0.04856	-0.59500	0.16085	-1.17419	0.66246	0.11771
15	3	0.89517	-0.81375	0.74635	-1.74761	-0.08516	-0.43502	-0.70814
16	3	-0.25309	-1.62355	-0.81185	-1.67898	-1.34011	0.02868	2.65501
17	3	0.04792	0.44627	-0.34870	0.20825	-0.34164	1.20399	0.18333
18	3	-0.47843	0.34945	-0.32430	0.60631	-0.88964	-1.70364	0.38144
19	3	-0.40793	0.01433	0.06242	-0.10283	0.46743	-0.91861	0.11183
20	5	0.76771	-0.19731	0.95675	0.08819	0.08053	1.05668	0.59743
21	4	-0.44628	0.39046	1.39479	0.06319	0.32946	0.51399	-0.48775
22	2	1.10119	0.49793	-0.79570	0.23790	-0.73125	0.23902	1.09815
23	2	-1.61795	0.61907	-0.37531	-0.43749	-0.30757	0.16124	1.19626

圖8-13　因素分數

因素數目的決定

我們在進行因素分析時，到底要抽取多少個因素？基本原則是：抽取的因素數目越少越好，而抽取的因素所能解釋變數的變異程度則越大越好。在此原則之下，有許多方法可以參考，其中之一就是用因素的陡坡檢定（scree test），如圖8-14所示。在陡坡圖中，每一個因素所能解釋的變異量均呈現在同一圖中。縱軸為因素所能解釋的變異量（eigenvalue），橫軸為各因素。將各點連線，曲線的走勢是從陡直後趨於平坦，我們可將趨於平坦的因素捨棄不用。在我們的例子中，因素數目等於7是很恰當的。

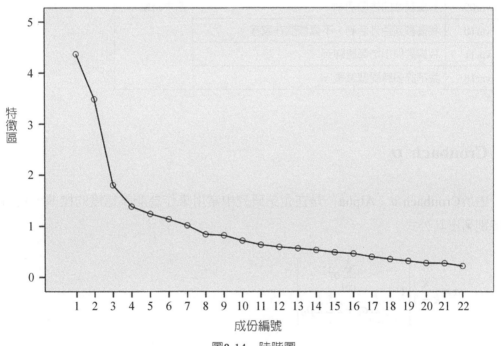

圖8-14　陡階圖

8.4　信度檢定[2]

現在我們來說明如何以SPSS來進行信度、效度的檢定。在上述有關生活型態

2　有關信度與效度的詳細說明，可參考：榮泰生，《企業研究方法》，四版（臺北：五南圖書出版公司，2011），第4章。

（life style）的因素分析中，我們將項目1、3、8、9、10、11、16集結成一個因素，並將它命名為「追求時髦」，如表8-12所示。但是，在因素分析後，為了進一步了解問卷的可靠性，我們要進行信度考驗。

表8-12　因素命名

變數代號	問卷中題目描述	因素一
var01	我常注意跟流行時髦有關的訊息。	
var03	我很在意我買的東西是否與眾不同有個性。	
var08	我喜歡遊山玩水投入大自然的懷抱。	
var09	我重視我的休閒活動。	追求時髦
var10	我喜歡到戶外活動，不喜歡悶在家裡。	
var11	我喜歡與街坊鄰居聊天。	
var16	我花許多時間做家事。	

Cronbach α

由於Cronbach α（Alpha）是在企業研究中常用來作為測試信度的標準，我們在此特別列出其公式：

$$\alpha = \frac{k}{k-1}\left[1 - \frac{\sum\limits_{i=1}^{k}\sigma_i^2}{\sum\limits_{i=1}^{k}\sigma_i^2 + 2\sum\limits_{i}^{k}\sum\limits_{j}^{k}\rho_{ij}}\right]$$

k = 測量某一觀念的題目數

σ_i = 題目 i 的變異數

ρ_{ij} = 相關題目的共變數（covariance）

試舉一個例子說明Cronbach α（Alpha）公式的應用。表8-13是共變數矩陣（covariance matrix）。表中的粗體字是該項目的變異數，其餘數字是相關項目的共變數。

表8-13　共變數矩陣

項目	1	2	3	4	5
1	**0.7183**				
2	0.2325	**0.5817**			
3	0.2184	0.1940	**1.2880**		
4	0.1718	0.2250	0.3047	**0.5885**	
5	0.1699	0.1980	0.2004	0.2261	**0.6367**

我們將這個共變數矩陣的值套用上述的公式，可得Cronbach α 值是0.6612。事實上，我們可藉由SPSS很快的計算出Cronbach α值。

Cronbach α值≧0.70時，屬於高信度；0.35≦Cronbach α值＜0.70時，屬於尚可；Cronbach α值＜0.35則為低信度。[3]

在SPSS中，開啟檔案（檔案名稱：...\Chap08\信度_生活形態_追求時髦.sav）。此檔為將「因素分析_刪除第18題.sav」另存新檔成「信度_生活形態_追求時髦.sav」，刪去其他的變數，只保留var01、var03、var08、var09、var10、var11、var16。

按〔分析〕〔尺度〕〔信度分析〕（〔Analyze〕〔Scale〕〔Reliability〕），就會產生「信度分析」（Reliability Analysis）視窗。將所要進行分析的變數選入「項目」（Items）方格內，如圖8-15所示。

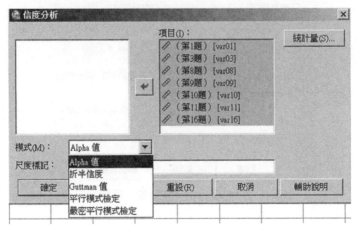

圖8-15　「信度分析」視窗設定

---

[3] J. P. Gilford, *Psychometric Methods*, 2nd ed. (New York, NY: McGraw-Hill, 1954).

在「信度分析」（Reliability Analysis）視窗中，左下角的「模式」（Model）共有五種信度考驗的方法：

（1）Alpha值（Cronbach α 係數）

（2）折半信度（Split-half）

（3）Guttman值，此為Guttman最低下限真實信度法，信度係數從λ_1到λ_6

（4）平行模式檢定（Parallell）

（5）嚴密平行模式檢定（Strict parallel），表示各題目平均數與變異數均是同
　　　質時的最大概率信度

在「信度分析」（Reliability Analysis）視窗中，按右上角的〔統計量〕（〔Statistics〕），在「信度分析：統計量」（Reliability Analysis: Statistics）視窗內的「描述統計量對象」（Descriptives for）下的選項中，選擇〔刪除項目後之量尺摘要〕（〔Scale if Item Deleted〕），如圖8-16所示。

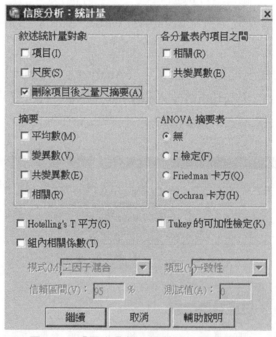

圖8-16　「信度分析：統計量」視窗設定

輸出報表如表8-14到表8-20所示。表8-14「可靠性統計量」顯示，Cronbach's Alpha值是0.805，按前述的判斷標準，當Cronbach's Alpha值≧0.70時，屬於高信度，因此這個研究對「追求時髦」的衡量具有高信度。

在表8-15「項目整體統計量」的報表中，在最後的一欄「項目刪除時的Cronbach's Alpha 值」中其解釋是這樣的：如果我們刪除了這個變數（項目或題項），其餘項目的Cronbach's Alpha值會變成多少。以第一個項目為例，如果我們刪除了var01，則其餘6個項目的Cronbach's Alpha 值會變成0.760，原來的（未刪除前的）Cronbach's Alpha 值是0.805，比原來的還低，所以我們不要刪除這個項目。以第var10為例，如果我們刪除了var10，則其餘6個項目的Cronbach's Alpha 值會變成0.812，原來的（未刪除前的）Cronbach's Alpha 值是0.805，比原來的還高，所以我們可考慮刪除這個項目。所以簡單的說，在最後的一欄「項目刪除時的 Cronbach's Alpha 值」，其值大於0.805的都是考慮刪除的項目。

表8-14 可靠性統計量

Cronbach's Alpha 值	項目的個數
.805	7

表8-15 項目整體統計量

題次	項目刪除時的尺度平均數	項目刪除時的尺度變異數	修正的項目總相關	項目刪除時的Cronbach's Alpha值
（第1題）	20.55	13.304	.641	.760
（第3題）	20.32	14.675	.524	.783
（第8題）	20.68	13.392	.571	.773
（第9題）	20.96	13.391	.620	.764
（第10題）	20.77	14.408	.378	.812
（第11題）	20.50	15.336	.404	.801
（第16題）	20.97	13.029	.658	.756

現在我們做一個進階探討，看看刪除了var10這個項目之後，會不會提升信度。將檔案「信度_生活形態_追求時髦.sav」另存新檔為「信度_生活形態_追求時髦_刪除第10題.sav」，將var10 mark起來，並按〔編輯〕〔清除〕（〔Edit〕〔Clear〕），或按〔Del〕鍵將它清除，以上述程序再操作一遍，發現信度提高到0.812，如表8-16所示。

表8-16　可靠性統計量

Cronbach's Alpha 值	項目的個數
.812	6

　　表8-17中顯示，var11（第11題）的「項目刪除時的 Cronbach's Alpha 值」為0.820，大於0.812，因此我們要再刪除掉var11。

表8-17　項目整體統計量

題次	項目刪除時的尺度平均數	項目刪除時的尺度變異數	修正的項目總相關	項目刪除時的 Cronbach's Alpha 值
（第1題）	17.19	9.858	.654	.763
（第3題）	16.96	11.103	.528	.792
（第8題）	17.33	9.903	.587	.780
（第9題）	17.60	10.041	.610	.774
（第11題）	17.14	11.815	.377	.820
（第16題）	17.61	9.573	.681	.756

　　將檔案「信度_生活形態_追求時髦_刪除第10題.sav」另存新檔為「信度_生活形態_追求時髦_刪除第10題_11題.sav」，將var11 mark起來，並按〔編輯〕〔清除〕（〔Edit〕〔Clear〕），或按〔Del〕鍵將它清除，以上述程序再操作一遍，發現信度提高到0.820（表8-18），而「項目刪除時的 Cronbach's Alpha 值」均沒有大於0.820的題項，如表8-19所示。

表8-18　可靠性統計量

Cronbach's Alpha 值	項目的個數
.820	5

表8-19　項目整體統計量

題次	項目刪除時的尺度平均數	項目刪除時的尺度變異數	修正的項目總相關	項目刪除時的 Cronbach's Alpha 值
（第1題）	13.57	7.659	.664	.769
（第3題）	13.34	8.881	.509	.812

表8-19　項目整體統計量（續）

題次	項目刪除時的 尺度平均數	項目刪除時的 尺度變異數	修正的項目 總相關	項目刪除時的 Cronbach's Alpha 值
（第8題）	13.70	7.593	.617	.783
（第9題）	13.98	7.880	.605	.787
（第16題）	13.99	7.497	.669	.767

我們分析的結論，如表8-20所示。

表8-20　分析的結論

變數代號	問卷中題目描述	因素一
var01	我常注意跟流行時髦有關的訊息。	
var03	我很在意我買的東西是否與眾不同有個性。	
var08	我喜歡遊山玩水投入大自然的懷抱。	追求時髦
var09	我重視我的休閒活動。	
var16	我花許多時間做家事。	

Split-half

開啟檔案（檔案名稱：...\Chap08\信度_生活形態_追求時髦_刪除第10題_11題.sav）。如果已開啟，不必重複開啟，繼續操作。

在「信度分析」（Reliability Analysis）視窗中，在左下角的「模式」（Model）選〔折半信度〕（Split-half），可以看出折半信度，選取之後，按〔確定〕進行分析，所產生的輸出報表如表8-21所示。

表8-21　可靠性統計量

Cronbach's Alpha 值	第1部分	數值	.696
		項目的個數	3[a]
	第2部分	數值	.649
		項目的個數	2[b]
		項目的總個數	5

表8-21 可靠性統計量（續）

Cronbach's Alpha 值	第 2 部分	形式間相關	.733
Spearman-Brown 係數		等長	.846
		不等長	.851
		Guttman Split-Half 係數	.828

a 項目為\：（第1題），（第3題），（第8題）。
b 項目為\：（第8題），（第9題），（第16題）。

　　從表8-21我們可以看出，將項目的總個數（5）加以折半之後，第一部分的項目個數有3個；第二部分的項目個數有2個，屬於「不等長」的情況。折半信度的係數值越高，表示兩半量表的內容一致性越高。

　　由於折半信度只是半份量表的信度而已，它會低估原來量表項目的信度，因此必須用Spearman-Brown公式來矯正，在表8-21中，Spearman-Brown係數（不等長）的值是0.851。按前述的判斷標準，當Cronbach's α值≧0.70時，屬於高信度。

　　現在我們再實驗一下，開啟檔案（檔案名稱：...\Chap08\信度_生活形態_追求時髦_刪除第10題.sav），也就是還沒有刪除var11這個題項之前的檔案。重複進行Split-half，我們發現其Spearman-Brown係數（等長）的值是0.825（表8-22），因此刪除var10這個項目之後，折半信度增加了0.026（0.851-0.825）。

表8-22 可靠性統計量

Cronbach's Alpha 值	第 1 部分	數值	.696
		項目的個數	3[a]
	第 2 部分	數值	.652
		項目的個數	3[b]
		項目的總個數	6
		形式間相關	.702
Spearman-Brown 係數		等長	.825
		不等長	.825
		Guttman Split-Half 係數	.825

a 項目為\：（第1題），（第3題），（第8題）。
b 項目為\：（第9題），（第11題），（第16題）。

Spearman積差相關

另外一個同質性考驗的方法，就是利用Spearman積差相關。同質性考驗表示測量一個構念的各屬性彼此之間應該非常接近，因此項目與項目之間應該有較高的相關才對，同時項目與總分也應該有高度的相關。項目與總量表的相關最好在0.30以上，而且也必須達到統計上的顯著水準。

開啟檔案（檔案名稱：...\Chap08\信度_生活形態_追求時髦.sav）。按〔分析〕〔相關〕〔雙變數〕（〔Analyze〕〔Correlate〕〔Bivariate〕），並作適當的選定，操作細節可見第7章7.3節「Pearson相關係數」。輸出報表如表8-23所示。表中顯示，var10的相關係數相對偏低，我們可考慮刪除。事實上，我們依據相關分析的結果所做成的判斷與上述Cronbach's Alpha、折半信度的分析結果是不謀而合的。

表8-23　相關

		（第1題）	（第3題）	（第8題）	（第9題）	（第10題）	（第11題）	（第16題）
（第1題）	Pearson相關	1	.423**	.527**	.427**	.278**	.282**	.653**
	顯著性（雙尾）		.000	.000	.000	.000	.000	.000
	個數	202	202	202	202	202	202	202
（第3題）	Pearson相關	.423**	1	.348**	.363**	.247**	.313**	.496**
	顯著性（雙尾）	.000		.000	.000	.000	.000	.000
	個數	202	202	202	202	202	202	202
（第8題）	Pearson相關	.527**	.348**	1	.600**	.239**	.190**	.433**
	顯著性（雙尾）	.000	.000		.000	.001	.007	.000
	個數	202	202	202	202	202	202	202
（第9題）	Pearson相關	.427**	.363**	.600**	1	.328**	.307**	.481**
	顯著性（雙尾）	.000	.000	.000		.000	.000	.000
	個數	202	202	202	202	202	202	202

表8-23　相關（續）

		（第1題）	（第3題）	（第8題）	（第9題）	（第10題）	（第11題）	（第16題）
（第10題）	Pearson 相關	.278**	.247**	.239**	.328**	1	.280**	.264**
	顯著性（雙尾）	.000	.000	.001	.000		.000	.000
	個數	202	202	202	202	202	202	202
（第11題）	Pearson 相關	.282**	.313**	.190**	.307**	.280**	1	.358**
	顯著性（雙尾）	.000	.000	.007	.000	.000		.000
	個數	202	202	202	202	202	202	202
（第16題）	Pearson 相關	.653**	.496**	.433**	.481**	.264**	.358**	1
	顯著性（雙尾）	.000	.000	.000	.000	.000	.000	
	個數	202	202	202	202	202	202	202

** 在顯著水準為0.01時（雙尾），相關顯著。

8.5　重要統計檢定值

因素分析與信度檢定的重要統計檢定值，如表8-24所示。

表8-24　因素分析與信度檢定的重要統計檢定值

統計值	意義	判讀
KMO	「取樣適切性」檢定	KMO是Kaiser-Meyer-Olkin所提出的取樣適切性量數，其值介於0與1之間。當KMO值越接近1時，表示變項之間的共同因素越多，越適合進行因素分析。如果KMO小於0.5，則不宜進行因素分析。進行因素分析的普通準則是：KMO值至少要在0.6以上。
Bartlett	「球形」檢定	Bartlett球形檢定如已達顯著水準，應棄卻虛無假說。虛無假說是：變項間的淨相關矩陣不是單元矩陣。棄卻虛無假說的意思是：母群體的相關矩陣間有共同因素存在。因此適合進行因素分析。
因素負荷量（factor loading）	因素與變數的相關係數	

表8-24　因素分析與信度檢定的重要統計檢定值（續）

統計值	意義	判讀
特徵值（eigenvalue）	每個因素的因素負荷量的平方和	一般認為如果某一個因素的初始特徵值（eigenvalue）大於1，此因素就稱得上是一個有意義的因素。
判定係數 R^2	特徵值除以變數的數目	該因素所能解釋的變異數的比例。
共同性（communality）	所有因素能夠解釋各變數的總變異的比例	
因素分數（factor score）	將每一個變數的觀察值的標準化值（standardized value）乘以其係數（因素負荷量），再將這些值加總即得。	
Cronbach α	信度測量	Cronbach α值≧0.70時，屬於高信度；0.35≦Cronbach α值<0.70時，屬於尚可；Cronbach α值<0.35則為低信度。
折半信度	信度測量，只是半份量表的信度而已，它會低估原來量表項目的信度。	必須用Spearman-Brown公式來矯正，在使用Spearman-Brown係數時要看等長或不等長，並按Cronbach α標準來判斷，例如當Cronbach's α值≧0.70時，屬於高信度。
Spearman積差相關	同質性考驗	同質性考驗表示測量一個構念的各屬性彼此之間應該非常接近，因此項目與項目之間應該有較高的相關才對，同時項目與總分也應該有高度的相關。項目與總量表的相關最好在0.30以上，而且也必須達到統計上的顯著水準。

第 9 章
集群分析

9.1 認識集群分析

目的

集群分析（cluster analysis），又稱群集分析，其目的在於將物件（包括個體、產品、品牌、國家、城市等）加以集結成群，使得在群體內的個體的同質性（homogeneity）很高，群體之間的異質性（heterogeneity）很高。這個技術在我們區分市場區隔（market segment）時特別有用。[1]

集群分析與因素分析類似，如果我們針對變數做集群分析，不就等於應用因素分析了嗎？當我們針對個人來建立集群時，這種分析叫做Q分析（Q-Analysis）。當我們針對變數來建立集群時，這種分析叫做R分析（R-Analysis）。

集群分析與區別分析的差別，在於區別分析是以界定清楚的二群（或以上）來檢視什麼變數最能區分這些群，而集群分析是將未經區別化（undifferentiated group）的一群個人、事件或物體，重新組合成同質性的次群體。

基本原理

集群分析的基本原理，是基於以下的步驟：

(1) 選擇要做集群分析的樣本（這些樣本可能是購買者、病人、存貨、產品及員工等）；

(2) 界定衡量這些物體、事件或個人的變數（例如，財務狀況、政黨歸屬、人口統計變數、生產力指標等）；

(3) 利用相關分析、歐幾里得距離（Euclidean distances）、及其他技術來計算個體之間的相似性；

(4) 選擇互斥的集群（也就是使得群內同質性、群間異質性極大化的集群）或層級式排列的集群；

(5) 做集群間的比較與驗證。

---

[1] Paul E. Green, R. E. Frank, and P. J. Robinson, "Cluster Analysis in Test Market Selection," *Management Science 13*, April 1967, pp. 387-400.

╢ 適用情況

集群分析是一種互依分析（Analysis of Interdependence）技術。所謂互依法是將所有的變數「一視同仁」，如圖9-1所示。

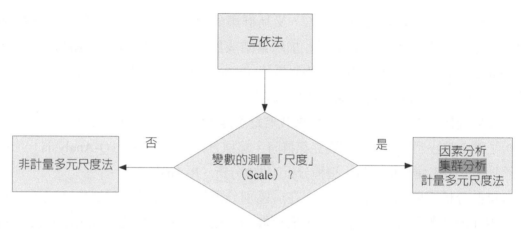

圖9-1　多變量互依法技術的選擇──集群分析

╢ SPSS程序

集群分析分為非階層集群法（non-hierarchical methods）、階層集群法（hierarchical methods）。在SPSS中，非階層集群法由「K平均數集群」（K-Means Cluster）程序來執行；階層集群法由「階層集群分析法」（Hierarchical）程序來執行。此外，還有二階段集群法。茲將這三種方法的特色列表如表9-1所示。

表9-1　集群分析三種方法的特色

非階層集群法： K平均數集群（K-Means Cluster）程序	階層集群法： 階層集群分析法（Hierarchical）程序	二階段集群法： TwoStep集群（TwoStep Cluster）程序
必須事先確認分群數目	可將觀察值或變數加以分群	以既定的集群（如男性、女性集群）對其連續變數（如所得、年齡）進行分析
能儲存觀察值的分組資料（被分到哪一群的資料）、距離資料（與中心點的距離資料）	可以七種方法來分群，可讓我們儲存分組資料（被分到哪一群的資料）	能處理類別及連續變數，同時建立集群模式，可讓我們儲存分組資料（被分到哪一群的資料） 能將集群模式儲存到外部的XML檔案（新資料可更新此集群模式）

表9-1　集群分析三種方法的特色（續）

非階層集群法： K平均數集群（K-Means Cluster）程序	階層集群法： 階層集群分析法 （Hierarchical）程序	二階段集群法： TwoStep集群（TwoStep Cluster）程序
可分析大量資料	只適合處理小量資料（例如數百筆資料）	可分析大量資料

　　在SPSS中，按〔分析〕〔分類〕（〔Analysis〕〔Classify〕），就可看到SPSS有關集群分析的技術：TwoStep集群、K平均數集群、階層集群分析法，如圖9-2所示。

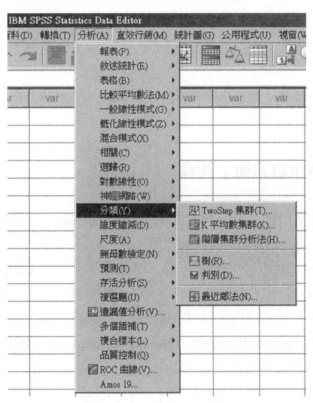

圖9-2　SPSS集群分析技術

9.2　K平均數集群（非階層集群法）

　　非階層集群法是在分群的過程中，將原有的集群加以打散，並重新形成新的

集群。非階層集群法也有幾種不同的計算方法。各種方法都是先選出某些種子點（seed point）作為集群的中心。K平均數法（K-means method）是使用得比較普遍的方法，其演算步驟如下：[2]

（1）將各個事物點（個體）分割成K個原始集群；

（2）計算某一個事物點到各集群的平均數（重心）的距離（距離的計算通常採用歐幾里得距離），然後將一些事物點分派到距離最近的那個集群。重心計算後得到新事物點的那個集群的平均數，以及失去該事物點的那個集群的平均數。

（3）重複步驟（2），直到各事物點都不必重新分派到其他的集群時為止。

研究問題

大海汽車公司想要了解汽車購買者的市場區隔，其研究人員所選擇的變數是年齡、所得及家庭大小。

「K平均數集群分析」視窗

開啟檔案（檔案位置：...\Chap09\K-Means Cluster.sav）。資料檔中包括所得、年齡、家庭大小。這三個變數均是區間尺度。

在SPSS中，按〔分析〕〔分類〕〔K平均數集群〕（〔Analyze〕〔Classify〕〔K-Means Cluster〕），在所呈現的「K平均數集群分析」（K-Means Cluster Analysis）視窗中，將「所得」、「年齡」、「家庭大小」這三個變數選入變數（Variables）下的方格中。集群個數（Number of Clusters）預設值為2，集群方法（Method）的預設方法為「疊代及分類」（Iterate and classify）。我們所做的設定如圖9-3所示。有關集群個數的進一步探討，可見9.5節。

---

[2] 黃俊英，《多變量分析》，七版（臺北：中華經濟企業研究所，2004），頁275。

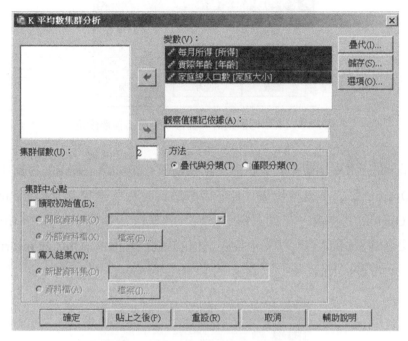

圖9-3 「K平均數集群分析」視窗設定

疊代（Iternation）

在「K平均數集群分析」（K-Means Cluster Analysis）視窗中，按〔疊代〕（〔Iterate〕），就會出現「K平均數集群：疊代」（K-Means Cluster Analysis: Iterate）視窗。最大疊代次數（Maximum Iterations）的預設值為10，收斂標準（Convergence Criterion）為0。

儲存

在「K平均數集群分析」（K-Means Cluster Analysis）視窗中，按〔儲存〕（〔Save〕），就會出現「K平均數集群：儲存新變數」（K-Means Cluster Analysis: Save Variables）視窗，如圖9-4所示。我們可以將各觀察值所被分類的「各集群組員」（Cluster membership，如1、2）存為一個變數；將每一個觀察值「與集群中心點間的距離」存成另一個變數。事實上，第一個變數有必要儲存，因為這個變數可作為以後分析之用，例如分析兩個集群在所得、年齡、家庭大小的平均數上有無顯著差異（見第4章〈比較平均數〉），或者能夠區分這兩個集群的最顯著變數是什麼（見第13章〈區別分析〉）等。

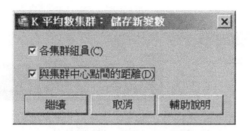

圖9-4 「K平均數集群：儲存新變數」視窗設定

在所呈現的「K平均數集群分析」（K-Means Cluster Analysis）視窗中，按〔選項〕（〔Options〕），就會出現「K平均數集群分析：選項」（K-Means Cluster Analysis: Options）視窗，在此視窗中呈現「各集群初始的中心」（Initial cluster centers，此為SPSS預設），以及「各觀察值的集群資訊」（Cluster information for each case），如圖9-5所示。

圖9-5 「K平均數集群分析：選項」視窗設定

報表解讀

輸出報表如表9-2到表9-5所示。表9-2是利用SPSS中的K平均數法，進行集群分析的結果：

表9-2 集群成員

觀察值號碼	集群	距離
1	1	3.184
2	2	4.718

表9-2 集群成員（續）

觀察值號碼	集群	距離
3	2	7.449
4	2	1.087
5	2	7.923
6	2	9.368
7	1	7.081
8	2	8.097
9	2	4.449
10	2	14.427
11	2	9.124
12	2	2.517
13	1	5.786
14	1	5.550
15	1	7.690
16	1	16.687
17	2	9.974
18	2	2.211
19	2	5.081
20	2	3.215
21	2	.645
22	2	10.238
23	2	9.214

我們可發現：代號為1、7、13、14、15、16的消費者集結成一個市場區隔；代號為2、3、4、5、6、8、9、10、11、12、17、18、19、20、21、22、23集結成另一個市場區隔。

表9-3 最後集群中心點

	集群	
	1	**2**
（每月所得）	9.67	6.52

表9-3　最後集群中心點（續）

	集群	
	1	2
（實際年齡）	50	27
（家庭總人口數）	3	4

表9-4　最後集群中心點間的距離

集群	1	2
1		23.335
2	23.335	

表9-5　各集群中的觀察值個數

集群	1	6.000
	2	17.000
有效的		23.000
遺漏值		.000

SPSS經過K平均數集群分析之後，所產生的兩個新變數其預設名稱為：QCL_1、QCL_2，我們可在資料檢視（Data View）中加以改正，分別命名為「集群」、「距離」，如此一清二楚，如圖9-6所示。

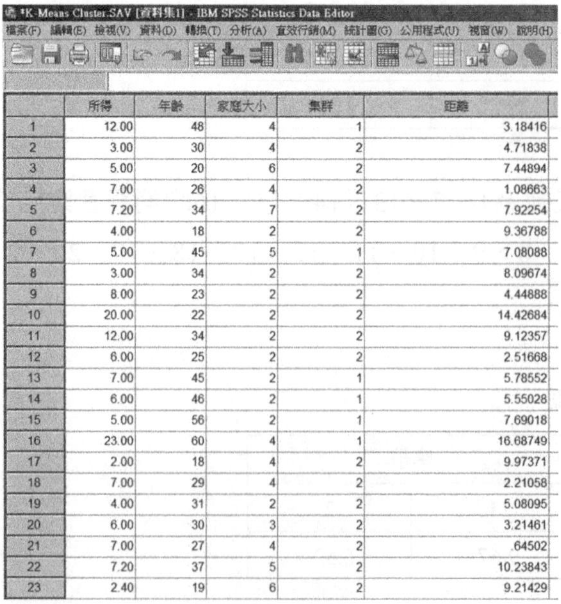

	所得	年齡	家庭大小	集群	距離
1	12.00	48	4	1	3.18416
2	3.00	30	4	2	4.71838
3	5.00	20	6	2	7.44894
4	7.00	26	4	2	1.08663
5	7.20	34	7	2	7.92254
6	4.00	18	2	2	9.36788
7	5.00	45	5	1	7.08088
8	3.00	34	2	2	8.09674
9	8.00	23	2	2	4.44888
10	20.00	22	2	2	14.42684
11	12.00	34	2	2	9.12357
12	6.00	25	2	2	2.51668
13	7.00	45	2	1	5.78552
14	6.00	46	2	1	5.55028
15	5.00	56	2	1	7.69018
16	23.00	60	4	1	16.68749
17	2.00	18	4	2	9.97371
18	7.00	29	4	2	2.21058
19	4.00	31	2	2	5.08095
20	6.00	30	3	2	3.21461
21	7.00	27	4	2	.64502
22	7.20	37	5	2	10.23843
23	2.40	19	6	2	9.21429

圖9-6　將QCL_1、QCL_2分別命名為「集群」、「距離」

9.3 階層集群分析法

階層集群分析法有二種方法：集結式集群法（agglomerate hierarchical methods）及區分式集群法（divisive hierarchical methods）。集結式集群法在開始時是每一個事物點自成一個集群，然後根據相似性準則，把相近的事物點合併成集群，一直到所有的事物點都併入同一集群時為止。區分式集群法在開始時是所有的事物點形成一個集群，然後再根據相似性準則，把事物點劃分成較不相近的兩個集群，直到所有的事物點都自成一個集群時為止。集結式集群法使用得較為普遍。

在集結式集群法中，連鎖法（linkage）是最常用的方法。一般而言，連鎖法有單一連鎖法（single linkage，以最小的點際距離作為集群間的距離）、完全連鎖法（complete linkage，以最大的點際距離作為集群間的距離）及平均連鎖法（average linkage，以平均點際距離作為集群間的距離）。

SPSS集群的方法有：群間連結（Between-group linkage）、組內變數連結（Within-group linkage）、最近鄰法（Nearest neighbor）、最遠鄰法（Farthest neighbor）、重心集群化（Centroid clustering）、中位數集群化（Median clustering）以及Ward法（Ward's Method）這七種方法，如表9-6所示。

表9-6　SPSS集群的方法

集群的方法	連鎖法
群間連結	單一連鎖法
組內變數連結	單一連鎖法
最近鄰法	單一連鎖法
最遠鄰法	完全連鎖法
重心集群化	平均連鎖法
中位數集群化	平均連鎖法
Ward法	最小變異數法

Ward法（Ward's Method）又稱為最小變異數法（minimum variance method）。Ward法比較特別，它是先將每一個觀察值視為一個集群，然後將各集群依序合併，合併的順序是看合併後集群的組內總變異數（total within-groups variance）的大小而定，凡使組內總變異數產生最小增量的觀察值就會被優先合併，越早被合併的觀察值表示其間的相似性越高。

研究問題

　　大海汽車公司想要了解消費者在生活型態上的市場區隔，以作為目標市場選擇策略、廣告促銷策略的參考。[3]

　　所設計的問卷共有23題，採李克五點區間尺度，從「非常同意」到「非常不同意」，分別給予5到1的分數。研究者所整理的生活型態變數如以下23項（表9-7）。

表9-7　研究者所整理的23項生活型態變數

變數代號	問卷中題目描述
var01	我常注意跟流行時髦有關的訊息。
var02	我經常參加朋友間的聚會。
var03	我很在意我買的東西是否與眾不同有個性。
var04	我的服飾和裝扮經常隨著流行趨勢改變。
var05	我寧願住在大都市而不願意住在鄉下郊區。
var06	我對於社會上的事物非常感興趣。
var07	我比其他人更有嘗試新產品的精神。
var08	我喜歡遊山玩水投入大自然的懷抱。
var09	我重視我的休閒活動。
var10	我喜歡到戶外活動，不喜歡悶在家裡。
var11	我喜歡與街坊鄰居聊天。
var12	我很注意國內的政治經濟等情勢的發展動向。
var13	我喜歡與家人共進晚餐。
var14	我常和朋友討論新聞時勢。
var15	我經常花時間陪伴我的家人。
var16	我花許多時間做家事。
var17	我對於鄰居朋友間的事情相當熱心。
var18	我認為這個社會需要有嚴密的法律以安定我們的生活。
var19	我認為有良好的教育，成功的機會比較大。
var20	只要現有的東西還能使用，我通常不會隨意更換。

[3] 生活型態是市場區隔的重要變數，詳細說明可見：榮泰生，《消費者行為》，二版（臺北：五南圖書出版公司，2007），第7、10章。

表9-7 研究者所整理的23項生活型態變數（續）

變數代號	問卷中題目描述
var21	在假期中，我只願意待在家中休息放鬆自己。
var22	我認為目前的生活已經很好了，沒有必要去改變。
var23	我喜歡安定有保障性的工作。

「階層集群分析」視窗

開啟檔案（檔案位置：...\Chap09\Hierarchical Cluster.sav），資料檔中包括var01、var02、var03、……、var23這些變數。

在SPSS中，按〔分析〕〔分類〕〔階層集群分析法〕（〔Analyze〕〔Classify〕〔Hierarchical Cluster〕），在所呈現的「階層集群分析法」（Hierarchical Cluster Analysis）視窗中，將所有選入「變數」（Variables）下的方格中。我們是以觀察值（Cases）為集群的基礎，而不是變數。在輸出報表中，要呈現（Display）預設的統計量（Statistics）以及圖形（Plots）。我們所做的設定如圖9-7所示。

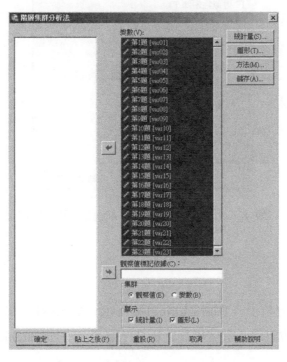

圖9-7 「階層集群分析法」視窗設定

統計量

在「階層集群分析」（Hierarchical Cluster Analysis）視窗內，按〔統計量〕（〔Statistics〕），就會出現「階層集群分析法：統計量」（Hierarchical Cluster Analysis: Statistics）視窗，如圖9-8所示。我們可以呈現「群數凝聚過程」（Agglomeration schedule），當然如果不想了解SPSS是如何將觀察值加以集結成群的過程，不選也無妨。另外在集群數目（Cluster Membership）方面，我們可以選擇預設的「無」（None），也就是我們不事先決定，讓SPSS幫我們分群（SPSS會分成預設的2群），或者事先決定集群數目，例如按〔單一圖形〕（〔Single solution〕）可以決定分幾群，按〔圖形範圍〕（〔Range of solutions〕）可以決定群數從多少到多少，最少的群數（Minimum number of clusters）是2，因為如果是1的話，等於沒有進行集群分析；最大的群數（Maximum number of clusters）是等於觀察值的數目，但如果你填寫觀察值的數目，等於一個觀察值形成一個群，這樣的話也可能太離譜了一點。

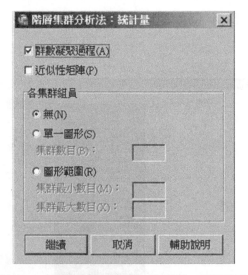

圖9-8 「階層集群分析法：統計量」視窗設定

圖形

在「階層集群分析」（Hierarchical Cluster Analysis）視窗內，按〔圖形〕（〔Plots〕），就會出現「階層集群分析法：圖形」（Hierarchical Cluster Analysis:

Plots）視窗，如圖9-9所示。我們可選擇讓SPSS呈現出樹狀圖（Dendogram）、垂直冰柱圖（Icicle），而顯示的方式是以垂直的方式（Vertical）。後二者為SPSS預設。

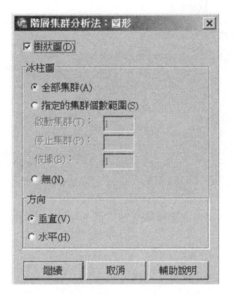

圖9-9　「階層集群分析：繪圖」視窗設定

方法

在「階層集群分析」（Hierarchical Cluster Analysis）視窗內，按〔方法〕（〔Method〕），就會出現「階層集群分析：方法」（Hierarchical Cluster Analysis: Method）視窗，如圖9-10所示。此視窗是要讓我們決定集群的方法。集群的方法有：群間連結（Between-group linkage）、組內變數連結（Within-group linkage）、最近鄰法（Nearest neighbor）、最遠鄰法（Farthest neighbor）、重心集群化（Centroid clustering）、中位數集群化（Median clustering）以及Ward法（Ward's Method）。我們選用預設的群間連結（Between-group linkage）。（讀者可進一步了解Ward's法，檢視其群數凝聚過程中係數呈遞增率增加的情形）。

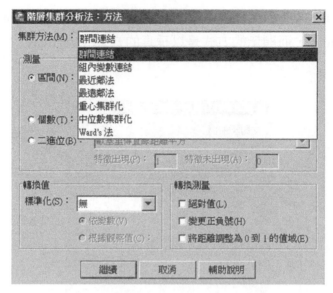

圖9-10 「階層集群分析法：方法」視窗設定

儲存

在「階層集群分析」（Hierarchical Cluster Analysis）視窗內，按〔儲存〕
（〔Save〕），就會出現「階層集群分析：儲存」（Hierarchical Cluster Analysis:
Save Variables）視窗，如圖9-11所示。此視窗的設定非常重要，因為我們要讓SPSS
將分群的結果儲存在一個變數上（預設的變數名稱是CLU2_1）。當然我們可以將
它改成「集群」這個名稱，以利以後分析時的辨識。在「各集群組員」（Cluster
Membership）下的方盒內，選擇「單一圖形」（Single solution），並填入欲分的集
群個數，本例為「2」。

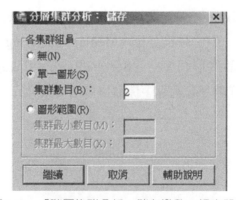

圖9-11 「階層集群分析：儲存變數」視窗設定

⌸ 報表解讀

SPSS所產生的輸出報表如表9-8所示。表9-8「群數凝聚過程」表所顯示的凝聚過程，在第1階段，觀察值3、8會集結在一起，然後就到第12階段，此時與觀察值1所已經集結的群再加以集結，以此類推。如果我們不甚清楚這些凝聚的過程，可看圖9-12的樹狀圖。

表9-8 群數凝聚過程

階段	組合集群		係數	先出現的階段集群		下一階段
	集群1	集群2		集群1	集群2	
1	3	8	.000	0	0	12
2	1	5	11.000	0	0	6
3	9	12	12.000	0	0	4
4	9	11	14.000	3	0	5
5	7	9	18.333	0	4	7
6	1	10	21.500	2	0	7
7	1	7	22.583	6	5	8
8	1	13	25.429	7	0	9
9	1	4	28.000	8	0	10
10	1	15	30.444	9	0	11
11	1	6	37.400	10	0	12
12	1	3	47.636	11	1	14
13	2	14	48.000	0	0	14
14	1	2	51.000	12	13	0

在圖9-12所顯示的樹狀圖中，直線代表階段，例如，在第1階段，觀察值3、8會集結在一起，在第2階段，觀察值1、5，以及觀察值9、12會集結在一起，以此類推。橫線代表觀察值集結的情形。

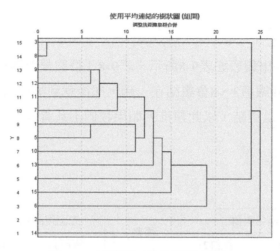

圖9-12 樹狀圖（使用組間連結）

▌變數儲存

如前述，我們要讓SPSS將分群的結果儲存在一個變數上（預設的變數名稱是CLU2_1），以便事後的分析之用。圖9-13顯示了分群的結果，例如觀察值1、3被分到第1群，觀察值2被分到第2群。如果要一目了然，可將CLU2_1加以排序，如此一眼就可看出哪些觀察值被分到第1群，哪些觀察值被分到第2群。

	var17	var18	var19	var20	var21	var22	var23	CLU2_1
1	2	3	2	3	2	4	4	3	1
2	4	1	5	3	3	3	5	2	2
3	1	2	1	1	2	3	3	2	1
4	4	4	4	4	4	4	4	4	1
5	2	3	3	3	2	4	4	3	1
6	2	2	4	5	2	5	4	3	1
7	2	4	4	4	3	4	4	4	1
8	1	2	1	1	2	3	3	2	1
9	3	3	3	3	3	4	3	3	1
10	2	2	3	3	2	4	4	3	1
11	3	3	3	4	3	3	3	3	1
12	3	3	4	3	5	3	4	3	1
13	2	2	2	4	4	4	3	2	1
14	5	3	2	4	3	3	4	3	2
15	4	2	3	3	3	4	3	3	1

圖9-13 產生新變數

9.4　TwoStep集群

二階段集群法（Two-Step cluster）的目的在於在分群之後，對每一群進行更深入的統計分析，或者對於在變數中有名義量數的資料（明顯可分類的類別資料，例如性別、職業別）加以分群並進一步進行統計分析。如果想要分類的是量尺量數，必須先加以分類；所使用的方式是〔轉換〕〔重新編碼〕（〔Transform〕〔Recode〕）。資料轉換也可以使用Visual Binning（視覺化聚集器）的方式，可參考第1章〈認識IBM SPSS Statistics〉的1.6節「資料轉換」）。

▌研究問題

大海汽車公司想要了解汽車購買者的市場區隔，其研究人員所選擇的變數是年齡、所得、家庭大小及性別、職業別。同時，研究者想要對分群後的每一群做詳細的了解，以作為行銷策略的參考。

▌「TwoStep集群」視窗

開啟檔案（檔案位置：...\Chap09\TwoStep.sav）。此檔案中的性別、職業別變數是類別變數（名義尺度）。其他的三個變數所得、年齡、家庭大小都是區間尺度的變數。

在SPSS中，按〔分析〕〔分類〕〔TwoStep集群〕（〔Analyze〕、〔Classify〕、〔TwoStep Cluster〕），在所呈現的「TwoStep集群分析」（TwoStep Cluster Analysis）視窗中，將變數性別、職業別選入「類別變數」（Categorical Variables）下的方格內，將「所得」、「年齡」、「家庭大小」這三個變數選入「連續變數」（Continuous Variables）下的方格內。我們所做的設定如圖9-14所示。

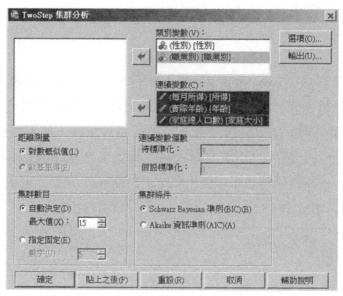

圖9-14 「TwoStep集群分析」視窗設定

選項

在「TwoStep集群分析」（TwoStep Cluster Analysis）視窗中按〔選項〕
（〔Options〕），就會出現「TwoStep集群：選項」（TwoStep Cluster Analysis:
Options）視窗，如圖9-15所示。這個視窗內，主要是問我們有關偏離值的處理方式
（Outlier Treatment），以及要配置多少記憶體（Memory Allocation），我們只要依
照SPSS的預設值就可以了。

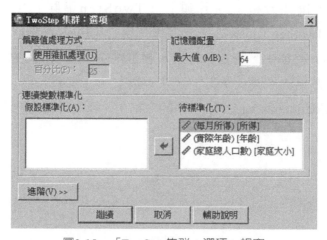

圖9-15 「TwoStep集群：選項」視窗

輸出

在「TwoStep集群分析」（TwoStep Cluster Analysis）視窗中按〔輸出〕
（〔Output〕），就會出現「TwoStep集群：輸出」（TwoStep Cluster: Output）
視窗。此視窗是要我們定義輸出的統計值，我們可在「使用中資料檔」（Working
Data file）下的方盒內，點選〔建立集群組員變數〕（〔Create cluster membership
variable〕），如圖9-16所示。

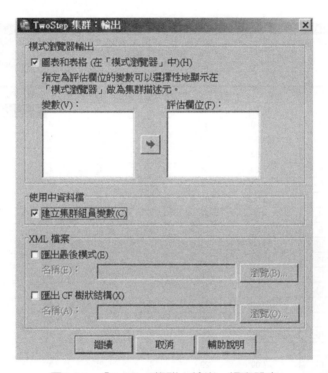

圖9-16 「TwoStep集群：輸出」視窗設定

變數儲存

圖9-17顯示了分群的結果，例如觀察值1、2被分到第1群，觀察值3、4被分到第
2群。如果要一目了然，可將TSC_5605加以排序，如此一眼就可看出哪些觀察值被
分到第1群，哪些觀察值被分到第2群。

9.5 集群分析進階探討

以因素分數為基礎

到目前為止，我們已學過了因素分析、集群分析，現在我們來說明稍微複雜一點的應用；我們欲以因素為基礎來集群。這是在碩博士論文中常使用的技術。

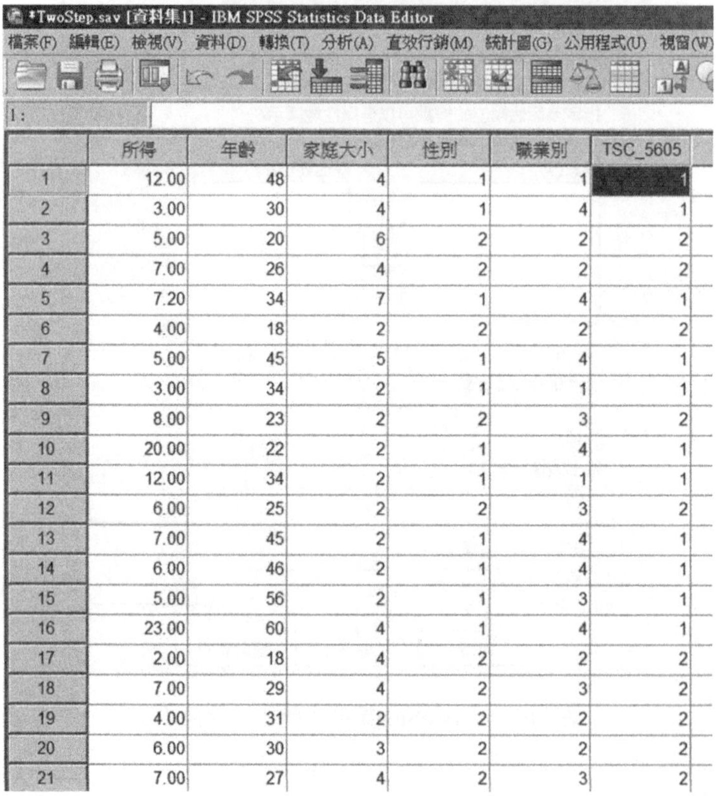
*TwoStep.sav [資料集1] - IBM SPSS Statistics Data Editor

檔案(F) 編輯(E) 檢視(V) 資料(D) 轉換(T) 分析(A) 直效行銷(M) 統計圖(G) 公用程式(U) 視窗(W)

	所得	年齡	家庭大小	性別	職業別	TSC_5605
1	12.00	48	4	1	1	1
2	3.00	30	4	1	4	1
3	5.00	20	6	2	2	2
4	7.00	26	4	2	2	2
5	7.20	34	7	1	4	1
6	4.00	18	2	2	2	2
7	5.00	45	5	1	4	1
8	3.00	34	2	1	1	1
9	8.00	23	2	2	3	2
10	20.00	22	2	1	4	1
11	12.00	34	2	1	1	1
12	6.00	25	2	2	3	2
13	7.00	45	2	1	4	1
14	6.00	46	2	1	4	1
15	5.00	56	2	1	3	1
16	23.00	60	4	1	4	1
17	2.00	18	4	2	2	2
18	7.00	29	4	2	3	2
19	4.00	31	2	2	2	2
20	6.00	30	3	2	2	2
21	7.00	27	4	2	3	2

圖9-17　產生新分群變數

首先要對有關的變數進行因素分析，取得因素分數，然後對這些因素加以命名。接著以因素分數為基礎進行Q式集群分析。分群完成，可根據各群的因素特性來對集群加以命名。

接著可根據研究需要，進一步進行適當的分析，例如將生活型態加以分群之後可作為變異數分析的自變數（見第5、12章）；或者進行區別分析（見第13章），以檢視哪些其他變數最能區分這些群組。

集群個數的決定（同質性／異質性的問題）

集群個數可根據既定的基礎，如男性、女性，或者學理的基礎，例如A型人格、B型人格來決定；在針對策略的研究中，研究者根據問卷題項將企業策略分成成本策略、差異化策略、成本集中策略、差異化集中策略；在組織行為的研究中，將個人問題解決風格分為：理性—思考者（Sensation-Thinkers）以ST表示、直覺—思考者（Intuitive-Thinkers）以NT表示；理性—情緒者（Sensation-Feelers）以SF表示、直覺—情緒者（Intuitive-Feelers）以NF表示。

事實上，在市場區隔的研究中，就是涉及到要分幾個區隔（集群）的問題。在行銷學上，有效區隔的考慮因素包括市場區隔的同質性、異質性、足量性、適切性及可衡量性。[4]此外，行銷者還應考慮市場區隔的預期發展、競爭性、成本因素、組織目標及能力。所謂同質性（homogeneous）是指在市場區隔內的顧客，必須對行銷組合變數做出盡可能類似的反應；所謂異質性（heterogeneous）是指在不同市場區隔內的顧客，必須對行銷組合變數做出盡可能不同的反應。我們可對同質性、異質性再做進一步的說明。在圖9-18的左端是極端的同質性，儼然包括了整個群體（涵蓋世界、國家或整個城市，視要界定的目標市場「母體」而定），越往右移，人數越少。圖的右端是極端的異質性，越往左移，人數越多。

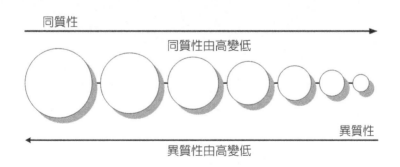

圖9-18　同質性／異質性連續帶

支持極端同質性的理由，是認為現在全世界已儼然是地球村，全世界的消費者在某一個人口統計變數的類別上，所顯示的需求、慾望、偏好及消費行為，並無不

---

[4] G. Day, "Customer-oriented Approaches to Identifying Product-Markets," *Journal of Marketing,* Fall 1979, pp. 8-19.

同。例如，全世界的青少年，在食物、衣著、音樂等上面，都有著相同的喜好。支持極端異質性的理由，是認為每個人都是獨立的實體，沒有任何人會完全相同，即使是雙胞胎還是有所不同。最適的目標市場大小，是在極端同質與極端異質中間，取得一個平衡點（也就是決定最適的集群個數），使得目標市場內的同質性相對的高，異質性相對的低；目標市場之間同質性相對的低，異質性相對的高。

第 10 章
多元尺度法

10.1 認識多元尺度法

多元尺度法（multidimensional scaling, MDS），又稱多維尺度分析，其目的之一在於幫助我們建立受測者對於產品、服務及其他物體在產品空間（product space）產生知覺圖，如圖10-1所示。建立知覺圖的目的在於使研究者了解不易衡量的、認知的構念（construct，例如產品品質、忠誠度等）。這個將產品定位在空間的圖形，可使企業決策者了解：競爭者是誰？本公司與競爭者比較之下孰優孰劣？在何種尺度上做比較？進而思考本公司應採取何種定位策略。

知覺圖

行銷者可能會使用許多種方法來決定品牌的適當定位。不論是對於新舊產品，針對目標市場的消費者做深入的晤談，將有助於了解消費者的一些想法。行銷者可利用調查與實驗研究方法來獲得有關的定位資料，如生活型態和知覺的資料。

要對某一產品或公司加以定位，企業必須先決定目標市場所重視的是什麼。接著，行銷者可進行定位研究，以了解目標市場的顧客，對競爭性品牌或商店在這些重要屬性上的看法。這個研究的結果可以顯示在知覺圖上。所謂知覺圖（perceptual map）就是在這些屬性所反映的向度上，各競爭產品或品牌的位置（座標）。對牛仔褲所做的假設性知覺圖如圖10-1所示。每條線長度（或稱向量）表示該屬性的相對重要性，而相對於該向量某品牌的位置表示該品牌與此屬性相近的程度。例如，卡文克萊（Calvin Klein）牛仔褲被視為比Gaps牛仔褲貴，但沒有相同的舒適感。藍歌（Wrangler's）的耐久性被認為不錯，但是沒有高社會地位。知覺圖也顯示出，具有舒適感及耐久性，而且價格又合理的牛仔褲所面臨的競爭情況最少。因此，如果這個市場區隔的人數夠多，而且又覺得這些屬性很值得追求的話，則這個地位（市場區隔）是非常具有吸引力的。

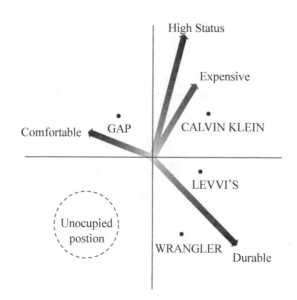

圖10-1　對牛仔褲所做的假設性知覺圖

資料來源：Michael J. Etzel等人著，榮泰生譯，《行銷管理》，十四版（臺北：麥格羅·希爾公司，2006），頁262。

　　當原來的地位受到侵蝕，企業就必須重新拾回它的吸引力，這種作法稱為重新定位（repositioning）。寶僑公司邀請年輕女性族群對美容產品做評估時，發現到她們對於「油」（oil）有負面的解讀，便重新定位其名牌歐蕾（Oil of Olay），將此品牌名稱改為較簡單的Olay。改名之後，這個具有五十年歷史的名牌，不僅使得消費者感覺不「油」，而且在全球護膚及化妝品市場上，為公司帶來了5千萬美元的銷售量。　為了不疏遠既有的顧客，寶僑公司並沒有公開宣布名稱的改變，只是在包裝及商標上做變動。

適用情況

　　多元尺度法是互依分析的一種方式，依其變數的測量是否為尺度（區間尺度或等距尺度、比率尺度）可分為：計量多元尺度法與非計量多元尺度法，如圖10-2所示。

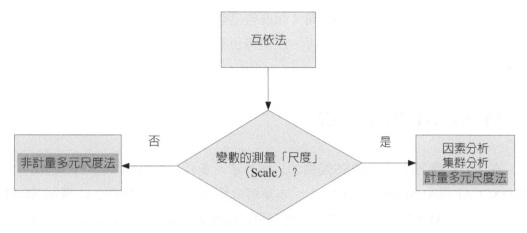

圖10-2 多元尺度法分析技術

屬性空間的類型

屬性空間（attribute space）有三種類型：客觀空間、主觀空間以及理想空間。每一種類型都可在多元尺度空間中表示。

客觀空間

客觀空間（objective space）就是以可衡量的屬性（例如，產品成份、重量、營養價值、價格等），將產品加以定位的空間。

主觀空間

主觀空間（subjective space）就是受測者對於產品屬性（例如，產品口味、重量、營養價值等）的實際認知情形，並將他們對產品的實際認知加以定位的空間。

理想空間

理想空間（ideal space）就是受測者對於產品屬性（例如，產品口味、重量、營養價值等）的理想認知情形，並將他們對產品的理想認知加以定位的空間。

研究人員可將：（1）客觀空間與主觀空間加以比較，以了解消費者的認知相符（cognitive congruence）情形；（2）主觀空間與理想空間加以比較，以了解其需求是否已被滿足。

同時，如果我們在不同的時間（如廣告活動的前後）、不同的情況下（如不同的廣告活動），做產品空間分析，以獲得更豐富的資訊，作為擬定行銷策略的參考。

SPSS多元尺度分析方法

在多元尺度方法中，SPSS提供了三種方法：多元尺度展開（PREFSCAL）、PROXSCAL與ALSCAL（圖10-3）。本章將介紹常使用的PROXSCAL與ALSCAL（表10-1）。ALSCAL的特色之一就是它可以處理屬性的評估（例如以語意差別法獲得的評點），將之轉換為相似資料，以建立知覺圖。

表10-1　PROXSCAL與ALSCAL

SPSS程序	輸入	壓力係數	輸出
PROXSCAL	計量（區間、比率尺度） 非計量（次序尺度）	壓力配適測量	共同空間
ALSCAL	計量（區間、比率尺度） 非計量（次序尺度）	Kruskal壓力係數	推導的刺激體構型（歐基里得直線距離模式）

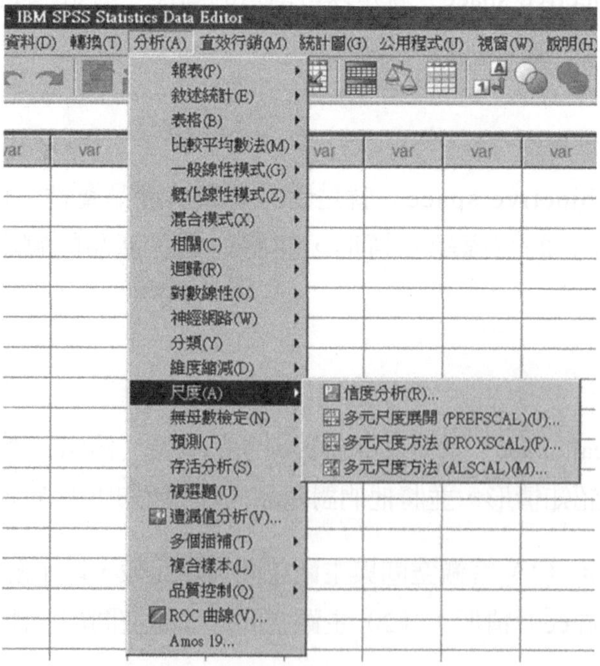

圖10-3　SPSS多元尺度分析方法

10.2 資料編碼與SPSS輸入

在使用PROXSCAL時，在其「多元尺度方法：模式」視窗（見圖10-6）中，必須對「近似性轉換」與「近似性」內的選項做交代。「近似性轉換」涉及到輸入資料尺度（測量）的問題，而「近似性」涉及到資料數值表示的是相似性，還是相異性。資料蒐集時，要以資料的相似性或相異性來蒐集，這與研究者的研究主題有關，當然這些會反應到問卷設計。

區間／相似性

問卷設計及受測者小華的填答（以1表示極不相似，以5表示極相似），如表10-2所示。

表10-2　問卷設計及受測者小華的填答方式之一

請以解析度及CPU速度為基礎，評估以下成對個人電腦品牌的相似程度，請針對每一組您認為相似程度上打√。1表示極不相似，5表示極相似。				
1.　甲牌與乙牌	（　）極不相似	（　）不相似	（√）略相似	（　）相似	（　）極相似
2.　乙牌與丙牌	（　）極不相似	（　）不相似	（　）略相似	（√）相似	（　）極相似
3.　丙牌與丁牌	（　）極不相似	（√）不相似	（　）略相似	（　）相似	（　）極相似
4.　甲牌與丁牌	（√）極不相似	（　）不相似	（　）略相似	（　）相似	（　）極相似

或者以1表示極不同意，以5表示極同意，如表10-3所示。

表10-3　問卷設計及受測者小華的填答方式之二

請以解析度及CPU速度為基礎，評估以下成對個人電腦品牌的相似程度，請針對每一組您認為某兩個品牌相似的同意程度上打√。1表示極不同意，5表示極同意。				
1.　甲牌與乙牌相似	（　）極不同意	（　）不同意	（√）略同意	（　）同意	（　）極同意
2.　乙牌與丙牌相似	（　）極不同意	（　）不同意	（　）略同意	（√）同意	（　）極同意
3.　丙牌與丁牌相似	（　）極不同意	（√）不同意	（　）略同意	（　）同意	（　）極同意
4.　甲牌與丁牌相似	（√）極不同意	（　）不同意	（　）略同意	（　）同意	（　）極同意

在SPSS內建檔的方式,如表10-4所示。

表10-4　SPSS內建檔的方式

甲牌	乙牌	丙牌	丁牌
3	4	2	1

　　在SPSS內的甲牌就是甲牌與乙牌的相似度,乙牌就是乙牌與丙牌的相似度,以此類推。何以上述沒有甲牌與丙牌、乙牌與丁牌的相似比較?因為比較甲牌與乙牌、乙牌與丙牌就可以推斷甲牌與丙牌;比較甲牌與乙牌、甲牌與丁牌就可以推斷乙牌與丁牌。例如,如果小華認為甲牌與乙牌相似、乙牌與丙牌相似,就可以推斷甲牌與丙牌相似;如果小華認為甲牌與乙牌相似、甲牌與丁牌相似,就可以推斷乙牌與丁牌相似。

區間／相異性

　　如果你研究的主題是品牌偏好,顯然「偏好」代表著「相異性」,因此上述的問卷題項應加以修改,如表10-5所示。

表10-5　問卷設計及受測者小華的填答方式之三

請以解析度及CPU速度為基礎,評估以下成對個人電腦品牌的偏好程度,請針對每一組您認為某兩個品牌偏好的同意程度上打√。1表示極不同意,5表示極同意。				
1.　甲牌＞乙牌	( ) 極不同意	( ) 不同意	(√) 略同意	( ) 同意　　( ) 極同意
2.　乙牌＞丙牌	( ) 極不同意	( ) 不同意	( ) 略同意	(√) 同意　　( ) 極同意
3.　丙牌＞丁牌	( ) 極不同意	(√) 不同意	( ) 略同意	( ) 同意　　( ) 極同意
4.　甲牌＞丁牌	(√) 極不同意	( ) 不同意	( ) 略同意	( ) 同意　　( ) 極同意

次序／相異性

　　要使受測者對若干個品牌建立其偏好次序,最簡單的方法就是要他們排出次序。但是品牌數目一多時,受測者便不易排出次序了。這時候,我們可用成對比較

法或三比法（三個、三個比較），來評定他們的偏好次序。這種比較的缺點是在於當品牌數目很多時，必須做很多的比較，使得受測者失去耐心。例如，如果有十個品牌，就要做45次（10 x 9/2 = 45）的評估。

問卷設計及受測者小華的填答，如表10-6所示。

表10-6　問卷設計及受測者小華的填答方式之四

請以解析度及CPU速度為基礎，評估以下成對的個人電腦品牌，請針對每一組您比較喜歡的品牌打√。	
1.	甲牌（√）　　　　　　　　　乙牌（　）
2.	甲牌（√）　　　　　　　　　丙牌（　）
3.	甲牌（　）　　　　　　　　　丁牌（√）
4.	乙牌（√）　　　　　　　　　丙牌（　）
5.	乙牌（　）　　　　　　　　　丁牌（√）
6.	丙牌（√）　　　　　　　　　丁牌（　）

將小華的資料加以整理，如表10-7所示。

表10-7　整理小華的資料

	甲牌	乙牌	丙牌	丁牌	偏好高於對方的次數	排序
甲牌		甲牌	甲牌	丁牌	甲牌：2	1
乙牌			乙牌	丁牌	乙牌：1	2.5
丙牌				丙牌	丙牌：1	2.5
丁牌					丁牌：0	4

在SPSS內建檔的方式，如表10-8所示。

表10-8　SPSS內建檔的方式

甲牌	乙牌	丙牌	丁牌
1	2.5	2.5	4

你也許會想到，為什麼不逕自請小華將甲、乙、丙、丁這四種品牌一次排出次序就好了，而不必兩個、兩個比較。如果你是小華，而品牌是四種筆記型電腦，所衡量的向度是解析度及CPU速度，你必然一時不知如何判斷。所以將它們（筆記型電腦）以兩個、兩個為一組，會比較容易比較。

10.3 多元尺度方法（PROXSCAL）──次序／相異性

▌ 研究問題

大海行銷公司受委託進行四種品牌的定位分析，並在產品空間中做出偏好圖，以作為行銷定位策略的參考。

▌「多元尺度方法：資料格式」視窗

開啟檔案（檔案名稱:...\Chap10\Nonmetric.sav）。資料檔中顯示了每位受測者對於甲牌、乙牌、丙牌、丁牌這四台筆記型電腦，以解析度及CPU速度為基礎，依照偏好進行排序的資料。這些次序資料的做成可參考本章10-2節「資料編碼與SPSS輸入」的「次序／相異性」。

在SPSS中，按〔分析〕〔尺度〕〔多元尺度方法（PROXSCAL）〕（〔Analyze〕、〔Scale〕、〔Multidimensional Scaling（PROXSCAL）〕），會產生「多元尺度方法：資料格式」（Multidimensional Scaling: Data Format）視窗，如圖10-4所示。由於我們在建立次序資料時，已經考慮到資料的近似性（proximity），因此在「資料格式」（Data Format）方盒下的選項中使用預設的「資料為近似性」（The data are proximities）。同時，由於我們的資料來自於單一的矩陣，所以在「來源數」（Number of Sources）下的方盒內使用預設的「單一矩陣來源」（One matrix source），並使用預設的「相似性在欄的矩陣中」（The proximities are in a matrix across columns）。

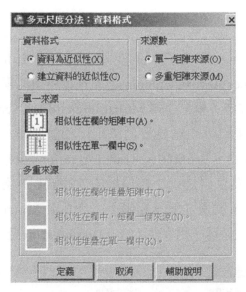

圖10-4 「多元尺度方法：資料格式」視窗設定

按〔定義〕（〔Define〕），出現「多元尺度方法（近似性在行的矩陣中）」（Multidimensional Scaling「Proximities in Matrices Across Columns」）視窗，如圖10-5所示（SPSS有時將「欄」稱為「行」）。將左邊的變數（甲牌、乙牌、丙牌、丁牌）選入「近似性」（Proximities）下方的方格內。此視窗的目的是要讓我們選擇變數，並對於模式（Model）、限制（Restrictions）、選項（Options）、圖形（Plot）、輸出（Outputs）做交待。

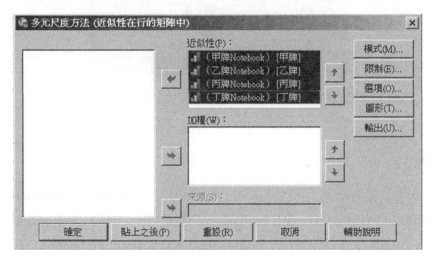

圖10-5 「多元尺度方法（近似性在行的矩陣中）」視窗設定

模式

在「多元尺度方法（近似性在行的矩陣中）」（Multidimensional Scaling 「Proximities in Matrices Across Columns」）視窗中按〔模式〕（〔Model〕），就會出現「多元尺度方法：模式」（Multidimensional Scaling: Model）視窗，如圖10-6所示。此視窗的目的是要我們決定用什麼測量（量數）來進行近似性轉換。在「近似性轉換」（Proximity Transformation）的方盒內，點選〔次序〕（〔Ordinal〕），因為我們是以比較偏好的次序資料來建立資料檔的。在「形狀」（Shape）方盒內，點選〔完全矩陣〕（〔Full Matrix〕）。在「近似性」（Proximities）方盒內，點選〔相異性〕（〔Dissimilarities〕）。

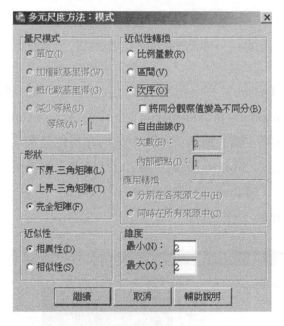

圖10-6　「多元尺度方法：模式」視窗設定

限制

在「多元尺度方法（近似性在行的矩陣中）」（Multidimensional Scaling 「Proximities in Matrices Across Columns」）視窗中按〔限制〕（Restriction），就會出現「多元尺度方法：限制」（Multidimensional Scaling: Restriction）視窗，如圖 10-7所示。此視窗的目的是要我們設定一些限制條件。我們使用SPSS的預設值「無限制」（No Restrictions）。

圖10-7 「多元尺度方法：限制」視窗設定

選項

在「多元尺度方法（近似性在行的矩陣中）」（Multidimensional Scaling 「Proximities in Matrices Across Columns」）視窗中按〔選項〕（Options），就會出現「多元尺度方法：選項」（Multidimensional Scaling: Options）視窗，如圖10-8

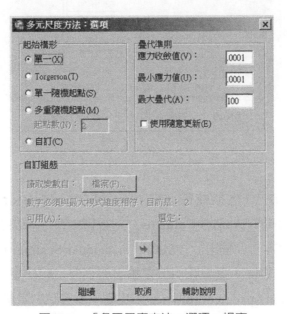

圖10-8 「多元尺度方法：選項」視窗

所示。此視窗的目的是讓我們決定「起始構形」（Initial Configuration）及「疊代準則」（Iteration Criteria）。我們利用其預設值就可以。

圖形

在「多元尺度方法（近似性在行的矩陣中）」（Multidimensional Scaling 「Proximities in Matrices Across Columns」）視窗中按〔圖形〕（〔Plots〕），就會出現「多元尺度方法：圖形」（Multidimensional Scaling: Plots）視窗，如圖10-9所示。此視窗的目的是要讓我們決定繪什麼圖。繪圖方式有「共同空間」（Common space）、「原始近似性對轉換後的近似性」（Original vs. transformed proximities）、「轉換後的近似性對距離」（Transformed proximities vs. distances）。我們使用SPSS的預設「共同空間」（Common space）。

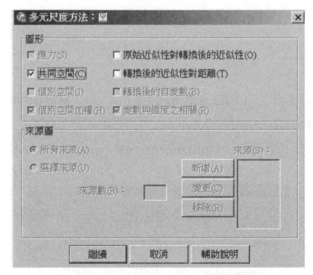

圖10-9　「多元尺度方法：圖形」視窗

輸出

在「多元尺度方法（近似性在行的矩陣中）」（Multidimensional Scaling 「Proximities in Matrices Across Columns」）視窗中按〔輸出〕（〔Output〕），就會出現「多元尺度方法：輸出」（Multidimensional Scaling: Output）視窗，如圖10-10所示。此視窗的目的，是要我們決定輸出報表要呈現什麼。使用預設的「共同空間座標」（Common space coordinates）以及「多重應力量數」（Multiple stress measures）。如果想要將有關數據儲存起來，可在「儲存至新檔案」（Save to New File）方盒下的選項中勾選。

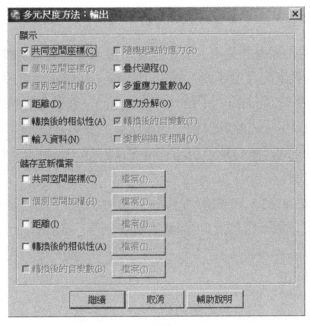

圖10-10 「多元尺度方法：輸出」視窗

報表解讀

以下是SPSS多元尺度分析的輸出報表（表10-9到表10-11）。

觀察值處理摘要

「觀察值處理摘要」表（表10-9）顯示了觀察值個數、來源、個體及近似性。

表10-9 觀察值處理摘要

觀察值		660
來源		165
個體		4
近似性	總近似性	1980[a]
	遺漏近似性	0
	作用近似性[b]	990

a 所有嚴密下界三角和嚴密上界三角近似性的來源總和。
b 作用近似性中包括所有非遺漏近似性。

壓力和配適測量

表10-10是壓力和配適測量表。表中呈現了壓力-II係數為0.87204，而最適尺度因子=1.023，可以看出配合度不錯。壓力-II係數，其最適尺度因子越接近1，配適度越佳。所謂配適品質（quality of fit）是指在產品空間圖上實體間的距離與輸入資料的配合度，例如以甲、乙品牌為例，如果所有的受測者認為：甲的偏好大於乙，而它們在歐幾里得空間距離也能呈現出這個現象的話（如甲的座標值大於乙的座標值），就表示配適度佳。

S-壓力係數為0.08763，其最適尺度因子 = 0.966，表示配合度很好。S-壓力係數越接近0，其最適尺度因子越接近1，配適度越佳。

表10-10　壓力和配適測量

常態化的原始壓力	.02289
壓力-I	.15131[a]
壓力-II	.87204[a]
S-壓力	.08763[b]
離散歸因於（D.A.F.）	.97711
Tucker's全等係數	.98849

PROXSCAL把常態化原始壓力減到最小。
a 最適尺度因子 = 1.023。
b 最適尺度因子 = .966。

共同空間

「最後座標」表（表10-11）顯示了四種品牌在產品空間上的座標值。

表10-11　最後座標

	維度	
	1	2
甲牌（甲牌Notebook）	−.156	.606
乙牌（乙牌Notebook）	.111	−.550
丙牌（丙牌Notebook）	.624	.103
丁牌（丁牌Notebook）	−.578	−.159

SPSS所建立的偏好圖如圖10-11所示。由於我們是以解析度及CPU速度為基礎所建立的偏好圖，所以維度1、維度2以這兩個向度來命名應是適當的。從此圖，我們可以看出：在解析度方面，甲牌與乙牌是競爭者；在CPU速度上，丙牌與丁牌是競爭者。在解析度方面，受測者對於乙牌的偏好最高；在CPU速度上，受測者對於丙牌的偏好最高。

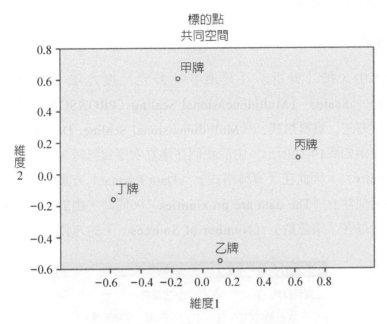

圖10-11　利用SPSS所建立的偏好圖

10.4 多元尺度方法（PROXSCAL）──區間／相似性

研究問題

大海行銷公司受委託進行四種品牌的定位分析，並在產品空間中做出知覺圖，以作為行銷定位策略的參考。

由於此作法與10-3節非常類似。因此我們將只顯示不同的操作畫面，其他部分僅用文字來說明。

▌「多元尺度方法：資料格式」視窗

開啟檔案（檔案名稱：...\Chap10\Metric.sav）。資料檔中顯示了每位受測者對於甲牌、乙牌、丙牌、丁牌這四個筆記型電腦，依照在解析度及CPU速度上的相似程度所建立的資料。這些相似程度資料的做成可參考本章10-2節「資料編碼與SPSS輸入」的「區間／相似性」。

資料格式

在SPSS中，按〔分析〕〔尺度〕〔多元尺度方法（PROXSCAL）〕（〔Analyze〕〔Scale〕〔Multidimensional Scaling（PROXSCAL）〕），在所產生的「多元尺度方法：資料格式」（Multidimensional Scaling: Data Format）視窗中，我們所做的設定如圖10-12所示。由於我們在建立次序資料時，已經考慮到資料的近似性（proximity），因此在「資料格式」（Data Format）方盒下的選項中使用預設的「資料為近似性」（The data are proximities）。同時，由於我們的資料來自於單一的矩陣，所以在「來源數」（Number of Sources）下的方盒內使用預設的「單一

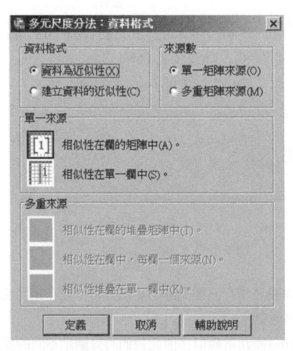

圖10-12　「多元尺度方法：資料格式」視窗設定

矩陣來源」（One matrix source），並使用預設的「相近性在欄的矩陣中」（The proximities are in a matrix across columns）。

　　按〔定義〕（〔Define〕），出現「多元尺度方法（近似性在行的矩陣中）」（Multidimensional Scaling「Proximities in Matrices Across Columns」）視窗，如圖10-13所示（SPSS有時將「欄」稱為「行」），將左邊的變數（甲牌、乙牌、丙牌、丁牌）選入「近似性」（Proximities）下方的方格內。此視窗的目的是要讓我們選擇變數，並對於模式（Model）、限制（Restrictions）、選項（Options）、圖形（Plot）、輸出（Outputs）做交待。

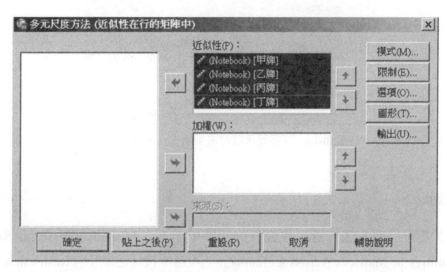

圖10-13　「多元尺度方法（近似性在行的矩陣中）」視窗

模式

　　在「多元尺度方法（近似性在行的矩陣中）」（Multidimensional Scaling「Proximities in Matrices Across Columns」）視窗中按〔模式〕（〔Model〕），就會出現「多元尺度方法：模式」（Multidimensional Scaling: Model）視窗，如圖10-14所示。此視窗的目的，是要我們決定用什麼測量（量數）來進行近似性轉換。在「近似性轉換」（Proximity Transformation）的方盒內，點選〔區間〕（〔Interval〕），因為我們是以比較相似程度的區間資料來輸入的。在「形狀」（Shape）方盒內，點選〔完全矩陣〕（〔Full Matrix〕）。在「近似性」（Proximities）方盒內，點選〔相似性〕（〔Similarities〕）。

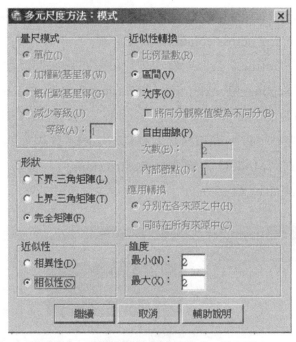

圖10-14 「多元尺度方法：模式」視窗設定

限制

在「多元尺度方法（近似性在行的矩陣中）」（Multidimensional Scaling「Proximities in Matrices Across Columns」）視窗中按〔限制〕（Restriction），就會出現「多元尺度方法：限制」（Multidimensional Scaling: Restriction）視窗。此視窗的目的是要我們設定一些限制條件，我們使用SPSS的預設值「無限制」（No Restrictions）。

選項

在「多元尺度方法（近似性在行的矩陣中）」（Multidimensional Scaling「Proximities in Matrices Across Columns」）視窗中按〔選項〕（Options），就會出現「多元尺度方法：選項」（Multidimensional Scaling: Options）視窗。此視窗的目的是讓我們決定「起始構形」（Initial Configuration）及「疊代準則」（Iteration Criteria），我們利用其預設值就可以。

圖形

在「多元尺度方法（近似性在行的矩陣中）」（Multidimensional Scaling「Proximities in Matrices Across Columns」）視窗中按〔圖形〕（Plots），就會出現「多元尺度方法：圖形」（Multidimensional Scaling: Plots）視窗。此視窗的目的是要讓我們決定繪什麼圖。繪圖方式有「共同空間」（Common space）、「原始近似性對轉換後的近似性」（Original vs. transformed proximities）、「轉換後的近似性對距離」（Transformed proximities vs. distances），我們使用SPSS的預設「共同空間」（Common space）。

輸出

在「多元尺度方法（近似性在行的矩陣中）」（Multidimensional Scaling「Proximities in Matrices Across Columns」）視窗中按〔輸出〕（〔Output〕），就會出現「多元尺度方法：輸出」（Multidimensional Scaling: Output）視窗。此視窗的目的是要我們決定輸出報表要呈現什麼。使用預設的「共同空間座標」（Common space coordinates）以及「多重應力量數」（Multiple stress measures）。如果想要將有關數據儲存起來，可在「儲存至新檔案」（Save to New File）方盒下的選項中勾選。

報表解讀

表10-12、表10-13是SPSS輸出報表。

壓力和配適測量

表10-12是壓力和配適測量表。表中呈現了壓力-II係數為0.94572，而最適尺度因子=1.027，可看出配適度佳。壓力-II係數越接近1、其最適尺度因子越接近1，配適度越佳。所謂配適品質（quality of fit）是指在產品空間圖上實體間的距離與輸入資料的配合度，例如以甲、乙品牌為例，如果所有的受測者認為：甲的偏好大於乙，而它們在歐幾里得空間距離也能呈現出這個現象的話（如甲的座標值大於乙的座標值），就表示配適度佳。

S-壓力係數為0.10019，其最適尺度因子 = 0.961，配適度頗佳。S-壓力係數越接近0、其最適尺度因子越接近1，配適度越佳。

表10-12　壓力和配適測量

常態化的原始壓力	.02595
壓力-I	.16110[a]
壓力-II	.94572[a]
S-壓力	.10019[b]
離散歸因於（D.A.F.）	.97405
Tucker's全等係數	.98694

PROXSCAL把常態化原始壓力減到最小。

a 最適尺度因子 = 1.027。

b 最適尺度因子 = .961。

最後座標

表10-13是各品牌在產品空間上的最後座標值。

表10-13　最後座標

品牌	維度	
	1	2
甲牌（Notebook）	−.111	−.574
乙牌（Notebook）	.099	.611
丙牌（Notebook）	.603	−.123
丁牌（Notebook）	−.591	.085

知覺圖

SPSS所建立的知覺圖如圖10-15所示。由於我們是以解析度及CPU速度為基礎所建立的偏好圖，所以維度1、維度2以這兩個向度來命名應是適當的。從此圖，我們可以看出：在解析度方面，甲牌與乙牌是競爭者；在CPU速度上，丙牌與丁牌是競爭者，但競爭度似乎並不激烈。

在解析度方面，受測者對於丙牌的認知最高；在CPU速度上，受測者對於乙牌的認知最高。

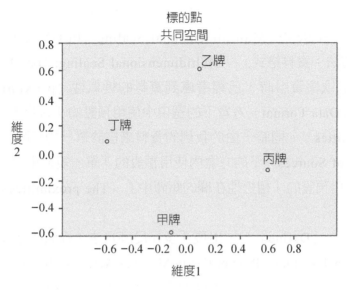

圖10-15　SPSS所建立的知覺圖

10.5　多元尺度方法（PROXSCAL）──區間／相異性

研究問題

　　某客運公司委託大海行銷公司進行設站的研究，也就是從A點到H點共設多少站才比較適合。設站的原則是站與站之間不要太近。大海行銷公司已經測得實際的站與站距離，希望藉由一目了然的SPSS分析結果作為設站的參考。這些相似程度資料的做成可參考本章10-2節「資料編碼與SPSS輸入」的「區間／相異性」。

　　由於此作法與10-3節非常類似。因此我們將只顯示不同的操作畫面，其他部分僅用文字來說明。

「多元尺度方法：資料格式」視窗

　　開啟檔案（檔案名稱：...\Chap10\Metric City Distance.sav）。資料檔中顯示了每站的距離資料。

在SPSS中，按〔分析〕〔尺度〕〔多元尺度方法（PROXSCAL）〕（〔Analyze〕〔Scale〕〔Multidimensional Scaling（PROXSCAL）〕），會產生「多元尺度方法：資料格式」（Multidimensional Scaling: Data Format）視窗。由於我們在建立次序資料時，已經考慮到資料的近似性（proximity），因此在「資料格式」（Data Format）方盒下的選項中使用預設的「資料為近似性」（The data are proximities）。同時，由於我們的資料來自於單一的矩陣，所以在「來源數」（Number of Sources）下的方盒內使用預設的「單一矩陣來源」（One matrix source），並使用預設的「相近性在欄的矩陣中」（The proximities are in a matrix across columns）。

按〔定義〕（〔Define〕），出現「多元尺度方法（近似性在行的矩陣中）」（Multidimensional Scaling「Proximities in Matrices Across Columns」）視窗（SPSS有時將「欄」稱為「行」）。將左邊的變數（A、B、C、D、E、F、G、H）選入「近似性」（Proximities）下方的方格內。此視窗的目的是要讓我們選擇變數，並對於模式（Model）、限制（Restrictions）、選項（Options）、圖形（Plot）、輸出（Outputs）做交待。

模式

在「多元尺度方法（近似性在行的矩陣中）」（Multidimensional Scaling「Proximities in Matrices Across Columns」）視窗中按〔模式〕（Model），就會出現「多元尺度方法：模式」（Multidimensional Scaling: Model）視窗，如圖10-16所示。此視窗的目的是要我們決定是用什麼測量（量數），來進行近似性轉換（Proximity Transformation）。選擇〔區間〕（〔Internal〕），因為我們是以比較不相似程度的區間資料來輸入的。在「近似性」（Proximities）選擇方面，選擇〔相異性〕（〔Dissimilarities〕）。

在「形狀」（Shape）下的方格內點選〔上界──三角矩陣〕（〔Upper-triangular matrix〕），表示我們的資料的形狀（長的樣子）是上界三角形的樣子，而不是一個「全部矩陣」（Full matrix），也不是「下界──三角矩陣」（Lower-triangular matrix）。

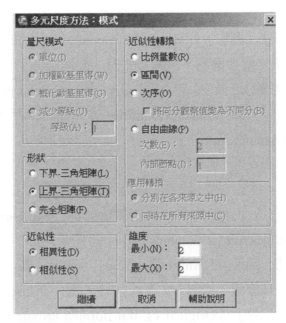

圖10-16 「多元尺度方法：模式」視窗設定

限制

在「多元尺度方法（近似性在行的矩陣中）」（Multidimensional Scaling「Proximities in Matrices Across Columns」）視窗中按〔限制〕（Restriction），就會出現「多元尺度方法：限制」（Multidimensional Scaling: Restriction）視窗。此視窗的目的是要我們設定一些限制條件，我們使用SPSS的預設值「無限制」（No Restrictions）。

選項

在「多元尺度方法（近似性在行的矩陣中）」（Multidimensional Scaling「Proximities in Matrices Across Columns」）視窗中按〔選項〕（Options），就會出現「多元尺度方法：選項」（Multidimensional Scaling: Options）視窗。此視窗的目的是讓我們決定「起始構形」（Initial Configuration）及「疊代準則」（Iteration Criteria），我們利用其預設值就可以。

圖形

在「多元尺度方法（近似性在行的矩陣中）」（Multidimensional Scaling「Proximities in Matrices Across Columns」）視窗中按〔圖形〕（〔Plots〕），就

會出現「多元尺度方法：圖形」（Multidimensional Scaling: Plots）視窗。此視窗的目的，是要讓我們決定繪什麼圖。繪圖方式有「共同空間」（Common space）、「原始近似性對轉換後的近似性」（Original vs. transformed proximities）、「轉換後的近似性對距離」（Transformed proximities vs. distances），我們使用SPSS的預設「共同空間」（Common space）。

輸出

在「多元尺度方法（近似性在行的矩陣中）」（Multidimensional Scaling「Proximities in Matrices Across Columns」）視窗中按〔圖形〕（〔Plots〕），就會出現「多元尺度方法：圖形」（Multidimensional Scaling: Plots）視窗。此視窗的目的是要讓我們決定繪什麼圖。繪圖方式有「共同空間」（Common space）、「原始近似性對轉換後的近似性」（Original vs. transformed proximities）、「轉換後的近似性對距離」（Transformed proximities vs. distances），我們使用SPSS的預設「共同空間」（Common space）。

報表解讀

以下是SPSS輸出報表。從圖10-17中，各點距離遠近一目了然。此資訊對於設站考量非常有幫助，例如G、H點距離相對遠，因此在其間設站是有必要的。

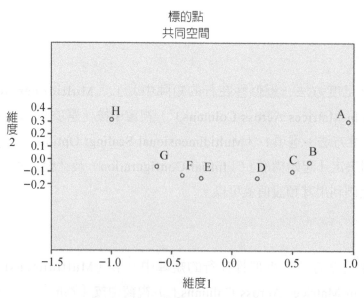

圖10-17　SPSS輸出（設站考量）

10.6 多元尺度方法（ALSCAL）

研究問題

　　大海行銷公司受委託進行六種品牌的定位分析，並在產品空間中做出知覺圖，以作為行銷定位策略的參考。

「多元尺度方法」視窗

　　開啟檔案（檔案名稱:...\Chap10\Alscal.sav）。資料檔中顯示了每位受測者對於甲牌、乙牌、丙牌、丁牌這四個筆記型電腦，依照在解析度及CPU速度上的李克五點尺度所建立的資料。這些相似程度資料的做成，可參考本章10-2節「資料編碼與SPSS輸入」的「區間／相似性」。

　　在SPSS中，按〔分析〕〔尺度〕〔多元尺度方法（ALSCAL）〕（〔Analyze〕〔Scale〕〔Multidimensional Scaling（ALSCAL）〕），在所產生的「多元尺度方法」（Multidimensional Scaling）視窗中，我們所做的設定如圖10-18所示。由於我

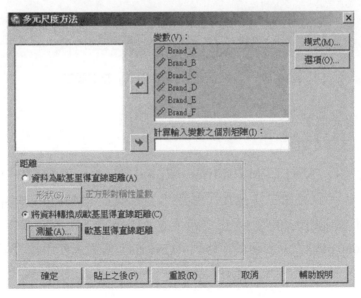

圖10-18　「多元尺度方法」視窗

們是以李克五點尺度來建立資料，所以要SPSS「將資料轉換成歐幾里得直線距離」
（Create distances from data）。

模式

在「多元尺度方法」（Multidimensional Scaling）視窗中，按〔模式〕
（〔Model〕），就會產生「多元尺度方法：模式」（Multidimensional Scaling:
Model）視窗，如圖10-19所示。在「測量水準」（Level of Measurement），選〔等
距量數〕（〔Internal〕），表示我們輸入的是區間資料。

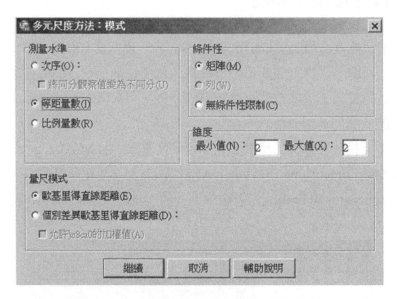

圖10-19　「多元尺度方法：模式」視窗設定

選項

在「多元尺度方法」（Multidimensional Scaling）視窗中，按〔選項〕
（〔Options〕），就會產生「多元尺度方法：選項」（Multidimensional Scaling:
Options）視窗，如圖10-20所示。在「顯示」（Display）下的方盒內，選擇〔組別
圖形〕（〔Group plots〕）。至於在條件（Criteria）方面，使用預設值即可。

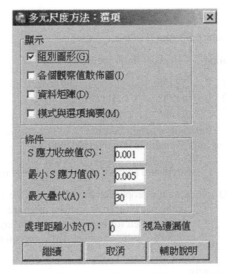

圖10-20 「多元尺度方法：選項」視窗設定

報表解讀

Kruskal壓力係數

配適品質（quality of fit）是指在產品空間圖上，實體間的距離與輸入資料的配合度，例如以甲、乙品牌為例，如果所有的受測者認為這兩個品牌很相似，而它們在歐幾里得空間距離也是很近的話，就表示配適品質佳。Kruskal壓力係數和配適度的關係，如表10-14所示。

表10-14 Kruskal壓力係數和配適度的關係

Kruskal壓力係數	配適度
0.200	Poor（差）
0.100	Fair（普通）
0.050	Good（好）
0.025	Excellent（優）
0.000	Perfect（完美）

圖10-21顯示了在我們的例子中，Kruskal壓力係數為0.11638，屬於配適度差到普通的情況。

Iteration history for the 2 dimensional solution (in squared distances)

Young's S-stress formula 1 is used.

Iteration	S-stress	Improvement
1	.12429	
2	.11282	.01147
3	.11265	.00017

Iterations stopped because
S-stress improvement is less than .001000

Stress and squared correlation (RSQ) in distances

RSQ values are the proportion of variance of the scaled data (disparities)
in the partition (row, matrix, or entire data) which
is accounted for by their corresponding distances.
Stress values are Kruskal's stress formula 1.

For matrix
Stress = .11638   RSQ = .91120

Configuration derived in 2 dimensions

Stimulus Coordinates

Dimension

Stimulus Number	Stimulus Name	1	2
1	Brand_A	2.0349	.7349
2	Brand_B	.3081	−.1438
3	Brand_C	−1.0891	.7263
4	Brand_D	−1.4552	.0712
5	Brand_E	−.1948	.3566
6	Brand_F	.3961	−1.7451

圖10-21　Kruskal壓力係數

推導的刺激體構形（知覺圖）

　　圖10-22推導的刺激體（實體）構形就是品牌的知覺圖。何以稱為「推導的」？因為我們的輸入資料是李克五點衡量尺度上的值。如前所述，ALSCAL的特色之一就是它可以處理屬性的評估（例如以語意差別法獲得的評點），將之轉換為歐幾里得距離；距離越近者，表示越具有相似性，以建立知覺圖。至於在解釋方面，可參考前述的解釋方式，不贅。

推導的刺激體構形

歐幾里得直線距離模式

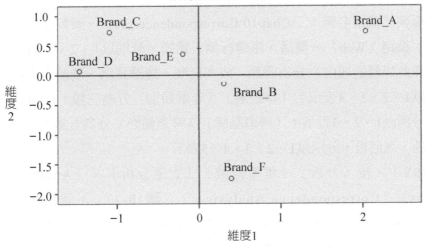

圖10-22　推導的刺激體（實體）構形

10.7　對應分析

　　透過對應分析（correspondence analysis）所產生的認知圖，不僅可以讓管理者了解產品的定位、產品的直接競爭者，還可以了解目標市場的消費行為。例如在針對媒體的研究中，研究者可發覺各媒體的競爭定位，以及消費者選擇此媒體的理由、年齡層以及消費行為（例如偏好哪類品牌的啤酒）。

　　對應分析與多元尺度法非常類似，但仍有兩個不同點：（1）對應分析輸入的資料比較具有彈性，資料類型可以是區間尺度（和多元尺度法一樣），也可以是頻率（例如認為某媒體為最佳選擇的百分比），也可以是類別資料；（2）對應分析不僅可檢視標的物（例如上述的媒體、品牌、公司）的定位，也可以檢視消費者的屬性。

研究問題

　　某網路行銷公司想要了解消費者的媒體習慣（例如上網者），以及使用此媒體的理由，同時也想了解他們是屬於哪一個年齡層，以及其消費行為（喜歡哪種品牌的啤酒）。這些資訊有助於公司定位策略及行銷策略的擬定。

「對應分析」視窗

　　開啟檔案（檔案名稱：...\Chap10\Correspondence.sav）。資料檔中，「媒體」分為四類：網路（Web）、廣播、電傳行銷、雜誌，分別以1、2、3、4表示；「理由」（選擇此媒體的理由）分為四類：成本低廉、傳遞資訊、閱聽人互動、激發情緒，分別以1、2、3、4表示；「年齡層」（年齡類別）分為三類：18~34、35~54、55以上，分別以1、2、3表示；「啤酒品牌」（啤酒偏好）分為五類：台啤、百威、米勒、青島、海尼根，分別以1、2、3、4、5表示。

　　在SPSS中，按〔分析〕〔維度縮減〕〔對應分析〕（〔Analyze〕〔Data Reductions〕〔Correspondence Analysis〕）（圖10-23），就會出現「對應分析」（Correspondence Analysis）視窗，在此視窗中，將「媒體」選入「欄」（Column）下的方格內，如圖10-24所示。

圖10-23　SPSS維度縮減的對應分析

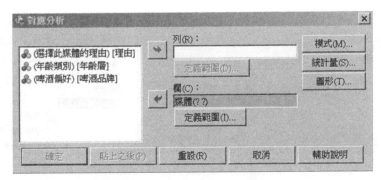

圖10-24 「對應分析」視窗設定

按一下在「欄」下的〔定義範圍〕（〔Define Range〕），在「對應分析：定義行範圍」（Correspondence Analysis: Define Column Range）視窗中，在「最小值」（Minimum value）的右邊方格，填入「1」，在「最大值」（Maximum）的右邊方格，填入「4」，按〔更新〕（〔Update〕），如圖10-25所示。

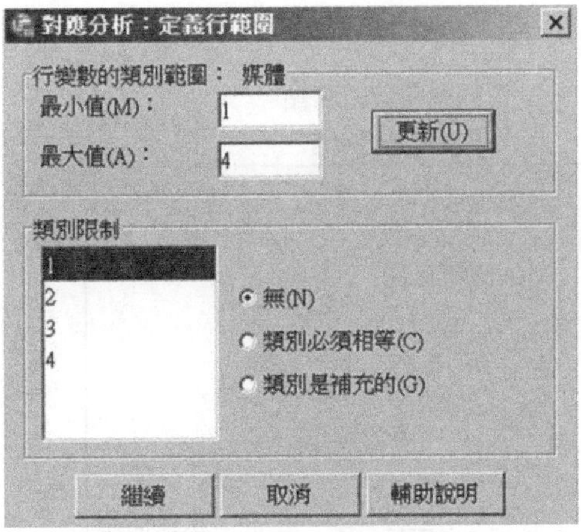

圖10-25 「對應分析：定義行範圍」視窗設定

按〔繼續〕（Continue），在「對應分析」（Correspondence Analysis）視窗中，將「理由（選擇此媒體的理由）」選入「列」（Row）下的方格內，並按一下在「列」下的〔定義範圍〕（〔Define Range〕），在「對應分析：定義列範圍」Correspondence Analysis: Define Row Range」視窗中，在「最小值」（Minimum value）的右邊方格，填入「1」，在「最大值」（Maximum value）的右邊方格，填入「4」（圖10-26）。按〔繼續〕（〔Continue〕），回到「對應分析」視窗，按〔確定〕（〔OK〕），就會產生輸出結果。

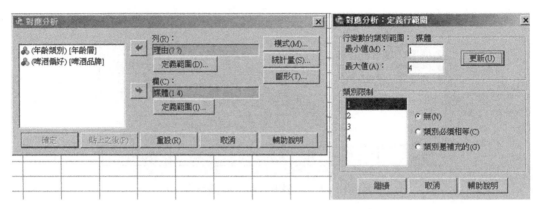

圖10-26 「對應分析：定義列範圍」視窗設定

輸出結果如圖10-27所示。在對應分析（對稱的常態化）圖中，使用「網路（Web）」的主要理由是「成本低廉」；聽「廣播」的主要理由是「傳播資訊」；使用「電傳行銷」的主要理由是「閱聽人互動」；看「雜誌」的主要理由是「激發情緒」。

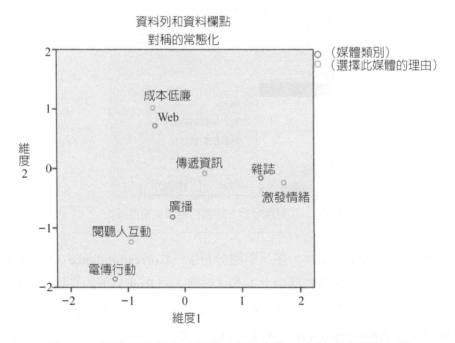

圖10-27 媒體類別（欄）與選擇此類別的理由（列）的對應分析圖

在「對應分析」（Correspondence Analysis）視窗中，將「年齡層（年齡類別）」選入「列」（Row）下的方格內，並按一下在「列」下的〔定義範圍〕

（〔Define Range〕），在「對應分析：定義列範圍」（Correspondence Analysis: Define Row Range）視窗中，在「最小值」（Minimum value）的右邊方格，填入「1」，在「最大值」（Maximum value）的右邊方格，填入「3」，按〔繼續〕（〔Continue〕），回到「對應分析」視窗，按〔確定〕（〔OK〕），就會產生輸出結果，如圖10-28所示。

在對應分析（對稱的常態化）圖中，選擇「網路（Web）」、「雜誌」作為主要媒體的受測者，其年齡層是「18～34」；選擇「廣播」作為主要媒體的受測者，其年齡層是「35～54」；選擇「電傳行銷」作為主要媒體的受測者，其年齡層是「54歲以上」。「網路（Web）」與「雜誌」是「18～34」這個年齡層的競爭者。

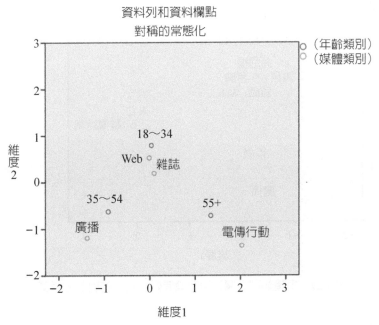

圖10-28　媒體類別（欄）與年齡類別（列）的對應分析圖

在「對應分析」（Correspondence Analysis）視窗中，將「啤酒品牌（啤酒偏好）選入「列」（Row）下的方格內，並按一下在「列」下的〔定義範圍〕（〔Define Range〕），在「對應分析：定義列範圍」（Correspondence Analysis: Define Row Range）視窗中，在「最小值」（Minimum value）的右邊方格，填入「1」，在「最大值」（Maximum value）的右邊方格，填入「5」，按〔繼續〕（〔Continue〕），回到「對應分析」視窗，按〔確定〕（〔OK〕），就會產生輸出結果，如圖10-29所示。

在對應分析（對稱的常態化）圖中，使用「網路（Web）」的受測者其啤酒品牌偏好是「台啤」、「海尼根」、「青島」啤酒。使用「網路（Web）」與閱讀「雜誌」的受測者其啤酒偏好非常類似（都喜愛「台啤」、「海尼根」、「青島」啤酒）；聽「廣播」的受測者其啤酒品牌偏好是「百威」；使用「電傳行銷」的受測者其啤酒品牌偏好是「米勒」。

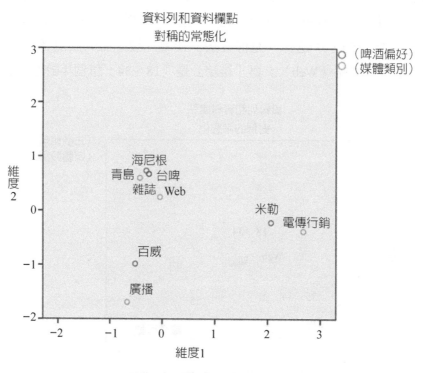

圖10-29　媒體類別（欄）與啤酒偏好（列）的對應分析圖

▋綜合分析

從以上的對應分析，我們可以了解，受測者中以「網路（Web）」為媒體習慣的人，其上網的理由是成本低廉；他們的年齡層是18～34歲；他們喜愛的啤酒品牌是台啤、海尼根、青島啤酒。

▋進階探討

在「對應分析」視窗中，選入「Column」（欄）下的方格內的變數，此為要分

析的主體。研究者可以「啤酒」為研究主體，了解各品牌啤酒消費者的年齡層以及媒體習慣；或者以「年齡層」為研究主體，了解他們的啤酒偏好以及媒體習慣。

在以上的釋例中，我們是用一個欄變數對應到不同的列變數，因此我們選了三次的列變數，分別產生輸出報表，然後再綜合解讀。如果使用SPSS Categories 中的「多重對應分析」，就可一次同時交代列變數（以我們的例子，同時選入三個列變數），一氣呵成。

10.8 重要統計檢定值

配適品質（quality of fit）的重要統計檢定值，如表10-15所示。

表10-15　配適品質的重要統計檢定值

統計值	判讀
Kruskal壓力係數	在產品空間圖上實體間的距離與輸入資料的配合度，例如以甲、乙品牌為例，如果所有的受測者認為這兩個品牌很相似，而它們在歐幾里得空間距離也是很近的話，就表示配適度佳。
壓力-II係數、最適尺度因子	壓力-II係數越接近1、最適尺度因子越接近1，配適度越佳。
S-壓力係數、最適尺度因子	S-壓力係數越接近0，其最適尺度因子越接近1，配適度越佳。

Kruskal壓力係數的重要統計檢定值，如表10-16所示。

表10-16　Kruskal壓力係數的重要統計檢定值

Kruskal壓力係數	配適度
0.200	Poor（差）
0.100	Fair（普通）
0.050	Good（好）
0.025	Excellent（優）
0.000	Perfect（完美）

第11章
多元迴歸分析

11.1 認識多元迴歸

隨著自變數數目的多寡，迴歸分析可分為簡單直線迴歸分析與多元迴歸分析兩種。當我們以一個自變數來預測相對應的依變數的值時，這個過程稱為簡單迴歸（simple regression）。當自變數數目有一個以上時，依變數就變成了多個自變數的函數，這個情形就是多元迴歸或複迴歸（multiple regression）。不論是簡單迴歸或是多元迴歸，所使用的都是迴歸分析（regression analysis）的技術。

在迴歸分析中，自變數通常被稱為預測變數（predictor），依變數通常被稱為準則變數（criterion）。

多元迴歸方程式及目的

在專題研究中，多元迴歸分析比簡單迴歸更切合實際，因為在企業問題的分析中，我們所要研究的依變數會受到許多自變數的影響。例如，個人知覺會受到個人的態度、動機、興趣、經驗、期望所影響；員工的工作滿足會受到工作挑戰性、報酬公平性、支援性工作條件、同事支援性及領導風格所影響。[1]

和簡單迴歸方程式（$Y = a + bX$）一樣，我們對於多元迴歸方程式也假設其依變數與各個自變數之間也有線性關係（linear relation）存在。例如，假設有三個自變數，則多元迴歸方程式（multiple regression equation）就是：

$$Y = a + b_1X_1 + b_2X_2 + b_3X_3$$

依變數 Y 是截距 a 加上 X_1、X_2、X_3 這三個自變數的線性組合（linear combination）的函數。b_1、b_2、b_3 這些係數表示當某個 X 變化時（其他的 X 保持不變），Y 的變化情形。例如，假設 X_2 及 X_3 保持不變，b_1 表示 X_1 變化時，Y 的變化情形。b 係數有時被稱為是偏迴歸係數（partial regression coefficients）。

多元迴歸通常用來：（1）描述若干個自變數與一個依變數的線性關係，更明確的說，就是了解自變數與依變數的關係、影響方向及程度；（2）基於對某些個自變數的值的了解，來預測依變數的值，例如以廣告支出、價格、銷售人員的數目來預

---

[1] 有關因果研究的詳細說明，可參考：榮泰生，《企業研究方法》，四版（臺北：五南圖書出版公司，2011），第13章。

測銷售量。

適用情況及樣本數要求

多元迴歸分析適用於依變數為量尺量數（區間尺度或比率尺度），而自變數為區間及（或）名義尺度的情況，如圖11-1所示。如果自變數中有一個（或多個）區間尺度的變數以及一個（或多個）名義尺度的變數，則稱為虛擬變數（或簡稱虛變數）多元迴歸。如果研究的觀念架構中有若干個多元迴歸模式，則此架構就可以路徑分析來處理。

在樣本數要求方面，樣本數至少必須為自變數個數的5倍，一般要求為15～20倍，50倍最好。

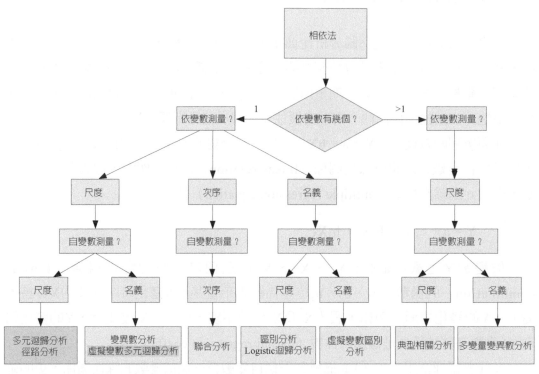

說明：SPSS在「變數檢視」中，將變數的測量（Measurement）分為尺度（Scale）、次序的（Ordinal）、名義的（Nominal），而尺度包括區間（或等距）尺度（Interval）、比率尺度（Ratio）。

圖11-1　多元迴歸分析的適用情況

假定

多元迴歸分析有以下（表11-1）假定。如果違反了這些假定，則會產生分析上的錯誤。[2]

表11-1　多元迴歸分析的假定

1.存在性 （existence）	就自變數X_1, X_2, X_3…, X_k的特殊組合而言，依變數Y是一個隨機變數，具有某種機率分配，有一定的平均數及變異量。
2.獨立性 （independent）	每一個觀察值之間是彼此獨立的，亦即觀察值之間沒有關聯。
3.直線性 （linearity）	Y變數（自變數X_1, X_2, X_3…, X_k的線性組合）的平均數是X_1, X_2, X_3…, X_k變數間的一個線性函數，這個線性函數關係就是迴歸方程式。迴歸分析中變數之間的關係是直線關係。如果是「非線性關係」，就必須將數據加以適當的轉換。自變數如為名義資料，則必須將它轉換成虛擬變數。
4.變異數同質性 （variance homogeneity）	就X_1, X_2, X_3…, X_k的任何一個線性組合，依變數Y的變異數均相同。
5.常態性 （normality）	就X_1, X_2, X_3…, X_k的任何一個線性組合而言，依變數Y的分配是呈現常態分配的；換句話說，所有觀察值Y是一個來自常態分配的母體。
6.誤差常態性 （error normality）	誤差項應呈隨機化的常態分配。
7.誤差獨立性 （error independence）	不同的預測變數（依變數）所產生的誤差之間應互相獨立（互相獨立表示彼此間沒有相關存在），而且誤差項也需要與自變數間互相獨立。
8.誤差等分散 （error homoscedasticity）	誤差的變異量應相等。

SPSS程序

在SPSS中，按〔分析〕〔迴歸〕，就會顯示SPSS提供有關迴歸的各種方法（圖11-2）。我們將介紹在企管學術研究中常用的技術。

---

[2] 參考自：邱皓政，《量化研究與統計分析—SPSS中文視窗版資料分析範例解析》（臺北：五南圖書公司，2000）。

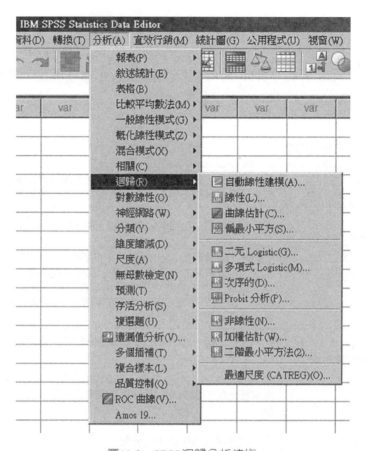

圖11-2　SPSS迴歸分析技術

11.2　輸入法（選入法）

研究問題

　　大海研究公司欲進行員工工作滿足的研究，經過文獻探討及思考之後，建立了以下的觀念架構，如圖11-3所示。依變數與自變數，均以李克七點尺度衡量。

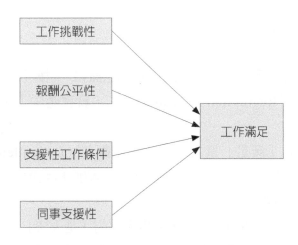

圖11-3　工作滿足研究的觀念架構

　　各個變數的說明，如表11-2所示。

表11-2　工作滿足架構中各變數的說明

工作挑戰性	員工所喜歡的工作是可發揮技術能力的工作、任務多樣化的工作、自由的工作。這些都是具有挑戰性的工作。若工作只是有些微的挑戰性，那工作會顯得沉悶。但太多的工作挑戰會容易造成失敗和挫折感，而適度的工作挑戰可帶給員工快樂和滿足。
報酬公平性	員工當然希望有公平、不含糊、和預期一致的薪金制度和升遷政策。如果薪資是依工作需求、個人技術程度、行業薪資水準等來訂的，則滿足感就會產生。當然，並不是每個人都在追逐金錢，有些人願意犧牲一些金錢而求取工作上的成就感、工作環境的舒適（如工作的物質條件、與同事相處的和諧等）。
支援性工作條件	員工為了要求個人的舒適，進而以竟事功，通常會關心其所工作的環境。研究顯示，員工會選擇不危害其安全，不影響其舒適的實體環境。而氣溫、光線等其他環境因素也不可太過極端，如溫度不可太高或者光線不可太暗等。還有，大部分員工在選擇工作時，是以接近家居、清潔、方便及現代化，和具有適當的工具、器材等條件作標準。
同事支援性	除了薪資及有形的成就之外，員工還想在工作中獲得朋友和工作伙伴的支持。對許多員工而言，工作可滿足其社會互動的需要。友善及體恤的支援，可導致工作滿足的提高，主管的行為也可決定員工的工作滿足。研究發現，直接主管的諒解和友善，對於優異表現的讚賞、聆聽員工的意見、和員工溝通等，都可以增加員工的工作滿足。
工作滿足	「若有機會，你會再重選本身的工作嗎？」或是「你會建議你的兒子繼續走這條路嗎？」

「線性迴歸」視窗

開啟檔案（檔案名稱：...\Chap11\工作滿足.sav）。按〔分析〕〔迴歸〕〔線性〕（〔Analyze〕〔Regression〕〔Linear〕），就會產生「線性迴歸」（Linear Regression）視窗。

將左邊清單中的「滿足」選入右邊「依變數」（Dependent）下的方格內，並將「挑戰」、「工作」、「公平」、「支援」這些自變數選入右邊「自變數」（Independent）下的方格內。

在「迴歸方法」（Method）方面，使用內定的「選入法」（Enter）。選入法亦稱強迫進入變數法，是一種強迫介入式的方法，會強迫所有的自變數有順序的進入迴歸方程式，不考慮自變數之間的關係，同時計算所有變數的相關係數。所完成的設定如圖11-4示（筆者已在「編輯」「選項」「一般」的「變數清單」方盒內，點選「顯示名稱」）。

SPSS的迴歸程序有五種方法：輸入（Enter）、逐步迴歸分析法（Stepwise）、移除（Remove）、向後法（Backward）、向前法（Forward），細節將在11.3節說明。

「WLS Weight」是指加權值的最小平方和（Weighted Least Square），我們可設定以某個變數的加權值最小平方和來產生迴歸模式，若作為加權值的變數為遺漏值或其數值為0或複數時，此觀察值會被排除不納入分析之中。

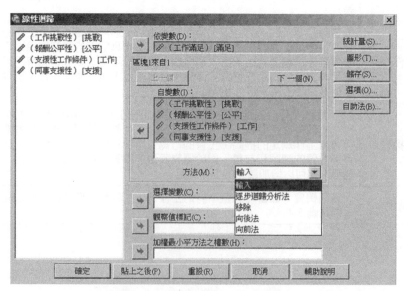

圖11-4 「線性迴歸」視窗設定

統計量

在「線性迴歸」（Linear Regression）視窗中，按〔統計量〕
（〔Statistics〕），就會產生「線性迴歸：統計量」（Linear Regression:
Statistics），在此視窗內各選項的說明，如表11-3所示，我們勾選的情形如圖11-5所
示（估計值、模式適合度為SPSS預設）。

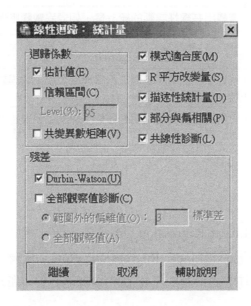

圖11-5　「線性迴歸：統計量」視窗設定

表11-3　「線性迴歸：統計量」視窗內各選項的說明

迴歸係數（**Regression Coefficient**）	
估計值（Estimates）	為內定選項。可輸出迴歸係數與相關的統計值，包括原始的迴歸係數估計值與標準誤、標準化迴歸係數（Beta）、迴歸係數的t值及其雙尾檢定的p值（顯著性）。 也會呈現未進入迴歸方程式時的Beta值、Beta值的t值、p值（顯著性）、排除已經進入迴歸方程式的變之影響後，自變數與依變數的淨相關係數、共線性統計量（最小容忍度）。
信賴區間 （Confidence intervals）	會輸出迴歸係數在95%信賴區間的統計值。
共變異數矩陣 （Covariance matrix）	未標準化的「變異數—共變數」矩陣。矩陣的對角線是變異數，上三角部分是相關係數，下三角部分是共變數。
模式適合度（Model fit）	內定選項。可輸出多元相關係數（R）、決定係數（R^2）、調整後的R^2及估計標準誤，以及變異數分析摘要表。

表11-3 「線性迴歸：統計量」視窗內各選項的說明（續）

R平方改變量（R squared change）	決定係數（R^2）的改變。
描述性統計量（Descriptives）	會輸出變數的平均數、標準差、有效觀察值的個數、所有變數間的相關矩陣。
部分與偏相關（Part and partial correlations）	可輸出部分以及淨相關統計值。
共線性診斷（Collinearity diagnosis）	會輸出共線性診斷的統計量，如變異數膨脹係數、交乘積矩陣的特徵值、條件指標及變異數分解的比例。
殘差（**Residuals**）	
Durbin-Watson	檢定相鄰的兩誤差項之相關程度大小，當誤差之間完全沒有線性相關時，此值接近2。
全部觀察值診斷（Casewise diagnosis）	包括殘差值與極端值的分析，標準化及未標準化殘差和預測值的摘要統計表。在極端值的判斷中，SPSS以內定值3作為判斷標準。

圖形

在「線性迴歸」（Linear Regression）視窗中，按〔統計圖〕（〔Plots〕），就會產生「線性迴歸：圖形」（Linear Regression: Plots）視窗，在此視窗內我們勾選的情形如圖11-6所示。其中的術語中，代表的字母如表11-4所示。

表11-4 「線性迴歸：圖形」視窗中各字母所代表的術語

Z	標準化
PRED	預測值
RESID	殘差值
D	刪除後
ADJ	調整後
S	Studentized
*ZPRED	標準化預測值
*ZRESID	標準化殘差值
*DRESID	刪除後殘差值
*ADJPRED	調整後預測值
*SRESID	t 化（Studentized）殘差值
*SDRESID	刪除後 t 化（Studentized）殘差值

　　要繪製殘差值的散佈圖，必須選取一個變數為Y軸（依變數），另一個變數為X軸。若要繪製其他類型的圖形，只要按〔下一個〕（〔Next〕），重新選取Y軸、X軸的變數。

　　在「標準化殘差圖」（Standardized Residual Plots）的選項中有兩個：「直方圖」（Histogram），可繪出殘差值的直方圖；「常態機率圖」（Normal probability plots），可繪出殘差的常態機率散佈圖。

　　「產生所有淨相關圖形」（Produce all partial plots），可印出每個自變數與依變數的殘差分布圖，繪製此圖的目的在於偵測某自變數是否出現極端值。

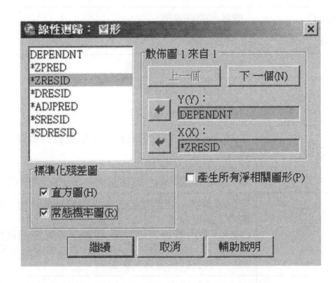

圖11-6　「線性迴歸：圖形」視窗設定

儲存

　　在「線性迴歸」（Linear Regression）視窗中，按〔儲存〕（〔Save〕），就會產生「線性迴歸：儲存」（Linear Regression: Save）視窗，如圖11-7所示，可將有關變數儲存起來以供後續分析之用。「線性迴歸：儲存」視窗中的各術語，如表11-5所示。

表11-5 「線性迴歸：儲存」視窗中的各術語

預測值（**Predicted Variables**）	
未標準化（Unstandardized）	未標準化的預測值
標準化（Standardized）	標準化的預測值
調整後（Adjusted）	調整後的預測值
平均數與預測值的標準誤 （S.E. of mean predictions）	預測值的標準誤
殘差值（**Residuals**）	
未標準化（Unstandardized）	未標準化的殘差值
標準化（Standardized）	標準化的殘差值
學生化（Studentized）	t 化殘差值
已刪除（Deleted）	刪除後的標準化殘差值
Studentized deleted	刪除後的 t 化殘差值
距離（**Distance**）	
Mahalanobis距離殘差值 （Mahalanobis）	可以檢測哪一個觀察值對於「自變數與依變數的影響」具有影響力。 Mahalanobis距離殘差值，亦即觀察值與自變數的平均數的距離，可測得極端值。數值越大，表示此觀察值越具有影響力。
Cook's距離值 （Cook's D）	可以檢測哪一個觀察值對於「自變數與依變數的影響」具有影響力。 Cook's D距離值是刪除第i個觀察值之後的迴歸係數改變值。如果其百分比等級大於10或20（也就是百分位數在前10或前20），則此觀察值具有影響力。
槓桿值（Leverage values）	測出自變數的極端值（但無法測出依變數的極端值）
預測區間（**Prediction Intervals**）信賴水準內定值為**95%**	
平均數（Mean）	平均數上下限區間範圍
個別值（Individual）	單一觀察值預測區間的上下限
影響統計量（**Influence Statistics**）	
迴歸係數差異量（DfBeta）	剔除某一特殊的觀察值後，迴歸係數的改變量
標準化的迴歸係數差異量 （Standardized DfBeta）	剔除某一特殊的觀察值後，迴歸係數的標準化改變量
DfFit	預測值的差異量
Standardized DfFit	標準化的預測值差異量
共變異數比值 （Covariance ratio）	剔除某特定觀察值的共變數矩陣的行列式與原先的（沒有剔除這些觀察值，也就是包括所有觀察值）共變數矩陣的行列式二者的比值

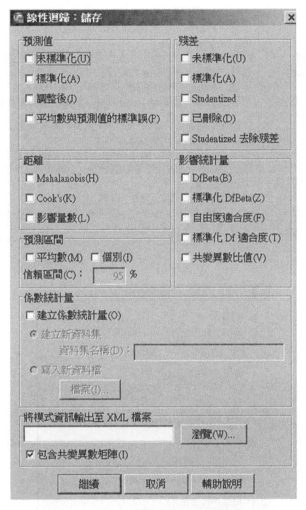

圖11-7 「線性迴歸：儲存」視窗設定

選項

在「線性迴歸」（Linear Regression）視窗中，按〔選項〕（〔Options〕），
就會產生「線性迴歸：選項」（Linear Regression: Options）視窗，如圖11-8所示。
在「採用逐步迴歸分析法的步進條件」（Stepping Method Criteria）中，有兩個方
法：

1.使用F機率值 （Use probability of F）	登錄（Entry）後面方格的預設值為0.05，刪除（Removal）後面方格的預設值為0.01。 登錄（Entry）表示進行逐步迴歸時，自變數被選入迴歸方程式的顯著性（p值），即F-to-Enter時，PIN值等於0.05。 登錄（Entry）表示迴歸係數的p值>0.10時，此變數會被剔除在迴歸方程式之外，即F-to-Remove時，POUT值等於0.10。
2.使用F值 （Use F value）	以F值作為選取、剔除變數的標準。預設值登錄（Entry）為3.84，刪除（Removal）為2.71。 如果F值在預設的3.84（FIN）以上，則自變數會被選取在此迴歸方程式之中，如果小於預設的2.71（FOUT），則自變數會從迴歸模式中被剔除掉。 如果自訂，必須滿足此二條件： （1）不論登錄（Entry）或刪除（Removal），F值都必須大於0。 （2）登錄（Entry）值必須大於刪除（Removal）值。

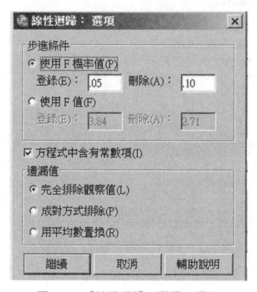

圖11-8 「線性迴歸：選項」視窗

報表解讀

在「線性迴歸」（Linear Regression）視窗，按〔確定〕（〔OK〕）之後，所產生的輸出報表如下（表11-6到表11-15）。

敘述統計

表11-6 敘述統計

	平均數	標準離差	個數
滿足（工作滿足）	4.25	1.595	24
挑戰（工作挑戰性）	3.67	1.659	24
公平（報酬公平性）	3.83	1.949	24
工作（支援性工作條件）	4.00	1.588	24
支援（同事支援性）	3.83	1.435	24

相關係數

以下是相關係數表（表11-7），顯示了Pearson相關係數及單尾的顯著性。

表11-7 相關

		滿足	挑戰	公平	工作	支援
Pearson 相關	滿足	1.000	.821	.574	.567	.570
	挑戰	.821	1.000	.439	.610	.414
	公平	.574	.439	1.000	.464	.145
	工作	.567	.610	.464	1.000	.458
	支援	.570	.414	.145	.458	1.000
顯著性（單尾）	滿足	.	.000	.002	.002	.002
	挑戰	.000	.	.016	.001	.022
	公平	.002	.016	.	.011	.249
	工作	.002	.001	.011	.	.012
	支援	.002	.022	.249	.012	.
個數	滿足	24	24	24	24	24
	挑戰	24	24	24	24	24
	公平	24	24	24	24	24
	工作	24	24	24	24	24
	支援	24	24	24	24	24

選入／刪除的變數

由於我們選擇的方法是內定的「輸入」（Enter），所以SPSS會將所有的自變數選入到迴歸方程式中（表11-8），亦言之，不刪除任何自變數。輸入法又稱強迫進入變數法。

表11-8　選入／刪除的變數[b]

模式	選入的變數	刪除的變數	方法
1	支援，公平，挑戰，工作[a]	.	選入

a　所有要求的變數已輸入。
b　依變數：滿足。

模式摘要表

模式摘要表（表11-9）顯示了兩個重要的統計值：R平方與Durbin-Watson檢定值。

表11-9　模式摘要[b]

模式	R	R平方	調過後的R平方	估計的標準誤	Durbin-Watson 檢定
1	.897[a]	.805	.764	.775	2.193

a　預測變數：（常數），支援，公平，挑戰，工作。
b　依變數：滿足。

R平方=0.805，表示自變數解釋了80.5%依變數的變異量。

> 「R的平方」亦稱為決定係數（coefficient of determination）。它說明了「Y所產生的變異可由X來解釋的程度」。在線性關係的測量中，它能告訴我們迴歸直線能配合資料的程度有多少。它也能告訴我們，迴歸方程式在預測方面的正確性程度如何。一般而言，我們希望R的平方=80%或以上。低於這個數字，預測的正確性頗令人懷疑。在我們的例子中，R的平方=0.805，所以我們可以合理的認定預測的正確性。

Durbin-Watson值是判斷有無自相關的現象。在我們的例子中，Durbin-Watson檢定=2.193，因此不棄卻虛無假設，也就是接受「無自相關現象」。

在行銷研究中，所蒐集的資料有很多是有時間序列性的（time aeries），例如蒐集1993、1994、1995、1996年的銷售資料。在 t 期的 Y 值（Y_t）可能會受到在 t-1 期的 Y 值（Y_{t-1}）所影響。如果果真如此，我們就認為 Y 值具有自相關（autocorrelation）或序列相關（series correlation）。如果 Y_t 與 Y_{t-1} 有關，則是第一階自相關（first-order autocorrelation）；如果 Y_t 與 Y_{t-2} 有關，則是第二階自相關（second-order autocorrelation）。

造成自相關的原因有：（1）迴歸模式所假設的關係型態有錯誤；（2）迴歸模式中漏列了某些重要的變數；（3）變數的觀察值有偏誤、失真的情況；（4）觀察值付諸闕如，但是我們卻以人為的方法去補齊它（沒有實地再去求證）。

自相關使 Y_i 的估計值 $\hat{Y}_i$ 的估計標準誤變大，違背了「誤差項必須互相獨立」的假設（條件），使估計預測的能力降低。檢視預測變數是否有自相關的主要統計量是 Durbin-Watson（DW）值。我們的虛無假設是：無自相關現象。如果 1.5<DW<2.5，則不棄卻虛無假設。

適合性檢定（變異數分析）

變異數分析摘要表（表11-10）為迴歸模式顯著性的整體考驗，顯著性（p值）=0.000，已達顯著水準，上述自變數對依變數的80.5%的解釋變異量具有統計意義。如從各別變數與依變數的相關顯著性來看，表示四個自變數中至少有一個自變數與依變數的相關達到顯著水準，至於是哪些自變數與依變數的相關達到顯著，必須進一步的由表11-11迴歸係數的t值及顯著性檢定結果才能知道。

表11-10　Anova[b]

模式		平方和	df	平均平方和	F	顯著性
1	迴歸	47.085	4	11.771	19.592	.000[a]
	殘差	11.415	19	.601		
	總數	58.500	23			

a　預測變數：（常數），支援，公平，挑戰，工作。

b　依變數：滿足。

多元迴歸方程式及顯著性檢定

表11-11顯示了迴歸係數、t值及顯著性。

表11-11　迴歸係數、t值及顯著性[a]

模式		未標準化係數		標準化係數	t	顯著性	相關			共線性統計量	
		B之估計值	標準誤差	Beta分配			零階	偏	部分	允差	VIF
1	（常數）	.171	.546		.313	.758					
	挑戰	.592	.129	.616	4.584	.000	.821	.725	.465	.568	1.759
	公平	.246	.097	.300	2.537	.020	.574	.503	.257	.733	1.365
	工作	−.093	.141	−.093	−.662	.516	.567	−.150	−.067	.524	1.907
	支援	.349	.130	.314	2.678	.015	.570	.524	.271	.748	1.337

a　依變數：滿足。

依據上表，我們可建立迴歸方程式：

未標準化：滿足=0.171+0.592（挑戰）+0.246（公平）−0.093（工作）
　　　　　+0.349（支援）

標準化：滿足=0.616（挑戰）+0.300（公平）−0.093（工作）+0.314（支援）

我們可以檢定迴歸係數是否與零有顯著性的差異。在我們的例子中，有4個檢定，也就是對b_1（挑戰的迴歸係數）、b_2（公平的迴歸係數）、b_3（工作的迴歸係數）、b_4（支援的迴歸係數）進行檢定。自變數（挑戰、公平、工作、支援）的顯著性分別為：0.000、0.020、0.516、0.015，在$\alpha = 0.05$的顯著水準之下，僅有「工作」這個自變數未達顯著性（換句話說，應接受「$b_3 = 0$」的虛無假設）。

因此，我們可將以上的標準化迴歸係數顯示在工作滿足研究的觀念架構上，如圖11-9所示。

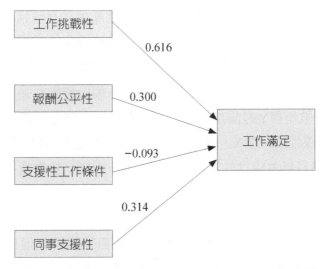

圖11-9　顯示標準化迴歸係數的工作滿足研究的觀念架構

共線性診斷

1. 係數、共線性統計量

在表11-12「係數」表中，偏相關係數以「挑戰」為最大（0.725）。部分相關係數也是以「挑戰」為最大（0.465）。

偏相關（**partial correlation**）	以「挑戰」為例，在剔除（固定）「挑戰」的效應之後，看「公平」、「工作」、「支援」這三個變數之間的關係。
部分相關又稱複相關（**part correlation**）	以「挑戰」為例，看「挑戰」與「公平」、「工作」、「支援」這三個變數之間的關係。

表11-12　係數[a]

模式		未標準化係數		標準化係數	t	顯著性	相關			共線性統計量	
		B之估計值	標準誤差	Beta 分配			零階	偏	部分	允差	VIF
1	（常數）	.171	.546		.313	.758					
	挑戰	.592	.129	.616	4.584	.000	.821	.725	.465	.568	1.759
	公平	.246	.097	.300	2.537	.020	.574	.503	.257	.733	1.365
	工作	−.093	.141	−.093	−.662	.516	.567	−.150	−.067	.524	1.907
	支援	.349	.130	.314	2.678	.015	.570	.524	.271	.748	1.337

a 依變數：滿足。

當兩個自變數之間具有相當高的相關性時，就產生了共線性（collinearity）的問題。當有共線性的現象時，在迴歸方程式中的偏迴歸係數不僅在統計上的信度很低，而且也很難解釋。如果兩個變數都非常類似的在描述或預測Y，那麼就有一個是多餘的。我們在處理這個問題時，就是將其中一個自變數從迴歸方程式中剔除。所刪除的那個自變數是與Y的偏判定係數為最小者。我們也可以改用一個替代性變數，來取代具有共線性的一個X，或者將具有共線性的變數合併為一個變數。

在SPSS中檢驗有無共線性的統計量有：允差、VIF、特徵值、條件指標、變異數比例。

2. 允差

允差（tolerance）等於$1-R^2$，其中R^2就是此自變數與其他自變數間的多元相關係數的平方。變數的R^2值太大，代表模式中的其他自變數可以有效的解釋這個變數。允差值介於0與1之間。如果一個自變數的允差值太小，表示此變數與其他自變數有共線性的問題存在。如果一個自變數的允差值接近0，表示此變數幾乎是其他變數的線性組合。

3. VIF

VIF是Variance Inflation Factor（變異數膨脹因素）的起頭字。VIF是允差的倒數，也就是：$1/(1-R^2)$。VIF值越大，表示自變數的允差越小，也表示越有共線性的問題存在。

4. 特徵值、條件指標、變異數比例

共線性診斷表（表11-13）包括特徵值、條件指標、變異數比例。

表11-13　共線性診斷[a]

模式	維度	特徵值	條件指標	變異數比例				
				（常數）	挑戰	公平	工作	支援
1	1	4.657	1.000	.00	.00	.01	.00	.00
	2	.145	5.669	.03	.00	.66	.00	.18
	3	.090	7.178	.27	.56	.12	.05	.03
	4	.056	9.129	.56	.32	.05	.27	.31
	5	.052	9.470	.14	.11	.16	.68	.48

a　依變數：滿足

在以特徵值（Eigenvalue）來判斷共線性問題方面，當自變數之間有高度的線性

組合問題時，則少數的幾個特徵值會變大，相對的其他特徵值會比較接近0。條件指標（condition index, CI）是計算最大特徵值與第 i 個特徵值的相對比值。條件指標越大，表示自變數之間的線性組合問題越嚴重。如何以條件指標的大小來判斷共線性問題，可參考Tacq（1997）[3]以及Belsley等人（1980）[4]的看法（表11-14）。

表11-14　Tacq及Belsley等人判斷共線性問題的條件指標

學者	條件指標（CI）	共線性問題
Tacq（1997）	>15	可能有
	>30	嚴重
Belsley等人（1980）	<30	低度
	30<CI<100	中度到高度
	>100	極嚴重

在我們例子中，最大的條件指標為9.470，表示自變數之間沒有共線性的問題。

在表11-13中，有5個特徵值，特徵值的數目是自變數數目加一。由於有5個特徵值，因此所呈現的特徵向量矩陣為5x5。在變異數比例的各欄中，每一欄的數值表示常數項、自變數在各特徵值上的比例，其總和為1。當任兩個自變數間在同一個特徵值上的變異數比例值都非常接近1時，就表示這兩個自變數之間可能有線性重合的問題。在我們的例子中，看不出這些現象，因此沒有共線性的問題。

殘差

殘差（residual）是指Y的觀察值與實際值之差，以$Y_i - \hat{Y}_i$表示。將殘差加以標準化之後，其平均數為0，標準差為1。在殘差圖中，標準化殘差值應落於2與-2之間，圍繞著零點呈隨機散佈，不能有可辨識的形狀出現。要滿足這些條件，我們才可以說，迴歸模式運用得適當。

表11-15顯示，標準化殘差值是從-1.328到1.556，圍繞著零點呈隨機散佈，而且看不到有固定的形狀出現（對於「看不到有固定的形狀出現」的說明，見第7章，圖7-25）。

---

[3]　J. Tacq, *Multivariate Analysis Techniques in Social Science Research* (London: SAGE, 1979).

[4]　D. A. Belsley, E. Kuh and R. E. Welsch, *Regression Diagnostics* (New York, N.Y.: John Wiley & Sons, Inc., 1980).

表11-15　殘差統計量[a]

	最小值	最大值	平均數	標準離差	個數
預測值	1.86	6.33	4.25	1.431	24
殘差	−1.328	1.556	.000	.705	24
標準預測值	−1.671	1.453	.000	1.000	24
標準殘差	−1.714	2.007	.000	.909	24

a　依變數：滿足。

　　圖11-10為標準化殘差值的次數分配直方圖（histogram）。由於有抽樣誤差存在，所以實際觀察次數的直方圖與理論上的常態分配曲線之間有些差距。

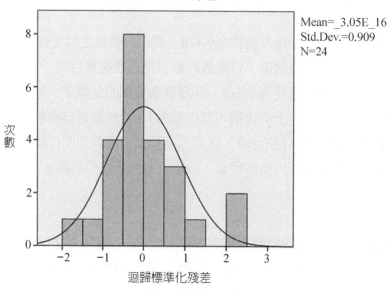

圖11-10　標準化殘差值的次數分配直方圖

　　圖11-11顯示了殘差常態機率分布圖（normal probability plot）。因樣本觀察累積機率圖（observed cum prob）分布大約符合預期累積機率圖（expected cum prob），預期累積機率圖約成一條由左下到右上的45°斜直線，因而樣本觀察值大致符合常態性的假定。

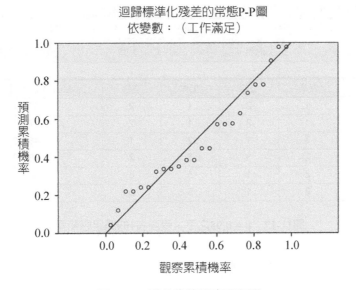

圖11-11 殘差常態機率分布圖

預測

假設有位新進同仁,測得此同仁在「挑戰」、「工作」、「公平」、「支援」這些自變數在李克七點尺度上的分數分別為3、3、4、5,那麼他的工作滿足將是多少?

我們可將以上數據帶入未標準化的迴歸方程式中:

$$滿足＝0.171＋0.592（挑戰）＋0.246（公平）－0.093（工作）＋0.349（支援）$$
$$4.07＝0.171＋0.592（3）＋0.246（3）－0.093（4）＋0.349（5）$$

我們大致可知在「滿足」的七點尺度上,此人的工作滿足屬於中度。

但是這是對Y(滿足)的點估計(point estimation)而已。如果我們要進行區間估計的話,可以在「線性迴歸:儲存」(Linear Regression: Save)視窗內的「預測區間」(Prediction Internal)方盒內選取「個別」(Individual),並使用其內定的信賴區間(95%)。產生的結果如圖11-12所示。

SPSS計算的結果顯示,在$\beta = 0.95$之下,受測者1的滿足感範圍在0.07007到3.64923之間。

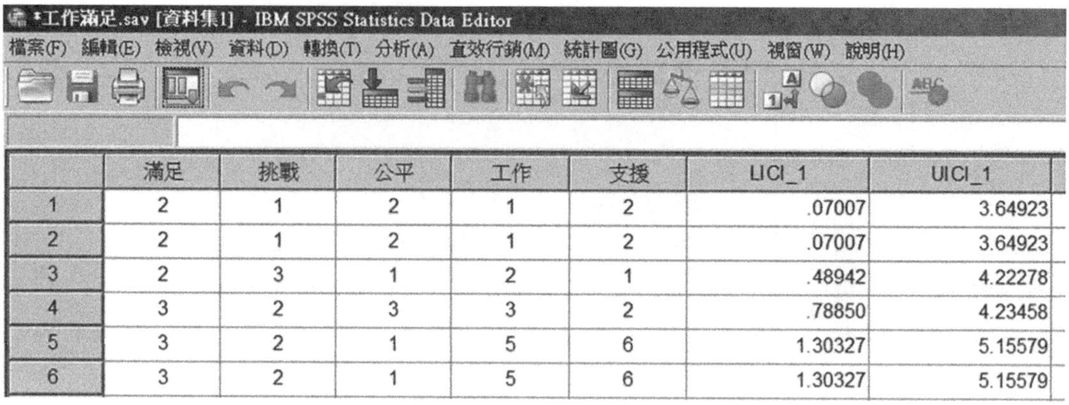

	滿足	挑戰	公平	工作	支援	LICI_1	UICI_1
1	2	1	2	1	2	.07007	3.64923
2	2	1	2	1	2	.07007	3.64923
3	2	3	1	2	1	.48942	4.22278
4	3	2	3	3	2	.78850	4.23458
5	3	2	1	5	6	1.30327	5.15579
6	3	2	1	5	6	1.30327	5.15579

圖11-12　$\beta = 0.95$之下，受測者1的滿足感範圍

Mahalanobis距離殘差值

如前所述，Mahalanobis距離殘差值可以檢測哪一個觀察值對於「自變數與依變數的影響」具有影響力。Mahalanobis距離殘差值，亦即觀察值與自變數的平均數的距離，可測得極端值。數值越大，表示此觀察值越具有影響力。讀者可在「統計量」視窗內的「距離」方盒中，點選「Mahalanobis」來看Mahalanobis距離（其預設變數名稱為MAH_1）。

現在我們舉例說明Mahalanobis距離殘差值的應用。研究者有興趣了解，哪一個觀察值越具有影響力，也就是對於顧客人數最具有影響力的商店是哪一個，以作為定價及店面布置決策的參考。

假設大海比薩公司在八個分店的顧客人數（Y，也就是上月的平均顧客人數）、價格（X_1，也就是雙層美式臘腸價格）及容納人數（X_2）資料，如表11-16所示。

表11-16　大海比薩八個分店的資料

分店代號	Y＝顧客人數	X_1＝價格（美元）	X_2＝容納人數
1	180	5	50
2	120	6	34
3	150	5.8	42
4	60	6.5	42
5	90	7.8	45

表11-16 大海比薩八個分店的資料（續）

分店代號	Y = 顧客人數	X_1 = 價格（美元）	X_2 = 容納人數
6	20	7.4	22
7	50	8	30
8	60	5.2	24

開啟檔案（檔案名稱：...\Chap11\Store.sav）。在「線性迴歸：儲存」（Linear Regression: Save）視窗內的「距離」（Distance）方盒內選取「Mahalanobis」，結果如圖11-13所示。價格在5.20、容納人數在24的商店，對於顧客人數的增加最具有影響力，其次才是價格在5.00、容納人數在50的商店。

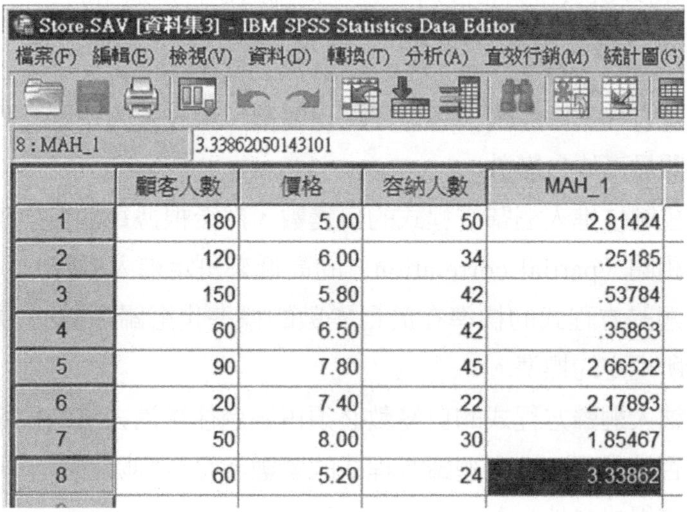

	顧客人數	價格	容納人數	MAH_1
1	180	5.00	50	2.81424
2	120	6.00	34	.25185
3	150	5.80	42	.53784
4	60	6.50	42	.35863
5	90	7.80	45	2.66522
6	20	7.40	22	2.17893
7	50	8.00	30	1.85467
8	60	5.20	24	3.33862

圖11-13 大海比薩八個分店的Mahalanobis距離

11.3 多元迴歸的其他方法

如前述，SPSS的迴歸程序有五種方法：輸入（Enter）、逐步迴歸分析法（Stepwise）、移除（Remove）、向後法（Backward）、向前法（Forward）。輸入法已在11.2節說明，現在我們簡介其他的四種方法。

在SPSS內選擇這些方法的方式是按〔分析〕〔迴歸〕〔線性〕（〔Analyze〕〔Regression〕〔Linear〕），在「線性迴歸」（Linear Regression）視窗中的「方

法」（Method）內選擇該迴歸方法即可。以下的說明所使用的資料檔均是：工作滿足.sav（檔案位置：...\Chap11\工作滿足.sav）。

逐步迴歸分析法（Stepwise）

在逐步迴歸法中，第一個進入迴歸方程式的變數，必定是最能解釋Y變異程度的自變數，然後第二個進入迴歸方程式的變數，必定是最能解釋剩下的Y變異程度的自變數，這個程序一直持續到所有的顯著的自變數用完為止，[5]或者在解釋Y的變異方面，達到令人滿意的比率時為止。這種方法可以避免複共線性的問題，因為每一個「後進的」變數必須多少有一點「獨特性」才會被「邀請到」迴歸方程式中。當迴歸方程式的自變數數目有很多時，逐步迴歸法是特別適用的。

綜合以上所述，逐步迴歸分析法的步驟如下：

（1）在迴歸方程式中原來不包括任何自變數，首先進入迴歸方程式的是與依變數相關最高的自變數。

（2）其次控制住進入迴歸方程式的自變數，然後根據每個自變數與依變數之間的淨相關（partial correlation）的高低來決定進入迴歸方程式的順序，而進入迴歸方程式的標準在於自變數的標準化迴歸係數必須通過F值或F機率值所規定的標準。

（3）已經納入迴歸方程式的自變數必須再經過往後消去法的檢定，以決定該變數是否被保留。進入迴歸方程式的變數若符合剔除標準，則會被淘汰（剔除於方程式之外）。

以下是逐步迴歸的過程與結果：

表11-17　選入／刪除的變數[a]

模式	選入的變數	刪除的變數	方法
1	挑戰	.	逐步迴歸分析法（準則：F－選入的機率 <= .050，F－刪除的機率 >= .100）。

---

[5] 留在模式中的變數（Variables in the Equation）其偏F值均超過某一預先決定的顯著水準時，即停止演算工作，此時已求得最佳的模式。

表11-17 選入 / 刪除的變數[a]（續）

模式	選入的變數	刪除的變數	方法
2	支援	·	逐步迴歸分析法（準則：F−選入的機率 <= .050，F−刪除的機率 >= .100）。
3	公平	·	逐步迴歸分析法（準則：F−選入的機率 <= .050，F−刪除的機率 >= .100）。

a 依變數：滿足。

表11-18 係數[a]

模式		未標準化係數		標準化係數	t	顯著性	共線性統計量	
		B之估計值	標準誤	Beta分配			允差	VIF
1	（常數）	1.355	.469		2.892	.008		
	挑戰	.789	.117	.821	6.756	.000	1.000	1.000
2	（常數）	.577	.550		1.049	.306		
	挑戰	.679	.118	.707	5.765	.000	.829	1.207
	支援	.309	.136	.278	2.265	.034	.829	1.207
3	（常數）	.103	.528		.194	.848		
	挑戰	.557	.116	.580	4.792	.000	.682	1.467
	支援	.322	.122	.290	2.638	.016	.827	1.209
	公平	.227	.091	.277	2.487	.022	.805	1.242

a 依變數：滿足。

移除（Remove）

移除法是先將所有的自變數納入迴歸方程式中，然後再全部刪除。因此，SPSS
會先提出警告。

刪除法的過程及結果如下：

警告

無效的REGRESSION METHOD副命令規定──REMOVE無法用為
建立方程式時的第一個方法。REGRESSION已插入ENTER作為第一個
方法；REMOVE現在是第二個方法。

表11-19　選入／刪除的變數[c]

模式	選入的變數	刪除的變數	方法
1	支援，公平，挑戰，工作[a]	.	選入
2	.[a]	工作，挑戰，支援，公平[b]	刪除

a　所有要求的變數已輸入。
b　所有要求的變數已刪除。
c　依變數：滿足。

表11-20　係數[a]

模式		未標準化係數		標準化係數	t	顯著性
		B之估計值	標準誤	**Beta分配**		
1	（常數）	.171	.546		.313	.758
	挑戰	.592	.129	.616	4.584	.000
	公平	.246	.097	.300	2.537	.020
	工作	−.093	.141	−.093	−.662	.516
	支援	.349	.130	.314	2.678	.015
2	（常數）	4.250	.326		13.055	.000

a　依變數：滿足。

向後法（Backward）

　　向後是先將所有的自變數納入迴歸方程式中，然後再逐一將對迴歸方程式貢獻最小的自變數剔除，直到所有的自變數達到標準時為止。所使用的標準，請看11.2節對「線性迴歸：選項」（Linear Regression: Options）視窗的說明。

　　以下是往後消去法的過程及結果：

表11-21 選入／刪除的變數[b]

模式	選入的變數	刪除的變數	方法
1	支援，公平，挑戰，工作[a]	．	選入
2	．	工作	往後消去法（準則：F－刪除的機率 >=.100）。

a 所有要求的變數已輸入。
b 依變數：滿足。

表11-22 係數[a]

模式		未標準化係數		標準化係數	t	顯著性	共線性統計量	
		B之估計值	標準誤	Beta分配			允差	VIF
1	（常數）	.171	.546		.313	.758		
	挑戰	.592	.129	.616	4.584	.000	.568	1.759
	公平	.246	.097	.300	2.537	.020	.733	1.365
	工作	−.093	.141	−.093	−.662	.516	.524	1.907
	支援	.349	.130	.314	2.678	.015	.748	1.337
2	（常數）	.103	.528		.194	.848		
	挑戰	.557	.116	.580	4.792	.000	.682	1.467
	公平	.227	.091	.277	2.487	.022	.805	1.242
	支援	.322	.122	.290	2.638	.016	.827	1.209

a 依變數：滿足。

向前法（Forward）

所謂向前法是自變數一個一個（或一步接著一步）的進入迴歸方程式中，其步驟如下：

1. 在第一個步驟，首先進入迴歸方程式的自變數是與依變數關係最為密切的（也就是與依變數具有最大正相關或負相關的自變數）。
2. 在第二個步驟，選取與依變數淨相關為最大的自變數進入迴歸方程式。
3. 在每一個步驟，使用F統計檢定進入迴歸方程式的自變數，如果其標準化

迴歸係數顯著性檢定值大於或等於內定的標準，或者F值進入的機率值（probability of F -to-enter）小於或等於內定的標準（0.05），此自變數才可進入到迴歸方程式中。

以下是向前選擇法的過程及結果：

表11-23　選入／刪除的變數[a]

模式	選入的變數	刪除的變數	方法
1	挑戰	.	向前選擇法（準則：F－選入的機率 <= .050）
2	支援	.	向前選擇法（準則：F－選入的機率 <= .050）
3	公平	.	向前選擇法（準則：F－選入的機率 <= .050）

a　依變數：滿足。

表11-24　係數[a]

模式		未標準化係數		標準化係數	t	顯著性	共線性統計量	
		B之估計值	標準誤	Beta分配			允差	VIF
1	（常數）	1.355	.469		2.892	.008		
	挑戰	.789	.117	.821	6.756	.000	1.000	1.000
2	（常數）	.577	.550		1.049	.306		
	挑戰	.679	.118	.707	5.765	.000	.829	1.207
	支援	.309	.136	.278	2.265	.034	.829	1.207
3	（常數）	.103	.528		.194	.848		
	挑戰	.557	.116	.580	4.792	.000	.682	1.467
	支援	.322	.122	.290	2.638	.016	.827	1.209
	公平	.227	.091	.277	2.487	.022	.805	1.242

a　依變數：滿足。

11.4　虛擬變數迴歸分析

有時候，依變數或者一個（或以上）的自變數並不是區間尺度的資料。例如在

上述工作滿足的觀念架構中，研究者認為「領導風格」會與工作滿足有關。「領導風格」是名義量數。在迴歸分析中，名義量數稱為虛擬變數（dummy variable）。如果將虛擬變數（像「領導風格」這樣的名義量數）加到迴歸方程式中，就是虛擬變數迴歸分析。

在行銷研究中，常用的虛變數有性別、是否為會員、是否訂閱大海行銷期刊等。當依變數本身是類別資料（具有0或1的虛擬變數）時，則我們就要用區別分析了。

虛擬變數的編碼與原則

對虛擬變數的編碼，要以「0」、「1」的方式表示。虛擬變數的數目等於水準數減一。如果是二分變數，如性別，只要一個虛擬變數表示即可。如果是四分變數，只要以三個虛擬變數表示即可。例如，表11-25顯示以性別為例（1代表男性，2代表女性）的編碼。

表11-25　性別的編碼方式

原變數 ＼ 虛擬變數	性別	說明：1表示「是」；0表示「不是」
1　男性	1	是男性
2　女性	0	不是男性（就是女性）

在SPSS內建檔或經過轉換後的資料，如表11-26所示。

表11-26　SPSS建檔方式（性別）

性別	性別男	性別女
1	1	0
2	0	0
1	1	0
1	1	0

以四種領導風格為例的編碼方式，如表11-27所示。

表11-27　四種領導風格的編碼方式

原變數 ＼ 虛擬變數	指示式_成就取向	支持性_成就取向	參與式_成就取向
1　指示式	1	0	0
2　支持性	0	1	0
3　參與式	0	0	1
4　成就取向	0	0	0

在SPSS內建檔或經過轉換後的資料，如表11-28所示。

表11-28　SPSS建檔方式（領導風格）

領導風格	指示式_成就取向	支持性_成就取向	參與式_成就取向
1	1	0	0
4	0	0	0
2	0	1	0
3	0	0	1
4	0	0	0
2	0	1	0
.			
.			
.			

從以上的編碼方式，我們可以知道，編碼是用參照或者對比的方式。也就是說參照組是「成就取向」，而「指示式」是「指示式與成就取向」的對比；「支持性」是「支持性與成就取向」的對比；「參與式」是「參與式與成就取向」的對比。

選擇參照組

如何選擇參照組？以下是三個重要原則：（1）參照組的定義要非常明確，例如，以「其他」作為參照組則不明確；（2）類別變數如有高低之分（如社會階層），可以：（i）選擇等級最高或最低的類別，以便於有次序的將各類別的迴歸係數與參照組進行比較，或者（ii）選擇等級居中的類別，以便於較有效的檢視達到水

準的係數；（3）參照組的樣本人數應該適中。如果選擇樣本過少或過多的水準作為參照組，則在比較類別中各水準的迴歸係數時較不適切。[6]

▌釋例

研究問題

在上述工作滿足的觀念架構中，研究者認為「領導風格」會與工作滿足有關。根據路徑——目標理論（path-goal theory），「領導風格」共有四種類型：

（1）指示式領導者（directive leader）。這類的領導者會讓部屬知道上司對他的期望，以及完成工作的程序，並對如何完成工作任務有特別的指導。此與俄亥俄州領導研究中的制度向度雷同。

（2）支持性領導者（supportive leader）。這類的領導者十分友善，並對部屬的需求表示關心。此與俄亥俄州領導研究中的體恤向度相雷同。

（3）參與式領導者（participative leader）。這類的領導者在做決策前，會諮詢部屬的意見並接受其建議。

（4）成就取向領導者（achievement-oriented leader）。這類的領導者會設定挑戰性目標，期望部屬發揮最大的潛能。

> 路徑—目標理論（path goal theory）是相當受到重視的領導理論，它是由豪斯（Robert House）所提出的。[7]此理論是一種領導權變模式，它的主要成份是取自俄亥俄州領導研究中的制度與體恤，並結合了動機期望理論。此理論的中心議題是，領導者的主要工作是幫助其部屬達成他們的目標，及提供必要的指導及支援，以確保他們的目標可以配合團體或組織的目標。「路徑—目標」一詞意味著，具有效能的領導者應該幫助部屬澄清可以達成目標的途徑，並減少途徑中的障礙與危險，以使得部屬能夠順利的完成目標。根據路徑—目標理論，如果領導者的行

---

[6] M. A. Hardy, *Regression with Dummy Variable* (Newsbury Park: Sage, 1993).

[7] Robert J. House, "A Path-Goal Theory of Leadership," *Administrative Science Quarterly*, September 1971, pp. 321-38.

為是可以被接受的，那麼該行為必然會影響部屬們的立即滿足感或未來滿足感。領導者的行為如果有激勵性，就必須：（1）使部屬的需求滿足全憑其績效而定；（2）提供有助於提高績效的訓練、指導、支持和獎賞。為了檢視以上的陳述，豪斯確認了四種領導行為：指示式領導者（directive leader）、支持性領導者（supportive leader）、參與式領導者（participative leader）、成就取向領導者（achievement oriented leader）。

研究者將「領導風格」加入其工作滿足的研究觀念架構後，整個觀念架構如圖11-14所示。

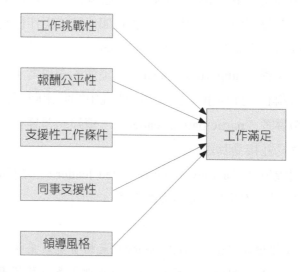

圖11-14　將「領導風格」加入工作滿足的研究觀念架構

進入SPSS，開啟檔案（檔案名稱：...\Chap11\滿足感＋虛擬變數.sav）。

「領導風格」的編碼

「領導風格」是名義變數，所以必須將它編碼。按〔轉換〕〔計算變數〕（〔Transform〕〔Compute〕），在「計算變數」（Compute: Variable）視窗中，在左邊「目標變數」（Target Variable）方格內，鍵入「指示式_成就取向」，點選「領導風格」，然後再點選 ▣ 到右邊的「數值運算式」（Numeric Expression）方格下，並鍵入「=1」，如圖11-15所示。設計完成，按〔確定〕（OK）。

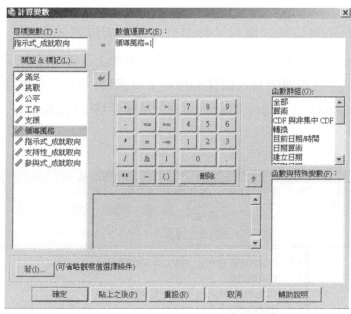

圖11-15 「指示式__成就取向」虛擬變數的設定

　　接著，按〔轉換〕〔計算變數〕（〔Transform〕〔Compute〕），在「計算變數」（Compute: Variable）視窗中，在左邊「目標變數」（Target Variable）方格內，鍵入「支持性_成就取向」，點選「領導風格」，然後再點選 到右邊的「數值運算式」（Numeric Expression）方格下，並鍵入「=2」。設計完成，按〔確定〕（OK）。

　　接著，按〔轉換〕〔計算變數〕（〔Transform〕〔Compute〕），在「計算變數」（Compute: Variable）視窗中，在左邊「目標變數」（Target Variable）方格內，鍵入「參與式_成就取向」，

　　選「領導風格」，然後再點選 到右邊的「數值運算式」（Numeric Expression）方格下，並鍵入「=3」。設計完成，按〔確定〕（OK）。

　　設計完成後的資料檔，如圖11-16所示。

	滿足	挑戰	公平	工作	支援	領導風格	指示式_成就取向	支持性_成就取向	參與式_成就取向
1	6	5	4	5	6	4	0	0	0
2	5	5	6	4	6	3	0	0	1
3	3	2	3	3	2	2	0	1	0
4	7	5	6	4	5	4	0	0	0
5	2	3	1	2	1	1	1	0	0

圖11-16 虛擬變數（領導風格）設計完成後的資料檔

　　為了避免重複作業的麻煩，我們可以寫一個程式，透過此程式的執行就可以有效地設定虛擬變數。按〔檔案〕〔開啟新檔〕〔語法〕（〔File〕〔New〕〔Syntax〕），在視窗內寫入這樣的指令（見圖11-17）。在執行時，按〔執行〕〔全部〕（〔Run〕〔All〕）即可。可將此檔案儲存成Leadership_Syntax1（檔案類型是.sps）。

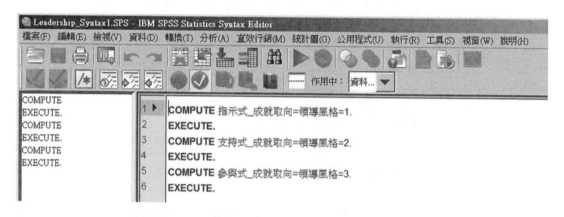

圖11-17　利用指令來設定虛擬變數

線性迴歸視窗

　　按〔分析〕〔迴歸〕〔線性〕（〔Analyze〕〔Regression〕〔Linear〕），就會產生「線性迴歸」（Linear Regression）視窗，如圖11-18所示。

　　將左邊清單中的「滿足」選入右邊「依變數」（Dependent）下的方格內，並將「挑戰」、「工作」、「公平」、「支援」、「指示式_成就取向」、「支持性_成就取向」、「參與式_成就取向」這些自變數，選入右邊「自變數」（Independent）下的方格內。

　　在「迴歸方法」（Method）上，使用預設的「輸入」（Enter）。

輸出報表

　　SPSS輸出的係數，如表11-29所示。在自變數中，「挑戰」（顯著性=0.004<0.05）、「指示式_成就取向」（顯著性=0.009<0.05）、「支持性_成就取向」（顯著性=0.022<0.05）、「參與式_成就取向」（顯著性=0.000<0.05）均達到顯著水準。

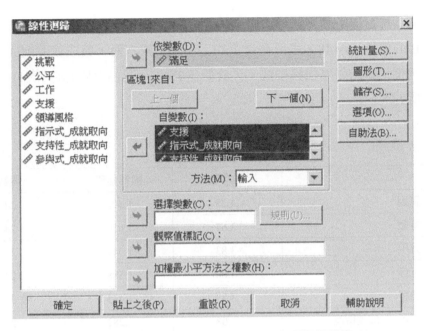

圖11-18 「線性迴歸」視窗設定——加入虛擬變數

表11-29 係數[a]

模式		未標準化係數		標準化係數	t	顯著性
		B之估計值	標準誤差	**Beta**分配		
1	（常數）	3.480	1.072		3.246	.005
	挑戰	.369	.109	.384	3.390	.004
	公平	.092	.081	.112	1.129	.275
	工作	−.007	.109	−.007	−.063	.950
	支援	.123	.128	.111	.965	.349
	指示式_成就取向	−2.530	.847	−.448	−2.985	.009
	支持性_成就取向	−1.996	.785	−.353	−2.544	.022
	參與式_成就取向	−1.719	.388	−.543	−4.435	.000

a 依變數：滿足。

如何解讀虛擬變數的標準化迴歸係數？從標準化迴歸係數來看，「指示式_成就取向」的Beta值為−0.448，表示在員工的工作滿足感方面，與成就取向的領導風格比較之下，指示式的領導風格較低。至於低多少呢？可從敘述統計（表11-30）中看出，平均低0.08。

表11-30　敘述統計

	平均數	標準離差	個數
滿足	4.25	1.595	24
挑戰	3.67	1.659	24
公平	3.83	1.949	24
工作	4.00	1.588	24
支援	3.83	1.435	24
指示式_成就取向	.08	.282	24
支持性_成就取向	.08	.282	24
參與式_成就取向	.58	.504	24

加入「領導風格」的觀念架構

加入「領導風格」之後，研究的觀念架構及標準化迴歸係數值如圖11-19所示。

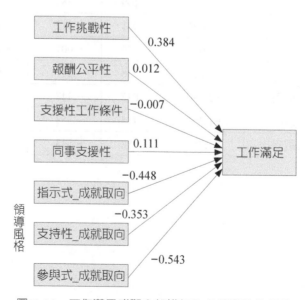

圖11-19　工作滿足感觀念架構加入虛擬變數的係數

自變數僅有虛擬變數的解讀

如果自變數中僅有虛擬變數，如何解讀其Beta係數？在我們的模式中，依變數為工作滿足，自變數為指示式_成就取向、支持性_成就取、參與式_成就取向，輸出報表如表11-31所示。

表11-31　係數[a]

模式		未標準化係數		標準化係數	t	顯著性
		B之估計值	標準誤差	Beta分配		
1	（常數）	6.500	.285		22.845	.000
	指示式_成就取向	−4.500	.569	−.797	−7.908	.000
	支持性_成就取向	−4.000	.569	−.708	−7.029	.000
	參與式_成就取向	−2.643	.340	−.835	−7.772	.000

a　依變數：滿足。

由於是以「成就取向」為參照組，所以常數項（6.500）就代表「成就取向」的平均數，而「指示式_成就取向」的「B之估計值」為−4.500，表示與參照組比較的結果，平均數低了4.500，所以「指示式_成就取向」的平均數=2（6.500−4.500）。

11.5　徑路分析

徑路分析（path analysis）又稱路徑分析，亦稱結構方程式模式（structure equation models, SEM）或同時方程式模式（simultaneous equation models）。稱為同時方程式模式的理由是，因為它「同時」考慮到所有的預測變數。在徑路分析的模式中，自變數又稱為外衍變數（exogenous variable），依變數又稱為內衍變數（endogenous variable）。有關徑路分析最方便的軟體應屬Amos。Amos早先是屬於SmallWaters公司的產品，但在Amos 6.0以後由SPSS獨家經銷，因此曾經儼然成為SPSS產品家族中重要的一員。2010年10月，IBM收購SPSS之後，Amos已成為IBM整體統計軟體中重要一環。

Amos（Analysis of Moment Structures）[8]是由James L. Arbuckle所發展，適合進行共變異數結構分析（Analysis of Covariance Structures），是一種處理結構方程模式（structural equation modeling, SEM）的軟體。Amos又稱為共變數結構分析、潛在變數分析、驗證性因素分析。Amos是結合迴歸分析、因素分析、相關分析、變異數分析的多變量分析技術；它是功能強大、易學易用的SEM分析軟體，對於進行專業研究、撰寫博碩士論文、專題研究的資料統計分析，具有如虎添翼之效。

SEM是適用於處理複雜的多變量數據的探究與分析。Amos可同時分析許多變數的關連性、可同時處理許多自變數與許多依變數的因果關係，讓研究者一窺全貌，是一個功能強大的統計分析工具。[9]

Amos是以路徑圖的視覺化、滑鼠拖曳方式來建立模式，並檢視變數之間關係（關連性或者因果性）的係數與顯著性。利用Amos所建立的SEM，會比標準的多變量統計分析還來得準確。以繪圖的方式來建立模型，不僅易於操作，而且也可望圖生義。繪圖導向是Amos的一大特色。

研究問題

如果研究者欲將「工作滿足」的觀念架構加以擴充，在經過思考之後，認為生產力會受到工作滿足、工作挑戰性的影響，因此他建立了以下的觀念架構（圖11-20）。

---

[8] 這個名字取得真好。Amos（阿摩司）是紀元前8世紀的希伯來先知，也表示舊約聖經中的阿摩司書。

[9] 在針對多個自變數、多個依變數進行分析時，研究者常會用多個多元迴歸分析來處理，但這種處理方式不僅麻煩，而且也有「見樹不見林」之憾。為達到一窺全貌的效果，Amos就是最佳的分析工具。有關詳細的解說與操作，見榮泰生著，《Amos與研究方法》，四版（臺北：五南圖書出版公司，2011）。

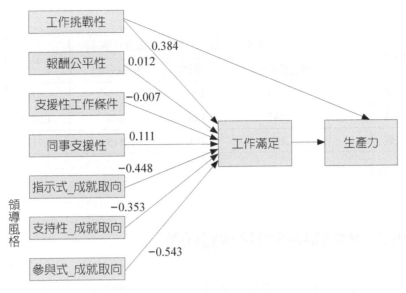

圖11-20　加入生產力的觀念架構

進行兩個多元迴歸分析

針對以上的研究架構,要進行兩個多元迴歸分析(表11-32)。

表11-32　進行兩個多元迴歸分析

多元迴歸	依變數	自變數
第一個	工作滿足	挑戰、公平、工作、支援、「指示式_成就取向」、「支持性_成就取向」、「參與式_成就取向」
第二個	生產力	滿足、挑戰

開啟檔案(檔案名稱:...\Chap11\滿足感+虛擬變數+生產力.sav)。

第一個多元迴歸已經做成,如上述。現在我們以生產力為依變數,以工作滿足、工作挑戰為自變數,進行多元迴歸分析,結果如表11-33所示。

表11-33　係數[a]

模式		未標準化係數		標準化係數	t	顯著性
		B之估計值	標準誤	Beta分配		
1	（常數）	−.329	.486		−.677	.506
	滿足	.937	.188	.808	4.979	.000
	挑戰	.129	.181	.115	.711	.485

a　依變數：生產力。

完整的觀念架構及標準化迴歸係數

圖11-21顯示了根據標準化迴歸係數所做成的觀念性架構，我們可以看到工作滿足對生產力的影響達到顯著性（p=0.000<0.05）。

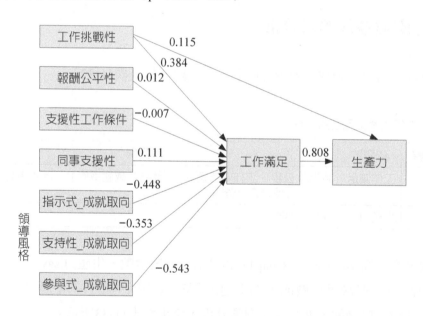

圖11-21　根據標準化迴歸係數所做成的觀念性架構

直接效果與間接效果

徑路分析中兩個變數間的徑路係數（path coefficient）就是標準化迴歸係數，這兩個變數之間的效果稱為直接效果（direct effect）。如果自變數經由中介變數

（mediated variable）而對依變數產生影響，則稱為間接效果（indirect effect）。直接效果加間接效果為總效果。工作挑戰性對生產力的直接效果是0.115，工作挑戰性對生產力的間接效果是0.31（0.384 x 0.808），因此工作挑戰性對生產力的總效果是0.43（0.115 + 0.31）。

11.6 最適尺度（Optimal Scaling）

研究問題

　　某網路行銷公司想要了解影響消費者媒體習慣（例如上網者）的因素，例如使用此媒體的理由、屬於哪一個年齡層，以及其消費行為（喜歡哪種品牌的啤酒）。這些資訊有助於公司定位策略及行銷策略的擬定。

「類別迴歸」視窗

　　開啟檔案（檔案名稱：...\Chap11\MultiNomial.sav）。資料檔中，「媒體」分為四類：網路（Web）、廣播、電傳行銷、雜誌，分別以1、2、3、4表示；「理由」（選擇此媒體的理由）分為四類：成本低廉、傳遞資訊、閱聽人互動、激發情緒，分別以1、2、3、4表示；「年齡層」（年齡類別）分為三類：18~34、35~54、55以上，分別以1、2、3表示；「啤酒品牌」（啤酒偏好）分為五類：台啤、百威、米勒、青島、海尼根，分別以1、2、3、4、5表示。以上的變數均為名義變數。

　　按〔分析〕〔迴歸〕〔最適尺度（CATREG）〕（〔Analyze〕〔Regression〕〔Optimal Scaling〕），就會出現「類別迴歸」（Categorical Regression）視窗（圖11-22），在此視窗中，將「媒體」選入右邊的「依變數」（Dependent）下的方格內，將「理由」、「年齡層」、「啤酒品牌」選入右邊的「自變數」（Independent Variable(s)）下的方盒內，如圖11-23所示。這個視窗與「多項性Logistic」（Multinomial Logistic Regression）視窗非常類似，最大的不同點是，我們可對自變數、依變數定義尺度。

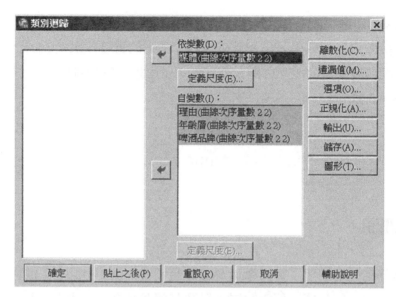

圖11-22 「類別迴歸」視窗

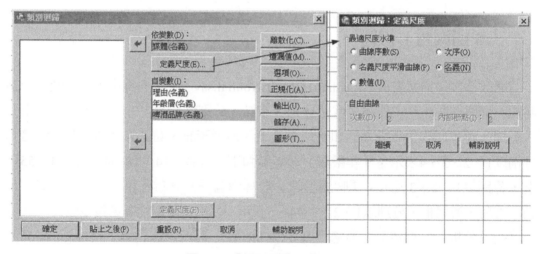

圖11-23 「類別迴歸」視窗設定

在「最適尺度水準」「Optimal Scaling Level」下的各選項中，可將變數定義成曲線序數（Spline）、名義尺度平滑曲線、數值、次序、名義這些尺度。可見「最適尺度」分析是非常「納百川」的，稱為「最適尺度」也不是浪得虛名。

「曲線序數」是指：變數的類別次序會被保留在具有最佳尺度的變數內。分段點會在透過原點的直線（向量）上。轉換之後的結果是一條平滑的、單調多項式。我們可以決定分成多少等級（這些等級未必與原來的等級相同）。「名義尺度平滑曲線」是指：變數的類別會被保留在具有最佳尺度的變數內。變數的類別次序

將不會被保留，分段點會在透過原點的直線（向量）上。轉換之後的結果，是一條平滑的、單調多項式。我們可以決定分成多少類別（這些類別未必與原來的類別相同）。

如圖11-24所示，我們可對變數加以「離散化」（discretized），將各變數分成適當的類別數。

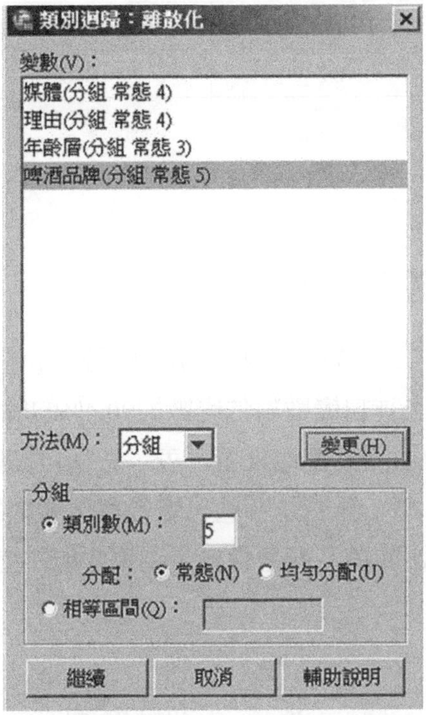

圖11-24　類別迴歸中對變數加以「離散化」

報表解讀

著作權所有者

Catreg

Version 3.0

by

Data Theory Scaling System Group (DTSS)

Faculty of Social and Behavioral Sciences

Leiden University, The Netherlands

模式摘要表

「模式摘要表」（表11-34）顯示了重要的統計值：R平方。R平方=0.904，表示自變數解釋了依變數90.4%的變異量。

表11-34　模式摘要

複相關係數R	R平方	調過後的R平方	顯著預測錯誤
.951	.904	.888	.096

依變數：媒體。
預測器：理由　年齡層　啤酒品牌。

適合性檢定（變異數分析）

變異數分析摘要表（表11-35）為迴歸模式顯著性的整體考驗，顯著性（p值）=0.000，已達顯著水準，上述自變數對依變數的90.4%的解釋變異量具有統計意義。如從各別變數與依變數的相關顯著性來看，表示三個自變數中至少有一個自變數與依變數的相關達到顯著水準，至於是哪些自變數與依變數的相關達到顯著，必須進一步的由11-35表迴歸係數的F值及顯著性檢定結果才能知道。

表11-35　ANOVA

	平方和	df	平均平方和	F	顯著性
迴歸	59.647	9	6.627	58.418	.000
殘差	6.353	56	.113		
總數	66.000	65			

依變數：媒體。
預測器：理由　年齡層　啤酒品牌。

多元迴歸方程式及顯著性檢定

表11-35顯示了迴歸係數、F值及顯著性。

依據表11-35，我們可建立迴歸方程式：

標準化　媒體 = 0.843（理由）+ 0.726（年齡層）+ 1.419（啤酒品牌）

　　我們可以檢定迴歸係數是否與零有顯著性的差異。在我們的例子中，有3個檢定，也就是對b_1（理由的迴歸係數）、b_2（年齡層的迴歸係數）、b_3（啤酒品牌的迴歸係數）進行檢定。自變數（理由、年齡層、啤酒品牌）的顯著性均為0.000（表11-36），在α=0.05的顯著水準之下，均達顯著。所以我們可以結論：採用媒體理由的不同對於媒體的選擇具有顯著性的差異；年齡層的不同對於媒體的選擇具有顯著性的差異；啤酒品牌偏好的不同對於媒體的選擇具有顯著性的差異。

表11-36　係數

	標準化係數		df	F	顯著性
	Beta分配	Bootstrap（1000）標準誤			
理由	.843	.178	3	22.515	.000
年齡層	.726	.205	2	12.513	.000
啤酒品牌	1.419	.250	4	32.199	.000

依變數：媒體。

相關係數和容許度

　　在「相關係數和容許度」表（表11-37）中，可看到「啤酒品牌」對於媒體選擇的重要性相對的高。淨相關係數以「理由」最高（0.485），但和啤酒品牌（0.421）相差不多。

　　允差（tolerance）或容忍度等於$1-R^2$，其中R^2就是此自變數與其他自變數間的多元相關係數的平方。變數的R^2值太大，代表模式中的其他自變數可以有效的解釋這個變數。允差值介於0與1之間。如果一個自變數的允差值太小，表示此變數與其他自變數有共線性的問題存在。如果一個自變數的允差值接近0，表示此變數幾乎是其他變數的線性組合。在「相關係數和容許度」表中，三個自變數沒有一個接近0，表示沒有共線性的問題存在。

表11-37　相關係數和容許度

	相關				允差	
	淨相關	偏	部分	重要性	轉換後	轉換前
理由	.485	.924	.750	.452	.791	.925
年齡層	−.139	.780	.387	−.112	.284	.890
啤酒品牌	.421	.921	.734	.660	.268	.938

依變數：媒體。

敘述統計與量化

　　最適尺度分析可以獲得敘述統計資料，並可使名義尺度的資料加以量化，以「媒體」為例，表11-38、11-39呈現著敘述統計與量化資料。（要在「類別迴歸：輸出」視窗做交代）。

表11-38　媒體[c]

			離散化後之類別[b]	次數
有效	1	Web[a]	1	31
	2	廣播	2	10
	3	電傳行銷	3	6
	4	雜誌	4	19
	總數			66

a　眾數。
b　分組（4個類別，常態）。
c　最適尺度水準：名義量數。

表11-39　媒體[a]

類別		次數	量化
1	Web	31	−.838
2	廣播	10	1.293
3	電傳行銷	6	−1.099
4	雜誌	19	1.033

a　最適尺度水準：名義量數。

11.7 進階研究

　　以下的說明限於篇幅以及在報表解讀上與上述的說明大同小異，因此不再對輸出報表做說明。但是我們會顯示在主要視窗中的設定，畢竟這是相當關鍵性的工作。

▌二元Logistic

　　二元Logistic迴歸分析是透過最大概率估計（Maximum Likelihood Estimation, MLE），使得依變數的觀察次數的機率達到最大化。Logistic迴歸分析假定觀察值樣本，在依變數上呈S形分布。

　　二元Logistic迴歸分析也可以達到區別分析的結果，詳細說明可見第13章，13.5節。

▌多項式Logistic迴歸

研究問題

　　某網路行銷公司想要了解影響消費者媒體習慣（例如上網者）的因素，例如使用此媒體的理由、屬於哪一個年齡層，以及其消費行為（喜歡哪種品牌的啤酒）。這些資訊有助於公司定位策略及行銷策略的擬定。

「多項式Logistic迴歸」視窗

　　開啟檔案（檔案名稱：...\Chap11\MultiNomial.sav）。資料檔中，「媒體」分為四類：網路（Web）、廣播、電傳行銷、雜誌，分別以1、2、3、4表示；「理由」（選擇此媒體的理由）分為四類：成本低廉、傳遞資訊、閱聽人互動、激發情緒，分別以1、2、3、4表示；「年齡層」（年齡類別）分為三類：18～34、35～54、55以上，分別以1、2、3表示；「啤酒品牌」（啤酒偏好）分為五類：台啤、百威、米勒、青島、海尼根，分別以1、2、3、4、5表示。以上的變數均為名義變數。

　　按〔分析〕〔迴歸〕〔多項式Logistic〕（〔Analyze〕〔Regression〕

〔Multinomial Logistic〕），就會出現「多項式Logistic迴歸」（Multinomial Logistic Regression）視窗，在此視窗中，將「媒體」選入右邊的「依變數」（Dependent）下的方格內，將「理由」、「年齡層」、「啤酒品牌」選入右邊的「因子」（Factor(s)）下的方盒內，如圖11-25所示。

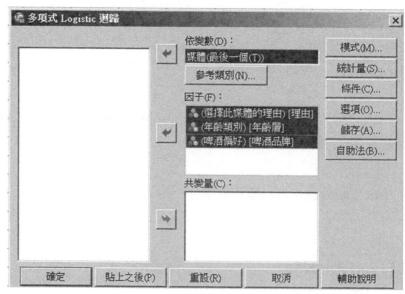

圖11-25　「多項式Logistic迴歸」視窗設定

次序迴歸

研究問題

某網路行銷公司想要了解影響不同年齡層消費者的因素，例如媒體習慣（例如上網者）、使用此媒體的理由，以及其消費行為（喜歡哪種品牌的啤酒）。這些資訊有助於公司定位策略及行銷策略的擬定。

「次序迴歸」視窗

開啟檔案（檔案名稱：...\Chap11\MultiNomial_Ordinal.sav）。資料檔中，「使用頻率」分為三類：輕度使用、中度使用、重度使用，分別以1、2、3表示；Brand_A、Brand_B、Brand_C、Brand_D分別表示消費者對此四種啤酒品牌的廣告偏好次序。

　　按〔分析〕〔迴歸〕〔次序的〕（〔Analyze〕〔Regression〕〔Ordinal〕），就會出現「次序迴歸」（Ordinal Regression）視窗，在此視窗中，將「使用頻率」選入右邊的「依變數」（Dependent）下的方格內，將Brand_A、Brand_B、Brand_C、Brand_D選入右邊的「因子」（Factor(s)）下的方盒內，如圖11-26所示。

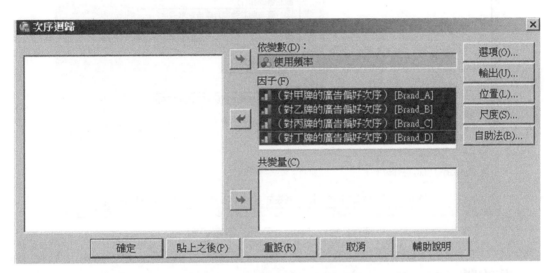

圖11-26　「次序迴歸」視窗設定

Probit分析

　　基本上，Probit分析主要是用在檢視「刺激強度」與「反應比例」的關係。例如，「噴灑克蟑量的多寡」與「殘餘蟑螂的個數」之間的關係。在行銷策略的擬定上，Probit分析具有相當廣泛的應用。

研究問題

研究者想要了解不同類型的廣告，其廣告刺激強度與廣告知覺的關係。

「Probit分析」視窗

開啟檔案（檔案名稱：...\Chap11\Probit.sav）。資料檔中，廣告類型為類別變數，其餘為區間變數。

　　按〔分析〕〔迴歸〕〔Probit分析〕（〔Analyze〕〔Regression〕〔Probit〕），就會出現「Probit分析」（Probit Analysis）視窗，在此視窗中，設定

的情形如圖11-27所示。在「共變數」（Covariate）下的方盒內，由於消費者的廣告事後知覺，會受到其廣告事前知覺的影響，因此要將之「固定」起來。

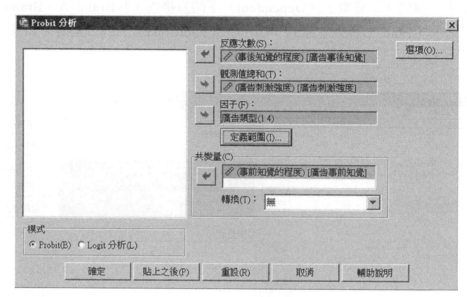

圖11-27　「Probit分析」視窗設定

非線性（Nonlinear）

如果迴歸模式經確定為非線性（可參考第7章，7.4節、7.5節的說明），就可利用非線性程序。

加權估計（Weight Estimation）

在迴歸模式中，如果我們確信某些觀察值比較不具有精確的預測效果，我們就可給與他們較小的加權值，反之亦然。

二階最小平方法（2-Stage Least Squares）

在進行迴歸分析時，我們如果發現迴歸方程式的誤差項大小與某個自變數有關時，此時我們可以進行「二階最小平方法」，來比較精確的估算其迴歸係數。

11.8　重要統計檢定值

多元迴歸分析重要統計檢定值，如表11-40所示。

表11-40　多元迴歸分析重要統計檢定值

統計值	意義	判讀
R的平方亦稱為決定係數（coefficient of determination）	「Y所產生的變異可由X來解釋的程度」	在線性關係的測量中，它能告訴我們迴歸直線能配合資料的程度有多少。它也能告訴我們，迴歸方程式在預測方面的正確性程度如何。一般而言，我們希望R的平方=80%或以上。低於這個數字，預測的正確性頗令人懷疑。在我們的例子中，R的平方=0.578，所以我們可以合理的懷疑預測的正確性，究其原因可能是：數據資料不足，或者沒有考慮到其他變數。
Durbin-Watson值	自變數的共線性診斷	如果1.5＜DW＜2.5，則無自相關現象。
允差（tolerance）	自變數的共線性診斷	等於$1-R^2$，其中R^2就是此自變數與其他自變數間的多元相關係數的平方。變數的R^2值太大，代表模式中的其他自變數可以有效的解釋這個變數。允差值介於0與1之間。如果一個自變數的允差值太小，表示此變數與其他自變數有共線性的問題存在。如果一個自變數的允差值接近0，表示此變數幾乎是其他變數的線性組合。
VIF（Variance Inflation Factor，變異數膨脹因素）	自變數的共線性診斷	VIF是允差的倒數，也就是：$1/(1-R^2)$。VIF值越大，表示自變數的允差越小，也表示越有共線性的問題存在。
特徵值（Eigenvalue）	以特徵值（Eigenvalue）來判斷共線性問題方面	當自變數之間有高度的線性組合問題時，則少數的幾個特徵值會變大，相對的其他特徵值會比較接近0。條件指標（condition index, CI）是計算最大特徵值與第i個特徵值的相對比值。條件指標越大，表示自變數之間的線性組合問題越嚴重。如何以條件指標的大小來判斷共線性問題。Tacq（1997）認為條件指標（CI）>30時，共線性問題嚴重。Belsley等人（1980）認為條件指標（CI）>100時，共線性問題極嚴重。
Mahalanobis距離殘差值	可以檢測哪一個觀察值對於「自變數與依變數的影響」具有影響力	Mahalanobis距離殘差值，亦即觀察值與自變數的平均數的距離，可測得極端值。數值越大，表示此觀察值越具有影響力。

第 12 章
多變量變異數、
共變數分析

12.1 認識多變量變異數分析

我們在第4章〈比較平均數〉的4.6節討論過單因子變異數分析，在第5章說明過二因子變異數、共變數分析，現在我們將說明單因子、二因子的多變量變異數分析。歸納一下，所謂單因子、二因子是指因子或自變數的數目，以集區設計的觀點而言，只有集區的或只有處理的叫做單因子，同時有集區及處理的叫二因子。因子（factor）在英文中稱為「way」，因此One-Way ANOVA是指單因子變異數分析。

所謂單變量、多變量是指依變數的數目；依變數只有一個，叫做單變量（univariate）；依變數有二個以上，稱為多變量（multivariate）。

以上的說明，可以整理如表12-1所示。

表12-1　變異數、共變數分析整理表

因子（自變數）數目	依變數數目	共變數數目	分析方式	SPSS程序：【分析】【一般線性模式】	SPSS程序：〔Analyze〕〔General Linear Mode〕
1^*	1	0	單因子變異數分析（One-Way ANOVA）	【單變量】或【比較平均數法】【單因子變異數分析】	〔Univariate〕或〔Compare Means〕〔One-Way ANOVA〕
2^*	1	0	二因子變異數分析（Two-Way ANOVA）	【單變量】	〔Univariate〕
1^*	1^{**}	0	重複量數	【重複量數】	〔Repeated Measures〕
3^*	1	0	拉丁方格設計	【單變量】	〔Univariate〕
1^*	1	1	單因子共變數分析（One-Way ANOVA）	【單變量】在模式中加上共變數名稱	〔Univariate〕在模式中加上共變數名稱
2^*	1	1	二因子共變數分析（Two-Way ANOVA）	【單變量】	〔Univariate〕在模式中加上共變數名稱
1^*	2^+	0	單因子多變量變異數分析（One-Way MANOVA）	【多變量】	〔Multivariate〕
2^*	2^+	0	二因子多變量變異數分析（Two-Way MANOVA）	【多變量】	〔Multivariate〕

表12-1　變異數、共變數分析整理表（續）

因子（自變數）數目	依變數數目	共變數數目	分析方式	SPSS程序：【分析】【一般線性模式】	SPSS程序：〔Analyze〕〔General Linear Mode〕
1*	2+	1	單因子多變量共變數分析（One-Way MANCOVA）	【多變量】在模式中加上共變數名稱	〔Multivariate〕在模式中加上共變數名稱
2*	2+	1	二因子多變量共變數分析（Two-Way MANCOVA）	【多變量】在模式中加上共變數名稱	〔Multivariate〕在模式中加上共變數名稱

*表示獨立樣本　**表示相關樣本　+表示以上（含）

意義

多變量變異數分析（multivariate analysis of variance, MANOVA），是同時檢視二個（或以上）依變數（準則變數）之效果的多變量技術。在依變數有二個的場合中，如果我們分別用做二次的單變量變異數分析（或者二因子變異數分析）來分別檢視依變數效應，則可能會有「見木不見林」之虞，因為我們可能忽略了這二個準則變數間可能有某種程度的關連性。

MANOVA是同時檢定不同處理水準在二個以上，依變數的重心（centroid）是否有顯著的不同。其虛無假說為：所有的重心均相同，$H_0：\mu_1 = \mu_2 = \mu_3 = ... = \mu_n$。其對立假說為：所有的重心皆不同，$H_1：\mu_1 \neq \mu_2 \neq \mu_3 \neq ... \neq \mu_n$。

適用情況及樣本數要求

MANOVA是一個多變量相依法的技術。其依變數為區間尺度，數目大於1；自變數為名義尺度，情形如圖12-1所示。在樣本數要求方面，每個實驗方格（細格）的觀察值必須大於依變數個數；每個實驗方格（細格）的個數至少應有20個。

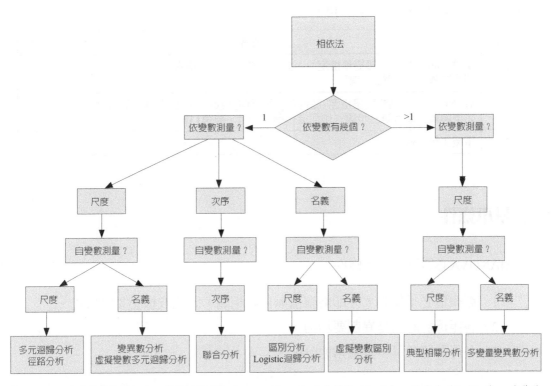

說明：SPSS在「變數檢視」中，將變數的測量（Measurement）分為尺度（Scale）、次序的（Ordinal）、名義的（Nominal），而尺度包括區間（或等距）尺度（Interval）、比率尺度（Ratio）

圖12-1　MANOVA分析技術適用的條件

12.2 單因子多變量變異數分析 (One-Way MANOVA)

步驟

單因子MANOVA應遵循以下的步驟（表12-2）。

表12-2　單因子MANOVA所應遵循的步驟

步驟	程序
1	整體Lambda檢定（多變量檢定），如果不顯著，分析結束。 如果顯著，進行第二步驟。
2	MANOVA的個別單變量檢定（受測者間效應的檢定），如果不顯著，分析結束。 如果顯著，進行第三步驟（也可進行區別分析，見第13章）。
3	事後比較（對比）。

基本條件

MANOVA必須符合以下條件：

（1）觀察值必須獨立，亦即觀察值無自我相關，因此取樣必須隨機化。

（2）各組母群體的變異數要均勻。

（3）各母群體要呈多變量常態分配。

研究問題

大海CD音響公司的廠長對於CD音響的製造績效（包括品質及效率等）非常關心。他用三種標準來測量製造績效，分別為平均故障時間（mean time between failure或MTBF，以週來測量，以變數MTBF表示）、符合產品規格的程度（以0到100來測量，以變數「規格」來表示）、製造速度（以變數「速度」來表示）。

廠長責成工業工程部設計一套新的製造方法，以提升產品品質。工程師們抽取出15個以舊方法製造的CD音響，15個以新方法製造的CD音響。

廠長要了解，不同的製造方法對於MTBF、規格、速度有無顯著影響。

「多變量」視窗

開啟檔案（檔案名稱：...\Chap12\One-Way MANOVA.sav），在此資料檔中，變數「製造方法」（1為舊方法，2為新方法）為名義變數。變數「MTBF」表示平均故障時間，變數「規格」表示符合產品規格的程度，變數「速度」表示製造

速度。

在SPSS中，按〔分析〕〔一般線性模式〕〔多變量〕（〔Analyze〕〔General Linear Model〕〔Multivariate〕），在所產生的「多變量」（Multivariate）視窗中，將「MTBF」、「規格」、「速度」選入右邊「依變數」（Dependent Variables）下的方盒中，將「製造方法」選入「固定因子」（Fixed Factor(s)）下的方格中，如圖12-2所示。固定因子就是自變數。

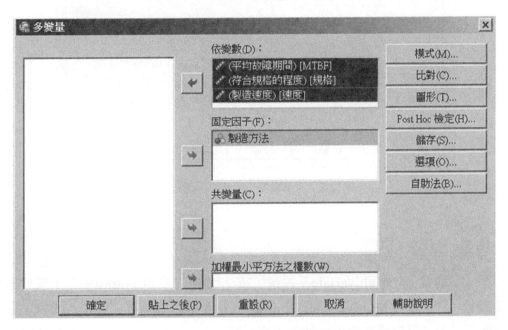

圖12-2 「多變量」視窗設定

模式

在「多變量」（Multivariate）視窗按〔模式〕（〔Model〕），就會產生「多變量：模式」（Multivariate: Model）視窗，如圖12-3所示。此視窗的目的，在於讓使用者指明分析的模式。我們使用預設的「完全因子設計」（Full factorial）。

在「平方和」（Sum of Squares）右邊的選項中，類型III（Type III）是預設的類型，是指「此效應的平方和是其他效應和與任何包含此效應正交調整後的平方和」。

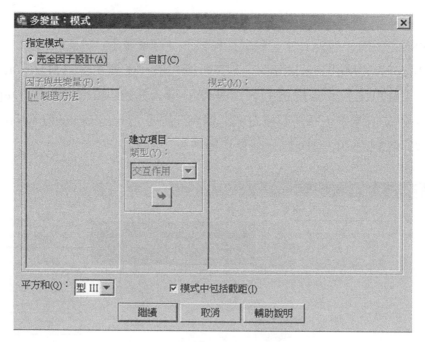

圖12-3　「多變量：模式」視窗設定

比對

在「多變量」（Multivariate）視窗，按〔比對〕（〔Contrast〕），就會出現「多變量：比對」（Multivariate: Contrast）視窗，我們選擇「簡單」比對，如圖12-4所示。做法是點選該變數，然後再選〔簡單〕（〔Simple〕），再按〔變更〕（〔Change〕）。

比對是用以檢定因子水準間的差異。如前所述，不論是主要效果或是單純主要效果的考驗，如果達到顯著的話，就要進行事後（post hoc）檢定，以檢視各因子在各水準之間的差異情況。事實上，比對也有這種功能。

SPSS所提供的比對方式，如表12-3所示。

表12-3　SPSS所提供的比對方式

對比方式	說明
離差（Deviation）	SPSS內定以最後一組為參考組。如果要變更以第一組為參考組，應在「參考類別」（Preference Category）選項中勾選「第一個」（First）。離差對比：是除參考水準外，每個水準的平均數均與所有水準的平均數做一比較。

表12-3　SPSS所提供的比對方式（續）

對比方式	說明
簡單（Simple）	SPSS內定以最後一組為參考組。每個水準的平均數會與最後一個水準的平均數做一比較。我們可以自訂參考組為第一組。
Helmert	因子每個水準的平均數與之後所有水準的平均數做一比較。
差異（Difference）	因子每個水準的平均數與先前所有水準的平均數做一比較。此比較方式恰與Helmert方式相反。
重複（Repeated）	每個水準的平均數（最後一個除外）與之後相鄰的平均數做一比較。
多項式（Polynomial）	根據因子變數的水準數，進行直線、二次趨向、三次趨向……的比較。

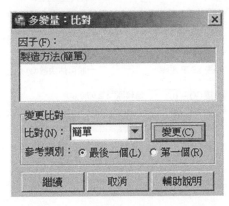

圖12-4　「多變量：比對」視窗設定

選項

在「多變量」（Multivariate）視窗，按〔選項〕（〔Options〕），就會出現「多變量：選項」（Multivariate: Options）視窗。將左邊「因子與因子交互作用」（Factor(s) and Factor Interaction）下的「（OVERALL）」選入右邊「顯示平均數」（Display Means for）下的方盒中，以顯示細格及邊緣平均數，如圖12-5所示。

在「顯示」（Display）方格中，選取〔描述統計〕（〔Descriptive statistics〕）、〔同質性檢定〕（〔Homogeneity tests〕）。你也可以選取其他的統計值，如效果大小估計值（Estimate of effect size）、觀察的檢定能力（Observed power）等。

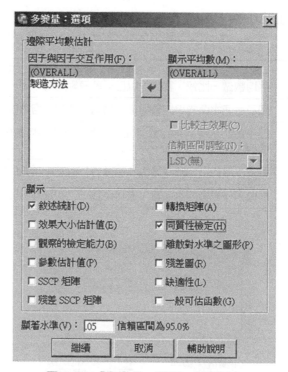

圖12-5 「多變量:選項」視窗設定

報表解讀

輸出報表,如表12-4到表12-13所示。

敘述統計

表12-4 受試者間因子

製造方法	數值註解	個數
1	舊方法	15
2	新方法	15

表12-5 敘述統計

	製造方法	平均數	標準差	個數
MTBF(平均故障期間)	1 舊方法	158.0200	4.68461	15
	2 新方法	180.9956	5.53824	15
	總和	169.5078	12.72485	30

表12-5　敘述統計（續）

	製造方法	平均數	標準差	個數
規格（符合規格的程度）	1　舊方法	89.3613	2.77193	15
	2　新方法	91.3329	2.62336	15
	總和	90.3471	2.83496	30
速度（製造速度）	1　舊方法	2.0788	.10866	15
	2　新方法	2.5267	.09629	15
	總和	2.3028	.24913	30

同質性檢定（共變量矩陣等式的Box檢定）

　　「共變量矩陣等式的 Box 檢定」報表（表12-6），顯示多變量的變異數同質性檢定。Box's M值=0.390>0.05，未達顯著水準，因此沒有違反多變量變異數同質性的條件，因此適合進行MANOVA。值得注意的是，如果群體人數在20人以下，應再參考F檢定。

表12-6　共變量矩陣等式的Box檢定[a]

Box's M	7.145
F	1.015
df1	6
df2	5680.302
顯著性	.390

檢定依變數的觀察共變量矩陣之虛無假設，等於交叉組別。

a　Design：截距＋製造方法。

多變量檢定

　　「多變量檢定」表（表12-7）中，無論就Pillai's Trace、Wilks' Lambda變數選擇法、多變量顯著性檢定、Roy的最大平方根的顯著性均等於0.000<0.05，因此均達到顯著水準。因而新舊製造方法在一個依變數的平均數上具有顯著性的差異，至於是哪一個依變數，可從「受試者間效應項的檢定」表（表12-10）來了解。

表12-7 多變量檢定[b]

效應項		數值	F檢定	假設自由度	誤差自由度	顯著性
截距	Pillai's Trace	1.000	26401.932[a]	3.000	26.000	.000
	Wilks' Lambda 變數選擇法	.000	26401.932[a]	3.000	26.000	.000
	多變量顯著性檢定	3046.377	26401.932[a]	3.000	26.000	.000
	Roy 的最大平方根	3046.377	26401.932[a]	3.000	26.000	.000
製造方法	Pillai's Trace	.898	75.893[a]	3.000	26.000	.000
	Wilks' Lambda 變數選擇法	.102	75.893[a]	3.000	26.000	.000
	多變量顯著性檢定	8.757	75.893[a]	3.000	26.000	.000
	Roy 的最大平方根	8.757	75.893[a]	3.000	26.000	.000

a 精確的統計量。

b 設計：Intercept+製造方法。

Pillai's Trace、Wilks' Lambda變數選擇法、多變量顯著性檢定、Roy的最大平方根的進一步說明，如表12-8所示。

表12-8 Pillai's Trace、Wilks' Lambda變數選擇法、多變量顯著性檢定、Roy的最大平方根的進一步說明

Pillai's Trace	介於0到1之間，Pillai's Trace值越接近1，表示自變數的效果越容易達到顯著。
Wilks' Lambda	介於0到1之間，Lambda值越接近0，表示自變數的效果越會達到顯著；Lambda值越接近1，表示自變數的效果越不會達到顯著。
多變量顯著性檢定（**Hotelling T**）	T值越大，越容易達到顯著。
Roy的最大平方根	最大平方根值越大，越容易達到顯著。

註：在同時考慮統計考驗力及強韌性（robustness）的情況下，多數學者喜歡使用Wilks' Lambda作為MANOVA整體檢定的統計量。

如前所述，MANOVA是同時檢定不同處理水準在二個以上依變數的重心（centroid）是否有顯著的不同。其虛無假說為：所有的重心均相同，$H_0：\mu_1 = \mu_2 = \mu_3 = ... = \mu_n$。其對立假說為：所有的重心皆不同，$H_1：\mu_1 \neq \mu_2 \neq \mu_3 \neq ... \neq \mu_n$。

依據以上數據，研究者應棄卻虛無假說。

誤差變異量的Levene檢定等式

表12-9誤差變異量的Levene檢定等式顯示，MTBF、規格、速度的顯著性分別為0.867、0.871、0.740，均大於顯著水準0.05，換句話說，均未達到顯著性，必須接受虛無假說，表示全部符合單變量變異數同質性的假定。因此，進行MANOVA是相當適當的。

表12-9　誤差變異量的Levene檢定等式[a]

	F檢定	分子自由度	分母自由度	顯著性
MTBF（平均故障期間）	.029	1	28	.867
規格（符合規格的程度）	.027	1	28	.871
速度（製造速度）	.112	1	28	.740

檢定各組別中依變數誤差變異量的虛無假設是相等的。

a　設計：Intercept+製造方法。

受試者間效應項的檢定

表12-10「受試者間效應項的檢定」表是製造方法的兩種方法（舊方法、新方法），在三個依變數上的單變量變異數分析（One-Way ANOVA）結果。從「受試者間效應項的檢定」表中可了解，製造方法在MTBF、速度上達到顯著性（顯著性均為0.000），在規格上未達顯著性（0.055>0.05）。

所以我們可以了解，由於製造方法的不同，造成了MTBF、速度的顯著不同，但對於規格的影響不大（不顯著）。

表12-10　受試者間效應項的檢定

來源	依變數	型III平方和	df	平均平方和	F	顯著性
校正後的模式	MTBF	3959.086[a]	1	3959.086	150.485	.000
	規格	29.154[b]	1	29.154	4.003	.055
	速度	1.505[c]	1	1.505	142.783	.000
截距	MTBF	861986.828	1	861986.828	32764.210	.000
	規格	244878.135	1	244878.135	33624.151	.000
	速度	159.082	1	159.082	15094.229	.000

表12-10 受試者間效應項的檢定（續）

來源	依變數	型III平方和	df	平均平方和	F	顯著性
製造方法	MTBF	3959.086	1	3959.086	150.485	.000
	規格	29.154	1	29.154	4.003	.055
	速度	1.505	1	1.505	142.783	.000
誤差	MTBF	736.646	28	26.309		
	規格	203.919	28	7.283		
	速度	.295	28	.011		
總數	MTBF	866682.561	30			
	規格	245111.208	30			
	速度	160.882	30			
校正後的總數	MTBF	4695.733	29			
	規格	233.073	29			
	速度	1.800	29			

a　R平方 = .843（調過後的R平方 = .838）。
b　R平方 = .125（調過後的R平方 = .094）。
c　R平方 = .836（調過後的R平方 = .830）。

對比結果（K矩陣）

　　從表12-10「受試者間效應項的檢定」表中可了解，製造方法在MTBF、速度上達到顯著性差異。「對比結果（K矩陣）」表（表12-11）可讓我們了解到底差多少。在MTBF上，舊方法（水準1）比新方法（水準2）低了22.976；在規格上，舊方法（水準1）比新方法（水準2）低了1.972；在速度上，舊方法（水準1）比新方法（水準2）低了0.448。

表12-11 對比結果（K矩陣）

製造方法 簡單對比[a]			依變數		
			MTBF	規格	速度
水準1 vs. 水準2	對比估計		−22.976	−1.972	−.448
	假設的數值		0	0	0
	差異（估計—假設的）		−22.976	−1.972	−.448
	標準誤差		1.873	.985	.037
	顯著性		.000	.055	.000
	差異的95%信賴區間	下界	−26.812	−3.990	−.525
		上界	−19.139	.047	−.371

a 參考類別 = 2。

單變量檢定結果

「單變量檢定結果」表（表12-12）顯示，MTBF（平均故障期間）的對比、速度（製造速度）之對比已達到顯著性。表12-13顯示的是總平均值、各依變數的95%信賴區間值。

表12-12 單變量檢定結果

來源	依變數	平方和	df	平均平方和	F	顯著性
對比	MTBF	3959.086	1	3959.086	150.485	.000
	規格	29.154	1	29.154	4.003	.055
	速度	1.505	1	1.505	142.783	.000
誤差	MTBF	736.646	28	26.309		
	規格	203.919	28	7.283		
	速度	.295	28	.011		

表12-13　總平均

依變數	平均數	標準誤差	95%信賴區間	
			下界	上界
MTBF	169.508	.936	167.590	171.426
規格	90.347	.493	89.338	91.356
速度	2.303	.019	2.264	2.341

12.3　二因子多變量變異數分析 (Two-Way MANOVA)

　　在二因子MANOVA中，研究者同時操弄兩個自變數（可稱A因子、B因子），研究者除了可檢定每個自變數的主要效果（main effect）之外，也可以檢定兩個因子的交互作用效果（interaction effect），以確定二個自變數是否彼此獨立。如果二因子的互動作用達到顯著，就必須再檢視其單純主要效果（simple main effect），進行多變量單純主要效果檢定（multiple test of simple main effect）。

步驟

　　當二因子的交互作用達到顯著時，必須進一步進行多變量單純主要效果檢定。假設A因子有2個水準，B因子有4個水準，單純主要效果的檢視要如此進行：

（1）檢視B的單純主要效果。將資料檔案以A為組別分割，以B為固定因子，進行MANOVA，如果單純主要效果檢定達到顯著，要進一步檢視ANOVA結果及事後比較結果。換言之，就是進行A=1（水準1）時的MANOVA；A=2（水準2）時的MANOVA。

（2）檢視A的單純主要效果。將資料檔案以B為組別分割，以A為固定因子，進行MANOVA，如果單純主要效果檢定達到顯著，要進一步檢視ANOVA結果及事後比較結果。換言之，就是進行B=1（水準1）時的MANOVA；B=2（水準2）時的MANOVA；B=3（水準3）時的MANOVA；B=4（水準4）時的MANOVA。

如果讀者一時搞不清楚，請詳細閱讀本節的說明及進階討論部分。

研究問題

大海研究公司受委託進行廣告效果的研究。針對男性、女性每人看過一種廣告之後，再進行知覺及態度的測試，測試是以李克七點尺度衡量，分數越高者表示對於產品的知覺及態度越佳。

廣告類型共有四種（表12-14）：

表12-14　四種廣告類型

類型編號	類型	說明
1	提供資訊式	提供資訊式（information）廣告是平鋪直敘某些事實真相。這些事實並不是以爭論的形式出現。報紙上的分類廣告即是一例。
2	心理激發式	心理激發式（motivation with psychological appeals）廣告充分的利用情感訴求，企圖將愉快的情感附加在產品上，以提升產品的訴求。這類廣告會創造一個愉快的氣氛，其賣點可能是外顯式的或者是內隱式的。化妝品、香煙、啤酒及酒類產品的廣告，常以氣氛作為訴求。
3	命令式	命令式（command）廣告會以命令的口氣，告訴消費者要做某些事情。例如，「酒後不開車，開車不喝酒」。這類廣告的假設是：閱聽人（觀眾或聽眾）是「聽得進去的人」。如果產品、服務或構念廣為人知，或獲得好感與支持，做命令式的廣告式相當適當的。
4	模仿式	模仿式（imitation）廣告企圖呈現某些人士或情境以供觀眾模仿，其假設是：人們總是會模仿他們所喜歡或崇拜的人。例如，女超人琳達卡特在Maybelline的化妝品廣告說：「你的化妝品會隱藏皺紋，但我的化妝品會防止皺紋」。

研究者想要了解，性別與廣告類型對知覺及態度是否有顯著的交互作用；也就是說，性別、廣告類型在知覺及態度上是否有顯著的交互作用。

「多變量」視窗

開啟檔案（檔案名稱：...\Chap12\ Two-Way MANOVA.sav），在此資料檔中的變數有性別（1為男，2為女）；廣告類型（1代表提供資訊式、2代表心理激發式、3代表命令式、4代表模仿式）；知覺與態度。

在SPSS中，按〔分析〕〔一般線性模式〕〔多變量〕（〔Analyze〕〔General

Linear Model〕〔Multivariate〕），在所產生的「多變量」（Multivariate）視窗中，將「知覺」、「態度」選入右邊「依變數」（Dependent Variables）下的方盒中，將「性別」、「廣告類型」選入「固定因子」（Fixed Factor(s)）下的方格中，如圖12-6所示。固定因子就是自變數。

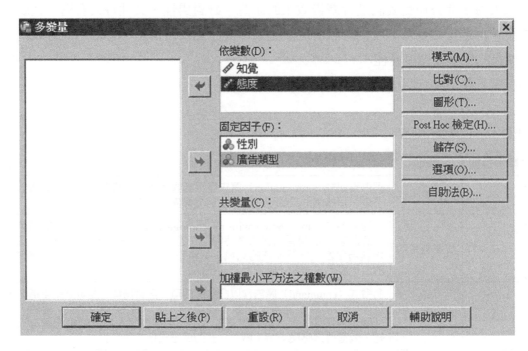

圖12-6　「多變量」視窗設定

觀察值平均數的Post Hoc（事後）多重比較

在「多變量」（Multivariate）視窗，按〔Post Hoc檢定〕（〔Post Hoc〕），就會出現「多變量：觀察值平均數的Post Hoc多重比較」（Multivariate: Post Hoc Multiple Comparisons for Observed Means）視窗，如圖12-7所示。將左邊「Factor(s)」（因子）方格中的「廣告類型」變數選入右邊「Post Hoc檢定」（Post Hoc Test for）下的方格中。

在「假設相同的變異數」（Equal Variance Assumed）方盒內選取〔Scheffe法〕。

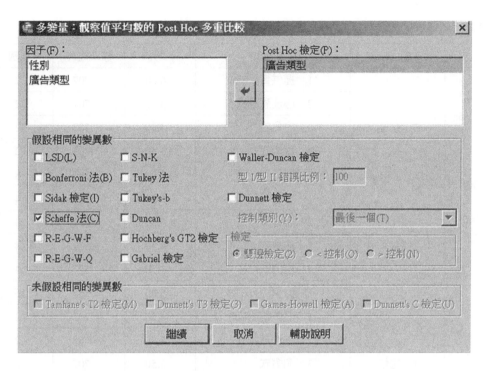

圖12-7 「多變量：觀察值平均數的Post Hoc多重比較」視窗設定

其他設定

模式、比對、選項的設定方式同12.2節，不再重複說明。在「多變量：比對」視窗內，要將性別、廣告類型分別變更為「簡單」。

報表解讀

敍述統計

表12-15 敍述統計

	性別	廣告類型	平均數	標準離差	個數
知覺	1 男性	1 提供資訊式	6.50	.707	2
		2 心理激發式	5.50	.707	2
		3 命令式	4.50	.707	2
		4 模仿式	3.50	.707	2
		總數	5.00	1.309	8

表12-15　敘述統計（續）

	性別		廣告類型		平均數	標準離差	個數
知覺	2　女性	1	提供資訊式		6.50	.707	2
		2	心理激發式		5.50	.707	2
		3	命令式		4.50	.707	2
		4	模仿式		3.50	.707	2
			總數		5.00	1.309	8
	總數	1	提供資訊式		6.50	.577	4
		2	心理激發式		5.50	.577	4
		3	命令式		4.50	.577	4
		4	模仿式		3.50	.577	4
			總數		5.00	1.265	16
態度	1　男性	1	提供資訊式		4.50	.707	2
		2	心理激發式		5.50	.707	2
		3	命令式		6.50	.707	2
		4	模仿式		3.50	.707	2
			總數		5.00	1.309	8
	2　女性	1	提供資訊式		5.00	1.414	2
		2	心理激發式		6.00	1.414	2
		3	命令式		4.50	2.121	2
		4	模仿式		4.50	.707	2
			總數		5.00	1.309	8
	總數	1	提供資訊式		4.75	.957	4
		2	心理激發式		5.75	.957	4
		3	命令式		5.50	1.732	4
		4	模仿式		4.00	.816	4
			總數		5.00	1.265	16

多變量檢定

表12-16多變量檢定顯示，性別*廣告類型（性別與廣告類型的交互作用）的 Pillai's Trace、Wilks' Lambda變數選擇法、多變量顯著性檢定、Roy的最大平方根

值分別為0.768、0.773、0.789、0.321，均未達顯著水準，表示性別與廣告類型在知覺及態度這兩個依變數上沒有顯著的交互作用，因此我們要進一步檢視二個自變數（性別、廣告類型）的主要效果。

表12-16多變量檢定顯示，性別主要效果未達顯著，廣告類型達顯著（Wilks' Lambda 變數選擇法顯著性=0.006<0.05），表示不同廣告類型在知覺與態度這兩個依變數上，至少在一個依變數的平均分數上有所差異。

表12-16 多變量檢定[c]

	效果	數值	F	假設自由度	誤差自由度	顯著性
截距	Pillai's Trace	.994	553.488[a]	2.000	7.000	.000
	Wilks' Lambda變數選擇法	.006	553.488[a]	2.000	7.000	.000
	多變量顯著性檢定	158.140	553.488[a]	2.000	7.000	.000
	Roy 的最大平方根	158.140	553.488[a]	2.000	7.000	.000
性別	Pillai's Trace	.000	.000[a]	2.000	7.000	1.000
	Wilks' Lambda變數選擇法	1.000	.000[a]	2.000	7.000	1.000
	多變量顯著性檢定	.000	.000[a]	2.000	7.000	1.000
	Roy 的最大平方根	.000	.000[a]	2.000	7.000	1.000
廣告類型	Pillai's Trace	1.192	3.931	6.000	16.000	.013
	Wilks' Lambda變數選擇法	.100	5.028[a]	6.000	14.000	.006
	多變量顯著性檢定	6.047	6.047	6.000	12.000	.004
	Roy的最大平方根	5.520	14.720[b]	3.000	8.000	.001
性別 * 廣告類型	Pillai's Trace	.338	.543	6.000	16.000	.768
	Wilks' Lambda變數選擇法	.662	.535[a]	6.000	14.000	.773
	多變量顯著性檢定	.512	.512	6.000	12.000	.789
	Roy的最大平方根	.512	1.364[b]	3.000	8.000	.321

a 精確的統計量。
b 統計量為在顯著水準上產生下限之F的上限。
c Design：截距＋性別＋廣告類型＋性別*廣告類型。

受試者間效應項的檢定

表12-17「受試者間效應項的檢定」表中顯示，性別、廣告類型在二個依變數

（知覺、態度）上的單變量變異數分析（One-Way ANOVA）結果，廣告的四種類型在知覺上達到顯著性（顯著性為0.002），在態度上未達顯著性（0.222>0.05）。

　　所以我們可以了解，由於廣告類型的不同，造成了受測者在知覺上的顯著不同，但對於態度的影響不大（不顯著）。

表12-17　受試者間效應項的檢定

來源	依變數	型III平方和	df	平均平方和	F	顯著性
校正後的模式	知覺	20.000[a]	7	2.857	5.714	.013
	態度	13.000[b]	7	1.857	1.351	.339
截距	知覺	400.000	1	400.000	800.000	.000
	態度	400.000	1	400.000	290.909	.000
性別	知覺	.000	1	.000	.000	1.000
	態度	.000	1	.000	.000	1.000
廣告類型	知覺	20.000	3	6.667	13.333	.002
	態度	7.500	3	2.500	1.818	.222
性別 * 廣告類型	知覺	.000	3	.000	.000	1.000
	態度	5.500	3	1.833	1.333	.330
誤差	知覺	4.000	8	.500		
	態度	11.000	8	1.375		
總數	知覺	424.000	16			
	態度	424.000	16			
校正後的總數	知覺	24.000	15			
	態度	24.000	15			

a　R平方 = .833（調過後的R平方 = .688）。
b　R平方 = .542（調過後的R平方 = .141）。

對比結果（K矩陣）

　　從表12-17「受試者間效應項的檢定」表中可了解，廣告類型在知覺上達到顯著性差異。表12-18「對比結果（K矩陣）」表可讓我們了解到底差多少。在知覺上，水準1（提供資訊式）比水準4（模仿式）高出了3.000，水準2（心理激發式）比水準4（模仿式）高出了2.000，水準3（命令式）比水準4（模仿式）高出了1.000，可

以知道廣告的四種類型在知覺上的平均數的高低次序是水準1（提供資訊式）、水準2（心理激發式）、水準3（命令式）、水準4（模仿式）。

表12-18 對比結果（K矩陣）

廣告類型 簡單對比[a]		依變數	
		知覺	態度
水準1 vs. 水準4	對比估計	3.000	.750
	假設的數值	0	0
	差異 (估計—假設的)	3.000	.750
	標準誤差	.500	.829
	顯著性	.000	.392
	差異的95%信賴區間 下界	1.847	−1.162
	上界	4.153	2.662
水準2 vs. 水準4	對比估計	2.000	1.750
	假設的數值	0	0
	差異（估計—假設的）	2.000	1.750
	標準誤差	.500	.829
	顯著性	.004	.068
	差異的95%信賴區間 下界	.847	−.162
	上界	3.153	3.662
水準3 vs. 水準4	對比估計	1.000	1.500
	假設的數值	0	0
	差異（估—假設的）	1.000	1.500
	標準誤差	.500	.829
	顯著性	.081	.108
	差異的95%信賴區間 下界	−.153	−.412
	上界	2.153	3.412

a 參考類別＝4。

多重比較（Scheffe法）

Scheffe多重比較（表12-19）與上述的對比法的結論是一樣的。數字右邊的*號

表示具有顯著性的差異。事實上，我們從敘述統計中也可以看出廣告類型中的四種廣告在知覺上的平均數，只是在這裡顯示了顯著性。

表12-19　多重比較

Scheffe法

依變數	(I) 廣告類型	(J) 廣告類型	平均差異 (I-J)	標準誤差	顯著性	95%信賴區間	
						下界	上界
知覺	1 提供資訊式	2 心理激發式	1.00	.500	.330	−.75	2.75
		3 命令式	2.00*	.500	.026	.25	3.75
		4 模仿式	3.00*	.500	.002	1.25	4.75
	2 心理激發式	1 提供資訊式	−1.00	.500	.330	−2.75	.75
		3 命令式	1.00	.500	.330	−.75	2.75
		4 模仿式	2.00*	.500	.026	.25	3.75
	3 命令式	1 提供資訊式	−2.00*	.500	.026	−3.75	−.25
		2 心理激發式	−1.00	.500	.330	−2.75	.75
		4 模仿式	1.00	.500	.330	−.75	2.75
	4 模仿式	1 提供資訊式	−3.00*	.500	.002	−4.75	−1.25
		2 心理激發式	−2.00*	.500	.026	−3.75	−.25
		3 命令式	−1.00	.500	.330	−2.75	.75
態度	1 提供資訊式	2 心理激發式	−1.00	.829	.702	−3.90	1.90
		3 命令式	−.75	.829	.844	−3.65	2.15
		4 模仿式	.75	.829	.844	−2.15	3.65
	2 心理激發式	1 提供資訊式	1.00	.829	.702	−1.90	3.90
		3 命令式	.25	.829	.992	−2.65	3.15
		4 模仿式	1.75	.829	.291	−1.15	4.65
	3 命令式	1 提供資訊式	.75	.829	.844	−2.15	3.65
		2 心理激發式	−.25	.829	.992	−3.15	2.65
		4 模仿式	1.50	.829	.407	−1.40	4.40
	4 模仿式	1 提供資訊式	−.75	.829	.844	−3.65	2.15
		2 心理激發式	−1.75	.829	.291	−4.65	1.15
		3 命令式	−1.50	.829	.407	−4.40	1.40

根據觀察值平均數。
誤差項為平均平方和（錯誤）= 1.375。
* 平均差異在.05水準是顯著的。

進階討論

在「多變量檢定」表中，如果發現性別與廣告類別的交互作用顯著，應如何進行分析？

廣告類型的單純主要效果

按〔資料〕〔分割檔案〕（〔Data〕〔Split Files〕），在「分割檔案」（Split File）視窗中，按「依群組組織輸出」（Organize Output by Groups），並將「性別」選入到「依此群組」（Group Based on）下的方盒中，如圖12-8所示。如果以後要取消分組，按「分析所有觀察值，勿建立群組」（Analyze all cases, do not create groups）即可。

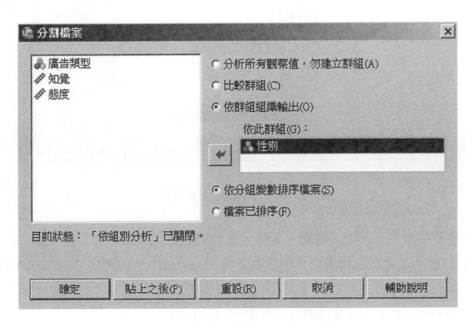

圖12-8 「分割檔案」視窗設定（以性別分割）

開啟檔案（檔案名稱：...\Chap12\Two Way MANOVA.sav），在此資料檔中的變數有性別（1為男，2為女）、廣告類型（1代表提供資訊式、2代表心理激發式、3代表命令式、4代表模仿式）。如果已經開啟，不必重複開啟

在SPSS中，按〔分析〕〔一般線性模式〕〔多變量〕（〔Analyze〕〔General Linear Model〕〔Multivariate〕），在所產生的「Multivariate」視窗中，將「知覺」、「態度」選入右邊「依變數」（Dependent Variables）下的方盒中，將「廣告類型」選入「固定因子」（Fixed Factor(s)）下的方格中，如圖12-9所示。固定因子就是自變數。

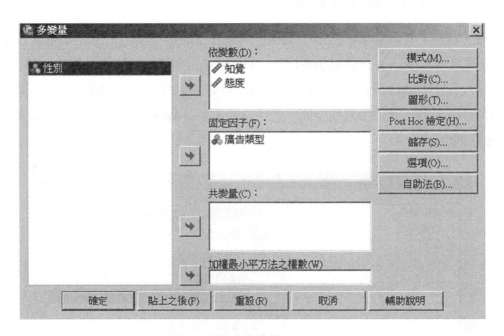

圖12-9 「多變量」視窗設定

其他有關模式、對比、繪圖、事後、選項的設定和本節所設定的一樣。按〔確定〕（〔OK〕）之後，報表所呈現的就是男性的MANOVA報表、女性的MANOVA報表。報表解讀的方式與本節「報表解讀」相同，只是解讀時，要加上「在男性的受測者中，……」、「在女性的受測者中，……」。

性別的單純主要效果

按〔資料〕〔分割檔案〕（〔Data〕〔Split Files〕），在「分割檔案」（Split File）視窗中，按「依群組組織輸出」（Organize Output by Groups），將「性別」移到左邊的方格內，將「廣告類型」選入到「依此群組」（Group Based on）下的方盒中（參考圖12-8的作法）。如果以後要取消分組，選「分析所有觀察值，勿建立群組」（Analyze all cases, do not create groups）即可。

在SPSS中，按〔分析〕〔一般線性模式〕〔多變量〕（〔Analyze〕〔General Linear Model〕〔Multivariate〕），在所產生的「Multivariate」視窗中，將「知覺」、「態度」選入右邊「依變數」（Dependent Variables）下的方盒中，將「性別」選入「固定因子」（Fixed Factor(s)）下的方格中（參考圖12-9的作法，但要注意變數的選取）。固定因子就是自變數。

其他有關模式、比對、Post Hoc檢定、選項的設定和本節所設定的一樣。按〔確定〕（OK）之後，報表所呈現的就是廣告類型的MANOVA報表，分別為：

廣告類型 = 1　提供資訊式

廣告類型 = 2　心理激發式

廣告類型 = 3　命令式

廣告類型 = 4　模仿式

報表解讀的方式與本節「報表解讀」相同，只是解讀時，要加上「廣告類型 = 1（提供資訊式）的受測者中，……」、「廣告類型 = 2（心理激發式）的受測者中，……」、「廣告類型 = 3（命令式）的受測者中，……」、「廣告類型 =4（模仿式）的受測者中，……」。

12.4　多變量共變數分析（MANCOVA）

多變量共變量分析（Multivariate Analysis of Covariance, MANCOVA）的目的，在於進一步的消除對準則變數（Y）的可能來源。如第5章所述，當我們受到某種刺激後對它所做的反應，通常會受到前次我們接受到此刺激時所做的反應之影響。以行為學而論，這是連結論的學習方式，我們之所以會進步，會越做越好，會改正錯誤，甚或一錯再錯等都與過去的經驗有關，以及對此經驗的知覺、記憶有關。但是以實驗設計的角度來看，如對過去的知覺若不加以控制的話，會影響此次實驗的正確性。

▌研究問題

大海研究公司受委託進行廣告效果的研究。針對男性、女性每人看過一種廣告

之後，再進行知覺及態度的測試，測試是以李克七點尺度衡量，分數越高者表示對於產品的知覺及態度越佳。

研究者認為（或懷疑）「測試前知覺」可能會影響「測試後知覺」，就要控制住「測試前知覺」，因為如果不加以控制的話，可能看不出測試的效果（例如，某人本來就對某類廣告有相當程度的知覺，則此次測試對其「知覺」的影響並不大）。

研究者有興趣了解，在排除「測試前知覺」之後，性別與廣告類型在「測試後知覺」及態度上是否有顯著的交互作用？

廣告類型共有四種（表12-20）：

表12-20　四種廣告類型

類型編號	類型
1	提供資訊式
2	心理激發式
3	命令式
4	模仿式

「多變量」視窗

開啟檔案（檔案名稱：...\Chap12\ MANCOVA with Priori Perception.sav），在此資料檔中的變數有性別（1為男，2為女）；廣告類型（1代表提供資訊式、2代表心理激發式、3代表命令式、4代表模仿式）；測試後知覺、態度、測試前知覺。

在SPSS中，按〔分析〕〔一般線性模式〕〔多變量〕（〔Analyze〕〔General Linear Model〕〔Multivariate〕），在所產生的「多變量」（Multivariate）視窗中，將「測試後知覺」、「態度」選入右邊「依變數」（Dependent Variables）下的方盒中，將「性別」、「廣告類型」選入「固定因子」（Fixed Factor(s)）下的方格中，將「測試前知覺」選入「Covariate(s)」（共變數）下的方盒內，如圖12-10所示。固定因子就是自變數。

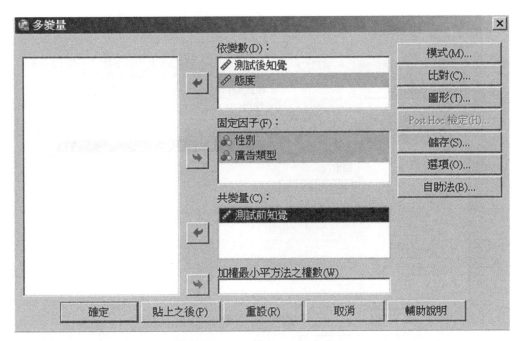

圖12-10　「多變量」視窗設定

迴歸係數同質性檢定

「組內迴歸係數同質性」（homogeneity of with-in regression coefficient）是進行共變數分析的重要假設之一，它是指各實驗處理組中依據共變數（X）預測依變數（Y）所得到的各條迴歸係數（斜率）要相等，如果不符合這個條件，則逕自進行共變數分析，將會導致不正確的結論。

在「多變量」（Multivariate）視窗按〔模式〕（Model），就會產生「多變量：模式」（Multivariate: Model）視窗。此視窗的目的，在於讓使用者指明分析的模式。點選〔自訂〕（〔Custom〕），所做的設定如圖12-11所示。

（到目前，讀者應已知道如何將「交互作用」的變數選入到右邊的模式中。再說明一遍：先將「建立項目」的類型選為「交互作用」，以滑鼠點選性別，然後左手按住「Ctrl」鍵不放，點選「測試前知覺」，然後按「建立項目」下的向右鍵，即可將「性別*測試前知覺」選入到右邊的模式中）。

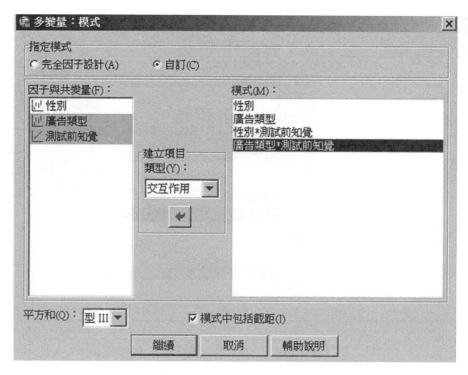

圖12-11 「多變量：模式」視窗設定（自訂）

表12-21為「受試者間效應項的檢定」表。這個報表可看出組內迴歸係數同質性檢定的情形。性別組內迴歸係數同質性檢定結果（性別 *測試前知覺），在測試後知覺上的顯著性=0.124，未達顯著水準，接受虛無假說，表示二組迴歸線的斜率相同，也就是說以共變數對依變數進行迴歸分析時的斜率並無顯著差異；換言之，共變數（測試前知覺）與依變數（測試後知覺）的關係不會因為性別的不同而異。符合共變數組內迴歸係數同質性假定，因此進行共變數分析是適當的。

廣告類別組內迴歸係數同質性檢定結果（廣告類型 *測試前知覺），在測試後知覺上的顯著性=0.375，未達顯著水準，接受虛無假說，表示四組迴歸線的斜率相同，也就是說以共變數對依變數進行迴歸分析時的斜率並無顯著差異；換言之，共變數（測試前知覺）與依變數（測試後知覺）的關係不會因為廣告類型的不同而異。符合共變數組內迴歸係數同質性假定，因此進行共變數分析是適當的。

表12-21 受試者間效應項的檢定

來源	依變數	型III平方和	df	平均平方和	F	顯著性
校正後的模式	測試後知覺	28.628[a]	9	3.181	1.201	.343
	態度	23.787[b]	9	2.643	2.402	.045
截距	測試後知覺	.944	1	.944	.356	.557
	態度	16.053	1	16.053	14.586	.001
性別	測試後知覺	6.006	1	6.006	2.268	.146
	態度	.808	1	.808	.734	.401
廣告類型	測試後知覺	5.350	3	1.783	.674	.577
	態度	6.355	3	2.118	1.925	.155
性別 * 測試前知覺	測試後知覺	6.786	1	6.786	2.563	.124
	態度	.327	1	.327	.298	.591
廣告類型 * 測試前知覺	測試後知覺	8.636	3	2.879	1.087	.375
	態度	8.108	3	2.703	2.456	.090
誤差	測試後知覺	58.247	22	2.648		
	態度	24.213	22	1.101		
總數	測試後知覺	648.000	32			
	態度	848.000	32			
校正後的總數	測試後知覺	86.875	31			
	態度	48.000	31			

a R平方 = .330（調過後的R平方 = .055）。

b R平方 = .496（調過後的R平方 = .289）。

模式

在「多變量」（Multivariate）視窗按〔模式〕（Model），就會產生「多變量：模式」（Multivariate: Model）視窗，如圖12-12所示。此視窗的目的，在於讓使用者指明分析的模式。將模式改為SPSS預設的「完全因子設計」（Full factorial）。

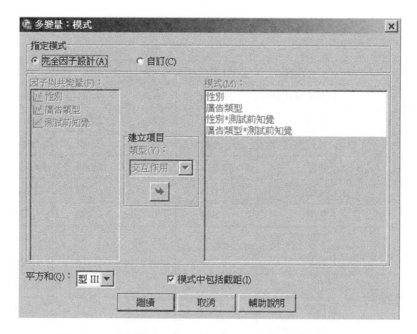

圖12-12 「多變量：模式」視窗設定（完全因子設計）

其他設定

其他設定如比對、選項均與12.2、12.3節相同，不再說明。

▎報表解讀

多變量檢定

性別*廣告類型（性別與廣告類型的交互作用）的Pillai's Trace、Wilks' Lambda變數選擇法、多變量顯著性檢定、Roy的最大平方根值分別為0.032、0.018、0.011、0.002（表12-22），均已達顯著水準，表示在控制「測試前知覺」後，性別與廣告類型在測試後知覺及態度這兩個依變數上具有顯著的交互作用，因此我們必須進一步檢視二個自變數（性別、廣告類型）的單純主要效果。

表12-22 多變量檢定[c]

效果		數值	F	假設自由度	誤差自由度	顯著性
截距	Pillai's Trace	.059	.691[a]	2.000	22.000	.512
	Wilks' Lambda變數選擇法	.941	.691[a]	2.000	22.000	.512

表12-22 多變量檢定[c]（續）

效果		數值	F	假設自由度	誤差自由度	顯著性
截距	多變量顯著性檢定	.063	.691[a]	2.000	22.000	.512
	Roy 的最大平方根	.063	.691[a]	2.000	22.000	.512
測試前知覺	Pillai's Trace	.234	3.359[a]	2.000	22.000	.053
	Wilks' Lambda變數選擇法	.766	3.359[a]	2.000	22.000	.053
	多變量顯著性檢定	.305	3.359[a]	2.000	22.000	.053
	Roy 的最大平方根	.305	3.359[a]	2.000	22.000	.053
性別	Pillai's Trace	.088	1.063[a]	2.000	22.000	.362
	Wilks' Lambda變數選擇法	.912	1.063[a]	2.000	22.000	.362
	多變量顯著性檢定	.097	1.063[a]	2.000	22.000	.362
	Roy 的最大平方根	.097	1.063[a]	2.000	22.000	.362
廣告類型	Pillai's Trace	.686	4.006	6.000	46.000	.003
	Wilks' Lambda變數選擇法	.423	3.939[a]	6.000	44.000	.003
	多變量顯著性檢定	1.104	3.863	6.000	42.000	.004
	Roy 的最大平方根	.765	5.867[b]	3.000	23.000	.004
性別 * 廣告類型	Pillai's Trace	.499	2.550	6.000	46.000	.032
	Wilks' Lambda變數選擇法	.514	2.896[a]	6.000	44.000	.018
	多變量顯著性檢定	.920	3.220	6.000	42.000	.011
	Roy 的最大平方根	.891	6.832[b]	3.000	23.000	.002

a 精確的統計量。

b 統計量為在顯著水準上產生下限之F的上限。

c Design：截距＋測試前知覺＋性別＋廣告類型＋性別＊廣告類型。

廣告類型的單純主要效果

　　利用分割檔案的方式，將檔案以性別分組。按〔資料〕〔分割檔案〕（〔Data〕〔Split File〕），在「分割檔案」（Split File）視窗中，按〔性別〕，選擇〔依群組組織輸出〕（Organize Output by Groups），並將「性別」選入到「依此群組」（Group Based on）下的方盒中。如果以後要取消分組，選「分析所有觀察值，勿建立群組」（Analyze all cases, do not create groups）即可。

在SPSS中，按〔分析〕〔一般線性模式〕〔多變量〕（〔Analyze〕〔General Linear Model〕〔Multivariate〕），在所產生的「多變量」（Multivariate）視窗中，將「測試後知覺」、「態度」選入右邊「依變數」（Dependent Variables）下的方盒中（如已經選入，則不必重複）。將「廣告類型」選入「固定因子」（Fixed Factor(s)）下的方格中，將「測試前知覺」選入「Covariate(s)」（共變數）下的方盒內（如已經選入，則不必重複）。

性別 = 1　男性

從表12-23「多變量檢定」表可知，在男性的受測者中，在控制共變數（測試前知覺）後，其廣告類型的Wilks' Lambda值達到顯著水準，表示不同廣告類型在測試後知覺與態度這兩個依變數上，至少在一個依變數的平均分數上有所差異。

表12-23　多變量檢定[c,d]

效果		數值	F	假設自由度	誤差自由度	顯著性
截距	Pillai's Trace	.683	10.796[a]	2.000	10.000	.003
	Wilks' Lambda變數選擇法	.317	10.796[a]	2.000	10.000	.003
	多變量顯著性檢定	2.159	10.796[a]	2.000	10.000	.003
	Roy 的最大平方根	2.159	10.796[a]	2.000	10.000	.003
測試前知覺	Pillai's Trace	.602	7.568[a]	2.000	10.000	.010
	Wilks' Lambda變數選擇法	.398	7.568[a]	2.000	10.000	.010
	多變量顯著性檢定	1.514	7.568[a]	2.000	10.000	.010
	Roy 的最大平方根	1.514	7.568[a]	2.000	10.000	.010
廣告類型	Pillai's Trace	1.379	8.145	6.000	22.000	.000
	Wilks' Lambda變數選擇法	.060	10.220[a]	6.000	20.000	.000
	多變量顯著性檢定	8.264	12.396	6.000	18.000	.000
	Roy 的最大平方根	7.263	26.631[b]	3.000	11.000	.000

a　精確的統計量。

b　統計量為在顯著水準上產生下限之F的上限。

c　性別 = 1　男性。

d　Design：截距 + 測試前知覺 + 廣告類型。

從表12-24「受試者間效應項的檢定」表中可知，在男性的受測者中，在控制共變數（測試前知覺）後，其廣告類型與測試後知覺（顯著性=0.032）、態度（顯著性=0.000）有顯著性的差異存在。

表12-24　受試者間效應項的檢定[c]

來源	依變數	型III平方和	df	平均平方和	F	顯著性
校正後的模式	測試後知覺	26.688[a]	4	6.672	3.454	.046
	態度	20.000[b]	4	5.000	13.750	.000
截距	測試後知覺	14.032	1	14.032	7.264	.021
	態度	1.806	1	1.806	4.966	.048
測試前知覺	測試後知覺	24.500	1	24.500	12.682	.004
	態度	.000	1	.000	.000	1.000
廣告類型	測試後知覺	24.492	3	8.164	4.226	.032
	態度	19.484	3	6.495	17.860	.000
誤差	測試後知覺	21.250	11	1.932		
	態度	4.000	11	.364		
總數	測試後知覺	363.000	16			
	態度	424.000	16			
校正後的總數	測試後知覺	47.938	15			
	態度	24.000	15			

a　R平方 = .557（調過後的R平方 = .396）。
b　R平方 = .833（調過後的R平方 = .773）。
c　性別 = 1 男性。

從表12-25「對比結果（K矩陣）」表可知，在控制「測試前知覺」之後，於「測試後知覺」方面，廣告類型水準1（提供資訊式）比廣告類型4（模仿式）低了12.500（其他的解讀，可以看表，一目了然）。

表12-25　對比結果（K矩陣）^b

廣告類型　簡單對比^a			依變數	
			測試後知覺	態度
水準 1 vs. 水準 4	對比估計		−12.500	1.000
	假設的數值		0	0
	差異（估計—假設的）		−12.500	1.000
	標準誤差		3.577	1.552
	顯著性		.005	.533
	差異的95%信賴區間	下界	−20.374	−2.416
		上界	−4.626	4.416
水準 2 vs. 水準 4	對比估計		−8.250	2.000
	假設的數值		0	0
	差異（估計—假設的）		−8.250	2.000
	標準誤差		2.646	1.148
	顯著性		.010	.109
	差異的95%信賴區間	下界	−14.074	−.527
		上界	−2.426	4.527
水準 3 vs. 水準 4	對比估計		−4.000	3.000
	假設的數值		0	0
	差異（估計—假設的）		−4.000	3.000
	標準誤差		1.390	.603
	顯著性		.015	.000
	差異的95%信賴區間	下界	−7.059	1.673
		上界	−.941	4.327

a　參考類別 = 4。

b　性別 = 1 男性。

性別 = 2　女性

性別是女性的解讀方式與男性同，不贅。

性別的單純主要效果

利用分割檔案的方式，將檔案以性別分組。按〔資料〕〔分割檔案〕（〔Data〕〔Split File〕），在「分割檔案」（Split File）視窗中，按〔廣告類型〕，選擇〔依群組組織輸出〕（Organize Output by Groups），先將「性別」移到左邊的方格內，然後再將「廣告類型」選入到「依此群組」（Group Based on）下的方盒中。如果以後要取消分組，選「分析所有觀察值，勿建立群組」（Analyze all cases, do not create groups）即可。

在SPSS中，按〔分析〕〔一般線性模式〕〔多變量〕（〔Analyze〕〔General Linear Model〕〔Multivariate〕），在所產生的「多變量」（Multivariate）視窗中，將「測試後知覺」、「態度」選入右邊「依變數」（Dependent Variables）下的方盒中（如已經選入，則不必重複）。將「性別」選入「固定因子」（Fixed Factor(s)）下的方格中，將「測試前知覺」選入「Covariate(s)」（共變數）下的方盒內（如已經選入，則不必重複）。

解讀方式同前，不再詳加說明。

根據實作結果，在廣告類型2（心理激發式），於控制共變數（測試前知覺）後，多變量檢定Wilk's Lambda值=0.009<0.05，達到顯著水準，表示廣告類型2與測試後知覺、態度至少有一個依變數達到顯著差異。在「受試者間效應項的檢定」表中，看出性別與態度的差異達顯著水準（顯著性=0.005）。根據「敘述統計」表中，男性的態度平均數為5.50，女性的態度平均數為6.00。

在廣告類型4（模仿式），於控制共變數（測試前知覺）後，多變量檢定Wilk's Lambda值=0.003<0.05，達到顯著水準，表示廣告類型4與測試後知覺、態度至少有一個依變數達到顯著差異。在「受試者間效應項的檢定」表中，看出性別與測試後知覺的差異達到顯著水準（顯著性=0.031），同時性別與態度的差異也達到顯著水準（顯著性=0.020）。根據「敘述統計」表中，男性的測試後知覺的平均數為4.50，女性的測試後知覺的平均數為4.25；男性的態度平均數為3.50，女性的態度平均數為4.50。

進階討論

在這個例子中，我們只用了一個共變數，也就是「測試前知覺」，目的是讓讀者了解，多變量共變數分析的做成及解讀。事實上，測試前的態度也會影響測試後的態度，所以真正嚴謹的研究分析，應將「測試前態度」也納入考量，如圖12-13。

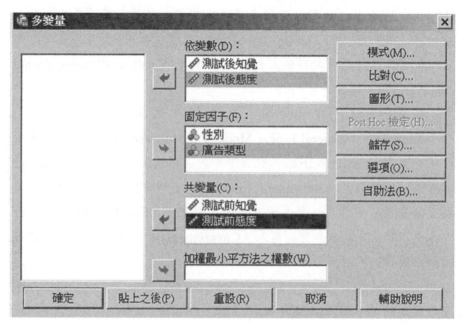

圖12-13　「多變量」視窗設定（兩個共變數）

操作的方式對於交互作用是否顯著的處理方式、報表解讀的方式，均和只有一個共變數時相同，不再說明。值得注意的是，在「組內迴歸係數同質性」（homogeneity of with-in regression coefficient）檢定方面，要檢定性別與測試前知覺、廣告類型與測試前知覺、性別與測試前態度、廣告類型與測試前態度。同時，在報表解讀上，要說明「在控制測試前知覺、測試前態度之後，……」。

限於篇幅，不再加以詳細說明，讀者可利用檔案（檔案名稱：…\Chap12\MANCOVA with Priori Perception and Attitude.sav）自行練習。

12.5　重要統計檢定值

多變量變異數、共變數分析的重要統計檢定值，如表12-26所示。

表12-26　多變量變異數、共變數分析的重要統計檢定值

統計值	意義	判讀
Box's M 檢定	共變量矩陣等式的同質性檢定	Box's M值未達顯著水準，表示沒有違反多變量變異數同質性的條件，因此適合進行MANOVA。值得注意的是，如果群體人數在20人以下，應再參考F檢定。
Pillai's Trace	多變量檢定	介於0到1之間，Pillai's Trace值越接近1，表示自變數的效果越容易達到顯著。
Wilks' Lambda 變數選擇法	多變量檢定	介於0到1之間，Lambda值越接近0，表示自變數的效果越會達到顯著；Lambda值越接近1，表示自變數的效果越不會達到顯著。 在同時考慮統計考驗力及強韌性（robustness）的情況下，多數學者喜歡使用Wilks' Lambda 作為MANOVA整體檢定的統計量。
多變量顯著性檢定（Hotelling T）	多變量檢定	T值越大，越容易達到顯著。
Roy 的最大平方根	多變量檢定	最大平方根值越大，越容易達到顯著。
Levene 檢定	誤差變異量的等式檢定	未達到顯著性，必須接受虛無假說，表示全部符合單變量變異數同質性的假定，因此進行MANOVA是相當適當的。
受試者間效應項的檢定	因子在依變數上的單變量變異數分析（One-Way ANOVA）結果	從「受試者間效應項的檢定」表中可了解，因子在依變數上是否達到顯著水準。
多重比較（Scheffe法）	因子的各類別在依變數上的平均數比較	數字右邊的*號，表示具有顯著性的差異。

第 13 章
區別分析

13.1 認識區別分析

　　區別分析（discriminant analysis）在SPSS中稱為判別，其應用範圍很廣，例如，銀行將信用好的客戶和信用差的客戶，分為二群，看看什麼因素最能夠區別這二個群體；又如某行銷部門欲了解最能區分其產品的重度使用者（heavy users）及輕度使用者（light users）的因素是什麼。

基本概念及目的

　　區別分析是一種相依方法，其準則變數（依變數）為事先訂定的類別或組別。譬如，可根據某些特性將某產品的使用者區分為重度使用者和輕度使用者兩組。其預測變數（自變數）是區間資料或比率資料。

　　區別分析的目的是：

（1）找出預測變數（自變數）的線性組合，使組間變異相對於組內變異的比值為最大。

（2）找出哪些預測變數具有最大的區別能力。

（3）根據新受試者的預測變數的數值，將該受試者指派到某一群體。換句話說，在區別方程式建立之後，研究者可將某人的有關資料（這些資料是在模式中的變數）代入這個方程式中，以了解這個人被歸類到那一群。

（4）檢定各係數與0之間是否有顯著性的差異，以及檢定各組的重心（centroid）是否有顯著性的差異。

　　為了達成上述的目的，必須建立一個區別的直線函數（linear function）如下：

$$D_i = d_0 + d_1X_1 + d_2X_2 + \ldots\ldots + d_pX_p$$

其中：

D_i = 區別函數i的分數

d_0 = 常數

d_p = 加權係數（weighting coefficient）

X = 在分析中所使用的區別變數

如果所分類的是二個群組，則需要一個區別函數。如果所分類的是三個群組，則需要二個區別函數。如果有必要對於依變數的三個群組（或以上）加以分類，則需要對依變數群組的每兩個分類群組建立一個區別函數。

區別係數的比較

在區別分析中，研究者常常將不同的人或個體分成不同的群組，雖然這是相當基本的、普遍的做法，但是除此之外，我們還可以從區別函數中來檢視各變數的相對重要性。假設我們用區別分析對成功、不成功的管理者建立如下的區別函數：

$$D = 0.06X_1 + 0.43X_2 + 0.30X_3$$

其中，X_1表示「與人相處的能力」、X_2表示「對部屬的激勵」、X_3表示「專業技能」。由於區別函數中的各係數值都經過標準化，我們可以說：在分辨管理者的成功與否時，「與人相處的能力」的重要性低於另外兩個變數。

區別函數數目

區別函數的數目等於從分組數目減一與自變數數目（有幾個自變數）中取最小的數目。例如，分組數目有三個（分成三組），自變數數目有三個，則區別函數的數目等於Min（分組數目減一，自變數數目）=Min（2,3）=2。因此，會有兩個區別函數。

適用情況及樣本數要求

在單因子多變量變異數分析的檢定達到顯著水準之後，進一步可採用區別分析。區別分析適用的情況是依變數有一個且為名義變數，自變數可為區間變數或名義變數。如自變數為區間變數，則可進行區別分析或者Logistic迴歸分析，如果自變數為名義變數則要進行虛擬變數區別分析，如圖13-1所示。

在樣本數的要求上，全部觀察值數目最好是自變數（預測變數）的10～20倍。每個自變數應有20個觀察值。

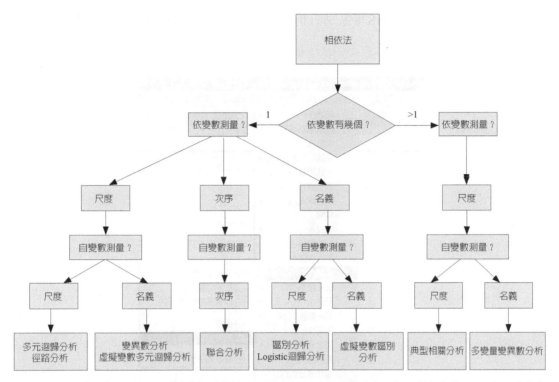

說明：SPSS在「變數檢視」中，將變數的測量（Measurement）分為尺度（Scale）、次序的（Ordinal）、名義的（Nominal），而尺度包括區間（或等距）尺度（Interval）、比率尺度（Ratio）。

圖13-1　區別分析的適用情況

假定

進行區別分析有以下的假定：

（1）自變數（預測變數）所屬母群體是常態分配。

（2）每組樣本均來自多變量常態分配的母群體，亦即每一組內共變異數矩陣應大致相等。

（3）任何自變數（預測變數）都不是其他自變數的線性組合，也就是沒有線性重合的現象。

SPSS程序

在SPSS中，按〔分析〕〔分類〕（〔Analyze〕〔Classify〕），就會呈現區別

分析的技術——判別（SPSS將區別分析稱為判別分析），如圖13-2所示。本章將詳細說明如何進行判別分析。

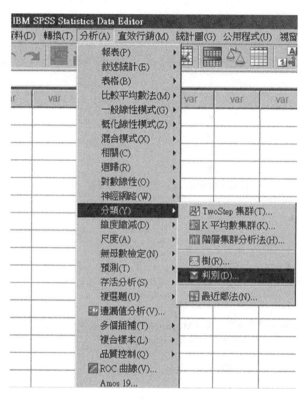

圖13-2　SPSS的判別分析

13.2　區別分析——區別二群

▋研究問題

大海軟體公司裡面具有企管碩士學位的幹部30名，分別有15名「前途光明」的幹部，15名「前途黯淡」的幹部。該公司的總經理想要了解，在人力資源管理中的員工錄用上，應特別重視「經驗」、「在校成績」、「測驗成績」中的什麼因素。

▋「判別分析」視窗

開啟檔案（檔案名稱：...\Chap13\Discriminant Two Groups.sav）。此檔案包括

了組別（分為二組，以1表示「前途光明」組，以2表示「前途黯淡」組）、經驗（工作經驗）、在校成績（在校成績總平均）、測驗成績（應徵測驗成績）。組別為名義變數，其他的變數為區間變數。

　　進入SPSS，按〔分析〕〔分類〕〔判別〕（〔Analyze〕〔Classify〕〔Discriminant〕），在所產生的「判別分析」（Discriminant Analysis）視窗中，將「組別」變數選入右邊的「分組變數」（Grouping Variable）下的空格中，將「經驗」、「在校成績」、「測驗成績」這些自變數選入「自變數」（Independents）下的方盒內。

　　點選〔組別（??）〕，並按其下的〔定義範圍〕（Define Range），在「判別分析：定義範圍」（Discriminant analysis: Define）視窗中的「最小值」（Minimum）右邊的方格內填入「1」，「最大值」（Maximum）右邊的方格內填入「2」，表示我們是將資料分成二組，如圖13-3所示。

　　可以用SPSS內定的「一同輸入自變數」（Enter independent together）或者「使用逐步迴歸分析法」（Use stepwise method）。

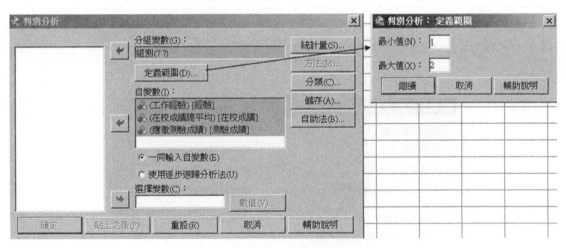

圖13-3　「判別分析：定義範圍」視窗設定

統計量

　　在「判別分析」（Discriminant Analysis）視窗中，按〔統計量〕（〔Statistics〕），就會產生「判別分析：統計量」（Discriminant Analysis: Statistics）視窗，我們選定的情形如圖13-4所示。「判別分析：統計量」視窗中

的描述性統計量（descriptives）、矩陣（Matrices）、判別函數係數（Function Coefficients）的說明如表13-1所示。

表13-1 「判別分析：統計量」視窗中各統計量的說明

描述性統計量（**descriptives**）		
平均數	Mean	自變數的總平均、組平均數與標準差
單變量ANOVA	Univariate ANOVA	自變數平均差異的單因子變異數分析
Box's M共變異數相等性檢定	Box's M	組內共變異數是否相等的Box's M檢定
矩陣（**Matrices**）		
組內相關矩陣	Within-groups correlation	合併的組內相關矩陣
組內共變異矩陣	Within-groups covariance	合併的組內共變異矩陣
各組共變數矩陣	Separate-groups covariance	每一組各別的共變異矩陣
全體觀察值的共變異數	Total covariance	所有觀察值的共變異矩陣
判別函數係數（**Function Coefficients**）		
Fisher線性判別函數係數	Fisher's	直接用來分類的基礎
未標準化	Unstandardized	未標準化區別係數，即以原來的單位計算出來的區別函數係數

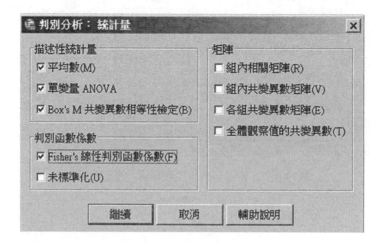

圖13-4 「判別分析：統計量」視窗設定

分 類

在「判別分析」（Discriminant Analysis）視窗中，按〔分類〕（〔Classify〕），就會產生「判別分析：分類結果摘要」（Discriminant Analysis: Classification）視窗，我們選定的情形如圖13-5所示。在「事前機率」（Prior Probability）的方盒下，使用內定的「所有組別大小均等」（All groups equal），也就是將所有組別的事前機率假設為相等。在「使用共變異數矩陣」（Use Covariance Matrix），使用預設的「組內變數」（Within-groups），表示以組內的共變異數矩陣來將觀察值加以分類。在「顯示」（Display）下的方盒內，點選〔摘要表〕（〔Summary table〕），此表會顯示有關分類的情形。

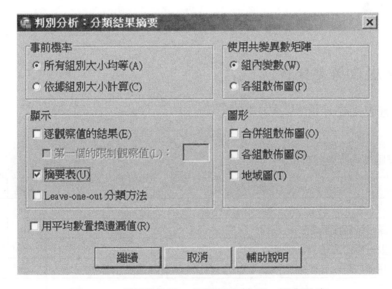

圖13-5　「判別分析：分類結果摘要」視窗設定

儲 存

在「判別分析」（Discriminant Analysis）視窗中，按〔儲存〕（〔Save〕），就會產生「判別分析：儲存」（Discriminant Analysis: Save）視窗，點選〔預測的組群〕（Predicted group membership）、〔區別分數〕（Discriminant scores）、〔各組別成員的事後機率〕（Probability of group membership），選定的情形如圖13-6所示。

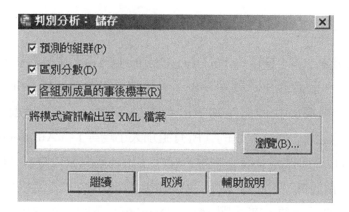

圖13-6 「判別分析：儲存」視窗設定

報表解讀

觀察值處理摘要分析

觀察值處理摘要分析，如表13-2所示。

表13-2 觀察值處理摘要分析

未加權的觀察值		個數	百分比
有效的		30	100.0
排除	遺漏值或超出範圍的組別碼	0	.0
	至少一個遺漏值區別變數	0	.0
	遺漏值或超出範圍的組別碼，以及至少一個遺漏值區別變數	0	.0
	總和	0	.0
總和		30	100.0

組別統計量

組別統計量，如表13-3所示。

表13-3　組別統計量

組別		平均數	標準差	有效的N（列出）	
				未加權	加權
1　前途光明	經驗	22.67	8.989	15	15.000
	在校成績	85.60	8.781	15	15.000
	測驗成績	79.87	10.474	15	15.000
2　前途黯淡	經驗	13.40	6.599	15	15.000
	在校成績	85.07	8.876	15	15.000
	測驗成績	81.87	9.826	15	15.000
總和	經驗	18.03	9.069	30	30.000
	在校成績	85.33	8.679	30	30.000
	測驗成績	80.87	10.030	30	30.000

各組平均數的相等性檢定

從「各組平均數的相等性檢定」表中（表13-4）可知，經驗在二組（前途光明組及前途黯淡組）的平均數有顯著差異，顯著性=0.003，達到顯著水準。在校成績及測驗成績均未達顯著水準，表示在校成績及測驗成績在二組（前途光明組及前途黯淡組）的平均數均沒有顯著差異。

Wilk's Lambda可用來檢定虛無假說。在表13-4中，「經驗」、「在校成績」、「測驗成績」的顯著性分別為0.003、0.870、0.594，在$\alpha = 0.05$之下，我們要棄卻$d_1=0$的虛無假設（經驗在二組上無顯著差異），而認為經驗在二組上有顯著差異。

表13-4　各組平均數的相等性檢定

	Wilk's Lambda值	F檢定	分子自由度	分母自由度	顯著性
經驗	.730	10.358	1	28	.003
在校成績	.999	.027	1	28	.870
測驗成績	.990	.291	1	28	.594

Box's M共變異數矩陣相等性檢定

1. 對數行列式

「對數行列式」表中（表13-5），如果變數之間具有高度多元共線性問題，則對數行列式值（log determinant）會趨近於0，而且等級（rank）會不等於自變數的數目。此表顯示，「前途光明」組、「前途黯淡」組的對數行列式值分別為12.783、12.657，與0距離相當大，而且等級（=3），與自變數的數目（=3）相同，所以有理由相信，變數之間沒有高度多元共線性問題。

表13-5　對數行列式

組別	等級	對數行列式
1　前途光明	3	12.783
2　前途黯淡	3	12.657
合併組內	3	13.007

列印出的行列式之等級與自然對數屬於組別共變數矩陣。

2. 檢定結果

表13-6為Box's M各組內共變異數相等性檢定結果。顯著性=0.312，未達顯著水準，接受虛無假說，表示各組的組內共變異數矩陣相等，符合區別分析的假定。

表13-6　檢定結果

Box's M 共變異數相等性檢定		8.038
F檢定	近似值	1.183
	分子自由度	6
	分母自由度	5680.302
	顯著性	.312

相等母群共變數矩陣的虛無假設檢定。

典型區別函數的摘要

1. 特徵值

在本章「區別函數數目」中，曾說明：區別函數的數目等於從分組數目減一與自變數數目（有幾個自變數）中取最小的數目。由於分組數目有二個（分成二組），自變數數目有三個，則區別函數的數目等於Min（分組數目減一，自變數數目）=Min（1,3）=1。因此，會有一個區別函數。此函數的特徵值=0.409，可解釋依變數100%的變異量（表13-7）。

表13-7 特徵值

函數	特徵值	變異數的%	累積%	典型相關
1	.409[a]	100.0	100.0	.539

a 分析時會使用前1個典型區別函數。

2. Wilks' Lambda值

Wilks' Lambda值=0.710，顯著性=0.028<0.05（表13-8），表示區別函數對於依變數有顯著的解釋能力。

表13-8 Wilks' Lambda值

函數檢定	Wilks' Lambda值	卡方	自由度	顯著性
1	.710	9.091	3	.028

3. 標準化的典型區別函數係數

在「標準化的典型區別函數係數」（Standardized Canonical Discriminant Function Coefficients）表中（表13-9），標準化係數等於各自變數在區別函數上的相對重要性，係數值越大，表示該自變數在區別函數上的相對重要性越大。

我們可建立標準化的典型區別函數如下：

$$D = 1.006（經驗）-0.149（在校成績）-0.321（測驗成績）$$

從典型區別函數係數來看，「經驗」的相對重要性較高。

表13-9　標準化的典型區別函數係數

	函數
	1
經驗	1.006
在校成績	−.149
測驗成績	−.321

4. 結構矩陣

　　結構矩陣（Structure Matrix）（表13-10）顯示，區別變數和標準化典型區別函數之間的合併後組內相關。變數係依函數內相關的絕對值大小加以排序。相關係數的絕對值越大者，表示此變數與區別函數的相關越高。從結構矩陣來看，「經驗」與區別函數的相關最高。

表13-10　結構矩陣

	函數
	1
經驗	.951
測驗成績	−.159
在校成績	.049

區別變數和標準化典型區別函數之間的合併後組內相關。
變數係依函數內相關的絕對大小加以排序。

5. 各組重心的函數

　　各組重心的函數（Functions at Group Centroids）表（表13-11）顯示，依變數（分類變數）各組樣本在區別函數的重心。當二組樣本的重心值差異越大，表示二組間在該區別函數上的差異越大。

表13-11　各組重心的函數

組別	函數
	1
1　前途光明	.618
2　前途黯淡	−.618

未標準化的典型區別函數，以組別平均數加以評估。

分類統計

1. 分類處理摘要

分類處理摘要，如表13-12所示。

表13-12　分類處理摘要

處理過		30
排除	遺漏值或超過範圍的組別碼	0
	至少一個遺漏區別變數	0
用於輸出中		30

2. 組別的事前機率

組別的事前機率（Prior Probability for Groups）（表13-13）會假設分發到各組的機率均相等，除非有某些理論為依據。對組別的事前機率的假設，會影響分類結果的正確性。

表13-13　組別的事前機率

組別	事前	分析中使用的觀察值	
		未加權	加權
1　前途光明	.500	15	15.000
2　前途黯淡	.500	15	15.000
總和	1.000	30	30.000

3. 分類函數係數

分類係數函數（Classification Coefficient Functions）（表13-14）是以Fisher法將觀察值加以分類，因此又稱Fisher's線性區別函數。每一個群組都會有一組係數：

前途光明組 ＝ −107.42 ＋ 0.014（經驗）＋ 1.338（在校成績）＋ 1.117（測驗成績）
前途黯淡組 ＝ −109.52 − 0.143（經驗）＋ 1.468（在校成績）＋ 1.156（測驗成績）

在將觀察值分類時，或預測某觀察值屬於何類時，將觀察值的資料代入二個群組的分類函數，並以函數值大小來比較，函數值較大者，代表此觀察值所歸屬的類組。

如果有位新應徵人員小華的工作經驗是16個月，在校成績是82分，應徵測驗成績是72分，將這些值代入：

前途光明組　82.84 ＝ −107.42 ＋ 0.014（16）＋ 1.338（82）＋ 1.117（72）
前途黯淡組　91.81 ＝ −109.52 − 0.143（16）＋ 1.468（82）＋ 1.156（72）

91.81 ＞ 82.94，小華是屬於前途黯淡組。

表13-14　分類函數係數

	組別	
	1　前途光明	2　前途黯淡
經驗	.014	−.143
在校成績	1.448	1.468
測驗成績	1.117	1.156
（常數）	−107.417	−109.509

Fisher's線性區別函數。

4. 分類結果

分類結果（Classification Results）表（表13-15）又稱為混淆矩陣（Confusion Matrix）表。在我們的觀察值中，有15名屬於前途光明組，有15名屬於前途黯淡組。經過分類之後，前途光明組有11名，前途黯淡組有11名。每一組都有4名被分到另外一組去了。正確分類的比率是73.3%（22/30）。

表13-15　分類結果[a]

組別			預測的各組成員		總和
			1　前途光明	2　前途黯淡	
原始的	個數	1　前途光明	11	4	15
		2　前途黯淡	4	11	15
	%	1　前途光明	73.3	26.7	100.0
		2　前途黯淡	26.7	73.3	100.0

a　73.3%個原始組別觀察值已正確分類。

儲存的結果

圖13-7顯示了儲存的資料，SPSS的內定名稱是Dis_1、Dis1_1、Dis1_2、Dis2_2。以第一名觀察值來看，在SPSS處理後，他被分到第一組（前途光明組），他的判別分數（discriminant score）是3.57896。他被分到第一組的機率是0.98815，被分到第二組的機率是0.01185。

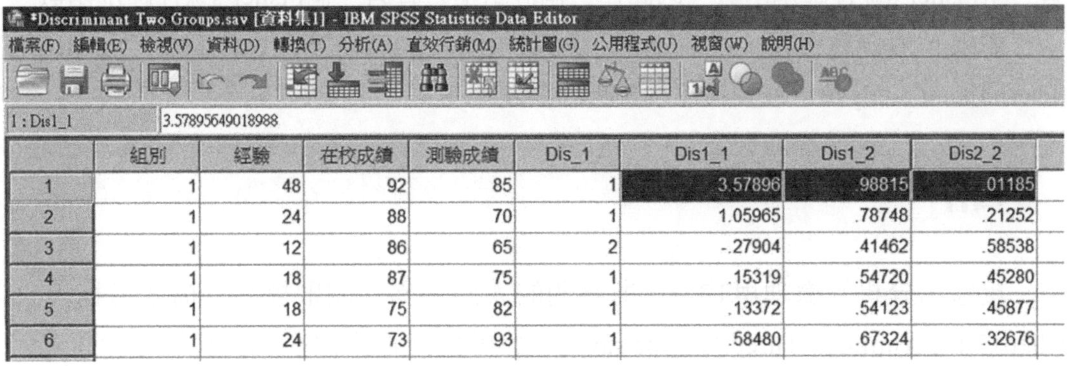

	組別	經驗	在校成績	測驗成績	Dis_1	Dis1_1	Dis1_2	Dis2_2
1	1	48	92	85	1	3.57896	.98815	.01185
2	1	24	88	70	1	1.05965	.78748	.21252
3	1	12	86	65	2	-.27904	.41462	.58538
4	1	18	87	75	1	.15319	.54720	.45280
5	1	18	75	82	1	.13372	.54123	.45877
6	1	24	73	93	1	.58480	.67324	.32676

圖13-7　儲存的資料

按〔變數檢視〕（Variable View），可看到SPSS的預設名稱Dis_1、Dis1_1、Dis1_2、Dis2_2的註解（所代表的意義），如圖13-8所示。

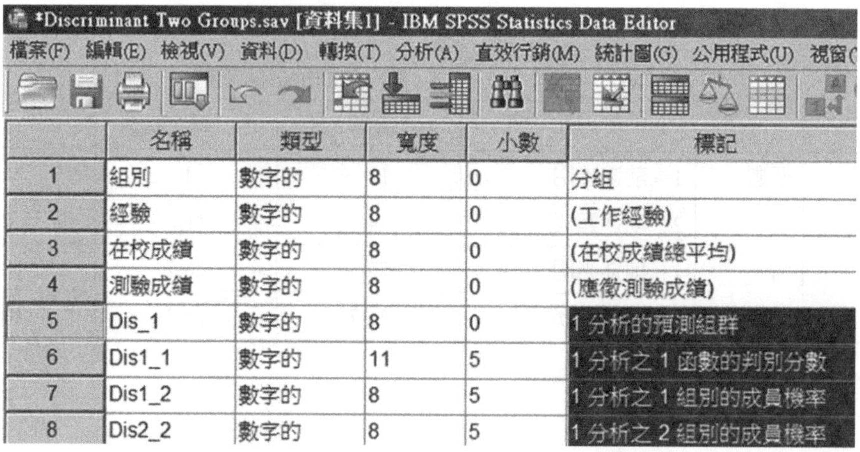

*Discriminant Two Groups.sav [資料集1] - IBM SPSS Statistics Data Editor

檔案(F) 編輯(E) 檢視(V) 資料(D) 轉換(T) 分析(A) 直效行銷(M) 統計圖(G) 公用程式(U) 視窗(

	名稱	類型	寬度	小數	標記
1	組別	數字的	8	0	分組
2	經驗	數字的	8	0	(工作經驗)
3	在校成績	數字的	8	0	(在校成績總平均)
4	測驗成績	數字的	8	0	(應徵測驗成績)
5	Dis_1	數字的	8	0	1 分析的預測組群
6	Dis1_1	數字的	11	5	1 分析之 1 函數的判別分數
7	Dis1_2	數字的	8	5	1 分析之 1 組別的成員機率
8	Dis2_2	數字的	8	5	1 分析之 2 組別的成員機率

圖13-8　SPSS的預設名稱Dis_1、Dis1_1、Dis1_2、Dis2_2的註解（所代表的意義）

13.3 複區別分析

如前所述，如果所分類的是二個群組，則會有一個標準化的典型區別函數，如果所分類的是三個群組，則會有二個標準化的典型區別函數。由於每一個群組都會有一組Fisher's線性區別函數，因此在三個群組下，會有三個Fisher's線性區別函數。

如果必須分為三組（及以上），我們所涉及的就是多元區別分析（multiple discriminant analysis）或稱複區別分析的問題。

實作

複區別分析的處理與13.2節所說明的大同小異。開啟檔案（檔案名稱：...\Chap13\Discriminant Three Groups.sav）。此檔案包括了組別（分為三組，以1 表示「前途光明」組，以2表示「前途普通」組，以3表示「前途黯淡」組）、經驗（工作經驗）、在校成績（在校成績總平均）、測驗成績（應徵測驗成績）。組別為名義變數，其他的變數為區間變數。

進入SPSS，按〔分析〕〔分類〕〔判別〕（〔Analyze〕〔Classify〕〔Discriminant〕），在所產生的「判別分析」（Discriminant Analysis）視窗中，將「組別」變數選入右邊的「分組變數」（Grouping Variable）下的空格中，將「經驗」、「在校成績」、「測驗成績」這些自變數選入「自變數」（Independents）下

的方盒內。

　　點選「組別（??）」，並按其下的〔定義範圍〕（Define Range），在「判別分析：定義範圍」（Discriminant analysis: Define）視窗中的「最小值」（Minimum）右邊的方格內填入「1」，「最大值」（Maximum）右邊的方格內填入「3」，表示我們是將資料分成三組

　　其他的設定，如「統計量」（Statistics）、「分類」（Classify）、「儲存」（Save）如14.2節，在此不再贅述。

報表解讀

觀察值處理摘要分析

觀察值處理摘要分析，如表13-16所示。

表13-16　觀察值處理摘要分析

未加權的觀察值		個數	百分比
有效的		45	100.0
排除	遺漏值或超出範圍的組別碼	0	.0
	至少一個遺漏值區別變數	0	.0
	遺漏值或超出範圍的組別碼，以及至少一個遺漏值區別變數	0	.0
	總和	0	.0
總和		45	100.0

組別統計量

組別統計量，如表13-17所示。

表13-17　組別統計量

組別		平均數	標準差	有效的N（列出）	
				未加權	加權
1　前途光明	經驗	22.67	8.989	15	15.000
	在校成績	85.60	8.781	15	15.000
	測驗成績	79.87	10.474	15	15.000
2　前途普通	經驗	13.40	6.599	15	15.000
	在校成績	85.07	8.876	15	15.000
	測驗成績	81.87	9.826	15	15.000
3　前途黯淡	經驗	8.67	5.246	15	15.000
	在校成績	84.47	8.798	15	15.000
	測驗成績	81.07	10.046	15	15.000
總和	經驗	14.91	9.105	45	45.000
	在校成績	85.04	8.629	45	45.000
	測驗成績	80.93	9.921	45	45.000

各組平均數的相等性檢定

從「各組平均數的相等性檢定」表中（表13-18）可知，經驗在三組（前途光明組、前途普通組及前途黯淡組）的平均數有顯著差異，顯著性=0.000，達到顯著水準。在校成績及測驗成績均未達顯著水準，表示在校成績及測驗成績在三組（前途光明組、前途普通組及前途黯淡組）的平均數均沒有顯著差異。

Wilk's Lambda可用來檢定虛無假說。在表13-18中，「經驗」、「在校成績」、「測驗成績」的顯著性分別為0.000、0.940、0.862，在$\alpha = 0.05$之下，我們要棄卻$d_1 = 0$的虛無假設（經驗在二組上無顯著差異），而認為經驗在二組上有顯著差異。

表13-18　各組平均數的相等性檢定

	Wilks' Lambda值	F檢定	分子自由度	分母自由度	顯著性
經驗	.583	15.026	2	42	.000
在校成績	.997	.062	2	42	.940
測驗成績	.993	.148	2	42	.862

Box's M共變異數矩陣相等性檢定

1. 對數行列式

「對數行列式」表中（表13-19），如果變數之間具有高度多元共線性問題，則對數行列式值（log determinant）會趨近於0，而且等級（rank）會不等於自變數的數目。表13-19顯示，「前途光明」組、「前途普通」組、「前途黯淡」組的對數行列式值分別為12.783、12.657、11.998，與0距離相當大，而且等級（=3）與自變數的數目（=3）相同，所以有理由相信，變數之間沒有高度多元共線性問題。

表13-19　對數行列式

組別	等級	對數行列式
1　前途光明	3	12.783
2　前途普通	3	12.657
3　前途黯淡	3	11.998
合併組內	3	12.861

列印出的行列式之等級與自然對數屬於組別共變數矩陣。

2. 檢定結果

表13-20為Box's M各組內共變異數相等性檢定結果。顯著性=0.279，未達顯著水準，接受虛無假說，表示各組的組內共變異數矩陣相等，符合區別分析的假定。

表13-20　檢定結果

Box's M共變異數相等性檢定		16.029
F檢定	近似值	1.196
	分子自由度	12
	分母自由度	8548.615
	顯著性	.279

相等母群共變數矩陣的虛無假設檢定。

典型區別函數的摘要

1. 特徵值

在本章「區別函數數目」中，曾說明：區別函數的數目等於從分組數目減一與自變數數目（有幾個自變數）中取最小的數目。由於分組數目有三個（分成三組），自變數數目有三個，則區別函數的數目等於Min（分組數目減一，自變數數目）=Min（2,3）=2。因此，會有二個區別函數。表13-21中的特徵值顯示：

第一個區別函數的特徵值 = 0.718，可解釋依變數99.5%的變異量。

第二個區別函數的特徵值 = 0.004，可解釋依變數0.5%的變異量。

可見第一個區別函數具有相當強的區別力。

表13-21 特徵值

函數	特徵值	變異數的%	累積%	典型相關
1	.718^a	99.5	99.5	.646
2	.004a	.5	100.0	.061

a 分析時會使用前2個典型區別函數。

2. Wilks' Lambda值

「Wilks' Lambda值」表（表13-22）是以向度縮減的方式來檢定區別函數的顯著性，函數檢定的「1到2」是先檢定第一個區別函數及第二個區別函數，Wilks' Lambda值=0.580，顯著性=0.001<0.05，表示第一個區別函數已經達到顯著水準，也表示第一個區別函數對於依變數有顯著的解釋能力或預測力。

在剔除第一個區別函數的影響之後，第二個區別函數的Wilks' Lambda值=0.996，顯著性=0.925>0.05，未達顯著水準，表示第二個區別函數對於依變數沒有顯著的解釋能力或預測力。

表13-22 Wilks' Lambda值

函數檢定	Wilks' Lambda值	卡方	自由度	顯著性
1到2	.580	22.340	6	.001
2	.996	.155	2	.925

3. 標準化的典型區別函數係數

在「標準化的典型區別函數係數」（Standardized Canonical Discriminant Function Coefficients）表中（表13-23），標準化係數等於各自變數在區別函數上的相對重要性，係數值越大，表示該自變數在區別函數上的相對重要性越大。

我們可建立標準化的典型區別函數如下：

第一個典型區別函數$D_1 = 1.001$（經驗）-0.040（在校成績）-0.050（測驗成績）

從第一個典型區別函數係數來看，「經驗」的相對重要性較高。

第二個典型區別函數$D_2 = 0.049$（經驗）$+ 0.381$（在校成績）$+ 0.999$（測驗成績）

從第二個典型區別函數係數來看，「測驗成績」的相對重要性較高。

值得注意的是，從「Wilks' Lambda值」（表13-22）來看，第二個區別函數對於依變數沒有顯著的解釋能力或預測力。

表13-23　標準化的典型區別函數係數

	函數	
	1	2
經驗	1.001	.049
在校成績	−.040	.381
測驗成績	−.050	.999

4. 結構矩陣

結構矩陣（Structure Matrix）（表13-24）顯示，區別變數和標準化典型區別函數之間的合併後組內相關。變數係依函數內相關的絕對值大小加以排序。相關係數的絕對值越大者，表示此變數與區別函數的相關越高。從結構矩陣來看，「經驗」與第一個區別函數的相關最高。「測驗成績」與第二個區別函數的相關最高。

表13-24　結構矩陣

	函數	
	1	**2**
經驗	.998*	.054
測驗成績	−.073	.924*
在校成績	.063	.195*

區別變數和標準化典型區別函數之間的合併後組內相關。

變數係依函數內相關的絕對大小加以排序。

* 在每個變數和任一區別函數之間的最大絕對相關。

5. 各組重心的函數

　　各組重心的函數（Functions at Group Centroids）表（表13-25）顯示，依變數（分類變數）各組樣本在區別函數的重心。當三組樣本的重心值差異越大，表示三組間在該區別函數上的差異越大。三組的第一區別函數的重心平均明顯不同（1.093，−0.217，−0.876），三組的第二區別函數的重心平均就不會明顯不同（−0.028，0.083，−0.055）。

表13-25　各組重心的函數

組別	函數	
	1	**2**
1　前途光明	1.093	−.028
2　前途普通	−.217	.083
3　前途黯淡	−.876	−.055

未標準化的典型區別函數以組別平均數加以評估。

分類統計

1. 分類處理摘要

　　分類處理摘要，如表13-26所示。

表13-26　分類處理摘要

處理過		45
排除	遺漏值或超過範圍的組別碼	0
	至少一個遺漏區別變數	0
用於輸出中		45

2. 組別的事前機率

組別的事前機率（Prior Probability for Groups）（表13-27）會假設分發到各組的機率均相等，除非有某些理論為依據。對組別的事前機率的假設，會影響分類結果的正確性。

表13-27　組別的事前機率

組別	事前	分析中使用的觀察值	
		未加權	加權
1　前途光明	.333	15	15.000
2　前途普通	.333	15	15.000
3　前途黯淡	.333	15	15.000
總和	1.000	45	45.000

3. 分類係數函數

分類係數函數（Classification Coefficient Functions）是以Fisher法將觀察值加以分類，因此又稱Fisher's線性區別函數。每一個群組都會有一組係數（表13-28）：

前途光明組＝−100.40＋0.343（經驗）＋1.294（在校成績）＋1.002（測驗成績）

前途普通組＝−99.41＋0.159（經驗）＋1.305（在校成績）＋1.020（測驗成績）

前途黯淡組＝−97.28＋0.006（經驗）＋1.302（在校成績）＋1.009（測驗成績）

在將觀察值分類時，或預測某觀察值屬於何類時，將觀察值的資料代入三個群組的分類函數，並以函數值大小來比較，函數值較大者，代表此觀察值所歸屬的類組。

如果有位新應徵人員小華的工作經驗是16個月，在校成績是82分，應徵測驗成績是72分，將這些值代入：

前途光明組　83.34 ＝ −100.40 + 0.343（16）+ 1.294（82）+ 1.002（72）

前途普通組　83.58 ＝ −99.41 + 0.159（16）+ 1.305（82）+ 1.020（72）

前途黯淡組　82.23 ＝ −97.28 + 0.066（16）+ 1.302（82）+ 1.009（72）

83.58 > 83.34 > 82.23，小華是屬於前途普通組。

表13-28　分類係數函數

	組別		
	1　前途光明	2　前途普通	3　前途黯淡
經驗	.343	.159	.066
在校成績	1.294	1.305	1.302
測驗成績	1.002	1.020	1.009
（常數）	−100.402	−99.405	−97.279

Fisher's線性區別函數。

4. 分類結果

分類結果（Classification Results）表（表13-29）又稱為混淆矩陣（Confusion Matrix）表。在我們的觀察值中，有15名屬於前途光明組，有15名屬於前途普通組，有15名屬於前途黯淡組。經過分類之後，前途光明組有11名，前途普通組有7名，前途黯淡組有10名。前途光明組有4名被分到其他組（上述的小華就是被分到前途普通組的3個人中其中的一個），前途普通組有8名被分到其他組，前途黯淡組有5名被分到其他組。正確分類的比率是62.2%（28/45）。

表13-29　分類結果[a]

		組別	預測的各組成員			總和
			1 前途光明	2 前途普通	3 前途黯淡	
原始的	個數	1　前途光明	11	3	1	15
		2　前途普通	3	7	5	15
		3　前途黯淡	1	4	10	15
	%	1　前途光明	73.3	20.0	6.7	100.0
		2　前途普通	20.0	46.7	33.3	100.0
		3　前途黯淡	6.7	26.7	66.7	100.0

a　62.2%個原始組別觀察值已正確分類。

13.4　虛擬變數區別分析

　　在進行區別分析時，如遇到具有類別尺度的自變數，應如何處理？這個問題就要以虛擬變數的區別分析（discriminant analysis with dummy variable）來解決。

　　如果研究者認為前途光明或者黯淡會受到經驗、在校成績、測驗成績、領導風格（所認知的領導風格）這些自變數的影響。自變數中的「認知領導風格」是名義變數（或類別），所以要以虛擬變數的方式來處理。

　　「領導風格」共有四種類型：

（1）指示式領導者（directive leader）。這類的領導者會讓部屬知道上司對他的期望，以及完成工作的程序，並對如何完成工作任務有特別的指導。此與俄亥俄州領導研究中的制度向度雷同。

（2）支持性領導者（supportive leader）。這類的領導者十分友善，並對部屬的需求表示關心。此與俄亥俄州領導研究中的體恤向度相雷同。

（3）參與式領導者（participative leader）。這類的領導者在做決策前，會諮詢部屬的意見並接受其建議。

（4）成就取向領導者（achievement-oriented leader）。這類的領導者會設定挑戰性目標，期望部屬發揮最大的潛能。

虛擬變數（領導風格）的編碼

虛擬變數的編碼與原則

　　對虛擬變數的編碼，要以「0」、「1」的方式表示。虛擬變數的數目等於水準數減一。如果是二分變數，如性別，只要一個虛擬變數表示即可。如果是四分變數，只要以三個虛擬變數表示即可。例如，以性別為例（1代表男性，2代表女性）（表13-30）：

表13-30 性別的編碼

原變數 \ 虛擬變數	性別	說明：1表示「是」；0表示「不是」
1 男性	1	是男性
2 女性	0	不是男性（就是女性）

在SPSS內建檔或經過轉換後的資料，如表13-31所示。

表13-31 SPSS內建立性別資料

性別	性別男	性別女
1	1	0
2	0	0
1	1	0
1	1	0

以四種領導風格為例（表13-32）：

表13-32 四種領導風格的編碼

原變數 \ 虛擬變數	指示式_成就取向	支持式_成就取向	參與式_成就取向
1 指示式	1	0	0
2 支持式	0	1	0
3 參與式	0	0	1
4 成就取向	0	0	0

在SPSS內建檔或經過轉換後的資料，如表13-33所示。

表13-33 SPSS內建立領導風格資料

領導風格	指示式_成就取向	支持式_成就取向	參與式_成就取向
1	1	0	0
4	0	0	0
2	0	1	0

表13-33　SPSS內建立領導風格資料（續）

領導風格	指示式_成就取向	支持式_成就取向	參與式_成就取向
3	0	0	1
4	0	0	0
2	0	1	0
⋮			

　　從以上的編碼方式，我們可以知道，編碼是用參照或者對比的方式。也就是說參照組是「成就取向」，而「指示式」是「指示式與成就取向」的對比；「支持式」是「支持式與成就取向」的對比；「參與式」是「參與式與成就取向」的對比。

選擇參照組

　　如何選擇參照組？以下是三個重要原則：（1）參照組的定義要非常明確，例如，以「其他」作為參照組則不明確；（2）類別變數如有高低之分（如社會階層），可以：（i）選擇等級最高或最低的類別，以便於有次序的將各類別的迴歸係數與參照組進行比較，或者（ii）選擇等級居中的類別，以便於較有效的檢視達到水準的係數；（3）參照組的樣本人數應該適中。如果選擇樣本過少或過多的水準作為參照組，則在比較類別中各水準的迴歸係數時較不適切。[1]

實作

　　進入SPSS，開啟檔案（檔案名稱：...\Chap13\Discriminant with Dummy.sav）。

　　「領導風格」是名義變數，所以必須將它編碼。編碼方式可參考：第11章11.4節「虛擬變數迴歸分析」，為方便讀者，將動作說明如下：

　　按〔轉換〕〔計算變數〕（〔Transform〕〔Compute〕），在「計算變數」（Compute: Variable）視窗中，在左邊「目標變數」（Target Variable）方格內，鍵入「指示式_成就取向」，點選「領導風格」，然後再點選 □ 到右邊的「數值運算式」（Numeric Expression）方格下，並鍵入「=1」，設計完成，按〔確定〕

---

[1] M. A. Hardy, *Regression with Dummy Variable* (Newsbury Park: Sage, 1993).

（OK）。

　　接著，按〔轉換〕〔計算變數〕（〔Transform〕〔Compute〕），在「計算變數」（Compute: Variable）視窗中，在左邊「目標變數」（Target Variable）方格內，鍵入「支持性_成就取向」，點選「領導風格」，然後再點選 到右邊的「數值運算式」（Numeric Expression）方格下，並鍵入「=2」。設計完成，按〔確定〕（OK）。

　　接著，按〔轉換〕〔計算變數〕（〔Transform〕〔Compute〕），在「計算變數」（Compute: Variable）視窗中，在左邊「目標變數」（Target Variable）方格內，鍵入「參與式_成就取向」，點選「領導風格」，然後再點選 到右邊的「數值運算式」（Numeric Expression）方格下，並鍵入「=3」。設計完成，按〔確定〕（OK）。

　　為了避免重複作業的麻煩，我們可以寫一個程式，透過此程式的執行就可以有效地設定虛擬變數。按〔檔案〕〔開啟新檔〕〔語法〕（〔File〕〔New〕〔Syntax〕），在視窗內寫入指令。按〔執行〕〔全部〕（〔Run〕〔All〕）以執行此程式。讀者可參考Leadership_Syntax1.sps。

「判別分析」視窗

　　開啟檔案（檔案名稱：…\Chap13\Discriminant with Dummy.sav，如已開啟，不必重複開啟）。此檔案包括了組別（分為二組，以1表示「前途光明」組，以2表示「前途黯淡」組）、經驗（工作經驗）、在校成績（在校成績總平均）、測驗成績（應徵測驗成績）、「指示式_成就取向」、「支持式_成就取向」、「參與式_成就取向」。組別為名義變數，「指示式_成就取向」、「支持式_成就取向」、「參與式_成就取向」為虛擬變數，經驗、在校成績、測驗成績這些變數為區間變數。

　　按〔分析〕〔分類〕〔判別〕（〔Analyze〕〔Classify〕〔Discriminant〕），在所產生的「判別分析」（Discriminant Analysis）視窗中，將「組別」變數選入右邊的「分組變數」（Grouping Variable）下的空格中，點選〔分組（??）〕，按其下的〔定義範圍〕（Define Range），在「判別分析：定義範圍」（Discriminant analysis: Define）視窗中的「最小值」（Minimum）右邊的方格內填入「1」，「最大值」（Maximum）右邊的方格內填入「2」，表示我們是將資料分成二組。

　　將「經驗」、「在校成績」、「測驗成績」、「指示式_成就取向」、「支持

式_成就取向」、「參與式_成就取向」這些自變數選入「自變數」（Independents）下的方盒內，如圖13-9所示。可以用SPSS內定的「一同輸入自變數」（Enter independent together）或者「使用逐步迴歸分析法」（Use stepwise method）。

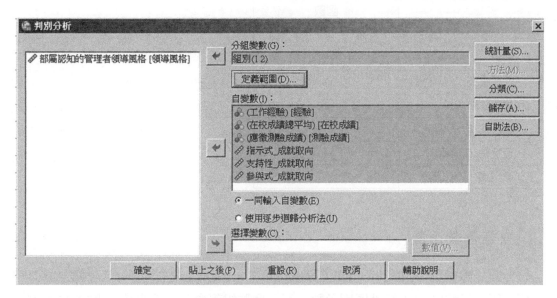

圖13-9　「判別分析」視窗設定

其他的設定，如「統計值」（Statistics）、「分類」（Classify）、「儲存」（Save）如14.2節，在此不再贅述。

報表解讀

報表解讀將著重在虛擬變數（領導風格）方面：

標準化的典型區別函數係數

在「標準化的典型區別函數係數」（Standardized Canonical Discriminant Function Coefficients）表中（表13-34），標準化係數等於各自變數在區別函數上的相對重要性，係數值越大，表示該自變數在區別函數上的相對重要性越大。

我們可建立標準化的典型區別函數如下：

$$D = -0.789 \text{（經驗）} + 0.064 \text{（在校成績）} -0.143 \text{（測驗成績）} +0.815 \text{（指示式\_成就取向）} + 1.190 \text{（支持式\_成就取向）} + 0.529 \text{（參與式\_成就取向）}$$

從典型區別函數係數來看，「（支持式_成就取向」的相對重要性較高。

表13-34　標準化的典型區別函數係數

	函數
	1
經驗	−.789
在校成績	.064
測驗成績	−.143
指示式_成就取向	.805
支持性_成就取向	1.190
參與式_成就取向	.529

分類係數函數

分類係數函數（Classification Coefficient Functions）是以Fisher法將觀察值加以分類，因此又稱Fisher's線性區別函數。每一個群組都會有一組係數（表13-35）：

前途光明組 = −147.748 −0.146（經驗）+1.823（在校成績）+ 1.697（測驗成績）+ 9.899（指示式_成就取向）−18.107（支持式_成就取向）+ 2.555（參與式_成就取向）

對前途光明組而言，「支持式_成就取向」的領導風格影響最大。解釋上是這樣的：相對於成就取向而言，支持式的領導風格對於前途光明具有相對大的負面影響。換言之，成就取向的領導風格對於前途光明具有相對大的正面影響。

前途黯淡組 = −146.218 − 0.057（經驗）+1.837（在校成績）+ 1.668（測驗成績）+ 14.562（指示式_成就取向）−12.656（支持式_成就取向）+ 4.843（參與式_成就取向）

對前途黯淡組而言，「指示式_成就取向」的領導風格影響最大。解釋上是這樣的：相對於成就取向而言，指示式的領導風格對於前途黯淡具有相對大的正面影響。換言之，成就取向的領導風格對於前途黯淡具有相對大的負面影響。

綜合以上對兩組的解釋，我們可以認為：不論前途光明與否，成就取向的領導

風格,都扮演著舉足輕重的角色。就係數而言,成就取向對於前途光明比前途黯淡的影響程度相對高(**18.107**比**12.656**)。

顯然,還有其他因素影響著前途的光明與否,例如在「前途光明」組的「指示式_成就取向」,在「前途黯淡」組的「支持式_成就取向」。

表13-35　分類係數函數

	組別	
	1　前途光明	2　前途黯淡
經驗	.146	−.057
在校成績	1.823	1.837
測驗成績	1.697	1.668
指示式_成就取向	9.899	14.562
支持性_成就取向	−18.107	−12.656
參與式_成就取向	2.555	4.843
(常數)	−147.748	−146.218

Fisher's 線性區別函數

13.5　二元Logistic迴歸分析

13.2節的區別分析,也可以Logistic迴歸分析來進行,Logistic迴歸分析是透過最大概率估計(Maximum Likelihood Estimation, MLE),使得依變數的觀察次數的機率達到最大化。Logistic迴歸分析假定觀察值樣本在依變數上呈S形分布。

研究問題

大海軟體公司裡面具有企管碩士學位的幹部30名,分別有15名「前途光明」的幹部,15名「前途黯淡」的幹部。該公司的總經理想要了解,在人力資源管理中的員工錄用上,應特別重視「經驗」、「在校成績」、「測驗成績」中的什麼因素。

「Logistic迴歸分析」視窗

　　進入SPSS，開啟檔案（檔案名稱：...\Chap13\Logistic.sav）。此檔案包括了組別（分為二組，以1表示「前途光明」組，以2表示「前途黯淡」組）、經驗（工作經驗）、在校成績（在校成績總平均）、測驗成績（應徵測驗成績）。組別為名義變數，其他的變數為區間變數。

　　按〔分析〕〔迴歸〕〔二元Logistic〕（〔Analyze〕〔Regression〕〔Binary Logistic〕），在所產生的「Logistic迴歸」（Logistic Regression）視窗中，將「組別」變數選入右邊的「依變數」（Dependent）下的空格中，將「經驗」、「在校成績」、「測驗成績」這些自變數選入「共變數」（Covariates）下的方盒內，如圖13-10所示。可以用SPSS預設的「輸入」（Enter），此種方法是將共變數（Covariates）全部自變數納入迴歸模式中。

　　方法中除了「輸入」之外，還有其他六種方法，如表13-36所示。

表13-36　Logistic迴歸分析方法

Forward: conditional	根據Score檢定與條件參數，逐步選擇迴歸模式中顯著的自變數。
Forward: LR	根據Score檢定與概似比，逐步選擇迴歸模式中顯著的自變數。
Forward:Wald	根據Score檢定與Wald檢定，逐步選擇迴歸模式中顯著的自變數。
Backward: conditional	根據條件參數，逐步剔除迴歸模式中不顯著的自變數。
Backward: LR	根據概似比，逐步剔除迴歸模式中不顯著的自變數。
Backward:Wald	根據Wald檢定值，逐步剔除迴歸模式中不顯著的自變數。

儲存新變數

　　在「Logistic迴歸」（Logistic Regression）視窗中，按〔儲存〕（〔Save〕），就會產生「Logistic迴歸：儲存」（Logistic Regression: Save）視窗，在此視窗的「預測值」（Predicted Values）方盒中，點選〔機率〕（〔Probabilities〕）、〔各組成員〕（〔Group membership〕），如圖13-11所示。

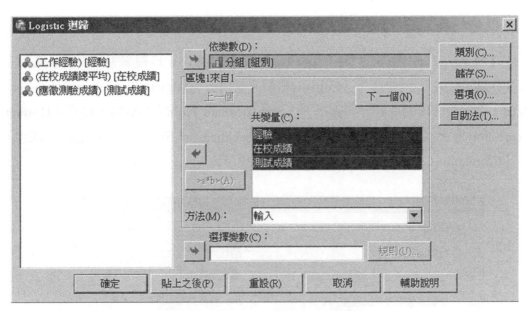

圖13-10 「Logistic迴歸」視窗設定

圖13-11 「Logistic迴歸：儲存」視窗設定

選項

在「Logistic迴歸」（Logistic Regression）視窗中，按〔選項〕
（〔Options〕），就會產生「Logistic迴歸：選項」（Logistic Regression: Options）
視窗，在此視窗內的「統計與圖形」（Statistics and Plots）方盒內，點選〔Hosmer-
Lemeshow適合度〕（〔Hosmer-Lemeshow goodness-of-fit〕）、〔估計值相關性〕
（〔Correlations of estimates〕），如圖13-12所示。

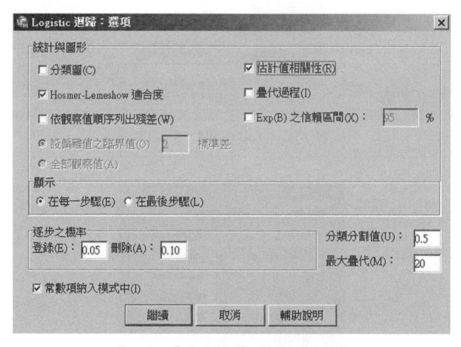

圖13-12　「Logistic迴歸：選項」視窗設定

報表解讀

觀察值處理摘要

觀察值處理摘要，如表13-37所示。

表13-37　觀察值處理摘要

未加權的觀察值[a]		個數	百分比
所選的觀察值	包含在分析中	30	100.0
	遺漏觀察值	0	.0
	總數	30	100.0
未選的觀察值		0	.0
總數		30	100.0

a　如果使用加權的話，觀察值總數請參閱分類表。

依變數編碼

依變數編碼，如表13-38所示。

表13-38　依變數編碼

原始值	內部值
1　前途光明	0
2　前途黯淡	1

模式係數的Omnibus檢定

「模式係數的Omnibus檢定」（表13-39）是對整體模式係數的顯著性檢定。三個自變數所建立的迴歸模式之整體模式配適度（goodness-of-fit）檢定的顯著性=0.011<0.05，達到顯著水準，表示經驗、在校成績、測驗成績這三個自變數中，至少有一個自變數可以有效的解釋（及預測）觀察值在前途光明與否。至於是哪個自變數，要看以下的「變數在方程式中」報表。

表13-39　模式係數的Omnibus檢定

		卡方	df	顯著性
步驟1	步驟	11.081	3	.011
	區塊	11.081	3	.011
	模式	11.081	3	.011

模式摘要

「模式摘要」表中（表13-40）的統計值是解釋三個自變數與依變數的關連性，Cox & Snell R平方值=.309，Nagelkerke R平方值=.412，表示三個自變數與依變數的關連性為中等。

表13-40　模式摘要

步驟	−2 對數概似	Cox & Snell R平方	Nagelkerke R平方
1	30.508[a]	.309	.412

a　因為參數估計值變化小於.001，所以估計工作在疊代數5時終止。

Hosmer和Lemeshow檢定

「Hosmer和Lemeshow檢定」是迴歸模式整體配適度檢定。此檢定的目的與「模式係數的Omnibus檢定」相同，但是在判讀上剛好相反。Hosmer和Lemeshow檢定的顯著性=0.141（表13-41），未達顯著水準，表示迴歸模式整體配適度佳，這也說明了自變數可以有效的解釋（及預測）依變數。

表13-41　Hosmer和Lemeshow檢定

步驟	卡方	自由度	顯著性
1	12.231	8	.141

分類表

表13-42分類表就等於是區別分析的分類結果（Classification Results）表。在我們的觀察值中，有15名屬於前途光明組，有15名屬於前途黯淡組。經過分類之後，前途光明組有13名，前途黯淡組有12名。前途光明組有2名被分到前途黯淡組，而前途黯淡組有3名被分到前途光明組。正確分類的比率是83.3%（25/30）。

表13-42　分類表[a]

			預測次數		
觀察次數			分組		百分比修正
			1　前途光明	2　前途黯淡	
步驟1	分組	1　前途光明	13	2	86.7
		2　前途黯淡	3	12	80.0
	概要百分比				83.3

a　分割值為.500。

變數在方程式中

「變數在方程式中」表顯示了迴歸模式中每一個自變數的顯著性。經驗的Wald統計值=6.057（表13-43），顯著性=0.014<0.05，達到顯著水準，在校成績、測驗成績均未達到顯著水準。因此我們知道，經驗可以合理的解釋（及預測）前途成功與否。

表13-43　變數在方程式中

		B之估計值	S.E.	Wald	df	顯著性	Exp（B）
步驟1[a]	經驗	−.200	.081	6.057	1	.014	.819
	在校成績	.007	.054	.018	1	.892	1.007
	測試成績	.032	.047	.468	1	.494	1.032
	常數	.269	6.615	.002	1	.968	1.309

a　在步驟1中選入的變數：經驗、在校成績、測試成績。

■ 儲存的結果

圖13-13顯示了儲存的資料，SPSS的內定名稱是PRE_1、PGR_1。PRE_1表示預測的機率，PGR_1表示預測的群組。

圖13-13　儲存的資料

13.6　重要統計檢定值

區別分析

區別分析的重要統計檢定值，如表13-44所示。

表13-44　區別分析的重要統計檢定值

統計值	意義	判讀
Box's M值	各組內共變數相等性檢定	未達顯著水準，接受虛無假說，表示各組的組內共變異數矩陣相等，符合區別分析的假定。
Wilks' Lambda值	各組平均數的相等性檢定	達到顯著性，表示區別函數對於依變數有顯著的解釋能力。

二元Logistic迴歸分析

二元Logistic迴歸分析的重要統計檢定值，如表13-45所示。

表13-45　二元Logistic迴歸分析的重要統計檢定值

Omnibus值	對整體模式係數的顯著性檢定	整體模式配適度（goodness-of-fit）檢定達到顯著水準，表示自變數中至少有一個自變數可以有效的解釋（及預測）依變數。
Cox & Snell R平方值、Nagelkerke R平方值	自變數與依變數的關連性	關連性的強度
Hosmer和Lemeshow值	迴歸模式整體配適度檢定。此檢定的目的與「模式係數的Omnibus 檢定」相同，但是在判讀上剛好相反。	Hosmer和Lemeshow檢定的顯著性未達顯著水準，表示迴歸模式整體配適度佳，這也說明了自變數可以有效的解釋（及預測）依變數。
Wald值	迴歸模式中每一個自變數的顯著性。	達到顯著水準，表示該自變數可以合理的解釋（及預測）依變數。

附　　錄
SPSS分析重要統計值

S tatistical

P roducts

S ervices

S olution

以下是本書在應用SPSS時的重要統計值摘要。你可以再每一章中找到這些統計值及詳細的說明。這是一個匯總表，便於在進行SPSS分析時的迅速查閱。

第4章　比較平均數

附表1

統計值	意義	判讀
Mauchly球形檢定	球面性（sphericity）是指受測樣本於自變項的每一實驗處理中，在依變項上的得分，兩兩配對相減所得的差之變異數必須相等；換句話說，不同的受測者在不同水準間配對或重複測量，其變動情形應該具有一致性。相關樣本的變異數分析，如果違反了這項規定，將會提高型一誤差的機率。	未達顯著水準，表示未違反變異數分析的球形假定。

第5章　二因子變異數、共變數分析

附表2

統計值	意義	判讀
Levene檢定	同質性檢驗	未達顯著水準，接受虛無假說，表示各組間的變異數具有同質性，符合基本假說。
Scheffe法	多重比較	可看到兩個自變數在依變數上的差異是否顯著。
Box'M檢定	共變量矩陣等式檢定	如果顯著性大於顯著水準，則接受虛無假說，例如不同性別的受測者在四個重複量數（repeated measures）的變異數具有同質性，就未違反基本假說。
Mauchly球形檢定	球面性假說檢定	Mauchly's W值的顯著性如果未達顯著水準，應接受虛無假說，表示資料未違反球面性假說。
Greenhouse-Geisser值、Huynh-Feldt 值	球面性假說檢定	判別水準是0.75，大於0.75，表示資料未違反球面性假說。如果資料符合球面性假說，應以「假設為球形」的資料來判讀。如果資料違反球面性假說，則應以Greenhouse-Geisser值、Huynh-Feldt 值來判讀。

第6章　無母數檢定

附表3

	單一樣本	獨立樣本		相關樣本	
		二個	k個	二個	k個
次序	Kolmogorov-Smirnov	Mann-Whitney	Kruskal-Wallis	Wilcoxon	Friedman
名義		Chi Square	K個獨立樣本的 Chi Square	McNemar	Cochran Q

第7章　關連性測量

附表4

區間資料	次序資料	名義資料
Pearson相關係數	Goodman & Kruskal Gamma	Pearson卡方檢定
單因子變異數分析	Spearman's Rho	
簡單迴歸分析		

第8章　因素分析與信度檢定

附表5

統計值	意義	判讀
KMO	「取樣適切性」檢定	KMO是Kaiser-Meyer-Olkin所提出的取樣適切性量數，其值介於0與1之間。當KMO值越接近1時，表示變項之間的共同因素越多，越適合進行因素分析。如果KMO小於0.5，則不宜進行因素分析。進行因素分析的普通準則是：KMO值至少要在0.6以上。

附表5（續）

統計值	意義	判讀
Bartlett	「球形」檢定	Bartlett球形檢定如已達顯著水準，應棄卻虛無假說。虛無假說是：變項間的淨相關矩陣不是單元矩陣。棄卻虛無假說的意思是：母群體的相關矩陣間有共同因素存在，因此適合進行因素分析。
因素負荷量（factor loading）	因素與變數的相關係數	
特徵值（eigenvalue）	每個因素的因素負荷量的平方和	一般認為如果某一個因素的初始特徵值（eigenvalue）大於1，此因素就稱得上是一個有意義的因素。
判定係數R^2	特徵值除以變數的數目	該因素所能解釋的變異數的比例。
共同性（communality）	所有因素能夠解釋各變數的總變異的比例	
因素分數（factor score）	將每一個變數的觀察值的標準化值（standardized value）乘以其係數（因素負荷量），再將這些值加總即得。	
Cronbach α	信度測量	Cronbach α 值≧0.70時，屬於高信度；0.35≦Cronbach α 值＜0.70時，屬於尚可；Cronbach α 值＜0.35則為低信度。
折半信度	信度測量。只是半份量表的信度而已，它會低估原來量表項目的信度。	必須用Spearman-Brown公式來矯正，在使用Spearman-Brown係數時要看等長或不等長，並按Cronbach α 標準來判斷，例如當Cronbach's α 值≧0.70時，屬於高信度。
Spearman積差相關	同質性考驗	同質性考驗表示測量一個構念的各屬性彼此之間應該非常接近，因此項目與項目之間應該有較高的相關才對，同時項目與總分也應該有高度的相關。項目與總量表的相關最好在0.30以上，而且也必須達到統計上的顯著水準。

第10章　多元尺度法

配適品質（quality of fit）

附表6

統計值	判讀
Kruskal壓力係數	在產品空間圖上實體間的距離與輸入資料的配合度，例如以甲、乙品牌為例，如果所有的受測者認為這兩個品牌很相似，而它們在歐幾里得空間距離也是很近的話，就表示配適度佳。
壓力–II係數、最適尺度因子	壓力–II係數越接近1，其最適尺度因子越接近1，配適度越佳。
S–壓力係數、最適尺度因子	S–壓力係數越接近0，其最適尺度因子越接近1，配適度越佳。

Kruskal壓力係數

附表7

Kruskal壓力係數	配適度
0.200	Poor（差）
0.100	Fair（普通）
0.050	Good（好）
0.025	Excellent（優）
0.000	Perfect（完美）

第11章　多元迴歸分析

附表8

統計值	意義	判讀
R的平方亦稱為決定係數（coefficient of determination）	「Y所產生的變異可由X來解釋的程度」	在線性關係的測量中，它能告訴我們迴歸直線能配合資料的程度有多少。它也能告訴我們，迴歸方程式在預測方面的正確性程度如何。一般而言，我們希望R的平方=80%或以上。低於這個數字，預測的正確性頗令人懷疑。
Durbin-Watson值	判斷有無自相關現象	如果1.5 < DW < 2.5，則無自相關現象。
允差（tolerance）	自變數的共線性診斷	等於$1-R^2$，其中R^2就是此自變數與其他自變數間的多元相關係數的平方。變數的R^2值太大，代表模式中的其他自變數可以有效的解釋這個變數。允差值介於0與1之間。如果一個自變數的允差值太小，表示此變數與其他自變數有共線性的問題存在。如果一個自變數的允差值接近0，表示此變數幾乎是其他變數的線性組合。
VIF（Variance Inflation Factor，變異數膨脹因素）	自變數的共線性診斷	VIF是允差的倒數，也就是：$1/(1-R^2)$。VIF值越大，表示自變數的允差越小，也表示越有共線性的問題存在。
特徵值（Eigenvalue）	判斷共線性問題方面	當自變數之間有高度的線性組合問題時，則少數的幾個特徵值會變大，相對的其他特徵值會比較接近0。條件指標（condition index, CI）是計算最大特徵值與第i個特徵值的相對比值。條件指標越大，表示自變數之間的線性組合問題越嚴重。如何以條件指標的大小來判斷共線性問題。Tacq（1997）認為條件指標（CI）>30時，共線性問題嚴重。Belsley等人（1980）認為條件指標（CI）>100時，共線性問題極嚴重。
Mahalanobis距離殘差值	可以檢測哪一個觀察值對於「自變數與依變數的影響」具有影響力	Mahalanobis距離殘差值，亦即觀察值與自變數的平均數的距離，可測得極端值。數值越大，表示此觀察值越具有影響力。

第12章 多變量變異數、共變數分析

附表9

統計值	意義	判讀
Box 檢定	共變量矩陣等式的同質性檢定	Box's M值未達顯著水準，表示沒有違反多變量變異數同質性的條件，因此適合進行MANOVA。值得注意的是，如果群體人數在20人以下，應再參考F檢定。
Pillai's Trace	多變量檢定	介於0到1之間，Pillai's Trace值越接近1，表示自變數的效果越容易達到顯著。
Wilks' Lambda 變數選擇法	多變量檢定	介於0到1之間，Lambda值越接近0，表示自變數的效果越會達到顯著；Lambda值越接近1，表示自變數的效果越不會達到顯著。在同時考慮統計考驗力及強韌性（robustness）的情況下，多數學者喜歡使用Wilks' Lambda作為MANOVA整體檢定的統計量。
多變量顯著性檢定（Hotelling T）	多變量檢定	T值越大，越容易達到顯著。
Roy的最大平方根	多變量檢定	最大平方根值越大，越容易達到顯著。
Levene檢定	誤差變異量的等式檢定	未達到顯著性，必須接受虛無假說，表示全部符合單變量變異數同質性的假定。因此，進行MANOVA是相當適當的。
受試者間效應項的檢定	因子在依變數上的單變量變異數分析（One-Way ANOVA）結果	從「受試者間效應項的檢定」表中可了解，因子在依變數上是否達到顯著水準。
多重比較（Scheffe 法）	因子的各類別在依變數上的平均數比較	數字右邊的*號表示具有顯著性的差異。

第13章　區別分析

區別分析

附表10

統計值	意義	判讀
Box's M值	各組內共變數相等性檢定	未達顯著水準，接受虛無假說，表示各組的組內共變異數矩陣相等，符合區別分析的假定。
Wilks' Lambda值	各組平均數的相等性檢定	達到顯著性，表示區別函數對於依變數有顯著的解釋能力。

Logistic

附表11

Omnibus值	對整體模式係數的顯著性檢定	整體模式適配度（goodness-of-fit）檢定達到顯著水準，表示自變數中至少有一個自變數可以有效的解釋（及預測）依變數。
Cox & Snell R平方值、Nagelkerke R平方值	自變數與依變數的關連性	關連性的強度。
Hosmer和Lemeshow值	迴歸模式整體配適度檢定。此檢定的目的與「模式係數的Omnibus檢定」相同，但是在判讀上剛好相反。	Hosmer和Lemeshow檢定的顯著性未達顯著水準，表示迴歸模式整體配適度佳，這也說明了自變數可以有效的解釋（及預測）依變數。
Wald值	迴歸模式中每一個自變數的顯著性。	達到顯著水準，表示該自變數可以合理的解釋（及預測）依變數。

國家圖書館出版品預行編目資料

SPSS與研究方法／榮泰生著. -- 三版. --
臺北市：五南圖書出版股份有限公司,
2013.02
　　面；　公分
　　ISBN 978-957-11-6509-7（平裝）

1.統計套裝軟體　2.統計分析

512.4　　　　　　　　　　100025531

1H35

SPSS與研究方法

作　　者 — 榮泰生

發 行 人 — 楊榮川

總 經 理 — 楊士清

總 編 輯 — 楊秀麗

主　　編 — 侯家嵐

責任編輯 — 侯家嵐

文字編輯 — 陳俐君

封面設計 — 侯家嵐　盧盈良

出 版 者 — 五南圖書出版股份有限公司

地　　址：106台北市大安區和平東路二段339號4樓

電　　話：(02)2705-5066　　傳　真：(02)2706-6100

網　　址：https://www.wunan.com.tw

電子郵件：wunan@wunan.com.tw

劃撥帳號：01068953

戶　　名：五南圖書出版股份有限公司

法律顧問　林勝安律師事務所　林勝安律師

出版日期　2007年1月初版一刷
　　　　　2007年8月初版三刷
　　　　　2009年3月二版一刷
　　　　　2010年3月二版二刷
　　　　　2013年2月三版一刷
　　　　　2021年7月三版四刷

定　　價　新臺幣650元